我们，用数字尊重社会……
We respect the society with data ...

2013 Fuzhou Statistical Yearbook

福州统计年鉴

福州市统计局
国家统计局福州调查队 编

中国统计出版社
China Statistics Press

图书在版编目（CIP）数据

福州统计年鉴. 2013 / 福州市统计局, 国家统计局福州调查队编. -- 北京 : 中国统计出版社, 2013.8

ISBN 978-7-5037-6900-9

Ⅰ. ①福… Ⅱ. ①福… ②国… Ⅲ. ①统计资料－福州市－2013－年鉴 Ⅳ. ①C832.571-54

中国版本图书馆 CIP 数据核字(2013)第 184017 号

福州统计年鉴-2013

作　　者/ 福州市统计局　国家统计局福州调查队
责任编辑/ 陈越月
装帧设计/ 三元素广告
出版发行/ 中国统计出版社
地　　址/ 北京市丰台区西三环南路甲 6 号　邮政编码/100073
电　　话/ 邮购（010）63376909　书店（010）68783171
网　　址/ http://csp.stats.gov.cn
印　　刷/ 福州青盟印刷有限公司
经　　销/ 新华书店
开　　本/ 890mm×1240mm　1/16
字　　数/ 900 千字
印　　张/ 25
版　　别/ 2013 年 8 月第 1 版
版　　次/ 2013 年 8 月第 1 次印刷
定　　价/ 260.00 元

如有印装差错，由本社发行部调换。

《福州统计年鉴—2013》编委会和编辑人员

编委会

编辑部

编者说明

一、《福州统计年鉴—2013》是一部全面反映福州市国民经济和社会发展情况的资料性年刊。全书收录了2012年福州市及所辖各县（市）、区、各部门经济和社会发展等方面的统计数据，以及历史重要年份福州市国民经济主要指标的统计数据。

二、全书内容分为17个篇目：（一）综合；（二）国民经济核算；（三）人口；（四）就业与职工工资；（五）农林牧渔业；（六）工业、交通邮电业；（七）固定资产投资；（八）建筑业；（九）批发零售、住宿餐饮与旅游业；（十）对外经济；（十一）价格指数；（十二）财政金融；（十三）人民生活；（十四）科技、教育与文化；（十五）卫生、体育与其他；（十六）城市比较；（十七）附录。在城市附录部分，收集了福建省各设区市、全国省会城市及副省级城市主要经济指标对比资料，各篇末均附有《主要统计指标解释》。

三、本年鉴重要统计数据的资料来源、计算口径等均在各篇另有注明。

四、本年鉴使用的度量衡单位均采用国家统一标准计量单位。

五、本年鉴表中的符号使用如下：

“空格”表示该项指标无数据、未掌握该指标数据或不足小数位的数据；

“#”表示其中项。

六、本年鉴工业部分“规模以上”工业企业系指年主营业务收入2000万及以上的工业企业；批发零售与住宿餐饮业部分“限额以上”批发零售和住宿餐饮业分别指年主营业务收入2000万元及以上的批发企业和年主营业务收入500万元及以上的零售企业、和主营业务收入200万元及以上的住宿餐饮企业。

七、本年鉴中地区生产总值、农林牧渔业总产值、工业总产值等总量指标按当年价格计算，增长速度和产值指数按可比价格计算。

八、本年鉴计算增长速度、指数均采用水平法。

九、本年鉴根据年报制度的变化，某些篇章的统计指标进行了规范和调整。

生产总值(亿元)

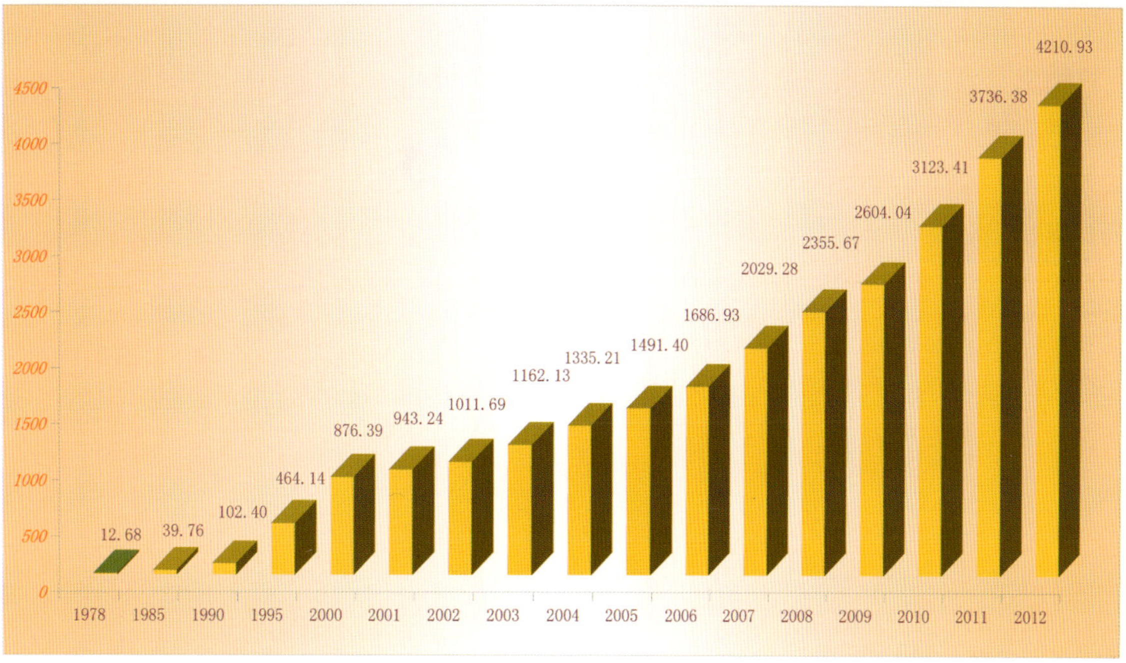

人均生产总值（元）

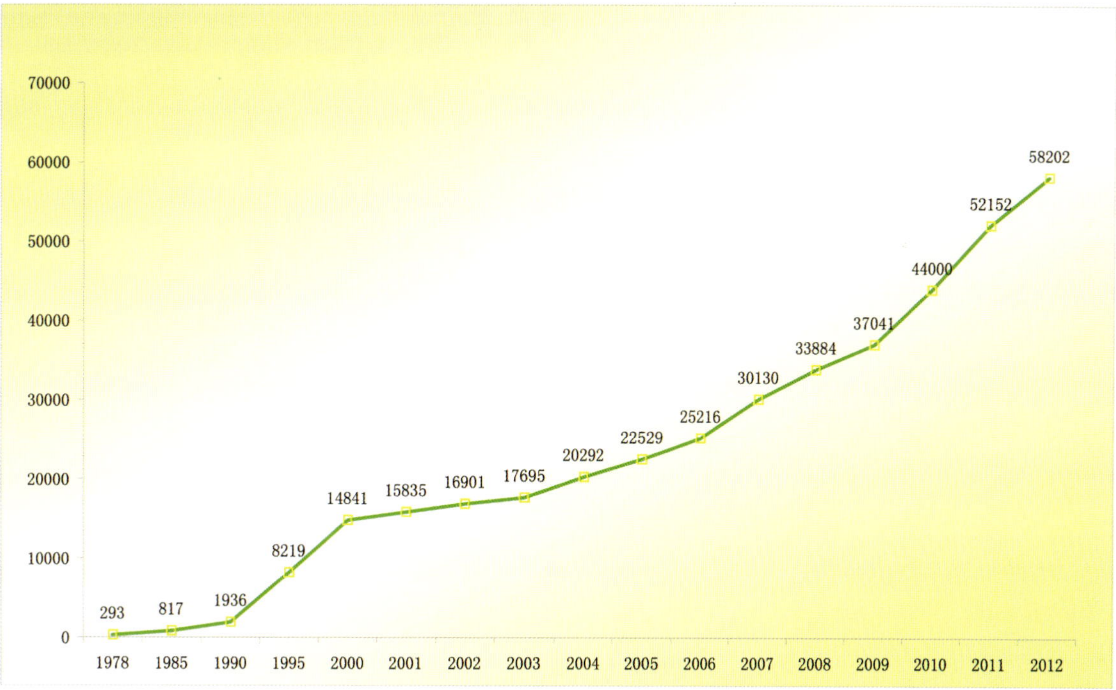

三次产业比例（%）

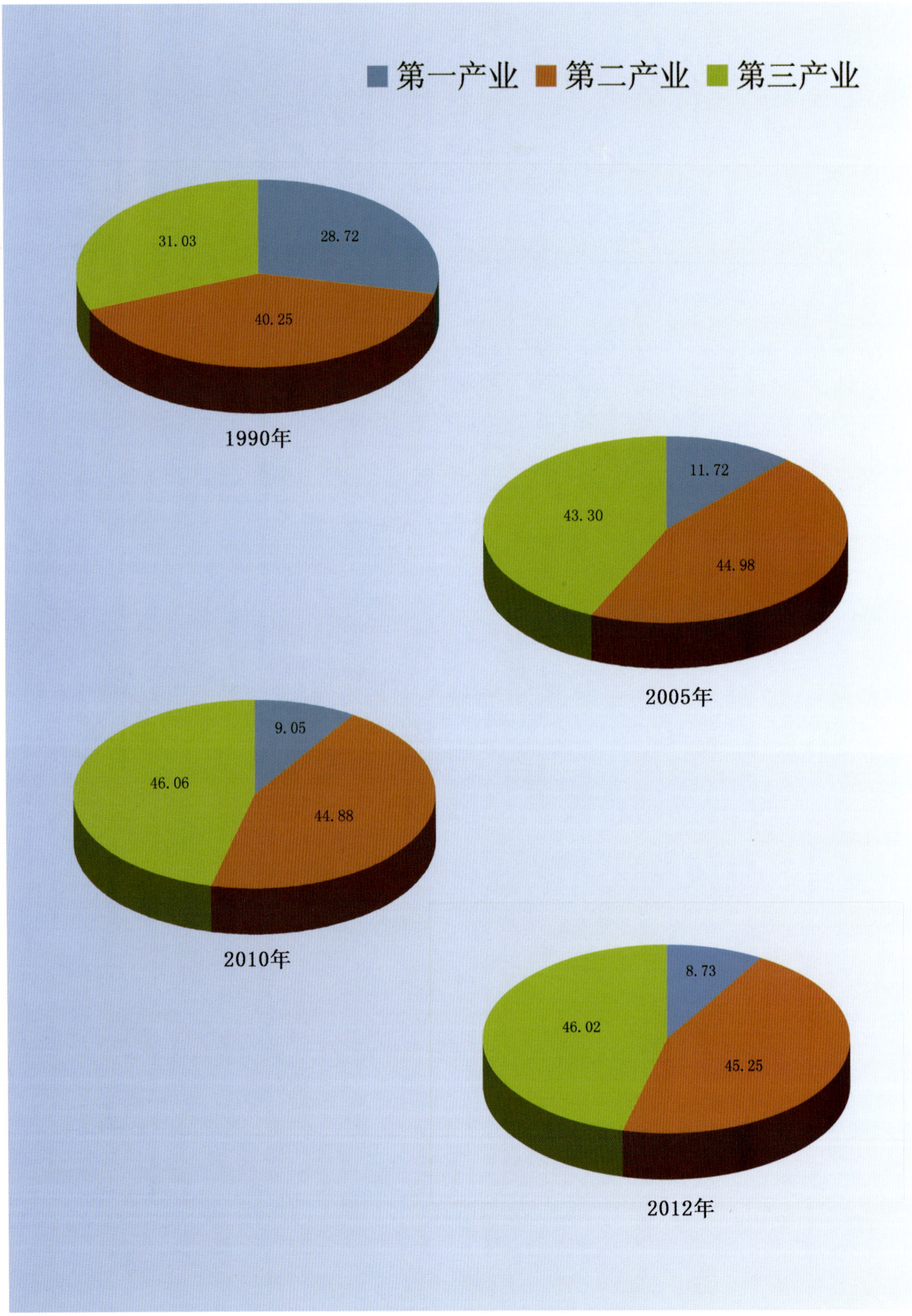

第一产业
第二产业
第三产业
31.03
28.72
40.25
1990年
11.72
43.30
44.98
2005年
9.05
46.06
44.88
2010年
8.73
46.02
45.25
2012年

农林牧渔业总产值（亿元）

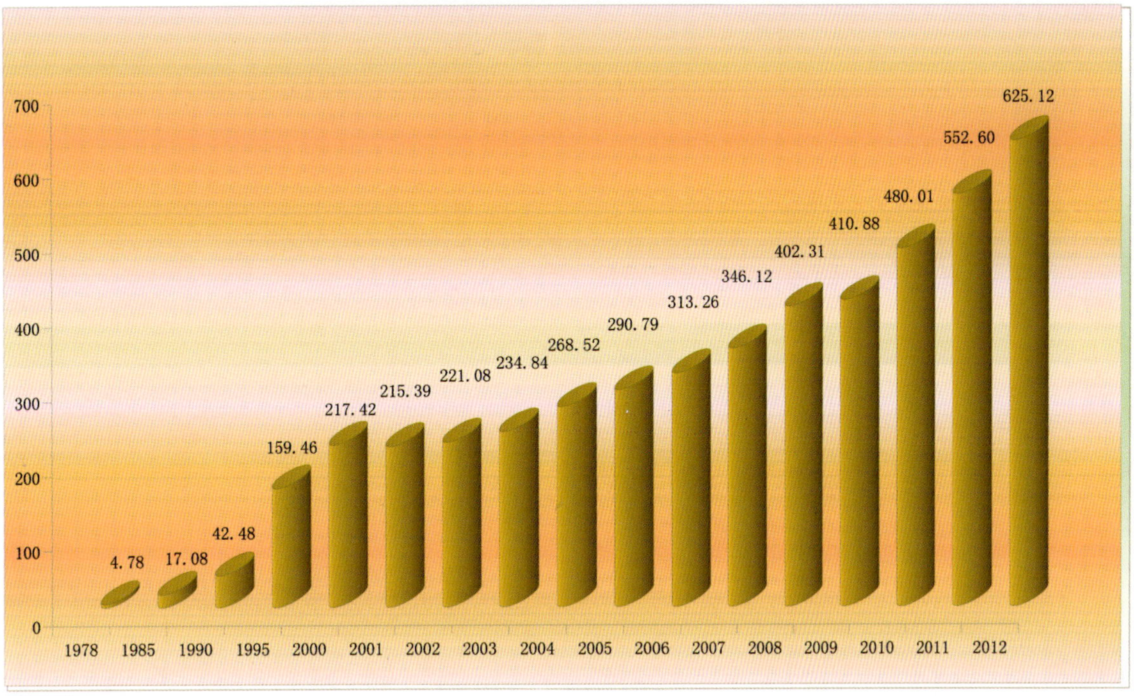

全社会固定资产投资（亿元）

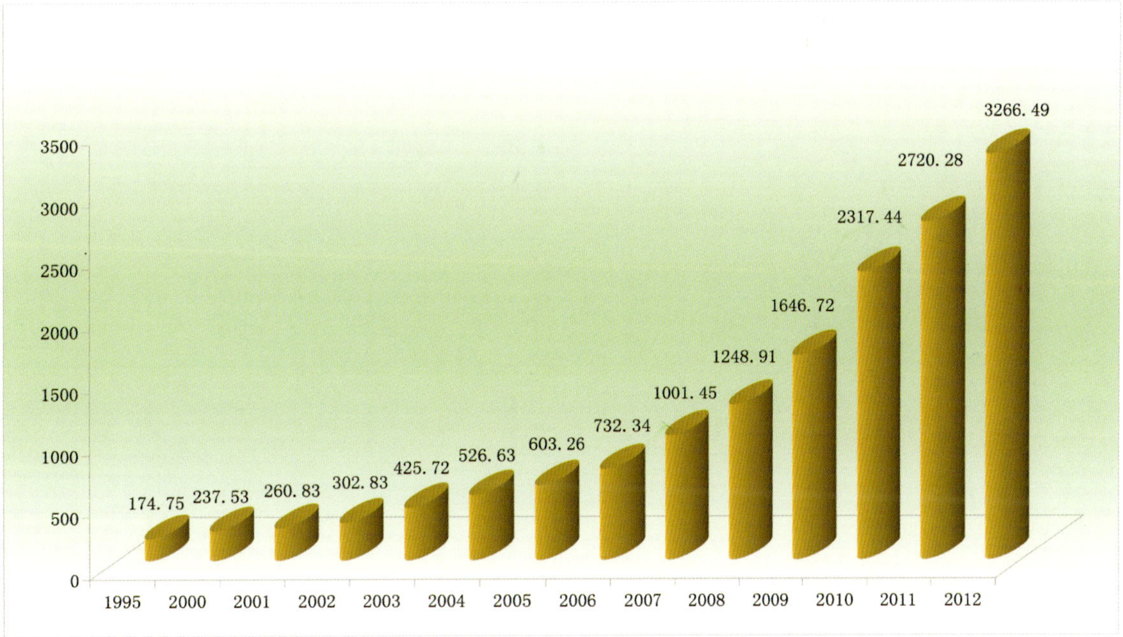

工业总产值（亿元）

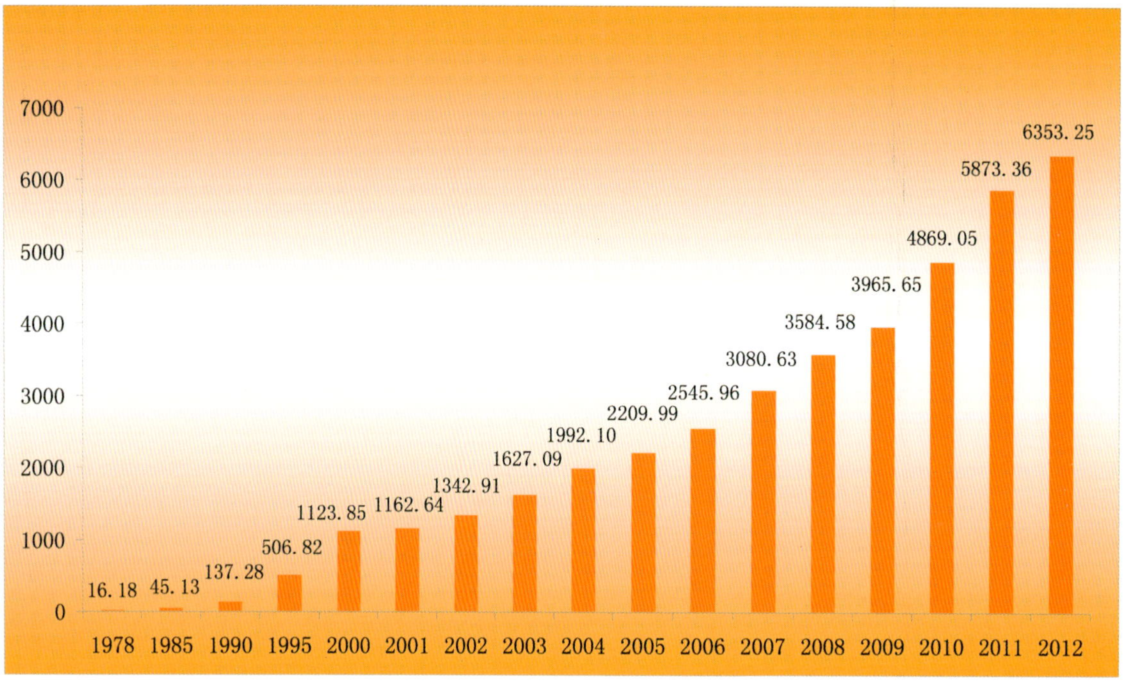

规模以上工业总产值（亿元）

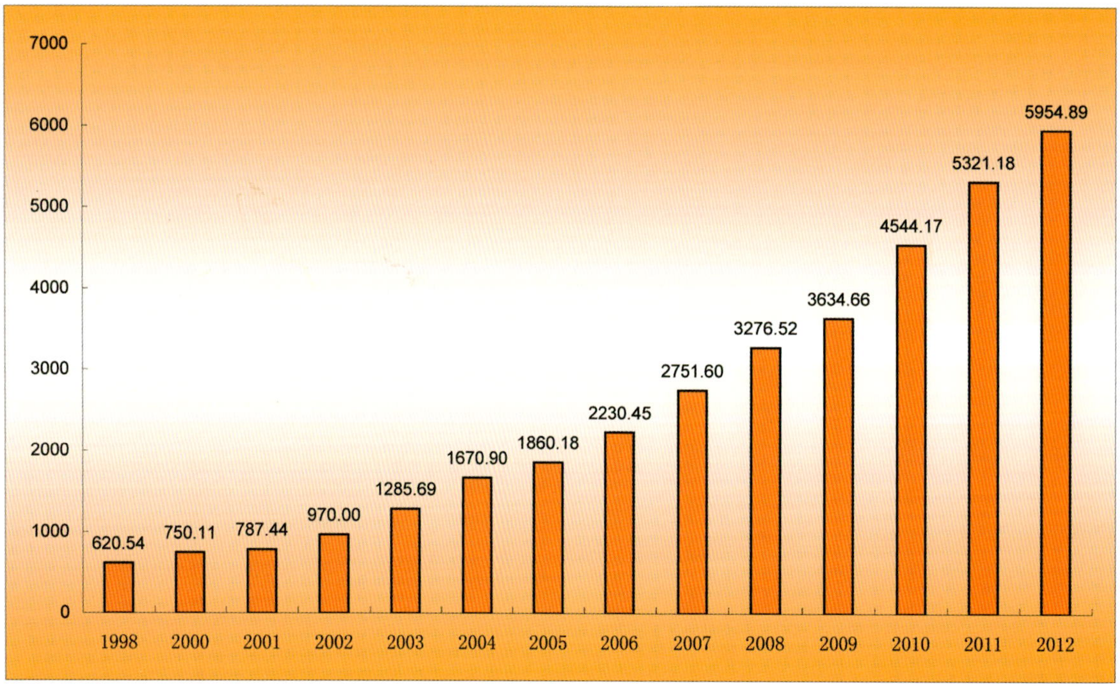

社会消费品零售总额（亿元）

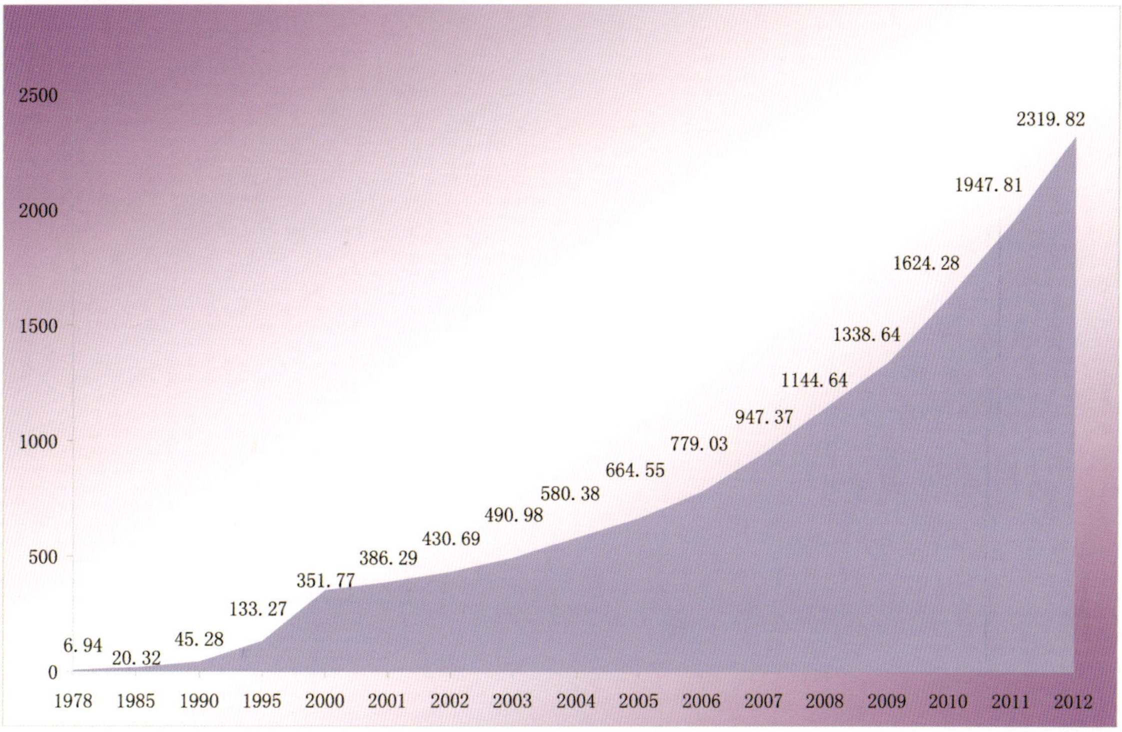

居民消费价格指数（以上年价格为100）

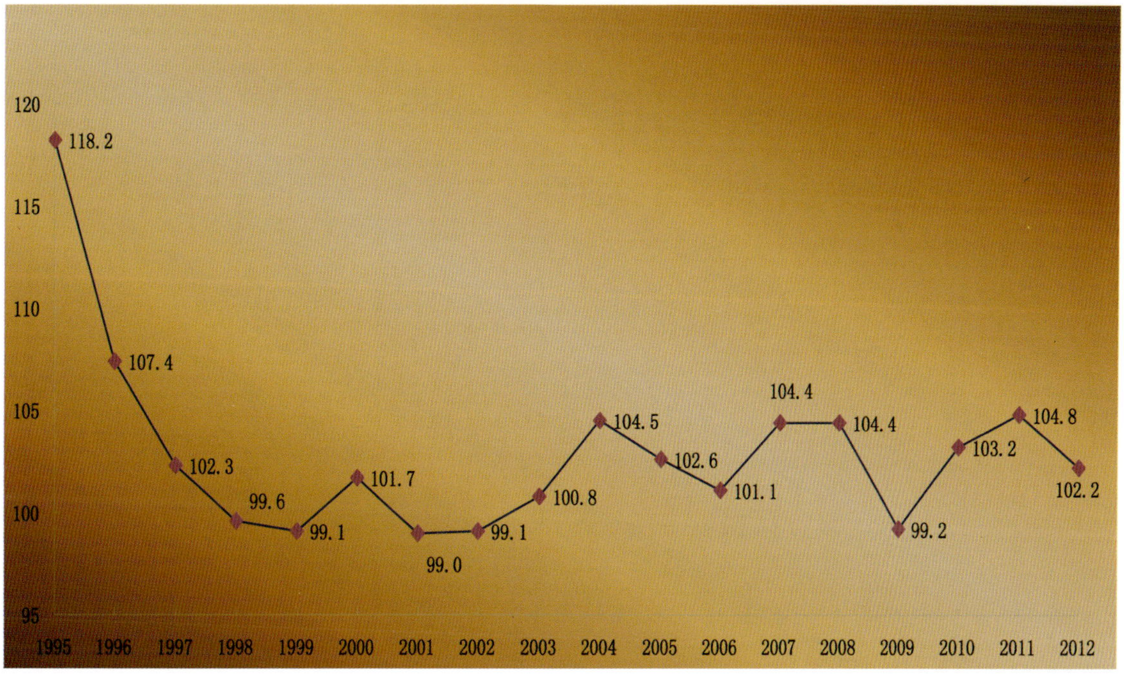

财政总收入（亿元）

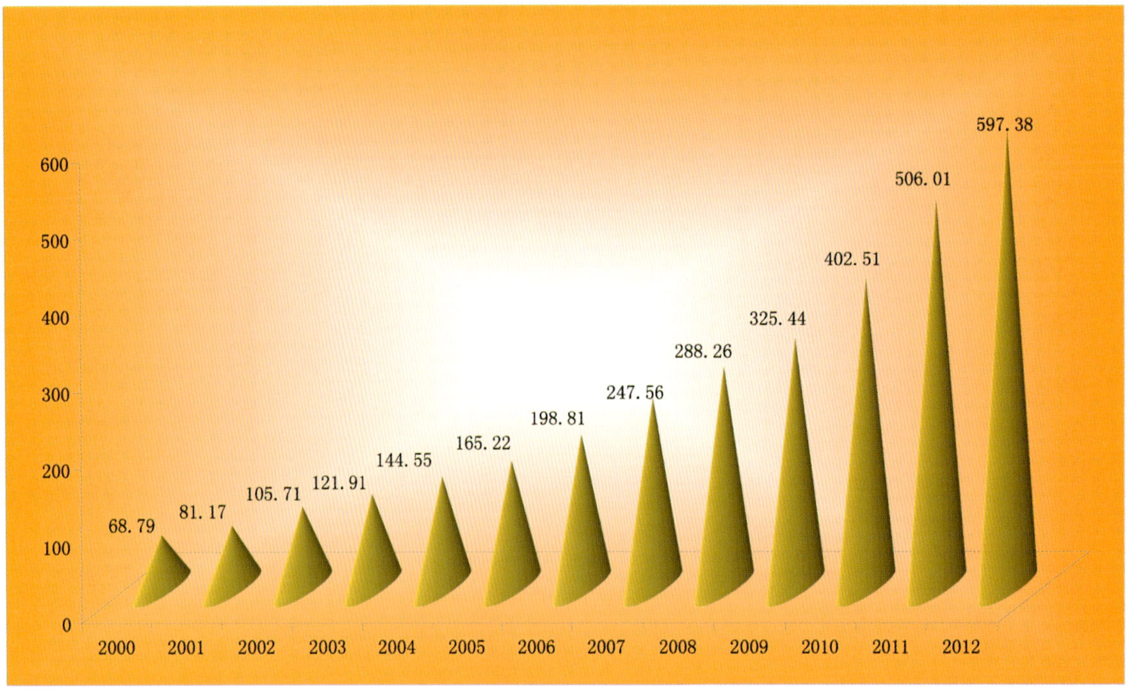

地方财政收入（亿元）

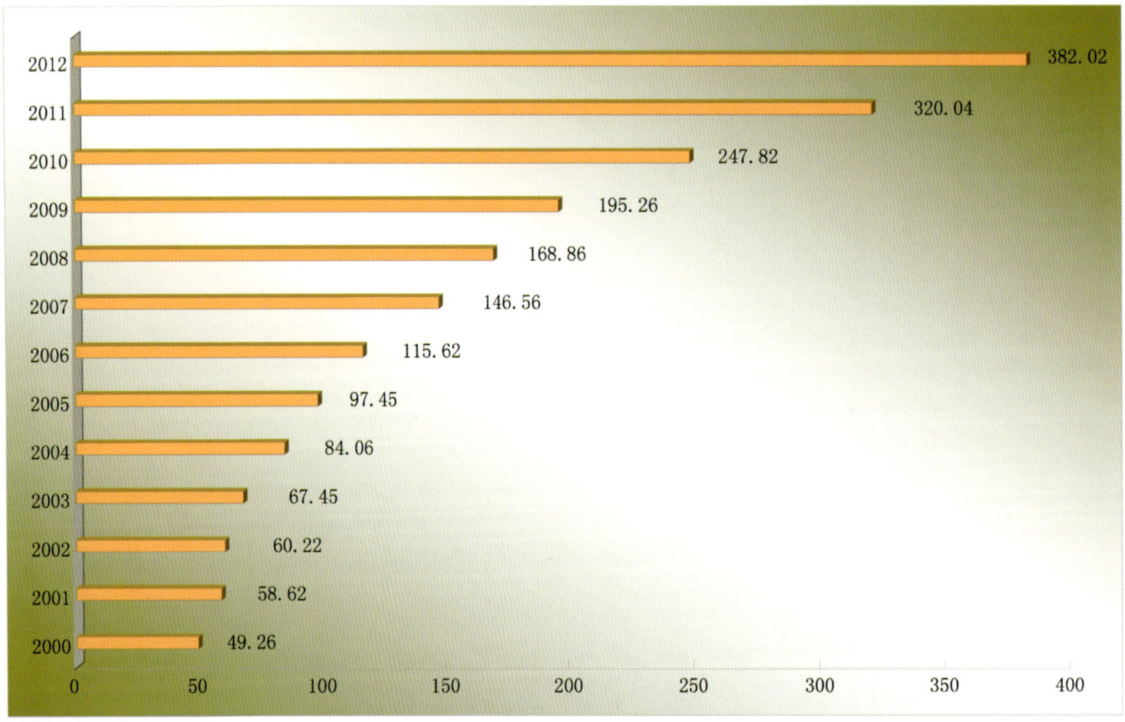

进出口总值（亿美元）

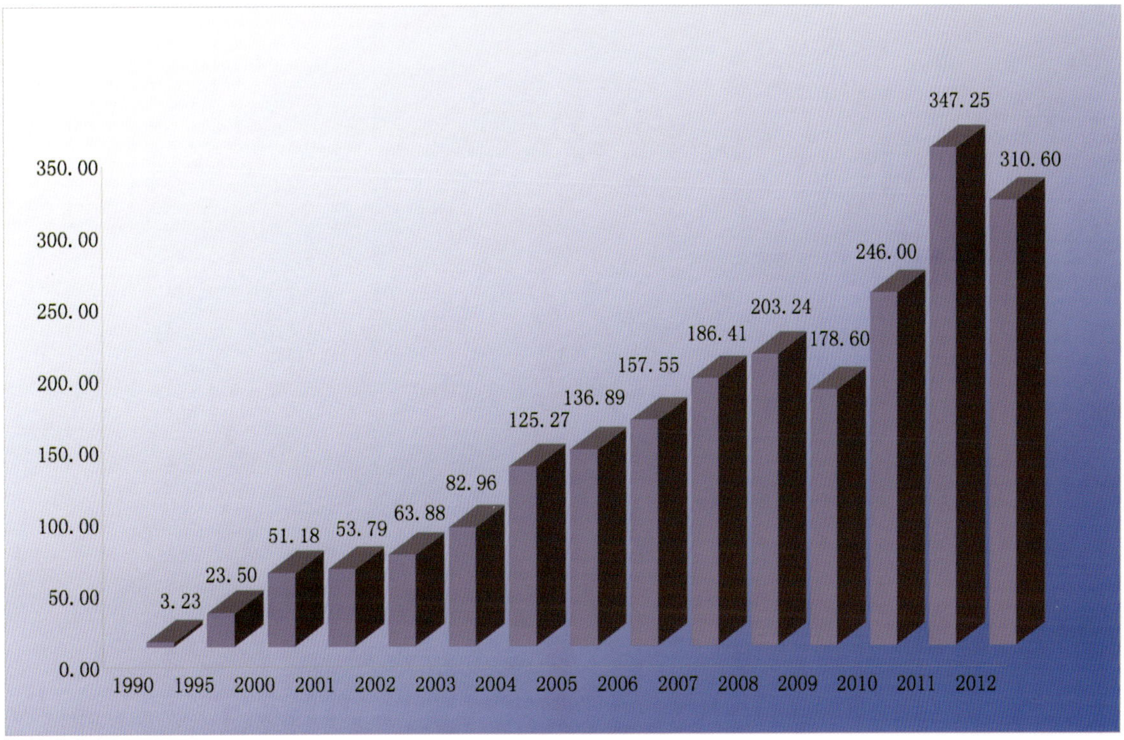

出口总值（亿美元）

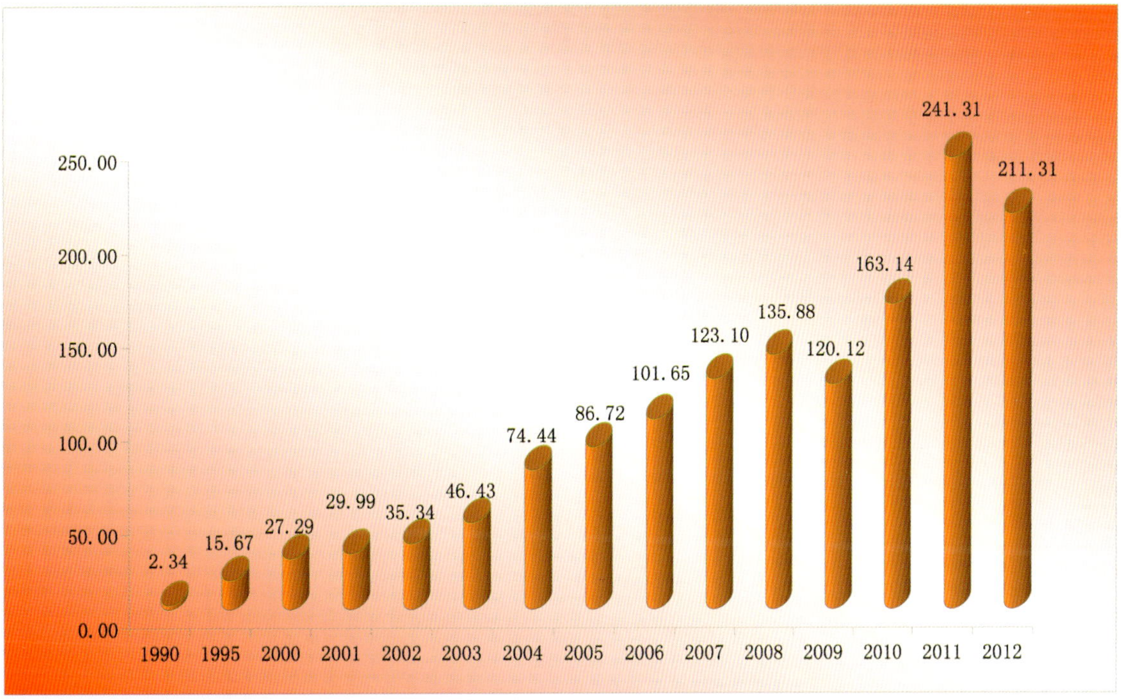

实际利用外资（验资口径，万美元）

金融机构人民币存款余额（亿元）

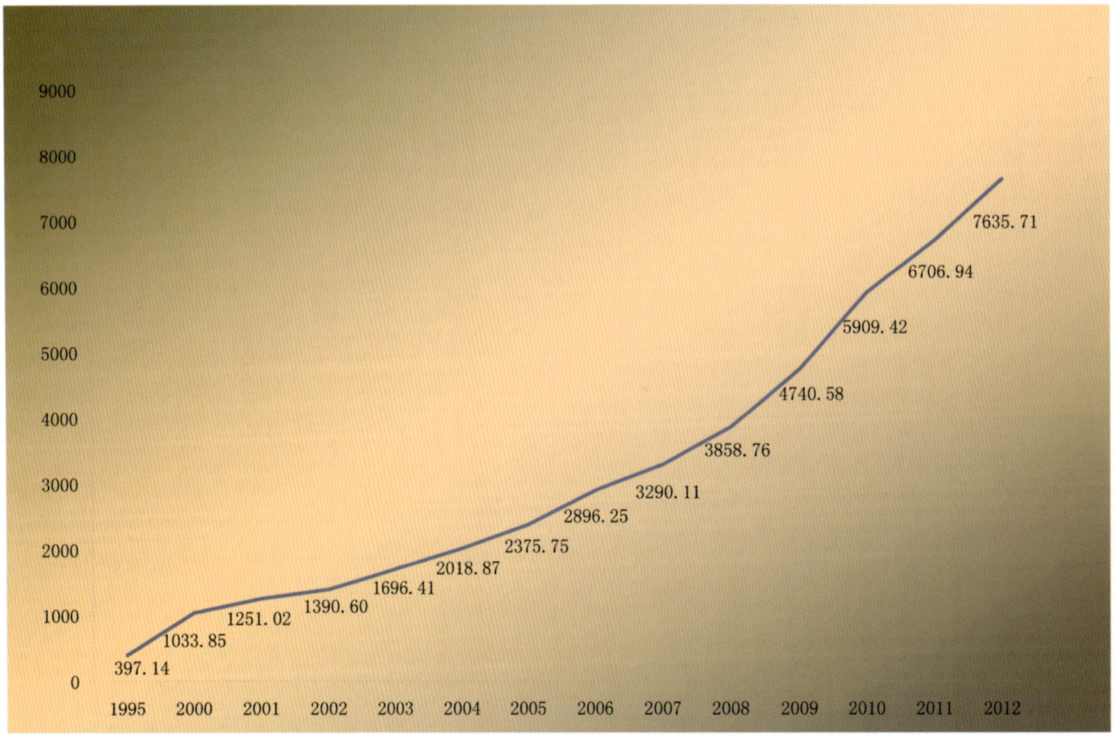

金融机构人民币贷款余额（亿元）

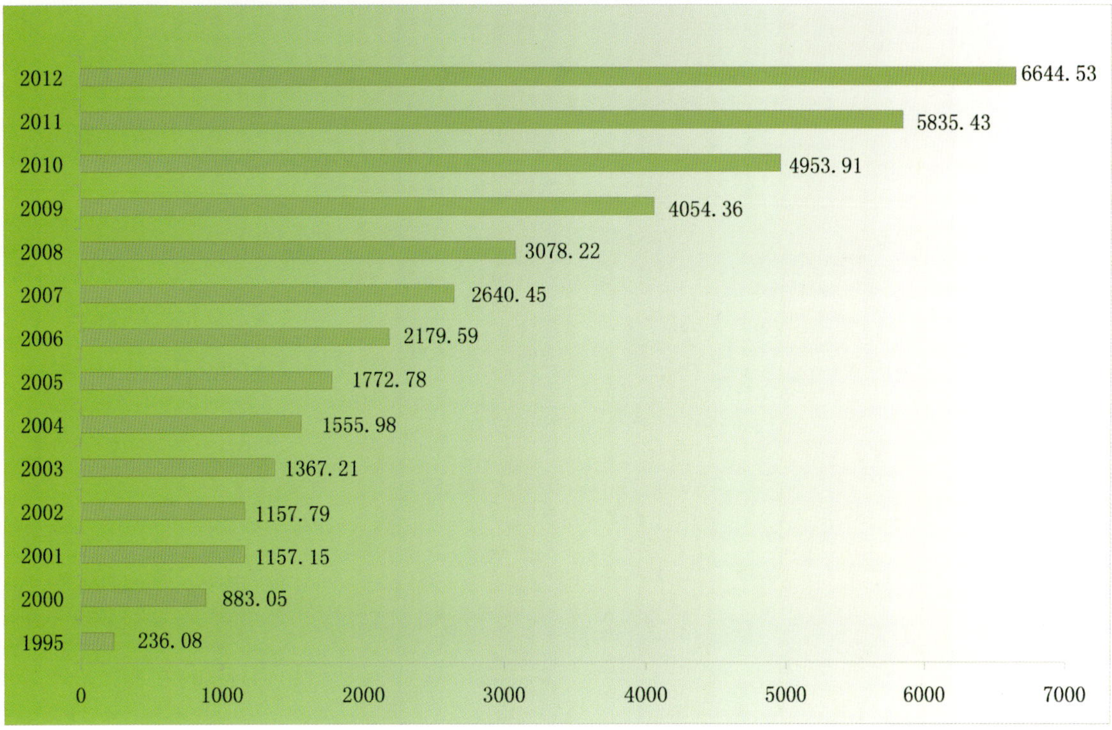

城乡居民收入（元）

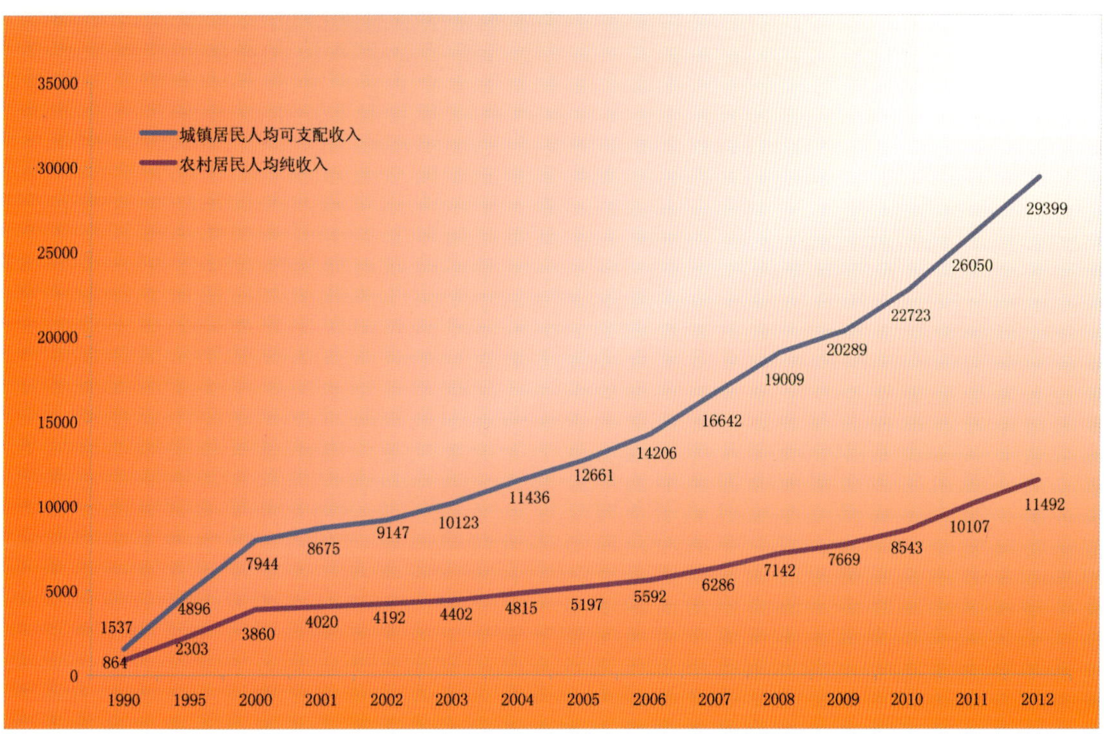

普通高校在校学生人数（万人）

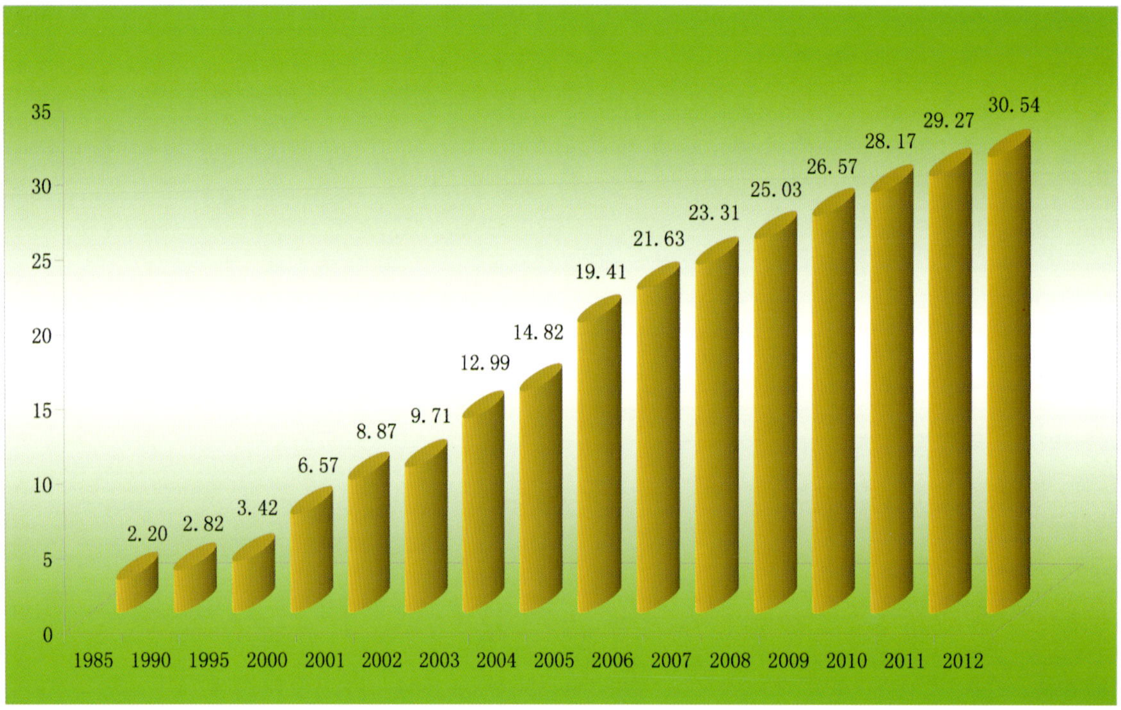

卫生医疗机构（个）

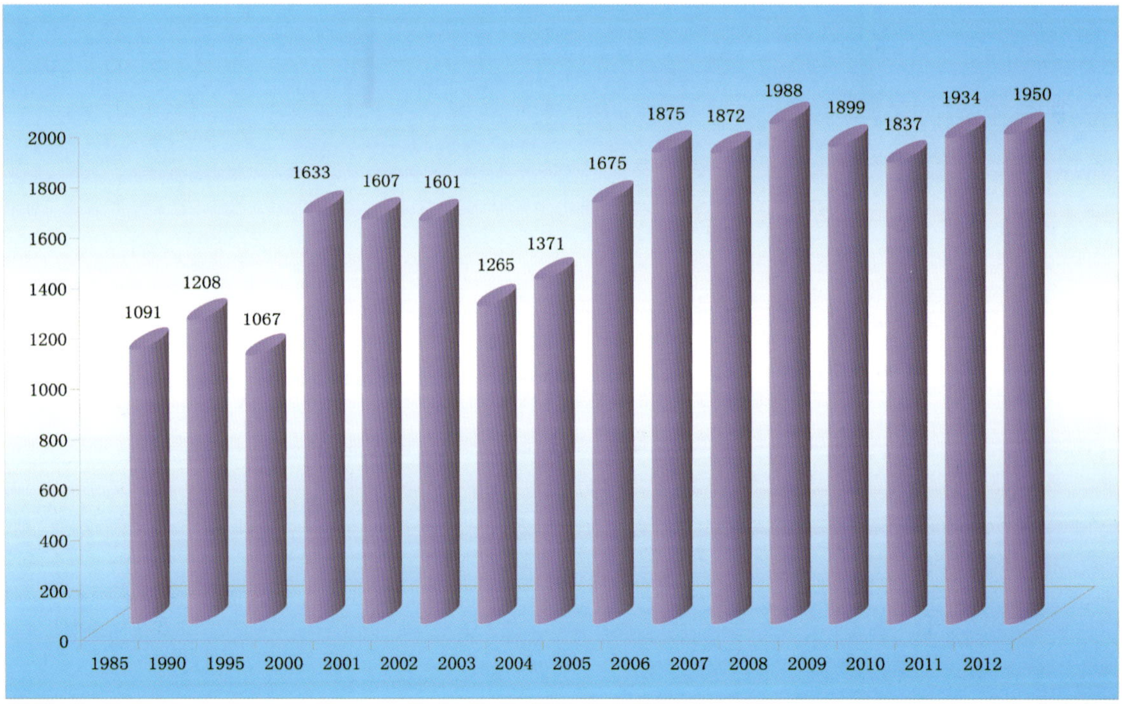

卫生技术人员（人）

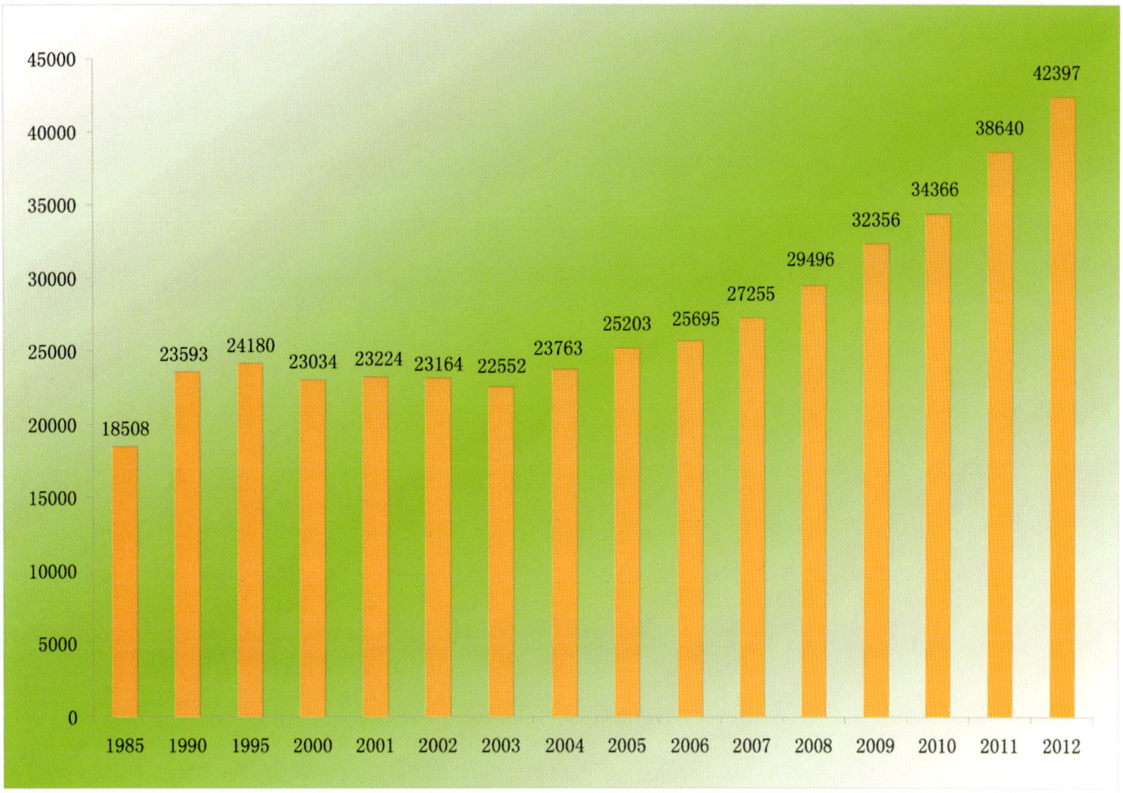

卫生机构医疗床位数（张）

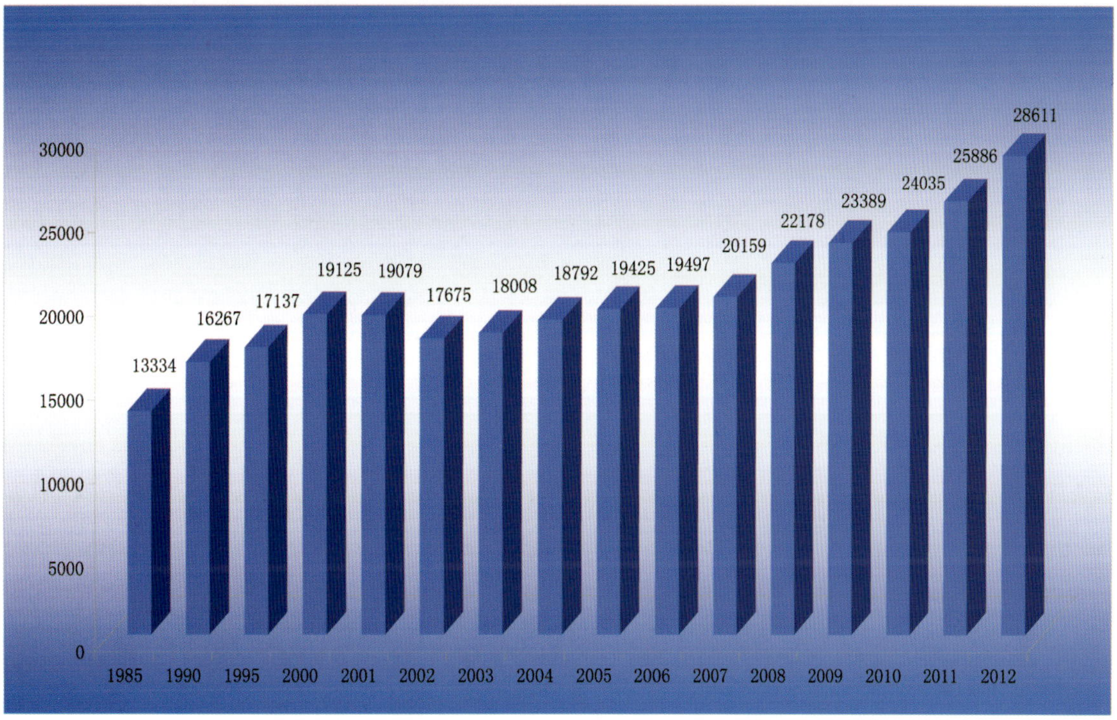

目　录

综　合

国民经济核算

人　口

就业与职工工资

农林牧渔业

工业、交通邮电业

固定资产投资

建筑业

批发零售、住宿餐饮与旅游业

对外经济

价格指数

财政金融

人民生活

科技、教育与文化

卫生、体育与其他

城市比较

附　　录

1 综　合

1-1 行政区划

（2012年末） 单位：个

县(市)区	街道、乡(镇)数				村(居)委会数		
	合计	街道	镇	乡	合计	社区居委会	村委会
总计	**189**	**43**	**99**	**47**	**2892**	**500**	**2392**
市区	**46**	**31**	**13**	**2**	**611**	**334**	**277**
鼓楼区	10	9	1		79	79	
台江区	10	10			73	73	
仓山区	13	8	5		190	88	102
晋安区	9	3	4	2	193	80	113
马尾区	4	1	3		76	14	62
八县(市)	**143**	**12**	**86**	**45**	**2281**	**166**	**2115**
福清市	24	7	17		478	40	438
长乐市	18	4	12	2	253	22	231
闽侯县	15	1	8	6	324	27	297
连江县	23		16	7	272	29	243
罗源县	11		6	5	196	7	189
闽清县	16		11	5	291	20	271
永泰县	21		9	12	264	10	254
平潭县	15		7	8	203	11	192

1-2 国民经济和社会发展总量和速度指标

项目	单位	总量指标				
		1990年	1995年	2000年	2005年	2009年
人口与就业						
年末户籍总人口	万人	535.30	562.27	589.23	614.84	638.33
#市区人口	万人	129.24	137.52	148.49	176.11	187.53
社会从业人员	万人	245.83	280.45	293.62	330.00	365.73
#城镇单位职工人数	万人	75.79	82.40	68.42	80.95	94.62
城镇私营个体从业人员	万人	6.19	9.67	21.30	37.19	50.26
国民经济核算						
地区生产总值	亿元	102.40	464.14	876.39	1491.40	2604.04
第一产业	亿元	29.41	98.52	135.18	174.78	242.00
第二产业	亿元	41.21	167.19	378.89	670.80	1108.19
工业	亿元	34.50	130.01	321.15	564.20	891.64
建筑业	亿元	6.71	37.18	57.74	106.60	216.55
第三产业	亿元	31.78	198.44	362.32	645.82	1253.85
工农业						
农林牧渔业总产值	亿元	42.48	159.46	217.42	290.79	410.88
全部工业总产值	亿元	137.28	506.82	1123.85	2209.99	3965.65
#规模以上工业总产值	亿元			750.11	1860.18	3634.66
固定资产投资						
全社会固定资产投资	亿元		174.75	237.53	603.26	1646.72
#房地产开发投资	亿元		55.00	75.85	222.03	361.80
贸易价格指数						
社会消费品零售总额	亿元	45.28	133.27	351.77	664.55	1338.64
居民消费价格指数(以上年为100)	%	100.1	118.2	101.7	102.6	99.2
对外经贸						
进出口总额	亿美元	3.23	23.50	51.18	136.89	178.60
出口总额	亿美元	2.34	15.67	27.29	86.72	120.12
进口总额	亿美元	0.89	7.82	23.89	50.17	58.48
新批外资项目	项	233	678	295	326	144
合同外资金额	亿美元	2.74	32.27	9.55	11.66	12.30
实际利用外资(历史可比口径)	亿美元	1.02	11.25	8.01	16.00	22.96
(验资口径)	亿美元				6.40	10.32

2010年	2011年	2012年	平均增长速度(%)			
			1991－2012年	1996－2012年	2001－2012年	2006－2012年
645.90	649.41	655.27	0.92	0.90	0.89	0.91
188.59	190.02	192.06	1.82	1.98	2.17	1.25
389.24	425.59	451.68	2.80	2.84	3.65	4.59
105.48	128.07	143.70	2.95	3.33	6.38	8.54
65.35	73.79	85.77	12.69	13.70	12.31	12.68
3123.41	3736.38	4210.93	15.51	13.22	12.50	13.47
282.73	325.09	367.73	5.71	4.64	3.14	3.38
1401.92	1711.19	1905.50	17.73	15.37	13.77	14.37
1127.59	1355.19	1481.99	18.09	15.64	13.55	13.84
274.33	356.00	423.51	15.08	12.95	14.76	16.92
1438.76	1700.10	1937.70	16.64	13.04	13.55	14.65
480.01	552.60	625.12	6.91	5.27	4.14	4.74
4869.05	5873.36	6353.25	20.59	18.58	17.20	17.85
4544.17	5321.18	5954.89				18.84
2317.44	2720.28	3266.49		18.80	24.41	27.29
670.69	956.45	972.27		18.41	23.69	23.49
1624.28	1947.81	2319.82	19.59	18.30	17.02	19.55
103.2	104.8	102.2				
246.00	347.25	310.60	23.07	16.40	16.21	12.42
163.14	241.31	211.31	22.72	16.54	18.60	13.57
82.86	105.94	99.29	23.89	16.12	12.61	10.24
186	170	148	－2.04	－8.56	－5.59	－10.67
16.73	17.70	20.56	9.60	－2.62	6.60	8.44
24.82	26.86					
11.85	12.77	13.39				11.12

1－2 续表

项目	单位	总量指标			
		1990年	1995年	2000年	2005年
财政金融					
财政总收入	亿元		37.84	68.79	165.22
财政一般预算收入	亿元	10.94	25.82	55.35	127.68
财政一般预算支出	亿元	8.28	27.45	54.04	118.99
金融机构存款年末余额	亿元	85.41	397.14	1033.85	2375.75
金融机构贷款年末余额	亿元	67.72	236.08	883.05	1772.78
银行现金收入	亿元	146.54	969.89	4883.92	6499.64
银行现金支出	亿元	133.49	947.43	4887.29	6481.51
交通邮电					
货运总量(发送量)	万吨	1230.00	8166.00	9744.00	10175.00
客运总量(发送量)	万人	3396.00	9529.00	8023.00	10320.00
沿海港口货物吞吐量	万吨	615.00	1099.00	2425.00	7443.00
人民生活					
城镇非私营单位在岗职工平均工资	元	2128	5827	11199	18314
城镇居民人均可支配收入	元	1537	4896	7944	12661
城镇居民人均消费性支出	元	1381	4021	6009	8382
农村居民人均纯收入	元	864	2303	3860	5197
农村居民人均消费性支出	元	765	1818	2921	3503
教育卫生					
普通高等学校数	所	12	12	13	36
普通高等学校在校学生数	人	28188	34162	65737	194073
普通高等学校专任教师数	人	4329	4047	4754	12698
中等职业技术学校数	所	42	44	45	95
中等职业技术学校在校学生数	人	21551	36973	53916	122728
中等职业技术学校专任教师数	人	2303	2610	2572	5045
卫生机构数	个	1208	1067	1633	1675
#医院、卫生院	个	198	199	242	240
卫生技术人员数	人	23953	24180	23034	25203
#医生	人	9330	10275	10639	11056
卫生机构床位数	张	16267	17137	19125	19425

注:2011年起取消现金收支情况表,下同。

			平均增长速度(%)			
2010 年	2011 年	2012 年	1991 - 2012 年	1996 - 2012 年	2001 - 2012 年	2006 - 2012 年
402.51	506.01	597.38		17.62	19.74	20.15
247.82	320.04	382.02	17.53	17.17	17.47	16.95
262.42	363.30	410.73	19.42	17.25	18.41	19.36
5909.42	6706.94	7635.71	22.66	18.99	18.13	18.15
4953.91	5835.43	6644.53	23.18	21.69	18.32	20.77
6286.64						
6255.87						
14907.41	16028.72					
18600.16	19506.96					
7124.80	8218.28	9373.27	13.18	13.44	11.93	3.35
34806	41725	48089	15.23	13.22	12.91	14.79
22723	26050	29399	14.36	11.12	11.52	12.79
15778	17847	20040	12.93	9.91	10.56	13.26
8543	10107	11492	12.48	9.92	9.52	12.00
6071	7353	8336	11.47	9.37	9.13	13.18
31	31	32	4.56	5.94	7.80	-1.67
281680	292678	305386	11.44	13.75	13.65	6.69
17209	17910	18470	6.82	9.34	11.97	5.50
69	61	61	1.71	1.94	2.57	-6.13
136177	170184	195095	10.53	10.28	11.31	6.85
4603	4817	4967	3.56	3.86	5.64	-0.22
1837	1934	1950	2.20	3.61	1.49	2.20
202	204	226	0.60	0.75	-0.57	-0.85
34366	38640	42397	2.63	3.36	5.22	7.71
13813	15004	16140	2.52	2.69	3.53	5.55
24035	25886	28611	2.60	3.06	3.41	5.69

1－3 各个计划时期主要经济指标总量

项目	单位	“一五”时期	“二五”时期	1963～1965年	“三五”时期	“四五”时期	“五五”时期
地区生产总值	亿元	16.73	26.69	16.59	30.74	42.87	65.26
第一产业	亿元	6.70	7.46	5.94	10.82	13.11	17.91
第二产业	亿元	3.32	9.38	4.12	9.16	18.33	29.83
第三产业	亿元	6.71	9.86	6.53	10.80	11.43	17.52
工农业总产值	亿元	14.50	29.46	19.48	43.15	57.83	105.71
农林牧渔业总产值	亿元	7.74	10.51	8.60	16.56	19.33	26.17
工业总产值	亿元	6.76	18.95	10.88	26.59	38.50	79.54
财政总收入	亿元	2.23	4.79	1.95	4.20	7.67	10.54
地方财政收入	亿元	2.23	4.79	1.95	4.20	7.67	10.54
财政支出	亿元	1.08	2.17	1.26	2.42	3.98	6.21
金融系统存款年末余额	亿元	1.42	3.93	3.45	3.92	5.85	15.12
金融系统贷款年末余额	亿元	1.23	4.14	2.94	4.82	7.39	13.81
居民储蓄存款年末余额	亿元	0.35	0.55	0.70	0.82	1.27	2.99
货物发送量	万吨	391	2628	1453	2457	3466	3894
旅客发送量	万人次		2643	1964	2663	2610	3346
社会消费品零售总额	亿元	12.23	18.56	12.05	20.70	24.70	37.81
出口总额	亿美元						0.02
实际利用外资(历史可比口径)	亿美元						0.02
实际利用外资(验资口径)	亿美元						

项目	单位	“六五”时期	“七五”时期	“八五”时期	“九五”时期	“十五”时期	“十一五”时期	“十二五”前两年
地区生产总值	亿元	143.43	372.02	1327.78	3743.34	5943.67	11799.33	7947.31
第一产业	亿元	44.84	108.68	295.78	630.45	750.31	1141.59	692.82
第二产业	亿元	63.49	156.69	501.83	1532.21	2717.48	5055.87	3616.68
第三产业	亿元	35.10	106.66	530.17	1581.68	2475.88	5601.87	3637.80
工农业总产值	亿元	225.93	642.73	2147.33	5587.42	9565.34	19998.46	13404.34
农林牧渔业总产值	亿元	63.94	157.60	460.37	1009.35	1230.61	1952.59	1177.73
工业总产值	亿元	161.99	485.13	1686.96	4578.07	8334.73	18045.87	12226.61
财政总收入	亿元	16.98	42.06	94.22	298.15	708.20	1462.53	1103.39
地方财政收入	亿元	16.98	42.06	94.22	213.19	457.44	911.02	702.06
财政支出	亿元	11.81	32.88	87.05	215.72	428.17	931.10	774.03
金融系统存款年末余额	亿元	28.98	85.41	351.44	1033.85	2375.75	5909.42	7635.71
金融系统贷款年末余额	亿元	30.29	67.72	203.21	883.05	1772.78	4953.91	6644.53
居民储蓄存款年末余额	亿元	12.36	51.85	231.94	484.47	1155.04	2326.96	
货物发送量	万吨	4093	4669	20940	39662	42483	68315.00	
旅客发送量	万人次	5480	43654	26633	46189	49991	68576.00	
社会消费品零售总额	亿元	72.27	180.29	427.13	1365.78	2552.88	5833.97	4267.63
出口总额	亿美元	0.56	5.21	45.72	103.39	272.92	643.89	452.62
实际利用外资(历史可比口径)	亿美元	0.41	2.05	29.25	45.59	64.67	102.31	
实际利用外资(验资口径)	亿美元							26.16

1－4　各个计划时期主要经济指标年平均发展速度

单位:%

项　　目	“恢复”时期（1950～1952）	“一五”时期（1953～1957）	“二五”时期	1963～1965年	“三五”时期	“四五”时期	“五五”时期
年末户籍总人口	103.01	102.71	102.46	102.41	101.75	102.69	101.93
#市区人口	103.61	103.72	102.95	101.31	98.81	102.08	102.14
地区生产总值	119.71	111.20	97.81	112.37	101.10	105.41	112.35
第一产业	116.58	106.85	92.96	116.75	100.15	98.57	111.59
第二产业	133.76	113.94	104.98	115.10	106.37	112.39	113.38
第三产业	121.74	109.89	108.52	105.66	97.79	105.67	111.54
农林牧渔业总产值	114.41	107.15	97.05	114.45	101.15	99.34	107.80
全部工业总产值	126.76	116.38	108.03	119.24	108.39	112.01	111.10
地方财政收入	393.50	114.20	111.06	101.67	105.39	104.74	109.92
地方财政支出		113.47	101.20	107.15	110.05	105.27	110.36
金融系统存款年末余额	162.05	122.45	122.52	95.72	102.60	108.31	120.93
金融系统贷款年末余额	132.57	158.86	127.47	89.22	110.39	108.91	113.33
居民储蓄存款年末余额	361.59	131.69	109.53	108.64	103.30	109.06	118.64
社会消费品零售总额	124.29	114.30	107.83	98.80	100.45	106.18	113.64
出口总额							
实际利用外资额（历史可比口径）							
实际利用外资额（验资口径）							
城镇非私营单位在岗职工平均工资			98.31	103.76	98.67	101.72	102.49
城镇居民人均可支配收入	111.02	107.89	102.02	105.45	103.15	103.11	103.22
农村居民人均纯收入	105.38	102.42	104.43	108.00	104.86	95.56	106.62

项　　目	“六五”时期	“七五”时期	“八五”时期	“九五”时期	“十五”时期	“十一五”时期	“十二五”前两年
年末户籍总人口	101.68	101.83	100.99	100.94	100.85	100.99	100.72
#市区人口	102.04	101.67	101.25	101.55	103.47	101.38	100.92
地区生产总值	114.04	111.07	123.62	114.98	110.99	113.84	112.55
第一产业	108.06	116.53	109.43	108.32	102.81	102.98	104.40
第二产业	116.72	106.53	126.16	119.27	113.72	113.98	115.40
第三产业	115.22	113.65	129.77	111.84	110.67	116.05	111.25
农林牧渔业总产值	109.39	108.63	112.66	108.06	103.29	104.88	104.40
全部工业总产值	117.18	119.88	127.68	121.99	116.28	118.78	115.55
地方财政收入	114.25	116.32	118.73	118.73	118.20	114.18	124.16
地方财政支出	122.04	116.16	127.08	114.51	117.07	117.14	125.11
金融系统存款年末余额	113.90	124.13	132.69	128.91	118.11	119.99	113.67
金融系统贷款年末余额	117.02	117.45	124.58	141.61	114.96	122.82	115.81
居民储蓄存款年末余额	132.81	133.22	134.93	119.24	118.98	115.04	
社会消费品零售总额	113.97	117.38	124.10	121.42	113.50	119.57	119.51
出口总额	176.85	175.98	146.33	121.42	126.01	113.47	113.81
实际利用外资额（历史可比口径）	155.92	146.03	161.56	93.43	114.84	109.18	
实际利用外资额（验资口径）							106.30
城镇非私营单位在岗职工平均工资	108.86	115.00	122.32	113.96	110.34	113.70	117.54
城镇居民人均可支配收入	116.64	117.78	126.08	110.16	109.77	112.41	113.75
农村居民人均纯收入	125.66	115.35	121.66	110.88	106.13	110.45	115.98

1－5 国民经济主要比例关系

单位:%

项目	1995年	2000年	2005年	2006年	2007年	2008年	2009年	2010年	2011年	2012年
三次产业结构										
第一产业	21.23	15.43	11.72	10.44	10.06	10.04	9.29	9.05	8.70	8.73
第二产业	36.02	43.23	44.98	42.74	41.76	41.49	42.56	44.88	45.80	45.25
第三产业	42.75	41.34	43.30	46.82	48.18	48.47	48.15	46.06	45.50	46.02
工农业总产值结构										
农林牧渔业	23.93	16.21	11.63	10.96	10.10	10.09	9.39	8.97	8.60	8.96
工业	76.07	83.79	88.37	89.04	89.90	89.91	90.61	91.03	91.40	91.04
农林牧渔业总产值结构										
#农业	31.53	28.44	27.78	28.22	26.55	21.97	26.61	27.06	26.17	25.93
林业	3.45	3.19	2.19	2.21	2.21	1.72	2.48	2.77	2.86	2.72
牧业	17.25	18.15	17.56	16.11	15.38	12.54	14.17	12.73	13.44	11.79
渔业	47.77	50.22	51.94	52.92	51.68	41.21	52.76	53.79	54.14	56.41
工业总产值轻重工业结构										
轻工业	58.41	43.88	38.93	39.70	40.14	39.84	40.48	40.04	41.17	44.77
重工业	41.59	56.12	61.07	60.30	59.86	60.16	59.52	59.96	58.83	55.23
工业总产值经济类型结构										
#国有	15.47	6.80	6.05	6.05	6.49	6.13	7.14	6.57	6.92	6.81
集体	27.59	4.99	1.52	1.52	1.43	1.12	1.09	1.20	1.59	0.55
外商及港澳台投资	45.21	70.15	59.95	59.95	55.90	54.16	50.91	51.39	49.68	46.51
全社会固定资产投资额结构										
#房地产开发投资	21.47	31.93	36.80	41.13	34.60	24.81	21.97	28.94	35.16	29.76
进出口总额结构										
出口总额	66.71	53.39	63.35	64.52	66.04	66.79	67.26	66.32	69.49	68.03
进口总额	33.29	46.61	36.65	36.65	33.96	33.21	32.74	33.68	30.51	31.97

注:工业总产值中主要比例关系2000年起为规模以上工业的比例。

1－6　主要经济指标人均值

项　　目	单位	1995 年	2000 年	2005 年	2006 年	2007 年	2008 年	2009 年	2010 年	2011 年	2012 年
地区生产总值	元	8219	14841	20292	25216	30130	34668	38015	44000	52152	58202
工农业总产值	元	11133	22069	40854	46207	54694	62614	68690	74755	89777	96453
农林牧渔业总产值	元	2853	3709	4750	5063	5524	6354	6449	7476	7720	8640
工业总产值	元	8280	18360	36104	41144	49170	56260	62241	75829	82057	87813
全社会固定资产投资额	元	3127	4052	9855	11835	15984	19726	25845	36091	38005	45148
社会消费品零售总额	元	2385	5998	10857	12590	15121	18079	21010	25296	27213	32064
进出口总额	美元	420	874	2236	2546	2975	3214	2803	3831	4851	4293
出口总额	美元	280	466	1417	1643	1965	2146	1885	2541	3371	2921
进口总额	美元	140	408	820	903	1011	1067	918	1284	1480	1372
实际利用外资额（历史可比口径）	美元	201	137	261	262	272	336	360	387	375	
实际利用外资额（验资口径）	美元										185
财政总收入	元	677	1278	3193	3809	3951	4552	5108	6269	7069	8257
地方财政收入	元	462	944	2086	2465	2339	2667	3065	3859	4471	5280
财政支出	元	491	922	1941	2300	2284	2779	3219	4087	5076	5677
居民储蓄存款余额	元	4150	8265	18870	21193	21963	27007	32137	36239	35518	
银行现金收入	元	17354	83488	106182	113643	122366	99864	93736	97906		
银行现金支出	元	16952	83375	105886	113244	121701	99192	93101	97427		
城镇非私营单位在岗职工平均工资	元	5827	11199	18314	20666	23950	27521	30704	34806	41725	48089
城镇居民人均可支配收入	元	4896	7944	12661	14206	16642	19009	20289	22723	26050	29399
城镇居民人均消费性支出	元	4021	6009	8382	9595	11790	13541	14105	15778	17847	20040
城市居民人均可支配收入	元	5485	8301	12757	14321	16765	19140	20748	23246	26633	30073
城市居民人均消费性支出	元	4513	6417	8428	9671	11892	13662	14575	16323	18363	20571
农村居民人均纯收入	元	2303	3860	5197	5592	6286	7142	7669	8543	10107	11492

1－7　平均每天主要社会经济活动

项　　目	单位	1995 年	2000 年	2005 年	2006 年	2007 年	2008 年	2009 年	2010 年	2011 年	2012 年
地区生产总值	万元	12716	24011	40860	46217	55597	64539	71344	85573	102367	115368
工农业总产值	万元	18254	36747	68515	78335	93884	109230	11257	146550	176054	191188
工业总产值	万元	13885	30790	60548	69752	84401	98208	108648	133399	160914	174062
农林牧渔业总产值	万元	4369	5957	7967	8583	9483	11022	11257	13151	15140	17127
全社会固定资产投资	万元	4788	6508	16528	20064	27437	34216	45116	63492	74528	89493
社会消费品零售总额	万元	3651	9637	18207	21343	25955	31360	36675	44501	53365	63557
进出口总额	万美元	644	1402	3750	4316	5107	5575	4893	6740	9514	8510
出口总额	万美元	429	748	2376	2785	3373	3723	3291	4470	6611	5789
进口总额	万美元	215	654	1375	1532	1735	1846	1602	2270	2903	2720
实际利用外资额（历史可比口径）	万美元	308	219	438	444	466	584	629	680	736	
实际利用外资额（验资口径）	万美元										367
财政总收入	万元	1037	2052	5355	6458	6783	7896	8916	11028	13863	16367
地方财政收入	万元	707	1517	3498	4179	4015	4626	5350	6790	8768	10466
财政支出	万元	752	1481	3256	3899	3921	4821	5619	7190	9953	11253
银行现金收入	万元	26572	134080	178072	192661	210040	173224	163624	172237		
银行现金支出	万元	25957	133898	177576	191984	208954	172058	162515	171394		
货运总量(发送量)	吨	223726	200493	278767	316493	346329	408016	392374	408422	439143	
客运总量(发送量)	人	261068	247205	282740	319178	335178	308346	406508	509593	534437	
沿海港口货物吞吐量	吨	30110	66438	203918	242400	176247	183633	221756	195200	225158	256802
出生人数	人	262	338	151	175	191	295	164	399	235	228
死亡人数	人	72	111	59	73	79	102	58	142	108	79

1-8　主要年份工农林牧渔业总产值

单位:万元

年　份	工农林牧渔业			工农林牧渔业比重(%)	
		农林牧渔业	工　业	农林牧渔业	工　业
1952	20671	12316	8355	59.58	40.42
1957	36531	18524	18007	50.71	49.29
1962	51236	24505	26731	47.83	52.17
1965	78005	32123	45882	41.18	58.82
1970	106944	39840	67104	37.25	62.75
1975	158379	36946	121433	23.33	76.67
1978	209595	47780	161815	22.80	77.20
1979	243435	62811	180624	25.80	74.20
1980	273649	74270	199379	27.14	72.86
1981	312924	94961	217963	30.35	69.65
1982	351722	113907	237815	32.39	67.61
1983	427093	118985	308108	27.86	72.14
1984	545561	140784	404777	25.81	74.19
1985	622071	170781	451290	27.45	72.55
1986	709704	193788	515916	27.31	72.69
1987	904973	235441	669532	26.02	73.98
1988	1353300	337202	1016098	24.92	75.08
1989	1661737	384783	1276954	23.16	76.84
1990	1797563	424801	1372762	23.63	76.37
1991	2145024	455904	1689120	21.25	78.75
1992	2789324	574779	2214545	20.61	79.39
1993	4165533	798168	3367385	19.16	80.84
1994	5710596	1180238	4530358	20.67	79.33
1995	6662750	1594572	5068178	23.93	76.07
1996	8388792	1775241	6613551	21.16	78.84
1997	9971485	1943061	8028424	19.49	80.51
1998	11438565	2048669	9389896	17.91	82.09
1999	12662639	2152288	10510351	17.00	83.00
2000	13412734	2174225	11238509	16.21	83.79
2001	13780349	2153911	11626438	15.63	84.37
2002	15639899	2210770	13429129	14.14	85.86
2003	18619269	2348379	16270890	12.61	87.39
2004	22606158	2685026	19920952	11.88	88.12
2005	25007792	2907871	22099921	11.63	88.37
2006	28592231	3132626	25459605	10.96	89.04
2007	34267529	3461207	30806322	10.10	89.90
2008	39868889	4023099	35845790	10.09	89.91
2009	43765276	4108816	39656460	9.39	90.61
2010	53490693	4800148	48690545	8.97	91.03
2011	64259628	5526045	58733583	8.60	91.40
2012	69783741	6251218	63532523	8.96	91.04

1－9　主要经济指标与全省比较

项　　目	单位	福州市			福建省			福州市与福建省之比（%）		
		2010 年	2011 年	2012 年	2010 年	2011 年	2012 年	2010 年	2011 年	2012 年
地区生产总值	亿元	3123.41	3736.38	4210.93	14737.12	17560.18	19701.78	21.19	21.28	21.37
农林牧渔业总产值	亿元	480.01	552.60	625.12	2307.06	2730.94	3007.40	20.81	20.23	20.79
全部工业总产值	亿元	4869.05	5873.36	6353.25	23805.32	30330.59	32379.94	20.45	19.36	19.62
#规模以上工业总产值	亿元	4544.17	5321.18	5954.89	21901.23	27443.90	29704.66	20.75	19.39	20.05
全社会固定资产投资额	亿元	2317.44	2720.28	3266.49	8273.42	10119.47	12709.66	28.01	26.88	25.70
#房地产开发投资	亿元	670.69	956.45	972.27	1818.86	2402.61	2824.12	36.87	39.81	34.43
社会消费品零售总额	亿元	1624.28	1947.81	2319.82	5310.03	6276.19	7256.53	30.59	31.03	31.97
进出口总额	亿美元	246.00	347.25	310.60	1087.80	1435.22	1559.38	22.61	24.19	19.92
出口总额	亿美元	163.14	241.31	211.31	714.93	928.38	978.33	22.82	25.99	21.60
进口总额	亿美元	82.86	105.94	99.29	372.87	506.85	581.05	22.22	20.90	17.09
实际利用外资(验资口径)	亿美元	11.85	12.77	13.39	58.03	62.01	63.38	20.42	20.59	21.13
财政总收入	亿元	402.51	506.01	597.38	2056.01	2597.01	3008.88	19.58	19.48	19.85
地方财政收入	亿元	247.82	320.04	382.02	1151.49	1501.51	1776.17	21.52	21.31	21.51
金融机构存款年末余额	亿元	5909.42	6706.94	7635.71	18309.45	21055.49	24283.68	32.28	31.85	31.44
金融机构贷款年末余额	亿元	4953.91	5835.43	6644.53	15231.36	18165.19	21209.82	32.52	32.12	31.33
普通高校在校学生数	万人	28.17	29.27	30.54	64.78	67.48	70.14	43.49	43.38	43.54
普通中等学校在校学生数	万人	46.33	47.84	49.70	260.22	260.61	255.09	17.80	18.36	19.48
客运量(发送量)	万人	18600	19507		77153	81082		24.11	24.06	
货运量(发送量)	万吨	14907	16029		66159	75272		22.53	21.29	
沿海港口货物吞吐量	万吨	7125	8218	9373	32687	37279	41359	21.80	22.05	22.66
人均地区生产总值	元	44000	52152	58202	40025	47377	52763	109.93	110.08	110.31
城镇非私营单位在岗职工平均工资	元	34806	41725	48089	32647	38989	44979	106.61	107.02	106.91
城镇居民人均可支配收入	元	22723	26050	29399	21781	24907	28055	104.32	104.59	104.79
农村居民人均纯收入	元	8543	10107	11492	7427	8779	9967	115.03	115.13	115.30

主要统计指标解释

当年价格　指报告期的实际价格，如工厂的出厂价格，农产品的收购价格，商业的零售价格等。按当年价格计算，是指一些以货币表现的物量指标如工农业总产值、国内生产总值等，按照当年的实际价格来计算总量。使用当年价格计算的数字，是为了使国民经济各项指标相互衔接，便于考察当年经济效益，便于对生产和流通、生产和分配、生产和消费进行经济核算的综合平衡。

按当年价格计算的价值指标，在不同年份之间进行对比时，因为包含有各年间价格变动因素，不能确切反映实物量的增减变动。必须消除价格变动因素后，才能真实反映经济发展动态。因此，在计算增长速度时都使用按可比价格计算的数字。

可比价格　指在不同时期的价值指标对比时，扣除了价格变动的因素，以确切反映物量的变化。按可比价格计算有两种方法：一种是直接用产品产量乘某一年的不变价格计算；另一种是用价格指数换算。

平均增长速度　我国计算平均增长速度有两种方法。一种是习惯上经常使用的“水平法”，又称几何平均法，是以间隔期最后一年的水平同基期水平对比来计算平均每年增长（或下降）速度。另一种是“累计法”，又称代数平均法或方程法，是以间隔期内各年的总和同基期水平对比来计算平均每年增长（或下降）速度。在一般正常情况下，两种方法计算的平均每年增长速度比较接近，但在经济发展不平衡，出现大起大落时，两种方法计算的结果差别较大。

本《年鉴》内所列的平均增长速度，均用“水平法”计算。从某年到某年平均增长速度的年份，均不包括基数年在内。如改革开放以来的平均增长速度是以1978年为基期计算的，则写为1979－2010年平均增长速度，其余类推。

各个计划时期　表内所用各个“时期”代表的年份如下：恢复时期为1950年到1952年；第一个五年计划时期（简称一五时期）为1953年到1957年；第二个五年计划时期（简称二五时期）为1958年到1962年；第三个五年计划时期（简称三五时期）为1966年到1970年；第四个五年计划期（简称四五时期）为1971年到1975年；第五个五年计划时期（简称五五时期）为1976年到1980年；第六个五年计划时期（简称六五时期）为1981年到1985年；第七个五年计划（简称七五时期）为1986年到1990年；第八个五年计划时期（简称八五时期）为1991年到1995年；第九个五年计划时期（简称九五时期）为1996年到2000年；第十个五年计划时期（简称十五时期）为2001年到2005年；第十一个五年计划时期（简称十一五时期）为2006年到2010年。

国民经济行业分类　在统计工作中为取得分行业的数据资料并统一分类和编码，正确反映国民经济各行业的结构和发展状况，便于研究国民经济的各项比例关系，而制定的国民经济行业划分标准。按现行统计制度规定，我国行业划分为20大类，排列顺序如下：

（1）农、林、牧、渔业；（2）采矿业；（3）制造业；（4）电力、燃气及水的生产和供应业；（5）建筑业；（6）交通运输、仓储和邮政业；（7）信息转输、计算机服务和软件业；（8）批发和零售业；（9）住宿和餐饮业；（10）金融业；（11）房地产业；（12）租赁和商务服务业；（13）科学研究、技术服务和地质勘查业；（14）水利、环境和公共设施管理业；（15）居民服务和其他服务业；（16）教育；（17）卫生、社会保障和社会福利业；（18）文化、体育和娱乐业；（19）公共管理和社会组织；（20）国际组织。

三次产业　是根据社会生产活动历史发展的顺序对产业结构的划分，产品直接取自自然界的部门称为第一产业，对初级产品进行再加工的部门称为第二产业，为生产和消费提供各种服务的部门称为第三产业。它是世界上较为通用的产业结构分类，但各国的划分不尽一致。我国的三次产业划分：

第一产业：农林牧渔业（包括种植业、林业、牧业和渔业等）。

第二产业：工业（包括采掘业，制造业，电力、煤气及水的生产和供应业）和建筑业。

第三产业：除第一、第二产业以外的其他各业。由于第三产业包括的行业多、范围广，根据我国的实际情况，第三产业可分为两大部门：一是流通部门，二是服务部门。具体又可分为四个层次。

第一层次：流通部门，包括交通运输业、邮电通讯业、商业饮食业、物资供销和仓储业。

第二层次：为生活服务的部门，包括金融、保险业、房地产业、公用事业、居民服务、旅游业、咨询信息和各类技术服务业等。

第三层次：为提高科学文化和居民素质服务的部门，包括教育、文化、广播电视事业、科研、卫生、体育和社会福利。

第四层次：为社会公共需要服务的部门，包括国家机关、政党、社团以及军队、警察等。

2 国民经济核算

2-1 总产出中间投入率和增加值率

单位:%

项　　目	2000 年	2001 年	2002 年	2003 年	2004 年	2005 年
社会劳动生产率(元/人)	**29910**	**32294**	**34590**	**38293**	**42147**	**45813**
总产出中间投入率	**59.5**	**60.4**	**60.0**	**61.6**	**62.5**	**63.6**
第一产业	37.8	38.4	38.5	38.8	39.6	39.9
第二产业	71.0	71.7	71.8	71.3	72.0	74.3
工　业	72.3	72.5	72.7	72.3	73.0	74.8
建筑业	61.8	66.6	65.7	65.5	66.1	71.7
第三产业	38.5	38.6	40.4	41.5	42.5	45.7
#交通运输、仓储和邮政业	42.9	42.1	42.9	42.9	44.8	53.7
批发和零售业	36.6	37.0	40.1	39.2	39.8	29.0
金融业	16.7	18.8	37.9	43.1	45.3	53.9
房地产业	12.8	14.5	16.7	15.2	16.2	18.8
增加值率	**40.5**	**39.6**	**40.0**	**38.4**	**37.5**	**36.4**
第一产业	62.2	61.6	61.5	61.2	60.4	60.1
第二产业	29.0	28.3	28.2	28.7	28.0	25.7
工　业	27.7	27.5	27.3	27.7	27.0	25.3
建筑业	38.2	33.4	34.3	34.5	33.9	28.3
第三产业	61.5	61.4	59.6	58.5	57.5	54.3
#交通运输、仓储和邮政业	57.1	57.9	57.1	57.1	55.2	46.3
批发和零售业	63.4	63.0	59.9	60.8	60.2	71.0
金融业	83.3	81.2	62.1	56.9	54.7	46.1
房地产业	87.2	85.5	83.3	84.8	83.8	81.2

项　　目	2006 年	2007 年	2008 年	2009 年	2010 年	2011 年	2012 年
社会劳动生产率(元/人)	**50355**	**58142**	**65250**	**71369**	**82742**	**91709**	**96000**
总产出中间投入率	**63.7**	**63.4**	**63.2**	**62.6**	**63.2**	**63.4**	**63.2**
第一产业	40.5	41.0	41.2	41.1	41.1	41.2	41.2
第二产业	75.7	76.0	76.0	74.4	74.3	75.1	74.5
工　业	76.6	77.6	77.9	76.2	76.3	76.2	75.6
建筑业	69.7	63.7	63.2	63.3	61.4	69.7	69.7
第三产业	42.7	41.5	40.7	43.4	43.6	42.7	42.3
#交通运输、仓储和邮政业	53.7	54.7	54.8	56.1	56.3	56.5	57.2
批发和零售业	19.2	16.2	14.5	26.3	25.8	25.7	27.2
金融业	59.0	55.6	55.6	57.7	59.2	53.0	49.8
房地产业	12.3	18.5	14.0	23.3	16.7	22.8	18.3
增加值率	**36.3**	**36.6**	**36.8**	**37.4**	**36.8**	**36.6**	**36.8**
第一产业	59.5	59.0	58.8	58.9	58.9	58.8	58.8
第二产业	24.3	24.0	24.0	25.6	25.7	24.9	25.5
工　业	23.4	22.4	22.1	23.8	23.7	23.8	24.4
建筑业	30.3	36.3	36.8	36.7	38.6	30.3	30.3
第三产业	57.3	58.5	59.3	56.6	56.4	57.3	57.7
#交通运输、仓储和邮政业	46.4	45.4	45.2	43.9	43.7	43.5	42.8
批发和零售业	80.8	83.8	85.5	73.7	74.2	74.3	72.8
金融业	41.0	44.4	44.4	42.3	40.8	47.0	50.2
房地产业	87.7	81.5	86.0	76.7	83.3	77.2	81.7

注:1. 本表均按当年价格计算;2. 本表中2004年及以前年份第一产业不包括农林牧渔服务业。

2－2　主要年份地区生产总值

单位:万元

年　份	地区生产总值	第一产业	第二产业	工　业	建筑业	第三产业
1950	14583	7919	2051			4613
1952	23431	11231	4333	2339	1994	7867
1957	40773	14547	9449	5041	4408	16777
1962	47418	15684	11327	7484	3842	20407
1965	62052	21946	17225	12846	4379	22881
1970	69747	25181	24039	18789	5250	20527
1975	92367	24119	44093	34001	10092	24155
1978	126791	33933	59896	45308	14588	32962
1979	149738	42468	68698	50574	18124	38572
1980	181671	51745	82093	55826	26267	47833
1981	204845	61702	89158	61029	28129	53985
1982	236252	74444	101938	66588	35350	59870
1983	266527	85701	114534	86720	27814	66292
1984	324999	105812	148616	113337	35279	70571
1985	397567	121532	177895	143136	37560	98140
1986	447598	135024	191184	159933	31251	121390
1987	536612	159332	221944	181988	39956	155336
1988	759273	231086	328403	272301	56102	199784
1989	952773	267303	413194	348904	64290	272276
1990	1023959	294057	412126	345036	67090	317776
1991	1188295	317474	511091	407668	103423	359730
1992	1500027	396097	629221	498552	130669	474709
1993	2457166	530391	891704	691612	200092	1035071
1994	3490842	728654	1314413	1033673	280740	1447775
1995	4641433	985156	1671910	1300113	371797	1984367
1996	5755810	1108933	2205312	1704501	500811	2441565
1997	6873322	1209896	2674609	2147299	527310	2988816
1998	7766600	1285522	3172875	2536111	636764	3318203
1999	8273850	1348355	3480443	2855006	625437	3445053
2000	8763866	1351819	3788885	3211520	577365	3623162
2001	9432352	1326433	4094302	3469752	624550	4011617
2002	10116906	1360279	4496871	3853609	643262	4259756
2003	11621308	1436978	5489984	4638391	851593	4694345
2004	13352090	1631635	6385658	5395622	990036	5334798
2005	14913998	1747751	6707966	5641988	1065978	6458281
2006	16869271	1761368	7210483	6018520	1191963	7897420
2007	20292767	2042409	8474157	6995548	1478609	9776201
2008	23556710	2364867	9773002	7912404	1860598	11418841
2009	26040448	2420004	11081880	8916393	2165487	12538565
2010	31234091	2827270	14019195	11275850	2743345	14387627
2011	37363796	3250916	17111859	13551859	3560000	17001021
2012	42109279	3677283	19054971	14819871	4235100	19377025

2-2 续表 单位:万元

年 份	交通运输仓储邮政业	批发零售餐饮业	金融业	房地产业	其它服务业	人均地区生产总值(元)
1950						66
1952	1507	1814				100
1957	3214	3539				153
1962	3910	6256				158
1965	4383	4976				192
1970	3870	5090				199
1975	4628	6868				229
1978	6369	8652	8181	1791	7969	293
1979	7450	10120	9944	2094	8964	340
1980	9226	12532	12408	2643	11024	406
1981	10422	14158	13939	2987	12479	451
1982	11580	15731	16048	3313	13198	510
1983	12816	17409	17113	3668	15286	565
1984	13626	18510	18454	3832	16149	679
1985	20473	27578	26219	5544	20453	817
1986	23454	31860	31743	6712	27621	910
1987	30013	40770	40604	8723	35226	1069
1988	38601	52436	47648	10688	50411	1453
1989	55618	58833	66381	14785	76659	1838
1990	62100	61317	79921	17265	97173	1936
1991	76580	68167	92864	19904	102215	2190
1992	108374	91788	127291	26266	120990	2763
1993	229609	266950	201312	73357	263843	4441
1994	357843	358764	247363	128917	354888	6244
1995	485195	491104	373274	155118	479676	8219
1996	660012	685883	278543	161692	655435	10126
1997	734410	828821	477026	186448	762111	11891
1998	794626	940001	467615	234067	881894	13330
1999	848997	976903	425756	253258	940139	14308
2000	902028	1125373	390780	276047	928934	14841
2001	977560	1211960	413561	320973	1087563	15835
2002	1031353	1318678	377195	367755	1164775	16901
2003	1120000	1418818	451263	447554	1256710	17695
2004	1274062	1454480	529418	489638	1587200	20292
2005	1005975	1431160	474732	817981	2728433	22529
2006	1111982	1569003	679661	1243742	3293032	25216
2007	1185324	2101842	1039662	1242843	4206530	30130
2008	1338803	2509668	1368952	1243969	4957449	33884
2009	1385113	2743899	1555680	1300750	5553123	37041
2010	1581008	3397661	1847059	1349835	6212064	44000
2011	1775830	4625699	2461557	1660739	6477196	52152
2012	1827400	4975863	2909155	2227017	7437590	58202

2-3 主要年份地区生产总值指数

（以上年为100）　　单位：%

年份	地区生产总值	第一产业	第二产业			第三产业			人均地区生产总值
				工业	建筑业		交通运输仓储邮政业	批发和零售业	
1952	117.0	110.2	155.9	160.0	150.2	118.9	118.9	113.3	114.0
1957	112.1	110.5	105.4	100.6	111.6	80.2	80.2	73.8	109.6
1962	95.6	105.9	80.3	86.0	71.1	96.6	96.6	132.2	93.8
1965	117.4	118.2	134.2	131.1	144.2	106.4	106.4	103.4	114.8
1970	107.2	110.4	120.2	118.5	126.8	91.7	93.2	94.7	107.5
1975	101.2	94.7	106.3	109.9	95.6	101.2	101.2	110.4	98.9
1978	122.0	117.9	135.0	123.4	190.8	108.4	109.4	107.2	119.6
1979	114.5	113.2	114.4	111.4	123.9	116.1	116.1	116.1	112.2
1980	119.9	117.3	120.5	111.3	146.1	122.0	121.8	121.8	118.3
1981	106.2	101.4	107.2	107.9	105.7	110.0	110.0	110.1	104.7
1982	111.1	105.3	113.3	108.1	124.5	113.5	113.7	113.7	108.9
1983	107.7	104.6	109.6	126.4	78.0	107.5	107.4	107.4	105.7
1984	118.1	121.1	123.6	125.2	118.9	106.0	105.9	105.9	116.4
1985	128.5	108.9	131.7	136.8	115.3	142.7	150.9	149.7	126.4
1986	98.8	107.8	91.6	96.7	72.0	104.5	98.9	99.7	97.7
1987	111.2	109.3	113.8	111.6	125.4	108.7	108.7	108.7	109.0
1988	126.0	109.0	147.6	149.3	140.1	104.5	104.5	104.5	121.1
1989	112.8	110.1	112.9	112.5	114.6	115.1	121.6	94.7	113.6
1990	108.2	152.1	79.0	79.0	79.0	138.9	132.0	123.3	106.1
1991	112.2	106.6	119.7	115.8	138.0	107.6	118.7	105.6	109.3
1992	119.5	111.7	121.0	124.8	106.1	124.5	130.4	133.8	119.5
1993	140.0	107.2	130.7	133.1	119.2	179.6	184.8	224.8	138.6
1994	126.1	96.3	142.1	144.3	130.5	124.0	145.2	120.4	124.8
1995	121.9	127.7	118.8	118.3	121.7	123.4	127.6	122.5	120.7
1996	122.5	118.9	129.6	129.6	129.8	115.7	122.8	133.6	121.7
1997	117.8	106.3	121.1	124.2	103.5	118.3	111.9	115.4	115.9
1998	115.7	108.7	121.1	121.2	120.3	111.2	107.7	113.6	114.8
1999	109.4	106.6	113.0	114.8	100.6	105.3	108.3	107.5	110.2
2000	110.0	101.8	112.4	114.8	93.5	109.2	109.2	115.9	107.7
2001	108.9	100.2	111.4	111.8	109.3	109.4	107.2	110.4	107.9
2002	110.2	103.9	114.0	115.7	104.3	108.3	108.0	110.4	109.7
2003	113.6	103.5	119.7	118.8	125.6	110.8	111.8	108.0	112.9
2004	112.7	103.9	114.9	115.0	114.3	112.7	115.0	109.5	112.3
2005	110.5	102.6	105.2	105.0	106.7	119.2	108.9	114.7	108.9
2006	112.5	97.0	108.3	108.3	108.4	121.0	107.8	109.3	111.8
2007	115.8	104.5	114.2	113.8	116.4	119.7	100.6	129.4	115.0
2008	113.7	104.9	113.7	113.2	116.4	115.4	110.8	113.5	112.7
2009	113.0	104.8	114.8	113.7	120.0	112.9	106.9	114.5	111.8
2010	114.2	103.9	119.1	118.8	120.8	111.5	114.4	116.7	113.1
2011	113.0	104.1	115.9	115.2	118.6	111.9	111.4	110.4	111.9
2012	112.1	104.7	114.9	114.1	118.3	110.6	103.3	108.3	110.9

2-4 主要年份地区生产总值指数

（以1952年为100）

单位:%

年份	地区生产总值	第一产业	第二产业	第三产业	人均地区生产总值
1952	100.0	100.0	100.0	100.0	100.0
1957	170.0	139.3	192.1	160.3	149.4
1962	152.2	96.7	244.9	241.3	119.0
1965	215.9	153.9	373.5	284.6	156.5
1970	228.1	155.1	508.7	254.5	153.0
1975	296.8	144.3	912.3	335.3	172.3
1978	387.0	188.0	1240.1	408.7	209.9
1979	443.1	212.8	1418.9	474.6	235.6
1980	531.3	249.6	1709.2	578.9	278.7
1981	564.4	253.2	1831.5	636.5	291.7
1982	627.2	266.6	2075.0	722.5	317.8
1983	675.5	278.8	2274.9	776.5	336.0
1984	797.7	337.7	2811.9	823.4	390.9
1985	1024.8	367.7	3703.0	1175.3	494.1
1986	1012.2	396.4	3391.9	1227.8	482.6
1987	1125.9	433.1	3861.2	1335.1	526.1
1988	1418.8	472.0	5699.2	1394.7	637.2
1989	1600.9	519.6	6434.4	1604.6	724.1
1990	1732.2	790.3	5080.6	2229.3	768.4
1991	1943.8	842.1	6080.7	2398.9	839.9
1992	2323.7	940.5	7359.3	2985.5	1004.0
1993	2777.8	1050.5	8906.8	3715.4	1200.0
1994	3889.0	1126.1	11641.2	6672.9	1662.7
1995	4904.0	1084.5	16542.1	8274.5	2074.9
1996	5978.0	1384.9	19652.0	10210.7	2504.3
1997	7323.0	1646.6	25469.0	11813.8	3046.9
1998	8626.5	1750.3	30842.9	13975.7	3530.4
1999	9980.9	1902.6	37350.8	15540.9	4052.7
2000	10919.1	2028.2	42206.4	16364.6	4467.4
2001	12011.0	2064.7	47440.0	17870.2	4811.0
2002	13080.0	2068.8	52848.1	19550.0	5191.1
2003	14414.1	2149.5	60246.9	21172.6	5694.6
2004	16374.5	2224.7	72115.5	23459.2	6429.2
2005	18093.8	2285.5	75865.5	27963.4	7001.4
2006	20355.6	2214.1	82162.3	33835.7	7827.6
2007	23571.7	2313.7	93829.4	40501.3	9001.7
2008	26801.1	2427.1	106684.0	46738.5	10144.9
2009	30285.2	2543.6	122473.3	52767.8	11342.0
2010	34585.7	2642.8	145865.7	58836.1	12827.8
2011	39081.8	2751.2	169058.3	65837.6	14354.3
2012	43810.7	2880.5	194248.0	72816.4	15918.9

2-5 主要年份地区生产总值构成

单位:%

年份	地区生产总值	第一产业	第二产业			第三产业
				工业	建筑业	
1950	100.00	54.30	14.06			31.63
1952	100.00	47.93	18.49	9.98	8.51	33.58
1957	100.00	35.68	23.17	12.36	10.81	41.15
1962	100.00	33.08	23.89	15.78	8.10	43.04
1965	100.00	35.37	27.76	20.70	7.06	36.87
1970	100.00	36.10	34.47	26.94	7.53	29.43
1975	100.00	26.11	47.74	36.81	10.93	26.15
1978	100.00	26.76	47.24	35.73	11.51	26.00
1979	100.00	28.36	45.88	33.77	12.10	25.76
1980	100.00	28.48	45.19	30.73	14.46	26.33
1981	100.00	30.12	43.52	29.79	13.73	26.35
1982	100.00	31.51	43.15	28.19	14.96	25.34
1983	100.00	32.15	42.97	32.54	10.44	24.87
1984	100.00	32.56	45.73	34.87	10.86	21.71
1985	100.00	30.57	44.75	36.00	9.45	24.69
1986	100.00	30.17	42.71	35.73	6.98	27.12
1987	100.00	29.69	41.36	33.91	7.45	28.95
1988	100.00	30.44	43.25	35.86	7.39	26.31
1989	100.00	28.06	43.37	36.62	6.75	28.58
1990	100.00	28.72	40.25	33.70	6.55	31.03
1991	100.00	26.72	43.01	34.31	8.70	30.27
1992	100.00	26.41	41.95	33.24	8.71	31.65
1993	100.00	21.59	36.29	28.15	8.14	42.12
1994	100.00	20.87	37.65	29.61	8.04	41.47
1995	100.00	21.23	36.02	28.01	8.01	42.75
1996	100.00	19.27	38.31	29.61	8.70	42.42
1997	100.00	17.60	38.91	31.24	7.67	43.48
1998	100.00	16.55	40.85	32.65	8.20	42.72
1999	100.00	16.30	42.07	34.51	7.56	41.64
2000	100.00	15.42	43.23	36.65	6.59	41.34
2001	100.00	14.06	43.41	36.79	6.62	42.53
2002	100.00	13.45	44.45	38.09	6.36	42.11
2003	100.00	12.37	47.24	39.91	7.33	40.39
2004	100.00	12.22	47.83	40.41	7.41	39.95
2005	100.00	11.72	44.98	37.83	7.15	43.30
2006	100.00	10.44	42.74	35.68	7.07	46.82
2007	100.00	10.06	41.76	34.47	7.29	48.18
2008	100.00	10.04	41.49	33.59	7.90	48.47
2009	100.00	9.29	42.56	34.24	8.32	48.15
2010	100.00	9.05	44.88	36.10	8.78	46.06
2011	100.00	8.70	45.80	36.27	9.53	45.50
2012	100.00	8.73	45.25	35.19	10.06	46.02

2-6 主要年份第三产业增加值构成

单位:%

年份	第三产业增加值	交通运输仓储邮政业	批发零售餐饮业	金融业	房地产业	其他服务业
1950	100.00					
1952	100.00	19.16	23.06			
1957	100.00	19.16	21.09			
1962	100.00	19.16	30.66			
1965	100.00	19.16	21.75			
1970	100.00	18.85	24.80			
1975	100.00	19.16	28.43			
1978	100.00	19.32	26.25	24.82	5.43	24.18
1979	100.00	19.31	26.24	25.78	5.43	23.24
1980	100.00	19.29	26.20	25.94	5.53	23.05
1981	100.00	19.31	26.23	25.82	5.53	23.12
1982	100.00	19.34	26.28	26.80	5.53	22.04
1983	100.00	19.33	26.26	25.81	5.53	23.06
1984	100.00	19.31	26.23	26.15	5.43	22.88
1985	100.00	20.42	27.50	26.15	5.53	20.40
1986	100.00	19.32	26.25	26.15	5.53	22.75
1987	100.00	19.32	26.25	26.14	5.62	22.68
1988	100.00	19.32	26.25	23.85	5.35	25.23
1989	100.00	20.43	21.61	24.38	5.43	28.15
1990	100.00	19.54	19.30	25.15	5.43	30.58
1991	100.00	21.29	18.95	25.81	5.53	28.41
1992	100.00	22.83	19.34	26.81	5.53	25.49
1993	100.00	22.18	25.79	19.45	7.09	25.49
1994	100.00	24.72	24.78	17.09	8.90	24.51
1995	100.00	24.45	24.75	18.81	7.82	24.17
1996	100.00	27.03	28.09	11.41	6.62	26.84
1997	100.00	24.57	27.73	15.96	6.24	25.50
1998	100.00	23.95	28.33	14.09	7.05	26.58
1999	100.00	24.64	28.36	12.36	7.35	27.29
2000	100.00	24.90	31.06	10.79	7.62	25.64
2001	100.00	24.37	30.21	10.31	8.00	27.11
2002	100.00	24.21	30.96	8.85	8.63	27.34
2003	100.00	23.86	30.22	9.61	9.53	26.77
2004	100.00	23.88	27.26	9.92	9.18	29.75
2005	100.00	15.58	22.16	7.35	12.67	42.25
2006	100.00	14.08	19.87	8.61	15.75	41.70
2007	100.00	12.12	21.50	10.63	12.71	43.03
2008	100.00	11.72	21.98	11.99	10.89	43.41
2009	100.00	11.05	21.88	12.41	10.37	44.29
2010	100.00	10.99	23.62	12.84	9.38	43.18
2011	100.00	10.45	27.21	14.48	9.77	38.09
2012	100.00	9.44	25.68	15.01	11.49	38.38

2-7 各个计划时期地区生产总值平均发展指数

单位:%

年　份	地区生产总值	第一产业	第二产业			第三产业		
				工　业	建筑业		交通运输仓储邮政业	批发和零售业
"一五"时期	111.2	93.0	113.9	113.6	114.3	109.9	109.9	108.0
"二五"时期	97.8	100.2	105.0	109.6	98.5	108.5	108.5	117.0
调整时期	113.2	112.8	124.5	119.9	104.5	106.9	105.6	94.3
"三五"时期	101.1	98.6	106.4	107.3	103.2	97.8	97.5	100.4
"四五"时期	105.4	111.6	112.4	112.0	113.4	105.7	106.0	108.6
"五五"时期	112.4	108.1	113.4	110.6	121.2	111.5	111.7	109.7
"六五"时期	114.0	116.5	116.7	120.4	107.1	115.2	116.5	116.3
"七五"时期	111.2	109.4	106.5	107.4	102.7	113.7	112.5	105.7
"八五"时期	126.6	110.2	127.8	129.8	119.1	136.0	146.3	144.4
"九五"时期	113.2	105.8	116.8	118.7	104.0	110.9	109.3	113.0
"十五"时期	111.5	103.1	114.2	114.7	110.9	111.0	111.2	107.8
"十一五"时期	114.0	103.0	114.0	113.5	116.3	116.0	108.0	116.5
"十二五"前两年	113.6	104.0	117.5	117.0	119.7	111.7	112.9	113.5

2-8 地区生产总值项目构成

(2012年)

单位:万元

项　目	增加值	劳动者报酬	生产税净额	固定资产折旧	营业盈余
地区生产总值	**42109279**	**19064805**	**6346745**	**4730076**	**11967653**
第一产业	3677283	3578511		98772	
第二产业	19054971	8049136	3172539	1731171	6102125
工　业	14819871	5803522	2836586	1620665	4559098
建筑业	4235100	2245614	335953	110506	1543027
第三产业	19377025	7437157	3174206	2900133	5865528
交通运输、仓储和邮政业	1827400	632608	127445	660086	407261
信息传输、计算机服务和软件业	1369861	371060	88102	287627	623071
#软件业	251973	105215	12733	8046	125978
批发和零售业	4201211	1253337	1839182	203102	905590
批发业	2300358	524910	1392823	57219	325406
零售业	1900853	728427	446359	145883	580184
住宿和餐饮业	774652	406943	151225	54866	161618
金融业	2909155	803094	310140	107212	1688710
房地产业	2227017	224865	411096	1008525	582532
#房地产开发与经营业	1068230	84438	384518	13482	585793
租赁和商务服务业	1799306	635887	86460	156096	920863
科学研究、技术服务和地质勘查业	525596	268759	32911	42563	181363
水利、环境和公共设施管理业	94309	51253	2781	14016	26259
居民服务和其他服务业	612490	384196	71066	72096	85132
教　育	975174	810774	5793	86632	71975
卫生、社会保障和社会福利业	565918	374157	1182	38950	151629
文化、体育和娱乐业	380758	185683	46824	88729	59523
公共管理和社会组织	1114176	1034541		79635	

2－9 按行业分增加值

（2004－2012 年）

单位:万元

项　　目	2004 年	2005 年	2006 年	2007 年	2008 年	2009 年	2010 年	2011 年	2012 年
地区生产总值	**13352090**	**14913998**	**16869271**	**20292767**	**23556710**	**26040448**	**31234091**	**37363796**	**42109279**
第一产业	1631635	1747751	1761368	2042409	2364867	2420004	2827270	3250916	3677283
第二产业	6385658	6707966	7210483	8474157	9773002	11081880	14019195	17111859	19054971
工　业	5395622	5641988	6018520	6995548	7912404	8916393	11275850	13551859	14819871
建筑业	990036	1065978	1191963	1478609	1860598	2165487	2743345	3560000	4235100
第三产业	5334798	6458281	7897420	9776201	11418841	12538565	14387627	17001021	19377025
交通运输、仓储和邮政业	935982	1005975	1111982	1185324	1338803	1385113	1581008	1775830	1827400
信息传输、计算机服务和软件业	352396	467947	596254	777359	908148	1002702	1126506	1328366	1369861
#软件业	10293	35510	61412	98155	121151	137832	149324	225160	251973
批发和零售业	1235038	1431160	1569003	2101842	2509668	2743899	3397661	3903375	4201211
批发业	381372	494554	648626	1023839	1230175	1343448	1716644	2025078	2300358
零售业	853666	936606	920377	1078003	1279493	1400451	1681018	1878296	1900853
住宿和餐饮业	260021	307919	351786	441396	504304	552394	609470	722324	774652
金融业	529418	474732	679661	1039662	1368952	1555680	1847059	2461557	2909155
房地产业	489638	817963	1243742	1242843	1243969	1300750	1349835	1660739	2227017
#房地产开发与经营业	120346	352792	700978	627351	545342	570066	608212	815367	1068230
租赁和商务服务业	188068	366335	568901	768956	989032	1123720	1232716	1395996	1799306
科学研究、技术服务和地质勘查业	112028	148503	198699	263864	320873	351027	404592	467050	525596
水利、环境和公共设施管理业	27890	31474	35542	41485	48387	56242	64910	80926	94309
居民服务和其他服务业	165496	203604	239100	308705	350103	415960	457015	500875	612490
教　育	346450	426706	490298	582132	679374	759364	808723	898048	975174
卫生、社会保障和社会福利业	226567	224984	230390	255412	314887	355917	415668	498675	565918
文化、体育和娱乐业	78413	101999	133795	175604	206476	234016	268573	310150	380758
公共管理和社会组织	387393	434507	431696	569528	635866	701781	823890	997111	1114176

2－10 最终消费与资本形成总额

（1990～2012年）

单位：万元

年份	最终消费	居民消费	政府消费	资本形成总额	固定资本形成	存货增加	最终消费率（%）	资本形成率（%）
1990	688523	567557	120966	425773	295644	130129	67.2	41.6
1991	795883	652248	143635	492864	351741	141123	67.0	41.5
1992	880728	689738	190990	807713	629750	177963	58.7	53.8
1993	1168937	869476	299461	1240588	938403	302185	50.0	49.0
1994	1980186	1311149	669037	1795516	1337069	458447	52.2	47.3
1995	2469978	1671463	798515	2612205	1884534	727671	48.7	51.5
1996	2889484	1978009	911475	2950769	2101782	848987	45.5	46.5
1997	3162408	2214062	948346	3368442	2476284	892158	41.7	44.4
1998	3396862	2432270	964592	3876013	2952646	923367	39.0	44.5
1999	3602103	2674525	927578	4103637	3047818	1055819	38.1	43.4
2000	3957685	3004282	953403	4074554	2945051	1129503	39.0	40.2
2001	4217669	3235398	982271	4475959	3315924	1160035	38.9	41.2
2002	4780769	3789739	991030	4818425	3646712	1171713	40.2	40.6
2003	5129027	4115336	1013691	6054794	4830563	1224231	37.6	44.4
2004	5097275	4020966	1076309	6633333	5538440	1094893	35.9	46.7
2005	5683047	4555726	1127321	7446466	6306424	1140042	36.0	47.2
2006	6627895	5355870	1272025	9029542	7392437	1637105	37.0	50.4
2007	7577670	6398402	1179268	10901049	9733323	1167726	35.4	50.1
2008	8914785	7341599	1573186	13387695	12008277	1379418	34.9	52.5
2009	9626285	7930435	1695850	15196592	14127663	1068929	33.8	53.3
2010	10761329	8689589	2071740	17057190	16063452	993738	34.3	54.4
2011	12823398	10305385	2518013	20631579	19470752	1160827	34.2	55.0
2012	14879931	11825846	3054085	23641446	22452483	1188963	35.2	56.0

2-11 最终消费与资本形成总额指数

（1990-2012年,以上年为100）

单位:%

年　份	最终消费	居民消费	政府消费	资本形成总　额	固定资本形　成	存货增加
1990	115.1	116.1	110.0	88.8	79.3	119.3
1991	110.8	110.1	113.9	108.7	111.2	102.9
1992	104.6	100.4	123.8	149.9	160.1	124.6
1993	116.3	111.1	135.7	126.3	121.9	139.9
1994	124.2	125.3	122.2	121.0	115.9	136.2
1995	108.8	112.2	104.5	126.1	126.2	125.9
1996	111.6	114.3	106.4	112.3	111.3	114.7
1997	107.9	110.7	102.0	112.9	115.1	107.6
1998	107.9	110.5	101.9	116.4	120.4	105.8
1999	106.2	122.3	95.6	107.5	105.2	114.4
2000	109.3	111.1	104.2	103.5	101.5	108.8
2001	108.1	109.3	104.3	111.1	113.7	104.4
2002	114.7	118.6	101.6	108.3	110.5	102.1
2003	107.0	108.2	102.3	123.8	130.6	102.9
2004	110.6	111.8	105.6	112.7	116.0	100.1
2005	109.3	111.3	102.2	110.8	112.7	101.5
2006	115.5	116.5	111.6	119.4	115.1	143.3
2007	110.7	114.7	93.7	115.5	125.9	69.2
2008	115.0	112.5	127.6	117.8	118.6	111.3
2009	109.3	108.9	111.1	115.3	119.9	76.1
2010	113.5	114.3	110.1	117.7	118.7	100.8
2011	113.7	113.2	115.9	112.5	112.4	112.8
2012	112.8	112.3	114.9	114.1	114.7	103.4

2-12 最终消费与资本形成总额指数

(1990-2012年,以1990年为100)

单位:%

年份	最终消费	居民消费	政府消费	资本形成总额	固定资本形成	存货增加
1990	100.00	100.00	100.00	100.00	100.00	100.00
1991	110.77	110.08	113.99	108.65	111.17	102.91
1992	115.87	110.50	141.07	162.84	178.00	128.40
1993	158.85	126.04	312.74	229.92	248.58	187.51
1994	192.28	151.84	382.04	278.09	288.13	255.30
1995	209.26	168.81	399.08	350.75	363.68	321.37
1996	233.6	192.9	424.7	393.8	404.8	368.8
1997	252.1	213.6	433.0	444.8	465.9	396.7
1998	272.2	235.7	443.0	517.7	560.9	419.6
1999	289.0	259.7	426.4	556.4	589.9	480.2
2000	574.8	529.3	788.2	957.0	996.1	868.0
2001	621.4	578.5	822.1	1063.2	1132.6	906.2
2002	712.7	686.1	835.3	1151.4	1251.5	925.2
2003	762.6	742.4	854.5	1425.4	1634.5	952.0
2004	843.4	830.0	902.4	1606.4	1896.0	953.0
2005	921.9	923.8	922.2	1779.9	2136.8	967.2
2006	1064.8	1076.2	1029.2	2125.2	2459.5	1386.0
2007	1178.7	1234.4	964.4	2454.6	3096.5	959.1
2008	1355.5	1388.7	1230.6	2891.5	3672.4	1067.5
2009	1481.6	1512.3	1367.2	3333.9	4403.3	812.4
2010	1681.6	1728.6	1505.3	3917.3	5226.7	818.9
2011	1912.0	1956.8	1744.6	4407.0	5874.8	923.7
2012	2156.7	2197.5	2004.5	5028.4	6703.1	955.1

2-13 居民消费水平

（1990-2012年）

年份	全体居民消费水平（元/人）	农村居民	城镇居民	城乡居民消费水平对比（农村居民=1）	全体居民消费水平指数	
					（以1990年为100）	（以上年为100）
1990	997	817	1568	1.9	100.0	106.9
1991	1110	889	1818	2.0	106.0	106.0
1992	1260	1010	2044	2.0	111.0	104.7
1993	1576	1271	2519	2.0	122.0	109.9
1994	2345	1813	3934	2.2	151.1	123.9
1995	2960	2343	4779	2.0	166.4	110.1
1996	3458	2779	5403	1.9	187.7	112.8
1997	3831	2971	6213	2.1	205.7	109.6
1998	4175	3129	7011	2.2	225.7	109.7
1999	4570	3342	7813	2.3	249.2	110.4
2000	5088	3638	8812	2.4	274.3	110.1
2001	5432	3728	9633	2.6	297.1	108.3
2002	6331	4264	10173	2.4	350.6	118.0
2003	6266	3921	10825	2.8	378.2	107.5
2004	6111	5024	7055	1.4	420.2	111.1
2005	6882	5628	7927	1.4	464.7	110.6
2006	8090	5518	10235	1.9	514.0	110.6
2007	9564	5905	12503	2.1	583.4	113.5
2008	10804	6316	14232	2.3	646.4	110.8
2009	11577	6441	15259	2.4	698.1	108.0
2010	12427	6754	16130	2.4	781.2	111.9
2011	14384	8205	18067	2.2	917.9	117.5
2012	16345	9588	20137	2.1	1041.8	113.5

2-14 经济增长贡献率

（2000-2012年）

项目	2000年	2001年	2002年	2003年	2004年	2005年
地区生产总值	**100.0**	**100.0**	**100.0**	**100.0**	**100.0**	**100.0**
第一产业	2.2	0.4	5.4	0.9	3.7	3.0
第二产业	65.5	55.8	60.8	66.5	56.6	45.9
#工业	69.5	48.9	58	54.7	48.8	45.2
第三产业	32.3	43.8	33.7	32.6	39.7	51.1
#交通运输、仓储和邮政业	9.2	8.4	8.0	8.6	11.5	10.2
批发和零售业	15.6	15.1	13.3	7.7	9.3	9.7

项目	2006年	2007年	2008年	2009年	2010年	2011年	2012年
地区生产总值	**100.0**	**100.0**	**100.0**	**100.0**	**100.0**	**100.0**	**100.0**
第一产业	3.1	2.9	3.2	3.1	2.2	2.8	3.3
第二产业	44.0	38.9	42.7	48.6	58.4	54.8	57.0
#工业	42.6	31.8	34.4	37.7	47.3	42.2	42.9
第三产业	52.9	58.2	54.1	48.3	39.5	42.4	39.7
#交通运输、仓储和邮政业	7.4	0.3	4.4	2.9	5.3	4.4	1.4
批发和零售业	4.9	17.3	10.2	12.6	13.2	8.7	7.4

2－15　按县(市)区分地区生产总值

(2012年)　　　　单位:万元

项　　目	全　市	鼓楼区	台江区	仓山区	晋安区	马尾区	福清市
地区生产总值	**42109279**	**8062873**	**2792113**	**3236491**	**3635631**	**3029621**	**6072468**
第一产业	3677283			28939	46595	54166	820181
第二产业	19054971	1763029	603325	1825749	1342137	2054182	3062748
工　业	14819871	573855	220229	1678629	873099	1908273	2477292
建筑业	4235100	1189174	383096	147120	469038	145909	585456
第三产业	19377025	6299844	2188788	1381804	2246898	921273	2189539
交通运输、仓储和邮政业	1827400	184838	190789	63212	318393	97087	225912
信息传输、计算机服务和软件业	1369861	368136	249009	35888	49368	102621	323995
#软件业	251973	92270	28486	891	1724	75568	467
批发和零售业	4201211	1289872	564685	275867	627818	205640	509738
批发业	2300358	902459	312631	64094	361959	156372	296375
零售业	1900853	387413	252055	211773	265859	49268	213363
住宿和餐饮业	774652	252246	73751	71007	91409	20395	69368
金融业	2909155	1406551	299743	154066	179576	181609	217510
房地产业	2227017	314340	278670	257322	221597	131384	320382
#房地产开发与经营业	1068230	93853	142617	109955	134937	53911	112726
租赁和商务服务业	1799306	1020814	79619	58045	338823	34647	24758
科学研究、技术服务和地质勘查业	525596	485295	18831	27166	39872	19503	1540
水利、环境和公共设施管理业	94309	38725	8889	5208	9078	10232	9440
居民服务和其他服务业	612490	52986	33000	155899	187630	12093	187835
教　育	975174	105679	94982	150200	48406	38355	93398
卫生、社会保障和社会福利业	565918	165476	128298	19898	37196	3561	85140
文化、体育和娱乐业	380758	206057	25045	30091	21547	7933	35032
公共管理和社会组织	1114176	408829	143476	77937	76185	56213	85490
人均地区生产总值	**58202**	**116415**	**61772**	**41734**	**44755**	**125450**	**48677**

2－15 续表 （2012年） 单位:万元

项 目	长乐市	闽侯县	连江县	罗源县	闽清县	永泰县	平潭县
地区生产总值	**4350836**	**3372970**	**2685971**	**1467306**	**1064211**	**979441**	**1354519**
第一产业	376367	303629	936921	251364	196012	325930	331656
第二产业	2876007	2051121	1040107	999831	607665	362827	461381
工 业	2690692	1821804	918008	950315	517322	97201	93481
建筑业	185315	229317	122099	49516	90343	265626	367900
第三产业	1098462	1018221	708943	216111	260534	290684	561482
交通运输、仓储和邮政业	143457	92318	185709	41054	44582	46807	201191
信息传输、计算机服务和软件业	66976	44837	39533	19607	17720	16331	36984
#软件业	1214	63	20			15	
批发和零售业	168842	178872	126103	47363	60721	58608	94045
批发业	66001	68032	25432	7589	14959	9252	15864
零售业	102841	110840	100671	39774	45762	49356	78181
住宿和餐饮业	50433	45227	36906	13042	14184	19361	18494
金融业	209059	86964	59804	20525	24214	24596	46086
房地产业	182937	206726	154487	17894	29261	42258	61712
#房地产开发与经营业	88367	166381	77083	2725	2610	22043	19530
租赁和商务服务业	106885	5137	3341	3638	2149	12267	991
科学研究、技术服务和地质勘查业	2350	890	983	875	319	1534	1416
水利、环境和公共设施管理业	3980	7687	1860	1029	1110	4281	2102
居民服务和其他服务业	21686	31729	11360	5470	4730	6149	10473
教 育	43848	236948	33223	12940	17724	15768	39085
卫生、社会保障和社会福利业	21320	14122	10489	4897	17243	11460	9542
文化、体育和娱乐业	22765	6462	7312	3471	2431	5341	4707
公共管理和社会组织	53924	60302	37832	24306	24146	25923	34654
人均地区生产总值	**62860**	**49334**	**47679**	**71298**	**45336**	**39534**	**35182**

2－16 按县(市)区分地区生产总值指数

(2012年,以上年为100)　　单位:%

项目	全市	鼓楼区	台江区	仓山区	晋安区	马尾区	福清市
地区生产总值	**112.1**	**112.2**	**111.5**	**112.2**	**112.3**	**110.3**	**110.6**
第一产业	104.7			98.4	100.1	101.8	104.8
第二产业	114.9	114.4	111.9	114.4	115.0	110.2	113.2
工业	114.1	113.1	106.4	114.4	114.8	109.9	112.8
建筑业	118.3	115.3	115.6	114.7	115.3	115.6	115.3
第三产业	110.6	111.4	111.4	109.5	110.9	110.9	108.8
交通运输、仓储和邮政业	103.3	102.0	102.0	102.9	104.4	101.8	101.3
信息传输、计算机服务和软件业	109.4	113.3	111.7	108.6	108.2	106.5	107.6
#软件业	120.2	127.3	120.0	113.4	106.1	108.2	106.7
批发和零售业	108.3	107.9	109.1	107.0	108.2	112.8	108.0
批发业	109.5	108.1	111.5	105.6	108.5	116.6	109.3
零售业	107.0	107.5	106.7	107.4	107.7	103.6	106.4
住宿和餐饮业	106.9	105.3	108.1	108.7	107.8	110.5	103.4
金融业	116.8	116.2	117.1	115.1	115.6	110.2	118.4
房地产业	115.8	113.4	123.4	101.8	130.4	128.2	109.3
#房地产开发与经营业	124.3	121.4	137.5	98.7	143.6	157.0	115.0
租赁和商务服务业	117.6	117.6	115.0	128.3	114.5	118.8	123.2
科学研究、技术服务和地质勘查业	105.4	101.7	101.6	100.5	103.8	100.0	96.5
水利、环境和公共设施管理业	107.1	120.6	111.1	100.5	103.9	98.5	110.0
居民服务和其他服务业	112.7	119.8	111.3	133.8	115.1	105.8	117.2
教育	104.2	111.0	108.2	101.4	109.0	103.9	103.4
卫生、社会保障和社会福利业	104.4	103.2	106.9	98.8	102.0	100.7	103.8
文化、体育和娱乐业	119.0	105.5	116.1	131.4	117.2	112.2	126.6
公共管理和社会组织	113.8	118.1	114.1	107.7	104.9	114.4	110.2
人均地区生产总值	**110.9**	**111.6**	**110.8**	**110.9**	**110.7**	**108.0**	**109.8**

2-16 续表 (2012年,以上年为100) 单位:%

项　　目	长乐市	闽侯县	连江县	罗源县	闽清县	永泰县	平潭县
地区生产总值	**114.8**	**113.7**	**111.6**	**110.5**	**113.0**	**111.3**	**118.1**
第一产业	104.9	104.8	105.3	104.3	104.5	104.5	103.9
第二产业	117.7	117.2	117.7	111.9	117.6	115.9	144.2
工　业	117.9	117.5	118.0	111.7	118.0	114.0	107.6
建筑业	114.7	114.8	115.7	115.6	115.6	116.8	159.0
第三产业	110.5	109.7	110.2	110.4	108.0	112.6	110.2
交通运输、仓储和邮政业	104.7	103.1	102.0	107.3	109.5	108.5	113.1
信息传输、计算机服务和软件业	102.6	104.0	103.4	104.2	106.4	109.2	111.7
#软件业	98.8	149.0	135.5			107.7	
批发和零售业	108.5	107.5	108.7	111.0	107.4	110.2	112.1
批发业	108.7	106.6	106.6	128.7	109.3	110.2	112.7
零售业	108.3	107.9	109.2	108.5	106.9	110.2	112.0
住宿和餐饮业	112.5	105.6	111.2	106.3	109.5	106.0	111.4
金融业	121.3	117.2	117.3	119.2	117.8	129.7	126.5
房地产业	111.8	126.0	131.2	113.6	106.7	122.0	81.1
#房地产开发与经营业	118.6	131.1	162.1	167.4	121.5	136.7	55.1
租赁和商务服务业	114.2	109.3	112.9	129.7	112.4	116.9	119.0
科学研究、技术服务和地质勘查业	122.1	106.1	101.6	87.6	111.6	92.8	218.6
水利、环境和公共设施管理业	106.1	118.0	101.6	89.6	126.3	113.9	112.7
居民服务和其他服务业	119.9	115.8	112.9	135.9	104.3	121.6	120.4
教　育	101.4	103.1	101.5	101.2	105.1	102.1	115.5
卫生、社会保障和社会福利业	101.3	105.0	101.5	114.1	107.3	109.3	116.2
文化、体育和娱乐业	111.7	127.8	112.9	134.1	114.4	123.7	108.1
公共管理和社会组织	108.8	108.7	108.3	112.2	102.8	113.1	125.6
人均地区生产总值	**113.5**	**111.6**	**111.1**	**110.8**	**113.6**	**111.5**	**113.1**

主要统计指标解释

地区生产总值(GDP) 指按市场价格计算的一个国家(或地区)所有常住单位在一定时期内生产活动的最终成果。国内生产总值有三种表现形态,即价值形态、收入和产品形态。从价值形态看,它是所有常住单位在一定时期内所生产的全部货物和服务价值超过同期投入的全部非固定资产货物和服务价值的差额,即所有常住单位的增加值之和;从收入形态看,它是所有常住单位在一定时期内所创造并分配给常住单位和非常住单位的初次收入之和;从产品形态看,它是所有常住单位在一定时期内最终使用的货物和服务价值减去进口货物和服务价值。

在核算中,国内生产总值的三种表现形态表现为三种计算方法,即生产法、收入法和支出法。三种方法分别从不同的方面反映了国内生产总值及其构成。

按生产法计算,它等于各部门增加值之和;按收入法计算,它等于固定资产折旧、劳动者报酬、生产税净额和营业盈余之和;按支出法计算,它等于总消费、总投资和净出口之和。

在国内生产总值定义中,常住单位的概念对于确定计算国内生产总值的口径,明确各种的交易的范围具有十分重要的意义。所谓常住单位是指在一国经济领土上具有经济利益中心的经济单位。一国经济领土是由该国政府控制或拥有的地理领土组成的。若一个经济单位在一国的经济领土之内拥有一定的活动场所(住宅、厂房或其他建筑物等),从事一定规模的经济活动,并超过一定的时期(一般在一年以上),则称该经济单位在该国具有经济利益中心。国内生产总值反映了所有常住单位生产活动的最终成果。在这里,最终成果有双重含义:一是从使用价值形态上看,它包括了一切用于现期消费、投资和净出口的货物和服务,而不包括用于生产过程中的货物和服务;二是从价值形态上看,生产过程也是价值的转移过程,生产中耗用的产品(中间产品)价值随同生产过程转移到新产品价值之中,因此,必须在总产出基础上扣除一切中间产品的转移价值,以避免产品价值的重复计算。

支出法国内生产总值 指一个国家(或地区)所有常住单位在一定时期内用于最终消费、资本形成总额,以及货物和服务的净出口总额,它反映本期生产的国内生产总值的使用及构成。

最终消费 指常住单位在一定时期内对于货物和服务的全部最终消费支出,也就是常住单位为满足物质、文化和精神生活的需要,从本国经济领土和国外购买的货物和服务的支出,不包括非常住单位在本国经济领土内的消费支出。最终消费分为居民消费和政府消费。

资本形成总额 指常住单位在一定时期内获得的减去处置的固定资产加存货的变动,包括固定资本形成总额和存货增加。

劳动者报酬 指劳动者因从事生产活动所获得的全部报酬。包括劳动者获得的各种形式的工资、奖金和津贴,既包括货币形式的,也包括实物形式的,还包括劳动者所享受的公费医疗和医药卫生费、上下班交通补贴和单位支付的社会保险费、住房公积金等。对于个体经济来说,其所有者所获得的劳动报酬和经营利润不易区分,这两部分统一作为劳动者报酬处理。

生产税净额 指生产税减生产补贴后的余额。生产税指政府对生产单位生产、销售和从事经营活动以及因从事生产活动使用某些生产要素(如固定资产、土地、劳动力)所征收的各种税、附加费和规费。生产补贴与生产税相反,指政府对生产单位的单方面转移支出,因此视为负生产税,包括政策亏损补贴、价格补贴等。

固定资产折旧 指一定时期内为弥补固定资产损耗按照核定的固定资产折旧率提取的固定资产折旧,或按国民经济核算统一规定的折旧率虚拟计算的固定资产折旧。它反映了固定资产在当期生产中的转移价值。

各类企业和企业化管理的事业单位的固定资产折旧是指实际计提并计入成本费中的折旧费;不计提折旧的政府机关、非企业化管理的事业单位和居民住房的固定资产折旧是按照统一规定的折旧率和固定资产原值计算的虚拟折旧。原则上,固定资产折旧应按固定资产的重置价值计算,但是目前我国尚不具备对全社会固定资产进行重估价的基础,所以暂时只能采用上述办法。

营业盈余 指常住单位创造的增加值扣除劳动者报酬、生产税净额和固定资产折旧后的余额。它相当于企业的营业利润加上生产补贴,但要扣除从利润中开支的工资和福利等。

3 人 口

3－1 主要年份户籍总人口

单位:人

年 份	总人口	按性别分		按农业非农业分		平均人口
		男性人口	女性人口	农业人口	非农业人口	
1952	2366838	1258301	1108538	1803319	563519	2351407
1957	2705794	1433059	1272737	1948659	757135	2665649
1962	3055681	1610988	1444693	2242362	811319	3004409
1965	3282024	1721422	1560602	2467566	814458	3186309
1970	3578846	1867451	1175395	2821277	757569	3541600
1975	4087603	2124558	1963045	3299201	788402	4038537
1978	4372830	2272780	2100050	3526942	845888	4326648
1979	4442268	2308402	2133886	3562568	879700	4407549
1980	4498461	2337786	2160675	3581365	917096	4470365
1981	4586815	2383466	2203349	3624816	961999	4542638
1982	4678369	2432969	2245400	3698261	980108	4632592
1983	4749089	2471995	2277094	3738716	1010373	4713729
1984	4826459	2515539	2310920	3748211	1078248	4787774
1985	4888568	2551715	2336853	3762220	1126348	4857514
1986	4947578	2587086	2360492	3808386	1139192	4918073
1987	5090872	2659174	2431698	3916216	1174656	5019225
1988	5142090	2684864	2457226	3945899	1196191	5116481
1989	5192259	2712337	2479922	3973416	1218843	5167175
1990	5352982	2799870	2563262	4117108	1235874	5272621
1991	5411125	2820913	2590212	4151851	1259274	5382054
1992	5447199	2839078	2608121	4157432	1289767	5429162
1993	5506462	2868261	2638201	4126615	1379847	5476831
1994	5554731	2892200	2668261	4135514	1419217	5530597
1995	5622715	2925882	2696833	4219259	1403456	5588723
1996	5699462	2967111	2732351	4251651	1447811	5661089
1997	5748507	2991669	2756838	4244499	1504008	5723985
1998	5798179	3016732	2781447	4252324	1545855	5773343
1999	5831251	3030215	2801036	4237465	1593786	5814715
2000	5892348	3057142	2835224	4240391	1651957	5861800
2001	5941392	3081672	2859720	4208914	1732478	5916870
2002	5975381	3097079	2878302	3702381	2273000	5958387
2003	6048599	3139966	2908633	3994310	2054289	6011990
2004	6093869	3160288	2933581	3952000	2141869	6071234
2005	6148355	3184862	2963493	3929085	2219270	6121112
2006	6227327	3225015	3002312	3849366	2377961	6187841
2007	6303043	3260786	3042257	3853353	2449690	6265185
2008	6359516	3284668	3074848	3730378	2629138	6331280
2009	6383266	3087408	3295858			6371391
2010	6458966	3330500	3128466			6421116
2011	6494105	3344623	3149482			6476536
2012	6552740	3371172	3181568			6523423

注:2009 年户籍人口统计没有统计农业人口、非农业人口,下同。

3-2　主要年份户籍统计人口构成比重

单位:%

年　　份	按性别分		按农业非农业分	
	男性人口	女性人口	农业人口	非农业人口
1952	53.16	46.84	76.19	23.81
1957	52.96	47.04	72.02	27.98
1962	52.72	47.28	73.45	26.55
1965	52.45	47.55	75.18	24.82
1970	52.18	47.82	78.32	21.68
1975	51.98	48.02	80.71	19.29
1978	51.98	48.02	80.66	19.34
1979	51.96	48.04	80.20	19.80
1980	51.97	48.03	79.61	20.39
1981	51.96	48.04	79.03	20.97
1982	52.00	48.00	79.05	20.95
1983	52.05	47.95	78.72	21.28
1984	52.12	47.88	77.66	22.34
1985	52.20	47.80	76.96	23.04
1986	52.29	47.74	76.97	23.03
1987	52.23	47.77	76.93	23.07
1988	52.21	47.79	76.74	23.26
1989	52.45	47.55	76.53	23.47
1990	52.12	47.88	76.91	23.09
1991	52.13	47.87	76.73	23.27
1992	52.12	47.88	76.32	23.68
1993	52.09	47.91	74.94	25.06
1994	52.07	47.93	74.45	25.55
1995	52.03	47.97	75.04	24.96
1996	52.06	47.94	74.60	25.40
1997	52.04	47.96	73.84	26.16
1998	52.03	47.97	73.34	26.66
1999	51.96	48.04	72.67	27.33
2000	51.52	48.48	71.28	26.92
2001	51.87	48.13	70.84	29.16
2002	51.83	48.17	61.96	38.04
2003	51.92	48.08	66.04	33.96
2004	51.86	48.14	64.85	35.15
2005	51.80	48.20	63.90	36.10
2006	51.79	48.21	61.81	38.19
2007	51.73	48.27	61.13	38.87
2008	51.65	48.35	58.66	41.34
2009	51.63	48.37		
2010	51.56	48.44	66.17	32.14
2011	51.50	48.50		
2012	51.45	48.55		

3-3 户籍统计人口变动情况

（2012 年）

项　目	单 位	福州市	市 区	鼓楼区	台江区	仓山区	晋安区	马尾区
年末总户数	户	2026324	636689	175258	120389	160296	129131	51615
年末总人口	人	6552740	1920623	576752	327218	484489	366045	166119
男性人口	人	3371172	960027	289412	164011	240349	182431	83824
女性人口	人	3181568	960596	287340	163207	244140	183614	82295
出生人数	人	83204	21129	5399	2817	7287	4484	1142
死亡人数	人	28774	6541	1711	1502	1547	1178	603
人口自然增长数	人	54430	14588	3688	1315	5740	3306	539
迁入人数	人	123800	78483	20035	7715	33320	15468	1945
迁出人数	人	119595	72612	25594	9013	24663	11837	1505
出生率	‰	12.75	11.06	9.35	8.61	15.27	12.37	6.89
死亡率	‰	4.41	3.42	2.96	4.59	3.24	3.25	3.64
人口自然增长率	‰	8.34	7.64	6.38	4.02	12.03	9.12	3.25
年平均人口	人	6523423	1910394	577688	327210	477291	362577	165630

项　目	单 位	福清市	长乐市	闽侯县	连江县	罗源县	闽清县	永泰县	平潭县
年末总户数	户	385247	213484	201010	186332	76869	95799	114208	116686
年末总人口	人	1293738	694170	648395	641375	258000	316449	366492	413498
男性人口	人	668844	366257	335260	333238	135060	167015	195224	210247
女性人口	人	624894	327913	313135	308137	122940	149434	171268	203251
出生人数	人	19179	8166	6694	8030	3592	4559	4683	7172
死亡人数	人	5574	4804	3377	2726	1462	1656	832	1802
人口自然增长数	人	13605	3362	3317	5304	2130	2903	3851	5370
迁入人数	人	11530	7370	7182	6010	2956	2390	3950	3929
迁出人数	人	13743	6745	8046	5255	2897	2975	4131	2511
出生率	‰	14.89	11.80	10.34	12.57	13.98	14.46	12.84	17.49
死亡率	‰	4.33	6.94	5.22	4.27	5.69	5.25	2.28	4.39
人口自然增长率	‰	10.56	4.86	5.13	8.31	8.29	9.21	10.56	13.09
年平均人口	人	1288042	692177	647169	638635	256956	315290	364657	410104

3-4 常住人口和城镇化率

县(市)、区	常住人口(万人)						
	2006年	2007年	2008年	2009年	2010年	2011年	2012年
福州市	**671.00**	**676.00**	**683.00**	**687.00**	**711.54**	**720.00**	**727.00**
市　区	267.00	273.00	271.00	271.00	292.18	296.30	298.49
鼓楼区	74.00	75.00	75.00	75.00	68.77	69.00	69.52
台江区	44.00	45.00	45.00	45.00	44.69	45.10	45.30
仓山区	59.00	60.00	60.00	60.00	76.27	77.10	78.00
晋安区	65.00	67.00	67.00	67.00	79.25	81.00	81.47
马尾区	25.00	26.00	24.00	24.00	23.19	24.10	24.20
福清市	119.00	119.00	120.00	121.00	123.48	124.20	125.30
长乐市	67.00	67.00	68.00	69.00	68.26	68.70	69.73
闽侯县	55.00	56.00	63.00	64.00	66.21	67.90	68.80
连江县	55.00	55.00	55.00	55.00	56.15	56.20	56.60
罗源县	20.00	20.00	20.00	20.00	20.77	20.50	20.65
闽清县	25.00	24.00	24.00	24.00	23.76	23.50	23.50
永泰县	28.00	27.00	27.00	27.00	24.95	24.70	24.88
平潭县	35.00	35.00	35.00	36.00	35.78	38.00	39.00

县(市)、区	城镇化率(%)						
	2006年	2007年	2008年	2009年	2010年	2011年	2012年
福州市	**55.50**	**55.90**	**57.50**	**58.50**	**61.95**	**63.30**	**64.75**
市　区	94.95	94.97	95.81	96.39	96.67	96.85	97.04
鼓楼区	100.00	100.00	100.00	100.00	100.00	100.00	100.00
台江区	100.00	100.00	100.00	100.00	100.00	100.00	100.00
仓山区	100.00	100.00	100.00	100.00	100.00	100.00	100.00
晋安区	93.65	93.95	96.18	96.70	97.42	98.10	98.50
马尾区	62.58	62.84	63.33	68.50	66.85	67.60	68.50
福清市	31.21	31.85	33.25	38.80	38.13	41.20	43.00
长乐市	33.25	33.79	36.22	38.90	40.73	41.90	43.50
闽侯县	26.87	27.72	36.30	39.40	44.51	45.70	49.50
连江县	33.26	33.58	34.10	34.70	35.21	36.60	39.80
罗源县	30.74	30.98	31.95	33.30	36.77	36.90	38.00
闽清县	26.69	27.03	27.83	29.20	30.56	30.90	35.00
永泰县	25.36	26.21	27.01	29.00	31.90	32.10	36.00
平潭县	18.35	18.95	19.51	33.90	31.84	37.80	39.20

注:1、本表为人口变动抽样调查数据。2、城镇人口是按国家统计局发布的《关于统计上划分城乡的规定》计算的。

主要统计指标解释

人口数　指一定时点、一定地区范围内的有生命的个人的总和。

人口密度　指一定时点一定地区的人口数与该地区的面积数之比，即一定时点的单位面积上人口数，通常以每平方公里的居住人数来表示：

出生率（又称粗出生率）　指在一定时期内（通常为一年）出生的人数与同期平均人数的比率，一般用千分率表示。

出生人数　指活产婴儿，即胎儿脱离母体时（不管怀孕月数），有过呼吸或其他生命现象。

死亡率（又称粗死亡率）　指在一定时期内（通常为一年）一定地区的死亡人数与同期平均人数（或期中人数）之比，一般用千分率表示。

人口自然增长率　指在一定时期内（通常为一年）一定地区人口自然增加数（出生人数减死亡人数）与该时期内平均人数（或期中人数）之比，一般用千分率表示。

人口自然增长率 =（本年出生人数 - 本年死亡人数）÷ 年平均人数 ×1000‰

4 就业与职工工资

4-1 全社会从业人员

(1990-2012年)

单位:万人

年　份	全社会从业人员	城镇单位从业人员	城镇私营、个体从业人员	乡村从业人员
1990	245.83	75.79	6.19	163.85
1991	263.93	78.81	6.21	178.91
1992	274.65	85.63	6.21	182.81
1993	278.47	88.14	6.20	184.13
1994	274.03	83.71	3.12	187.20
1995	280.45	82.40	9.67	188.38
1996	298.09	89.61	16.51	191.97
1997	298.77	87.78	16.52	194.47
1998	297.02	78.62	19.81	198.59
1999	292.39	69.84	21.95	200.60
2000	293.62	68.42	21.30	203.90
2001	290.53	68.80	18.59	203.14
2002	294.42	68.48	19.50	206.44
2003	312.53	75.23	30.30	207.00
2004	321.07	81.47	31.99	207.61
2005	330.00	84.10	37.19	208.71
2006	340.01	87.19	43.82	209.00
2007	358.03	92.30	54.14	211.59
2008	364.00	95.84	55.56	212.60
2009	365.73	98.70	50.26	216.77
2010	389.24	105.48	65.35	218.41
2011	425.59	128.07	73.79	223.73
2012	451.68	143.70	85.77	222.21

4－2 城镇非私营单位在岗职工人数

（1985－2012 年）

单位：人

年份	合计	按登记注册类型分			按企事业机关分		
		国有单位	集体单位	其他单位	企业	事业	机关
1985	684425	446688	237737				
1986	707525	468939	238587				
1987	724022	477728	236631	9663			
1988	745247	489035	238355	17857			
1989	745959	491592	228396	25971			
1990	757935	501974	221579	34382			
1991	788054	514221	227289	46544			
1992	856301	538362	236484	81455			
1993	881393	551194	221278	108921			
1994	837106	521977	198730	116399			
1995	823952	506921	171258	145773			
1996	896108	528867	167802	199439			
1997	877839	525497	143456	208886	655715	159997	62143
1998	786225	433737	104787	247701	571883	158545	55797
1999	698417	382954	83237	232226	487489	154147	56781
2000	684213	371367	76337	236509	477196	148084	58933
2001	687997	347883	63524	276590	476959	153051	57987
2002	684803	325647	58285	300871	484459	141407	58937
2003	726563	334258	48633	343672	520031	151814	54718
2004	787736	332046	48722	406968	576400	155160	56176
2005	809450	326612	43996	438842	597257	154740	57453
2006	840593	324817	42642	473134	654044	160466	57380
2007	861002	317628	37491	505883	707486	154146	61417
2008	925431	321349	33470	570612	706576	156590	62265
2009	946215	336222	31559	578434	801757	82695	61733
2010	1001114	340064	32872	628178	789722	149800	60979
2011	1210072	346668	36735	826669	979275	171872	67530
2012	1315144	366835	32224	916085	1064428	174310	67771

注：1.1998 年起职工的统计口径为“在岗职工人数”。2.1998 年起“职工人数”统计口径为在岗职工人数。2009 年起按企事业机关分增加民间非盈利组织和其他两项。

4-3 按三次产业分城镇非私营单位在岗职工人数及构成

(1987-2012年)

年份	城镇单位职工人数(人)				构成(%)		
	合计	第一产业	第二产业	第三产业	第一产业	第二产业	第三产业
1987	724022	27743	373783	322496	3.83	51.63	44.54
1988	745247	26543	392814	325890	3.56	52.71	43.73
1989	745959	26338	383332	336289	3.53	51.39	45.08
1990	757935	25468	386649	345818	3.36	51.01	45.63
1991	788054	24184	406173	357697	3.07	51.54	45.39
1992	856301	23599	464511	368191	2.76	54.25	43.00
1993	881393	17324	499271	364798	1.97	56.65	41.39
1994	837106	19787	436504	380815	2.36	52.14	45.49
1995	823952	13892	339605	470455	1.69	41.22	57.10
1996	896108	16638	376872	502598	1.86	42.06	56.09
1997	877839	15459	363279	499101	1.76	41.38	56.86
1998	786225	13035	307732	465458	1.66	39.14	59.20
1999	698417	11342	330712	356363	1.62	47.35	51.02
2000	684213	10810	323294	350109	1.58	47.25	51.17
2001	687997	10717	335143	342137	1.56	48.71	49.73
2002	684803	9927	342925	331951	1.45	50.08	48.47
2003	726563	8971	392665	324927	1.24	54.04	44.72
2004	787736	8102	437559	342074	1.01	55.55	43.42
2005	809450	7883	461346	340221	0.97	57.00	42.03
2006	840593	7288	485247	348058	0.88	57.72	41.40
2007	861002	6305	492212	362485	0.73	57.17	42.10
2008	925431	6037	497407	421987	0.65	53.75	45.60
2009	946215	8171	480167	457877	0.86	50.75	48.39
2010	1001114	6981	526766	467367	0.70	52.62	46.68
2011	1210072	5991	747885	456196	0.50	61.81	37.69
2012	1315144	1650	823096	490398	0.13	62.59	37.28

注:在岗职工人数含劳务派遣人员

4－4 城镇非私营单位从业人员数

单位:人

项目	2011年				2012年			
	年末从业人员数	国有单位	城镇集体单位	其他单位	年末从业人员数	国有单位	城镇集体单位	其他单位
合计	**1280693**	**371751**	**39811**	**869131**	**1437040**	**397324**	**45310**	**994406**
#女性	468171	143965	10517	313689	504748	151063	10643	343042
按行业分								
农、林、牧、渔业	6598	5292	12	1294	2185	2011	12	162
采矿业	12714	8		12706	2554			2554
制造业	441925	10469	6093	425363	462770	9731	5022	448017
电力、煤气及水的生产和供应业	16621	10416	316	5889	16674	11875	198	4601
建筑业	322710	43063	13527	266120	436453	49724	21418	365311
交通运输、仓储及邮政业	40428	29677	953	9798	37750	31055	774	5921
信息传输、计算机服务和软件业	16503	3505	25	12973	14557	2564	33	11960
批发和零售业	63555	13966	3733	45856	73933	13143	2855	57935
住宿和餐饮业	23256	4538	717	18001	22700	3935	302	18463
金融业	29991	7013	1056	21922	32917	7823	1190	23904
房地产业	27071	3795	933	22343	28994	3395	1074	24525
租赁和商务服务业	17723	5446	8389	3888	16974	4570	7894	4510
科学研究、技术服务和地质勘查业	31156	18161	175	12820	36157	19709	106	16342
水利、环境和公共设施管理业	14022	12668	354	1000	14649	13507	270	872
居民服务和其他服务业	2184	1001	179	1004	1847	868	192	787
教育	100158	92887	892	6379	102113	94303	853	6957
卫生、社会保障和社会福利业	45071	42000	2389	682	46596	42909	2992	695
文化、体育和娱乐业	15511	14360	58	1093	12181	11213	97	871
公共管理和社会组织	53496	53486	10		75036	74989	28	19
按三次产业分								
第一产业	6598	5292	12	1294	2185	2011	12	162
第二产业	793970	63956	19936	710078	918451	71330	26638	820483
第三产业	480125	302503	19863	157759	516404	323983	18660	173761

4-5 城镇非私营单位在岗职工人数

单位:人

项目	2011年				2012年			
	年末在岗职工人数	国有单位	城镇集体单位	其他单位	年末在岗职工人数	国有单位	城镇集体单位	其他单位
合计	**1210072**	**346668**	**36735**	**826669**	**1315144**	**366835**	**32224**	**916085**
按行业分								
农、林、牧、渔业	5991	4706	12	1273	1650	1488	12	150
采矿业	10501	4		10497	1793			1793
制造业	436202	10150	5937	420115	457156	9396	4838	442922
电力、煤气及水的生产和供应业	16461	10275	316	5870	16525	11740	195	4590
建筑业	284721	36113	11480	237128	347622	39561	9439	298622
交通运输、仓储及邮政业	36072	25436	903	9733	33188	26615	728	5845
信息传输、计算机服务和软件业	16354	3389	25	12940	14541	2559	33	11949
批发和零售业	62634	13670	3600	45364	70919	12773	2659	55487
住宿和餐饮业	21250	4477	706	16067	22367	3723	283	18361
金融业	28398	6891	1045	20462	31420	7729	1190	22501
房地产业	25881	3541	843	21497	28063	3256	987	23820
租赁和商务服务业	17205	5217	8348	3640	16599	4327	7868	4404
科学研究、技术服务和地质勘查业	30058	17498	166	12394	34959	18935	95	15929
水利、环境和公共设施管理业	13682	12388	308	986	13197	12182	236	779
居民服务和其他服务业	1975	883	168	924	1673	716	181	776
教　育	95517	88625	808	6084	95874	88458	810	6606
卫生、社会保障和社会福利业	42100	39479	2002	619	44537	41318	2545	674
文化、体育和娱乐业	14665	13531	58	1076	11751	10796	97	858
公共管理和社会组织	50405	50395	10		71310	71263	28	19
按三次产业分								
第一产业	5991	4706	12	1273	1650	1488	12	150
第二产业	747885	56542	17733	673610	823096	60697	14472	747927
第三产业	456196	285420	18990	151786	490398	304650	17740	168008

注:在岗职工人数含劳务派遣人员

4－6 城镇非私营单位在岗职工人数增减情况

单位:人

项　　目	2004 年	2005 年	2006 年	2007 年	2008 年	2009 年	2010 年	2011 年	2012 年	2012 年比 2011 年增长(%)
合　计	**787736**	**809450**	**840593**	**861002**	**925431**	**946215**	**1001114**	**1210072**	**1315144**	**8.68**
按行业分										
农、林、牧、渔业	8103	7883	7288	6305	6037	8171	6981	5991	1650	－72.46
采矿业	1284	1316	1264	1267	1137	2130	1422	10501	1793	－82.93
制造业	348170	368257	390331	394461	384282	371746	394295	436202	457156	4.80
电力、煤气及水的生产和供应业	13661	13238	14088	14520	15431	15529	16067	16461	16525	0.39
建筑业	74444	78535	79564	81964	96557	90762	114982	284721	347622	22.09
交通运输、仓储及邮政业	32447	29639	30256	32392	32560	35754	35454	36072	33188	－8.00
信息传输、计算机服务和软件业	9295	8656	10708	11106	11145	10372	11621	16354	14541	－11.09
批发和零售业	30494	28571	28984	32987	36709	39970	38090	62634	70919	13.23
住宿和餐饮业	14946	14584	13082	16669	16203	17814	20279	21250	22367	5.26
金融业	19670	20974	21190	21826	23158	26796	27923	28398	31420	10.64
房地产业	13740	13371	14945	16911	16931	25260	25733	25881	28063	8.43
租赁和商务服务业	10869	10971	12625	14319	47017	53141	60645	17205	16599	－3.52
科学研究、技术服务和地质勘查业	15236	15972	17202	17372	19329	23104	29515	30058	34959	16.31
水利、环境和公共设施管理业	8882	9208	9175	9527	10087	11840	12713	13682	13197	－3.54
居民服务和其他服务业	5040	3088	2994	3043	4084	3571	2562	1975	1673	－15.29
教　育	82150	84585	85354	84351	93273	93242	91240	95517	95874	0.37
卫生、社会保障和社会福利业	29495	29659	31215	30586	36110	39512	36531	42100	44537	5.79
文化、体育和娱乐业	12763	12508	12959	13123	15514	15136	13829	14665	11751	－19.87
公共管理和社会组织	57047	58435	57369	58273	59867	62365	61232	50405	71310	41.47
按三次产业分										
第一产业	8103	7883	7288	6305	6037	8171	6981	5991	1650	－72.46
第二产业	437559	461346	485247	492212	497407	480167	526766	747885	823096	10.06
第三产业	342074	340221	348058	362485	421987	457877	467367	456196	490398	7.50

注:在岗职工人数含劳务派遣人员

4－7 城镇非私营单位女性从业人员增减情况

单位：人

项目	2004年	2005年	2006年	2007年	2008年	2009年	2010年	2011年	2012年	2012年比2011年增长(%)
合计	**367589**	**376403**	**391597**	**394009**	**410738**	**414546**	**436494**	**468171**	**504748**	**7.81**
按行业分										
农、林、牧、渔业	2932	3334	2773	2400	2358	3364	2778	1370	486	-64.53
采矿业	310	382	293	295	381	624	414	6193	756	-87.79
制造业	204616	214079	224238	219972	205307	194857	204479	211947	216967	2.37
电力、煤气及水的生产和供应业	4269	4165	4374	4545	4568	4539	4721	4994	5268	5.49
建筑业	11863	11917	12262	12052	13876	12832	14344	34839	56102	61.03
交通运输、仓储及邮政业	10257	9237	9340	9769	9786	10282	11106	9702	9915	2.20
信息传输、计算机服务和软件业	3675	2810	3993	4244	4219	3541	4114	5812	4738	-18.48
批发和零售业	12711	11880	12213	14517	16229	17732	17070	28068	34218	21.91
住宿和餐饮业	8419	8402	7555	9341	8994	10786	11997	13162	12153	-7.67
金融业	9990	10392	12010	12526	12981	15253	16367	16090	17377	8.00
房地产业	4721	4800	5366	6634	6257	8249	8776	10203	10132	-0.70
租赁和商务服务业	3408	3640	4074	4338	23458	21851	25713	4019	4500	11.97
科学研究、技术服务和地质勘查业	4682	4784	5076	5371	6094	7899	11623	10845	13231	22.00
水利、环境和公共设施管理业	3523	3777	3804	4204	4641	5217	5457	5750	3889	-32.37
居民服务和其他服务业	2510	935	891	978	1156	1188	1171	816	641	-21.45
教育	42175	44234	44543	43541	47597	49610	50603	54985	58912	7.14
卫生、社会保障和社会福利业	18231	18340	19180	19112	21759	23487	23956	28743	30363	5.64
文化、体育和娱乐业	5271	5019	5233	5283	5607	6224	5724	5550	4776	-13.95
公共管理和社会组织	14026	14276	14379	14887	15470	17011	16081	15083	20324	34.75
按三次产业分										
第一产业	2932	3334	2773	2400	2358	3364	2778	1370	486	-64.53
第二产业	221058	230543	241167	236864	224132	212852	223958	257973	279093	8.19
第三产业	143599	142526	147657	154745	184248	198330	209758	208828	225169	7.83

4－8 城镇非私营单位其他从业人员增减情况

单位：人

项　　目	2004年	2005年	2006年	2007年	2008年	2009年	2010年	2011年	2012年	2012年比2011年增长（%）
合　计	**26948**	**31530**	**31297**	**62047**	**33005**	**40797**	**53689**	**70621**	**121896**	**72.61**
按企事业机关分										
企　业	22281	26994	26607	56611	25946	36498	45340	57595	106968	85.72
事　业	4127	3962	3881	4470	5315	2661	6288	9460	9778	3.36
机　关	540	574	809	966	1744	1638	2061	2469	4976	101.54
按行业分										
农、林、牧、渔业	697	947	393	105	141	233	309	607	535	－11.86
采矿业	5		34	5	49	68	1	2213	761	－65.61
制造业	5987	4651	5588	4476	5189	3496	3753	5723	5614	－1.90
电力、煤气及水的生产和供应业	381	615	482	242	249	242	131	160	149	－6.88
建筑业	5042	9933	9201	37884	9557	18374	28432	37989	88831	133.83
交通运输、仓储及邮政业	3028	3231	3307	3514	3637	2967	3792	4356	4562	4.73
信息传输、计算机服务和软件业	1326	217	155	79	63	77	285	149	16	－89.26
批发和零售业	1385	1274	1160	1012	648	1040	1036	921	3014	227.25
住宿和餐饮业	714	562	508	369	492	751	737	2006	333	－83.40
金融业	1111	2798	3219	3926	3268	2403	2691	1593	1497	－6.03
房地产业	1537	1434	1417	3816	1019	1032	825	1190	931	－21.76
租赁和商务服务业	726	617	652	523	484	414	430	518	375	－27.61
科学研究、技术服务和地质勘查业	834	944	854	784	988	1438	1111	1098	1198	9.11
水利、环境和公共设施管理业	780	815	690	1466	1662	1921	696	340	1452	327.06
居民服务和其他服务业	209	140	150	150	183	155	268	209	174	－16.75
教　育	948	1140	1111	1422	2029	2180	3876	4641	6239	34.43
卫生、社会保障和社会福利业	718	965	979	906	1082	1427	2300	2971	2059	－30.70
文化、体育和娱乐业	655	516	448	300	395	848	870	846	430	－49.17
公共管理和社会组织	865	731	949	1068	1870	1731	2146	3091	3726	20.54
按三次产业分										
第一产业	697	947	393	105	141	233	309	607	535	－11.86
第二产业	11415	15199	15305	42607	15044	22180	32317	46085	95355	106.91
第三产业	14836	15384	15599	19335	17820		21063	23929	26006	8.68

4-9 城镇非私营单位从业人员劳动报酬

单位:万元

项　目	2011年			2012年		
	城镇单位从业人员劳动报酬	在岗职工工资总额	其他从业人员劳动报酬	城镇单位从业人员劳动报酬	在岗职工工资总额	其他从业人员劳动报酬
合　计	**5154589**	**4961673**	**192916**	**6575606**	**6148482**	**427124**
按企事业机关分						
企　业	4025252	3858355	166897	5119494	4725704	393791
事　业	843106	823708	19397	999100	976138	22962
机　关	350225	346313	3912	415912	406186	9725
民间非盈利组织	16821	16455	367	21191	20761	430
其　他	16749	14851	1898	19909	19693	216
按三次产业分						
第一产业	19909	18568	1341	7618	6181	1437
第二产业	2920969	2774091	146878	3799928	3430512	369416
第三产业	2213711	2169014	44698	2768060	2711790	56270
按登记注册类型分						
国有单位	1818159	1758717	59442	2268539	2140539	128001
集体单位	120300	110686	9614	151187	107971	43216
其他单位	3216131	3092270	123861	4155879	3899973	255907
内资企业	1660784	1564092	96692	2493993	2263853	230140
港澳台商投资企业	727163	713460	13702	784923	773991	10932
外商投资企业	828184	814718	13466	876964	862129	14835
按国民经济行业分						
农、林、牧、渔业	19909	18568	1341	7618	6181	1437
采矿业	29499	23842	5658	7239	5154	2086
制造业	1570056	1543630	26427	1907236	1880853	26382
电力、煤气及水的生产和供应业	118849	117739	1111	138179	136785	1394
建筑业	1202564	1088881	113683	1747274	1407720	339555
交通运输、仓储及邮政业	162807	156978	5829	164304	156316	7989
信息传输、计算机服务和软件业	102074	101667	407	92336	92302	34
批发和零售业	196054	194615	1439	285560	280624	4936
住宿和餐饮业	56918	55175	1744	65067	64144	922
金融业	319885	316241	3644	390459	386343	4116
房地产业	99758	96076	3682	128318	125321	2996
租赁和商务服务业	61895	60544	1351	73902	73016	886
科学研究、技术服务和地质勘查业	149437	146793	2643	200975	197618	3357
水利、环境和公共设施管理业	39756	39175	581	47043	44543	2499
居民服务和其他服务业	7272	6814	458	5928	5537	390
教　育	457094	448157	8937	525670	512304	13366
卫生、社会保障和社会福利业	241834	234597	7238	288176	282262	5914
文化、体育和娱乐业	67245	65509	1736	64063	62988	1075
公共管理和社会组织	251683	246673	5010	436260	428470	7790

4-10 城镇非私营单位在岗职工工资总额

（1988-2012 年）

单位:万元

年份	合计	按登记注册类型分			按企事业机关分		
		国有单位	集体单位	其他单位	企业	事业	机关
1988	119291	84450	31347	3495	89212	23397	6682
1989	140117	99567	34551	5999	103178	27483	9457
1990	157456	113057	35494	8904	114961	30883	11612
1991	181209	126691	40059	14459	132781	35042	13387
1992	220667	148781	44660	27227	164951	40258	15458
1993	286541	186490	56402	43649	224888	42138	19515
1994	395044	268254	64214	62575	286036	78545	30462
1995	470311	298303	69095	102913	350814	87147	32349
1996	560623	331000	75517	154106	426071	94507	40045
1997	650789	405487	67439	177863	484046	118812	47931
1998	680682	396736	62402	221505	494104	134892	51687
1999	680607	402229	55129	223249	461329	156659	62619
2000	759607	452125	53544	253938	511337	175927	72343
2001	881625	506801	55786	319038	577701	218077	85846
2002	942722	525086	55906	361730	620709	225328	96685
2003	1073262	591956	46788	434519	723615	252181	97467
2004	1296473	679406	49737	567330	885774	296526	114173
2005	1451880	760220	51595	640065	976568	342588	132724
2006	1715622	869443	54276	791903	1173798	390849	150975
2007	2057107	954839	62402	1039866	1424983	438952	193172
2008	2573494	1122240	67420	1383834	1825811	500064	247618
2009	2861961	1304033	72455	1485472	2293889	301361	266684
2010	3429285	1451811	77457	1900017	2543522	602643	281255
2011	4961673	1758717	110686	3092270	3858355	823708	346313
2012	6148482	2140539	107971	3899973	4725704	976138	406186

注:在岗职工含劳务派遣人员

本表 1998 年起“职工工资总额”统计口径为“在岗职工工资总额”

4－11　按行业分城镇非私营单位在岗职工工资总额

单位:万元

项　　目	2004年	2005年	2006年	2007年	2008年	2009年	2010年	2011年	2012年	2012年比2011年增长(%)
合　计	**1296473**	**1451880**	**1715622**	**2057107**	**2573494**	**2861961**	**3429285**	**4961673**	**6148482**	**23.92**
按国民经济行业分										
农、林、牧、渔业	9317	10484	10302	10360	11527	14481	16527	18568	6181	－66.71
采矿业	2317	2495	2570	2609	2723	6643	4690	23842	5154	－78.38
制造业	463888	511658	615067	711930	858240	858182	1060930	1543630	1880853	21.85
电力、煤气及水的生产和供应业	38587	44497	50333	64645	78911	85513	100258	117739	136785	16.18
建筑业	103678	119339	145701	192166	235764	255482	391851	1088881	1407720	29.28
交通运输、仓储及邮政业	59736	59365	69783	88996	99786	114360	129345	156978	156316	－0.42
信息传输、计算机服务和软件业	38087	39627	47658	49639	54700	58881	77052	101667	92302	－9.21
批发和零售业	48214	47909	54937	67479	86290	103956	110043	194615	280624	44.19
住宿和餐饮业	16954	18226	18219	25134	26240	30611	40392	55175	64144	16.26
金融业	67790	79474	103222	132722	174280	216764	261978	316241	386343	22.17
房地产业	20307	22065	27027	34401	49390	59866	66123	96076	125321	30.44
租赁和商务服务业	18907	21189	26381	29999	94674	113192	135696	60544	73016	20.60
科学研究、技术服务和地质勘查业	38435	44796	51309	62611	73560	89689	124866	146793	197618	34.62
水利、环境和公共设施管理业	13218	15974	18052	19857	22095	27136	29290	39175	44543	13.70
居民服务和其他服务业	8556	4118	4784	5475	5925	7638	8946	6814	5537	－18.74
教　育	149645	182221	208031	242881	296873	356053	375305	448157	512304	14.31
卫生、社会保障和社会福利业	57621	65362	76062	90516	113852	140702	158231	234597	282262	20.32
文化、体育和娱乐业	25164	27960	33265	39179	49120	50623	55390	65509	62988	－3.85
公共管理和社会组织	116053	135121	152920	186508	239544	272189	282372	246673	428470	73.70
按三次产业分										
第一产业	9317	10484	10302	10360	11527	14481	16527	18568	6181	－66.71
第二产业	608470	677989	813671	971350	1175637	1205820	1557729	2774091	3430512	23.66
第三产业	678686	763407	891649	1075397	1386330	1641659	1855029	2169014	2711790	25.02

注:在岗职工含劳务派遣人员

4-12 城镇非私营单位在岗职工工资总额

单位:万元

项目	2011年				2012年			
	合计	国有单位	集体单位	其他单位	合计	国有单位	集体单位	其他单位
合计	**4961673**	**1758717**	**110686**	**3092270**	**6148482**	**2140539**	**107971**	**3899973**
按国民经济行业分								
农、林、牧、渔业	18568	14694	35	3840	6181	5772	35	375
采矿业	23842	10		23832	5154			5154
制造业	1543630	44424	16844	1482362	1880853	46700	13296	1820857
电力、煤气及水的生产和供应业	117739	81263	694	35782	136785	97651	551	38583
建筑业	1088881	218078	43912	826891	1407720	223661	33936	1150123
交通运输、仓储及邮政业	156978	108927	2203	45849	156316	120886	2197	33233
信息传输、计算机服务和软件业	101667	19179	62	82425	92302	8242	99	83960
批发和零售业	194615	59664	7026	127925	280624	75977	6699	197949
住宿和餐饮业	55175	12941	1671	40563	64144	12884	731	50530
金融业	316241	64372	6070	245798	386343	81883	10093	294368
房地产业	96076	14720	2085	79271	125321	16216	3052	106053
租赁和商务服务业	60544	24996	16959	18589	73016	34116	19748	19152
科学研究、技术服务和地质勘查业	146793	98394	776	47624	197618	132185	601	64832
水利、环境和公共设施管理业	39175	34959	1086	3130	44543	40687	1156	2700
居民服务和其他服务业	6814	3416	384	3014	5537	2918	412	2207
教育	448157	425197	2851	20110	512304	484525	2892	24888
卫生、社会保障和社会福利业	234597	225196	7841	1561	282262	268287	12008	1967
文化、体育和娱乐业	65509	61651	153	3705	62988	59805	272	2911
公共管理和社会组织	246673	246639	34		428470	428146	194	131
按三次产业分								
第一产业	18568	14694	35	3840	6181	5772	35	375
第二产业	2774091	343773	61451	2368867	3430512	368012	47783	3014717
第三产业	2169014	1400250	49200	719564	2711790	1766755	60153	884881

注:在岗职工含劳务派遣人员

4－13　城镇非私营单位从业人员人均劳动报酬

单位:元

项　　目	2011年			2012年		
	单位从业人员年平均劳动报酬	在岗职工年平均工资	其他从业人员年平均劳动报酬	单位从业人员年平均劳动报酬	在岗职工年平均工资	其他从业人员年平均劳动报酬
合　计	**41095**	**41725**	**29609**	**47559**	**48089**	**41051**
按企事业机关分						
企　业	39760	40186	31937	45823	45963	44212
事　业	46764	48203	20627	54218	55952	23397
机　关	50183	51411	16118	57403	60194	19544
民间非盈利组织	40997	41923	20590	46594	47120	30254
其　他	55700	59404	37438	48511	48529	46957
按国民经济行业分						
农、林、牧、渔业	29768	30702	20948	32723	36146	23251
采矿业	23215	22734	25485	28400	28823	27405
制造业	34316	34221	40959	41363	41275	48757
电力、煤气及水的生产和供应业	72231	72250	70285	82318	82277	86578
建筑业	41985	42916	34761	45149	44585	47645
交通运输、仓储及邮政业	40384	43389	14092	43626	47317	17269
信息传输、计算机服务和软件业	64669	65025	27295	63627	63674	21375
批发和零售业	31337	31522	17440	39047	39904	17572
住宿和餐饮业	24673	25714	10816	29111	29112	29098
金融业	109572	114514	23095	122156	126949	26882
房地产业	37434	37683	31935	44687	45065	33072
租赁和商务服务业	35169	35449	25975	43853	44311	23693
科学研究、技术服务和地质勘查业	48826	49641	25539	56693	57660	28523
水利、环境和公共设施管理业	27674	27942	16798	32292	33904	17477
居民服务和其他服务业	33682	34945	21904	32145	32940	23951
教　育	45790	47024	19772	51189	53067	21719
卫生、社会保障和社会福利业	55187	57399	24535	63020	64686	28269
文化、体育和娱乐业	43197	44582	19881	50731	51893	21937
公共管理和社会组织	47511	49434	16292	58366	60345	20811
按三次产业分						
第一产业	30174	30998	20948	32723	36146	23251
第二产业	36789	37699	35363	43806	37889	47605
第三产业	46107	48987	19450	53974	53265	21787

4－14　按行业分城镇非私营单位在岗职工平均工资

单位:元

项　　目	2004 年	2005 年	2006 年	2007 年	2008 年	2009 年	2010 年	2011 年	2012 年	2012 年比 2011 年增长(%)
合　计	**16586**	**18314**	**20666**	**23950**	**27521**	**30704**	**34806**	**41725**	**48089**	**15.25**
按国民经济行业分										
农、林、牧、渔业	11451	13188	13952	16317	19084	18002	23569	30702	36146	17.73
采矿业	17617	18616	20643	19995	23636	31232	33073	22734	28823	26.78
制造业	13442	14199	15937	18101	20992	23040	27000	34221	41275	20.61
电力、煤气及水的生产和供应业	28092	33424	36065	45131	50917	55575	62756	72250	82277	13.88
建筑业	14253	17260	19583	22612	26838	28721	35611	42916	44585	3.89
交通运输、仓储及邮政业	18500	19530	22676	27948	30559	32160	37655	43389	47317	9.05
信息传输、计算机服务和软件业	42823	46543	45781	46666	49996	57221	65699	65025	63674	－2.08
批发和零售业	15634	16657	18769	20874	23217	25918	28539	31522	39904	26.59
住宿和餐饮业	11379	12485	13929	15118	16397	17407	19942	25714	29112	13.21
金融业	34486	38004	48960	61705	77845	83754	96864	114514	126949	10.86
房地产业	15123	16392	18191	20594	29235	29559	27329	37683	45065	19.59
租赁和商务服务业	17867	19149	17617	21976	21128	22541	23838	35449	44311	25.00
科学研究、技术服务和地质勘查业	25476	28010	29815	36589	38939	39601	43013	49641	57660	16.15
水利、环境和公共设施管理业	14858	17529	19601	20838	22355	23114	23276	27942	33904	21.34
居民服务和其他服务业	16409	13773	15416	18220	18833	21396	35152	34945	32940	－5.74
教　育	18235	21508	24455	28785	32147	39153	41358	47024	53067	12.85
卫生、社会保障和社会福利业	19761	22236	24639	30010	32208	36477	44677	57399	64686	12.70
文化、体育和娱乐业	19578	22438	26286	29708	31594	32962	39814	44582	51893	16.40
公共管理和社会组织	20443	23172	26694	32167	40138	43622	46603	49434	60345	22.07

注:在岗职工含劳务派遣人员

4-15 城镇非私营单位在岗职工平均工资

（1988-2012年）

单位:元

年 份	合 计	按登记注册类型分			按企事业机关分		
		国有单位	集体单位	其他单位	企 业	事 业	机 关
1988	1641	1749	1373	2215	1622	1666	1791
1989	1909	2059	1519	2610	1855	2076	2083
1990	2128	2291	1646	2888	2073	2281	2320
1991	2366	2514	1838	3287	2333	2466	2456
1992	2709	2866	2033	3592	2690	2769	2765
1993	3356	3476	2642	4204	3386	3210	3346
1994	4803	5204	3301	5561	4664	5189	5267
1995	5827	6020	4125	7142	5919	5526	5699
1996	6453	6441	4687	7954	6530	6138	6433
1997	7571	7798	5027	8660	7527	7640	7858
1998	8772	9160	5992	9280	8748	8642	9378
1999	9780	10371	6618	9933	9512	10196	10933
2000	11199	12001	7304	11125	10846	11875	12323
2001	12760	14240	8688	11780	12020	14311	14814
2002	14046	15979	9712	12693	13183	15945	16385
2003	15052	17643	10163	13110	14276	16635	17870
2004	16586	20382	10264	14187	15512	19161	20424
2005	18314	23228	12122	15133	16811	22166	23155
2006	20666	26651	13465	17081	19001	25066	26725
2007	23950	30419	16418	20509	21941	29400	32109
2008	27521	35373	20181	23679	25433	32205	39988
2009	30704	39287	22943	26125	29103	36711	43152
2010	34806	43481	23335	30736	32787	40578	46579
2011	41725	50528	30412	38429	40186	48203	51411
2012	48089	58716	33907	44209	45963	55952	60194

注:在岗职工含劳务派遣人员

本表1998年起"职工平均工资"统计口径为"在岗职工平均工资"

4－16　按行业分城镇非私营单位在岗职工平均工资

单位:元

项　　目	2011年				2012年			
	合　计	国有单位	集体单位	其他单位	合　计	国有单位	集体单位	其他单位
合　计	**41725**	**50528**	**30412**	**38429**	**48089**	**58716**	**33907**	**44209**
按国民经济行业分								
农、林、牧、渔业	30702	31237	28917	28827	36146	37946	29000	21158
采矿业	22734	23750		22734	28823			28823
制造业	34221	43075	27505	34105	41275	50140	28974	41216
电力、煤气及水的生产和供应业	72250	80339	22105	60989	82277	83957	28246	80399
建筑业	42916	55631	39729	40640	44585	58929	36471	42839
交通运输、仓储及邮政业	43389	42939	23432	46448	47317	45500	29103	58170
信息传输、计算机服务和软件业	65025	58634	24960	66801	63674	32234	30030	70519
批发和零售业	31522	43518	19361	28812	39904	59594	24876	36068
住宿和餐饮业	25714	27717	23204	25245	29112	33683	25736	28190
金融业	114514	94636	58090	124335	126949	108540	87157	135460
房地产业	37683	41723	24762	37523	45065	49667	29947	45081
租赁和商务服务业	35449	47558	20606	51736	44311	79173	25298	43897
科学研究、技术服务和地质勘查业	49641	57066	47287	39148	57660	70691	57740	41908
水利、环境和公共设施管理业	27942	27614	34700	29891	33904	33405	47950	37662
居民服务和其他服务业	34945	39037	22606	33306	32940	40243	22785	28480
教　育	47024	47996	36360	33917	53067	54347	35924	37824
卫生、社会保障和社会福利业	57399	58752	40003	26859	64686	66342	47352	29798
文化、体育和娱乐业	44582	45529	25467	33901	51893	53550	27786	33383
公共管理和社会组织	49434	49438	34400	38429	60345	60340	66828	68789

注:在岗职工含劳务派遣人员

4-17 按县(市)区分城镇非私营单位从业人员及劳动报酬

县(市)区	城镇单位年末从业人员数(人)		城镇单位年末在岗职工人(人)		城镇单位从业人员劳动报酬(万元)	
	2012年	比上年增长(%)	2012年	比上年增长(%)	2012年	比上年增长(%)
福州市合计	**1437040**	**12.21**	**1315144**	**8.68**	**6575606**	**27.57**
市　区	862242	15.70	776956	12.14	3906648	21.71
鼓楼区	384206	48.97	352038	41.94	1780959	39.20
台江区	91837	-0.19	84308	-2.65	474768	8.92
仓山区	104733	-0.75	100900	-1.47	445139	10.95
晋安区	166734	-9.40	126947	-16.33	656500	8.53
马尾区	114732	8.47	112763	8.30	549282	12.48
福清市	209797	2.55	203673	2.03	951789	22.07
长乐市	89034	76.01	85177	83.06	463243	109.16
闽侯县	99178	3.03	95360	3.55	448220	25.08
连江县	70367	-36.51	68636	-37.08	315161	6.98
罗源县	18503	10.03	18287	10.19	85488	25.66
闽清县	23891	1.70	23688	1.59	115680	19.11
永泰县	41946	240.97	23470	100.86	190474	330.79
平潭县	22082	7.36	19897	8.94	98903	21.59

县(市)区	城镇单位在岗职工工资总额(万元)		城镇单位从业人员年平均劳动报酬(元)		城镇单位在岗职工年平均工资(元)	
	2012年	比上年增长(%)	2012年	比上年增长(%)	2012年	比上年增长(%)
福州市合计	**6148482**	**23.92**	**47559**	**15.73**	**48089**	**15.25**
市　区	3626839	18.14	48091	13.41	48635	12.59
鼓楼区	1686524	34.42	52876	7.01	54054	7.53
台江区	457623	7.53	52179	10.56	54860	12.31
仓山区	435557	10.57	39966	16.72	40534	16.56
晋安区	505399	-1.80	42104	23.68	39582	16.67
马尾区	541735	12.59	46853	6.30	47041	6.55
福清市	934134	22.11	44220	19.89	44571	20.06
长乐市	448373	113.18	53479	21.00	54541	19.40
闽侯县	432607	26.31	45170	19.54	45275	19.84
连江县	306944	6.03	52867	21.02	53148	20.01
罗源县	85052	25.73	47016	15.04	47391	14.96
闽清县	115271	19.09	43612	8.98	43776	8.88
永泰县	105981	144.24	44500	23.41	44646	19.87
平潭县	93282	21.70	44840	12.52	47289	12.45

注:在岗职工含劳务派遣人员

主要统计指标解释

从业人员 指从事一定社会劳动并取得劳动报酬或经营收入的人员。包括：

(1)在岗职工；

(2)再就业的离退休人员；

(3)私营业主；

(4)个体业主；

(5)私营和个体从业人员；

(6)乡镇企业从业人员；

(7)农村从业人员；

(8)其他从业人员(包括宗教职业者等)。

城镇单位从业人员 指在各级国家机关、政党机关、社会团体及企业、事业单位中工作,并取得工资或其他形式的劳动报酬的全部人员。包括在岗职工、再就业的离退休人员、民办教师以及在各单位中工作的外方人员和港澳台方人员、兼职人员、借用的外单位人员和第二职业者。不包括离开本单位仍保留劳动关系的职工。

在岗职工 指在国有经济、城镇集体经济、联营经济、股份制经济、外商和港澳台投资经济、其他经济单位及其附属机构工作,并由其支付工资的各类人员,不包括返聘的离退休人员、民办教师、在国有经济单位工作的外方人员和港澳台人员。

城镇私营和个体从业人员 城镇私营从业人员指在工商管理部门注册登记,其经营地址设在县城关镇(含城关镇)及以上的私营企业的从业人员。包括:私营企业投资者和雇工。城镇个体从业人员指在工商管理部门注册登记,并持有城镇户口或在城镇长期居住,经批准从事个体工商经营的从业人员。包括:个体经营者和在个体工商户劳动的家庭帮工和雇工。

从业人员劳动报酬 指各单位在一定时期内直接支付给本单位全部从业人员的劳动报酬总额。包括职工工资总额和本单位其他从业人员劳动报酬两部分。

职工工资总额 指各单位在一定时期内直接支付给本单位全部职工的劳动报酬总额。工资总额的计算原则应以直接支付给职工的全部劳动报酬为凭据。各单位支付给职工的劳动报酬以及其他根据有关规定支付的工资,不论是计入成本还是不计入成本的,不论是按国家规定列入计征奖金税项目的,还是未列入计征奖金税项目的,不论是以货币形式支付的还是以实物形式支付的,均包括在工资总额内。

其他从业人员劳动报酬 指各单位在一定时期内直接支付给本单位其他从业人员的全部劳动报酬。

职工平均工资 指在岗职工在一定时期内平均每人所得的工资总额。是反映职工工资水平的主要指标。

5 农林牧渔业

5-1 农村基层基本情况

项 目	单位	1995 年	2000 年	2001 年	2002 年	2003 年	2004 年
乡(镇)政府	个	156	157	157	157	157	155
乡政府	个	56	51	51	51	51	50
镇政府	个	100	106	106	106	106	105
村民委员会	个	2490	2477	2478	2481	2482	2411
乡村户数	户	1064409	1179647	1191337	1205048	1221294	1217562
乡村人口数	人	4330795	4432781	4396492	4406899	4410109	4393558
乡村劳动力资源数	人	2126068	2241281	2266154	2297921	2315468	2429245
乡村劳动力	人	1883781	2039022	2031394	2064406	2069955	2076065
#农、林、牧、渔业	人	1131650	1124898	1100132	1115326	1074699	1046392
国有农林牧渔业劳动力	人	15253	11853	8690	6350	4817	4958
国有农林牧渔场	个	57	42	40	34	33	33
自来水受益村数	个	1293	1489	1515	1587	1644	1670
通汽车村数	个	2307	2442	2447	2451	2450	2383
通电话村数	个	2003	2470	2473	2476	2476	2408

项 目	单位	2005 年	2007 年	2008 年	2009 年	2010 年	2011 年	2012 年
乡(镇)政府	个	146	146	145	145	145	145	145
乡政府	个	47	47	47	47	47	47	47
镇政府	个	99	99	98	98	98	98	98
村民委员会	个	2422	2388	2400	2393	2393	2393	2395
乡村户数	户	1236397	1272609	1288521	1303155	1314568	1324438	1327214
乡村人口数	人	4418912	4468405	4486920	4504721	4517925	4552645	4562606
乡村劳动力资源数	人	2456334	2461856	2492513	2509285	2524917	2560078	2576923
乡村劳动力	人	2087147	2115910	2125964	2167682	2184081	2207312	2222069
#农、林、牧、渔业	人	1011933	955874	943568	919786	903145	903595	890473
国有农林牧渔业劳动力	人	3439	3208	3158	2981	2887	2898	2899
国有农林牧渔场	个	28	28	28	26	26	26	26
自来水受益村数	个	1699	1892	1988	2126	2191	2208	2239
通汽车村数	个	2371	2367	2388	2381	2384	2384	2386
通电话村数	个	2395	2387	2398	2392	2392	2392	2394

5-2 农业机械拥有量

项　目	单位	1995年	2000年	2001年	2002年	2003年	2004年	2005年
农业机械总动力	千瓦	**1156125**	**1407517**	**1448392**	**1455176**	**1504797**	**1527765**	**1540512**
柴油发动机动力	千瓦	867238	1119010	1186310	1198426	1263016	1288094	1298738
汽油发动机动力	千瓦				71320	68569	65959	63915
电动机动力	千瓦				185430	173212	173712	177859
耕作机械	台	23562	13910	12167	20959	21434	21087	20803
大中型拖拉机	台	403	93	63	51	43	99	103
小型拖拉机(含变型拖拉机)	台	23159	13817	12104	20908	21391	20988	20700
排灌机械	千瓦	100349	98965	97402	95222	96973	99481	98668
排灌动力机械	台	9523			9404	9640	9962	9846
农用水泵	台	6869	8997	8871	8495	9043	9122	9163
收获机械	千瓦	17356	1815	3228	3738	3960	4449	4726
机动脱粒机	台	54	5916	6017	6513	6934	6776	6736
植保机械	千瓦	2557	2228	2264	2396	2537	2735	2748
畜牧机械	千瓦	19650	21312	20636	20527	20424	20608	20273
饲料粉碎机	台	2976	2809	2789	2796	2793	2815	2684
林业机械	千瓦				447	447	272	272
渔业机械	千瓦	313470	456418	496303	483410	485414	469722	473150
农产品加工机械	千瓦	114005	114029	112104	108078	107964	106702	105269
运输机械	千瓦	358670	444070	442274	459839	484815	517006	518708
农用载重汽车	辆	2373	2552	1967	2458	2383	2383	2377
机动运输船	艘	2129	2197	2176	2226	2306	2320	2314
农用运输车	辆	3140	5447	5339	5311	4958	4794	4613

5－2　续表

项　　目	单　位	2006年	2007年	2008年	2009年	2010年	2011年	2012年
农业机械总动力	千瓦	**1543211**	**1548417**	**1550177**	**1607019**	**1328325**	**1346272**	**1370265**
柴油发动机动力	千瓦	1312250	1327891	1345246	1363883	1077402	1110471	1117537
汽油发动机动力	千瓦	50372	38829	23048	21844	33016	35935	36610
电动机动力	千瓦	180589	181697	181883	221292	217907	199866	216118
耕作机械	台	7431	21307	6755	7270	6991	6765	6992
大中型拖拉机	台	126	128	129	164	194	242	269
小型拖拉机（含变型拖拉机）	台	7305	6918	6626	7106	6797	6523	6723
排灌机械	千瓦	100935	110645	105005	115133	110417	110853	111786
排灌动力机械	台	9853	10464	10845	11581	10766	10910	10971
农用水泵	台	8833	9178	10638	10897	10582	10816	10910
收获机械	千瓦	7129	9104	12446	15426	17608	18365	19258
机动脱粒机	台	6556	6539	6603	6658	6632	6839	6621
植保机械	千瓦	2958	3267	3459				
畜牧机械	千瓦	21254	27489	27933	28737	28833	27618	27635
饲料粉碎机	台	2817	2542	2392	2394	2366		
林业机械	千瓦	272	272					
渔业机械	千瓦	476120	552782	614155	721033	487169	496264	505728
农产品加工机械	千瓦	104269	110615	111545	114823	111689	112019	116750
运输机械	千瓦	506918	377452	534407	430957	408137	402644	407194
农用载重汽车	辆	2245	1525	737				
机动运输船	艘	2376	1642	789				
农用运输车	辆	4370	4313	4491	4954	4621	4342	4461

5-3 农业基础设施

项目	单位	1995年	2000年	2001年	2002年	2003年	2004年
农业机械使用							
机耕地面积	公顷	55240	56797	57151	58542	56077	55986
机械播种面积	公顷	73	498	448	658	384	255
#机械插秧	公顷	7	305	331	336	303	235
机械收割面积	公顷	833	3005	4390	4949	7109	8265
农村电力设施							
乡村办水电站	处	327	330	324	338	338	328
发电能力	千瓦	56710	89390	89258	102825	111365	120074
农村用电量	万千瓦时	118636	153755	165081	219728	268833	323757
化肥施用量							
按实物量计算	吨	450354	451064	438293	441073	412379	414070
氮　肥	吨	226842	215301	207022	203424	186078	184714
磷　肥	吨	109356	104691	101363	103833	94985	96943
钾　肥	吨	50914	52903	52337	53746	50086	50904
复合肥	吨	63242	78169	77571	80070	81230	81509
按折纯量计算	吨	130019	128390	122016	122764	115225	115150
氮　肥	吨	60777	54840	53998	52967	48417	48031
磷　肥	吨	16953	15896	15448	15742	14564	14844
钾　肥	吨	25061	26353	25957	26872	24774	25237
复合肥	吨	27228	31301	26613	27183	27470	27038
沼气池	个	767	696	700	703	668	636
水　利							
有效灌溉面积	公顷	116600	112180	106000	111120	110740	104340
旱涝保收面积	公顷	73080	76890	75000	75987	77470	77650
机电排灌面积	公顷	54782	47650	47000	42000	34080	47410
农用塑料薄膜使用量	吨	3736	4292	4381	4546	4672	4588
#地膜使用量	吨	1240	1566	1814	1932	2011	1963
农用柴油使用量	吨	140136	174089	172827	179247	180302	177905
农药使用量	吨	6399	8357	8132	8685	8361	8147

5-3 续表

项　目	单　位	2005年	2007年	2008年	2009年	2010年	2011年	2012年
农业机械使用								
机耕地面积	公顷	53926	54102	102930	113482	113611	115011	117980
机械播种面积	公顷	138	171	211	962	2607	4714	6690
#机械插秧	公顷	228	157	211	962	2569	4714	6690
机械收割面积	公顷	12074	17137	21145	26688	27369	29134	31644
农村电力设施								
乡村办水电站	处	355	360	360	359	368	370	373
发电能力	千瓦	158644	180478	185553	193863	267323	276666	288868
农村用电量	万千瓦时	449280	605713.7	618858	623851	731577.7	779260	1080019
化肥施用量								
按实物量计算	吨	402859	375324	373516	375773	375982	379033	378178
氮　肥	吨	177535	163426	161122	159357	156401	157251	156537
磷　肥	吨	93106	85950	84970	83866	83000	83381	82723
钾　肥	吨	49890	47160	46626	47438	47277	47120	46740
复合肥	吨	82328	78788	80798	85112	89304	91281	92178
按折纯量计算	吨	112290	86717	86578	87337	85872	87840	87349
氮　肥	吨	45928	34380	33531	32936	32115	32158	32189
磷　肥	吨	14263	11614	11613	11408	11340	11449	11407
钾　肥	吨	24697	19379	19316	19416	18606	19145	18874
复合肥	吨	27402	21344	22118	23577	23811	24728	24879
沼气池	个	173						
水　利								
有效灌溉面积	公顷	113890	112910	112850	114220			
旱涝保收面积	公顷	83170		82840	84860			
机电排灌面积	公顷	44190	38390	52468	38990			
农用塑料薄膜使用量	吨	4578	4940	4955	4991	4796	5183	5525
#地膜使用量	吨	2094	2260	2281	2329	2239	2387	2507
农用柴油使用量	吨	176506	215515	222596	227403	233955	242289	243886
农药使用量	吨	7931	8156	8144	8488	8509	8391	8272

5-4 主要年份农作物播种面积

单位:公顷

年 份	合 计	粮食作物	#谷 物	经济作物	其他作物
1952	292589	263941	190147	15537	13111
1957	316472	279965	188653	17312	19195
1962	285511	254457	164220	12410	18644
1965	304627	258924	175076	18518	27185
1970	302445	265275	182240	12879	24291
1975	328225	274193	193685	16693	37339
1978	329089	275119	191684	20170	33799
1979	328075	271517	185714	24411	32147
1980	320909	265343	183469	27167	28399
1981	311994	259080	188380	29007	23907
1982	305541	252780	183600	29017	23744
1983	301157	252520	183020	22871	25766
1984	291539	243586	180795	23884	24070
1985	281825	225346	166242	28503	27977
1986	290980	231438	166169	26340	33202
1987	325699	249349	167133	29507	46843
1988	332142	251119	167646	28815	52208
1989	343284	260821	170612	24774	57689
1990	357606	266969	171475	24551	66087
1991	367454	267908	170828	24866	74681
1992	374572	267866	170927	25159	81548
1993	366845	257435	167774	23652	85758
1994	373681	261106	168704	21572	90996
1995	380705	263954	169112	20282	96468
1996	389978	266149	169003	20877	102952
1997	394240	268561	169063	17128	108551
1998	394316	266798	168015	17222	110296
1999	397976	267204	167271	17087	113685
2000	388129	254791	158170	17173	116165
2001	361740	229504	141486	18201	114034
2002	355112	220135	136879	20504	114474
2003	336468	198916	125062	23081	114471
2004	327271	190057	120222	21005	116209
2005	315599	179995	111916	22740	112864
2006	316310	178766	111501	23093	114451
2007	261922	123231	82624	22359	116332
2008	260431	121945	77717	21935	116551
2009	260734	118693	73502	20828	121213
2010	261686	115991	69085	22965	122731
2011	262553	113173	67590	23534	125846
2012	260727	106882	63395	24139	129705

5-5 粮食作物播种面积

单位:公顷

项　　目	1995年	2000年	2001年	2002年	2003年	2004年	2005年
总　计	**263954**	**254791**	**229504**	**220135**	**198916**	**190057**	**179995**
按收获季节分							
春收粮食	31298	33583	29650	26060	18358	16225	16197
夏收粮食	78966	76322	64830	61738	57360	52899	50445
秋收粮食	153690	144886	135024	132337	123197	120934	113353
按品种分							
稻　谷	169112	158170	141486	136879	125062	120222	111916
早　稻	69913	66499	55271	52193	47930	44156	41986
中稻和一季晚稻	32217	30793	34152	34355	34446	35922	34913
双季晚稻	66982	60878	52063	50331	42685	40145	35016
大小麦	16782	11964	9365	7358		6	7
甘　薯	48100	46576	42947	41554	40302	39825	38095
马铃薯	7320	11116	9968	9844	10511	10804	10724
杂　粮	1498	2184	1986	2162	2089	1793	2175
大　豆	11596	11159	10054	9931	9488	9174	8825
杂　豆	9547	13622	13698	12406	11463	8233	8253

项　　目	2006年	2007年	2008年	2009年	2010年	2011年	2012年
总　计	**178766**	**123231**	**121945**	**118693**	**115991**	**113173**	**106882**
按收获季节分							
春收粮食	15669	7447	8530	8725	8674	8761	8763
夏收粮食	47378	27629	25554	25068	22987	22778	22168
秋收粮食	115719	88155	87861	84899	84329	81634	75951
按品种分							
稻　谷	111501	82624	77717	73505	69085	67590	63395
早　稻	39528	22933	20685	19804	17530	17185	16384
中稻和一季晚稻	36606	34214	33001	33243	31642	30059	29219
双季晚稻	35367	25476	24031	20458	19913		17791
大小麦	15	545	426	4	4		
甘　薯	38602	25950	28101	28320	29586	27780	25327
马铃薯	10498	6736	7067	8211	8236	8324	8411
杂　粮	1886	1674	1756	1741	1958	2121	2306
大　豆	8546	4607	4829	5377	5554	5837	5919
杂　豆	7707	1095	2049	1535	1567	1516	1521

5-6 经济作物和其他农作物播种面积

单位:公顷

项目	1995年	2000年	2001年	2002年	2003年	2004年	2005年
经济作物	**20282**	**17173**	**18201**	**20504**	**23081**	**21005**	**22740**
#油料	15160	15601	15716	15549	16485	18005	17687
#花生	14029	14691	15106	15092	16362	17883	17562
油菜籽	1114	909	610	457	122	122	122
甘蔗	1654	727	710	813	894	782	769
烟叶	479	567	497	533	547	21	21
其他农作物	**96468**	**116165**	**114034**	**114474**	**114471**	**116209**	**112864**
#蔬菜	74923	90190	91464	94359	96815	97419	97317
西瓜	3717	3639	3818	4168	4279	4213	4933
绿肥	14273	15895	11777	10297	8268	6607	5864
青饲料		2141	2158	2069	2626	2529	2343

项目	2006年	2007年	2008年	2009年	2010年	2011年	2012年
经济作物	**23093**	**22359**	**21935**	**20828**	**22965**	**23534**	**24139**
#油料	18142	19991	19336	20058	20198	20546	21184
#花生	18027	19887	19220	19865	19930	20259	20886
油菜籽	109	101	111	187	263	284	296
甘蔗	749	354	440	433	447	442	416
烟叶	21	16	6	6	1		
其他农作物	**114451**	**116332**	**116551**	**121213**	**122731**	**125846**	**129705**
#蔬菜	99037	99396	100462	103256	106753	109600	113676
西瓜	5162	4976	4919	5139	5185	5258	5220
绿肥	5429	5161	4978	4922	4893	4909	4736
青饲料	2195	2054	1653	1619	1594	1676	1676

5-7 各类水果种植面积

单位:公顷

项目	1995年	2000年	2001年	2002年	2003年	2004年	2005年
水果种植面积	**48729**	**48032**	**46724**	**47473**	**46680**	**46386**	**45405**
#柑桔	15451	10726	9909	9621	9284	8858	8341
龙眼	3318	4745	4452	4418	4361	4325	4354
荔枝	404	325	298	292	293	286	292
香蕉	861	822	977	1058	1081	1134	1117
枇杷	2611	3015	3286	4045	4828	4997	5168
橄榄	4000	5754	5492	5628	5825	5929	5792
柿	2707	2454	2351	2259	2186	2061	1951
桃	2073	1576	1691	1722	1682	1780	1718
李	6832	9942	9983	10074	9365	9423	9165
柚	152	198	198	207	203	214	222
梨	432	377	353	365	386	367	357
葡萄	562	565	629	786	650	701	672
杨梅	768	458	465	403	366	336	366

项目	2006年	2007年	2008年	2009年	2010年	2011年	2012年
水果种植面积	**44826**	**44829**	**45758**	**46343**	**47035**	**47709**	**48665**
#柑桔	8418	8429	8262	6026	8383	8660	8878
龙眼	4122	4205	4184	4204	4382	4480	4589
荔枝	307	262	269	269	257	277	270
香蕉	1230	1232	1173	1143	1151	1162	1185
枇杷	5183	5504	5642	5809	6071	6418	6585
橄榄	5732	5704	6922	7326	7556	7601	7640
柿	1931	1827	1762	1747	1830	1830	2081
桃	1672	1696	1818	1819	1823	1821	1797
李	9130	9097	9063	9224	9177	8947	9149
柚	227	218	221	281	273	303	303
梨	377	380	398	396	411	398	405
葡萄	647	656	657	660	660	674	667
杨梅	414	414	391	386	384	387	386

5－8 主要年份茶叶水果种植面积及产量

年份	茶叶		水果	
	种植面积（公顷）	产量（吨）	种植面积（公顷）	产量（吨）
1952	1141	248	2751	16377
1957	1812	322	4763	31506
1962	1611	198	4434	10970
1965	2205	290	5962	16306
1970	5052	579	4668	15023
1975	6678	1116	6555	12906
1978	7656	1237	7274	9348
1980	8428	1367	10061	16787
1985	8432	1997	22351	33667
1986	8048	2306	25552	49419
1987	7674	2622	30678	53514
1988	7416	3305	33471	73292
1989	7203	3032	37386	98298
1990	6652	2976	39332	101359
1991	6598	3014	43819	135250
1992	7212	3305	46866	160759
1993	7744	3553	48263	179069
1994	7921	4257	47978	200235
1995	8472	4942	48729	220343
1996	8405	5174	48984	240905
1997	7696	5630	49817	258360
1998	7739	6972	49829	254384
1999	7733	7239	50170	280997
2000	8131	7908	48032	250515
2001	7932	8312	46724	256930
2002	7822	8522	47473	256098
2003	8122	9074	46680	296572
2004	8150	10499	46386	291315
2005	8214	11434	45405	278591
2006	8133	12008	44826	290098
2007	8315	13143	44829	310090
2008	8895	15011	45758	320489
2009	8933	15537	46343	338370
2010	9179	16578	47035	348995
2011	9562	18168	47709	380241
2012	9794	19535	48665	410419

5-9 水产品养殖面积

单位:公顷

项　　目	1995年	2000年	2001年	2002年	2003年	2004年	2005年
水产品养殖面积	**28579**	**42128**	**42600**	**42002**	**41971**	**43628**	**45565**
海水养殖	**16924**	**29004**	**28649**	**28901**	**29040**	**31972**	**32910**
#鱼　类	291	5528	5248	4345	1677	1338	1322
虾蟹类	4048	3666	4193	4523	4104	4460	4791
#对　虾	3696	2440	2773	2973	2892	3071	2838
贝　类	9466	15006	14525	14953	17141	18269	19009
#蛏	2140	3532	3690	3975	4186	4146	4179
蛤	2135	2234	2269	2045	2803	3159	3434
蚶	14	281	274	365	73	358	320
牡　蛎	4316	8004	7369	7371	8935	9345	9433
藻　类	3052	4455	4354	4759	5763	7549	7439
#海　带	963	1790	1862	2059	3138	4189	4320
紫　菜	2088	2660	2492	2654	2396	3025	2774
在海水养殖中							
海上养殖	3441	12550	10487	10016	12384	13455	13621
滩涂养殖	4394	5353	7817	7317		6104	12384
陆基养殖	9089	11101	10345	11569	11365	12413	6905
淡水养殖	**11656**	**13124**	**13951**	**13101**	**12931**	**11656**	**12655**
#池塘养殖	5008	5706	5897	5998	5543	5918	6265
湖泊养殖	431	527	517	562	519	546	580
河沟养殖	2145	1579	1589	1442	1745	1328	1410
水库养殖	2768	4031	4135	3438	3613	2665	3226

5-9 续表 单位:公顷

项 目	2006年	2007年	2008年	2009年	2010年	2011年	2012年
水产品养殖面积	**46090**	**38458**	**42919**	**46587**	**48777**	**51434**	**54524**
海水养殖	**33358**	**25625**	**29337**	**32151**	**33823**	**36108**	**38835**
#鱼 类	2856	2131	1978	1616	1722	1680	1772
虾蟹类	5278	3111	5253	6828	6237	6503	8149
#对 虾	2797	1505	2853	4718	4285	4288	5575
贝 类	19218	14670	15045	16724	17719	18791	19486
#蛏	3925	3082	2859	3491	3920	3958	4108
蛤	3708	3199	3638	4008	4410	4727	4406
蚶	450	233	231	258	218	349	317
牡 蛎	9707	6745	6664	7310	7396	7802	8654
藻 类	5890	5635	7015	6942	8122	8998	9089
#海 带	3042	2984	3772	3630	4138	4670	4652
紫 菜	2423	2322	2810	2978	3087	3182	3361
在海水养殖中							
海上养殖	13920	11032	12171	12368	13374	15380	16912
滩涂养殖	12082	9185	10329	12573	13260	13236	13240
陆基养殖	7356	5408	6837	7210	7189	7492	8683
淡水养殖	**12732**	**12833**	**13582**	**14436**	**14954**	**15326**	**15689**
#池塘养殖	6318	7053	7977	8344	9123	9656	10268
湖泊养殖	567	252	383	384	392	383	386
河沟养殖	1398	1212	1173	1208	1076	1055	981
水库养殖	3333	3237	2577	3194	3218	3027	2904

5－10 农林牧渔业增加值

（1993－2012 年）

单位:万元

年 份	合 计	农 业	林 业	牧 业	渔 业
1993	530391	200661	29333	92902	217745
1994	728654	250044	36367	117058	327185
1995	985156	337342	39643	158543	449628
1996	1108933	358436	41132	194627	514738
1997	1209896	382462	46113	233862	547450
1998	1285522	406604	48932	239589	590397
1999	1348355	423332	46987	238460	639576
2000	1351822	414588	47807	227059	662368
2001	1326433	442508	18453	235020	630452
2002	1360279	458454	18666	238623	644536
2003	1436978	461564	40083	235797	699534
2004	1631635	507563	41238	284568	789596
2005	1747751	530105	42150	286787	879562
2006	1761368	535742	43668	228328	875200
2007	2042409	600093	48138	292118	1016137
2008	2364867	656183	60064	367846	1187171
2009	2420004	711384	63226	318786	1229252
2010	2827270	845058	82536	333246	1462704
2011	3250916	941011	97709	406109	1695517
2012	3677283	1055541	104765	401596	1998598

5-11 主要年份农林牧渔业总产值

单位:万元

年份	合计	农业	林业	牧业	渔业
1952	12316	9734	215	1228	1139
1957	18524	12495	890	2359	2780
1962	24505	16424	768	2178	5135
1965	32123	21393	1258	4329	5143
1970	39840	24707	1826	5764	7543
1975	36946	24304	1733	4472	6437
1978	47780	31845	1633	5253	9049
1979	62811	42046	2262	7787	10716
1980	74270	49102	2888	9387	12893
1981	94961	61849	3782	12295	17035
1982	113907	73983	4510	15248	20166
1983	118985	64467	5735	19359	29424
1984	140784	74206	5924	24969	35685
1985	170781	85547	8224	33855	43155
1986	193788	92621	9973	40955	50239
1987	235441	110920	13905	49934	60862
1988	337202	150601	17079	74927	94595
1989	384783	171392	18517	91882	102992
1990	424801	188913	22070	94358	119460
1991	455904	196154	26727	100346	132677
1992	574779	231990	29589	114271	198929
1993	798168	286621	39583	134062	337902
1994	1180238	374021	47710	209448	549059
1995	1594572	502701	55001	275179	761691
1996	1775241	527747	57156	328204	862134
1997	1943061	566466	62282	395006	919307
1998	2048669	603929	68147	405782	970811
1999	2152288	627781	67330	408176	1049001
2000	2174225	618324	69349	394533	1092019
2001	2153911	659853	26811	411876	1055371
2002	2210770	642627	68257	419142	1080744
2003	2348379	694864	55839	417443	1180233
2004	2685206	765033	60794	504275	1355104
2005	2907871	807694	63837	510637	1510342
2006	3132626	883991	69142	504578	1657722
2007	3461207	918981	76381	532423	1788673
2008	4023099	1007146	96549	671220	2090826
2009	4108815	1093168	101706	582075	2168011
2010	4800148	1298939	133141	611016	2581890
2011	5526045	1446379	158109	742443	2992001
2012	6251218	1620658	169810	736779	3526352

5－12 主要年份农林牧渔业总产值指数

（以上年为100） 单位:%

年份	合计	农业	林业	牧业	渔业
1957	107.30	98.20	151.20	125.70	118.10
1962	112.00	112.00	82.50	120.10	113.30
1965	117.70	118.40		118.00	113.50
1970	122.70	129.30	148.10	137.70	102.70
1975	95.80	95.10	112.80	100.90	92.30
1978	114.90	109.90	113.00	128.40	121.20
1979	111.80	112.20	117.00	125.30	100.10
1980	103.70	102.40	111.40	105.20	105.00
1981	109.00	106.40	111.90	111.90	112.90
1982	106.50	105.80	106.20	110.50	105.50
1983	105.70	100.30	123.40	109.90	112.40
1984	116.90	109.50	146.70	131.50	118.00
1985	109.20	103.90	127.20	118.40	109.40
1986	106.80	103.90	111.90	114.00	105.60
1987	111.40	108.10	102.60	104.90	124.40
1988	115.60	106.60	114.20	115.50	116.00
1989	108.60	106.60	94.40	111.60	112.30
1990	104.90	100.00	106.30	104.70	111.10
1991	106.60	102.00	117.40	108.10	109.40
1992	111.50	108.30	118.50	110.50	114.40
1993	115.70	102.90	120.50	103.30	135.20
1994	118.00	105.30	111.60	121.80	127.40
1995	111.80	109.50	108.10	110.60	114.40
1996	111.30	109.10	104.60	110.00	114.10
1997	111.90	107.00	107.20	120.30	111.90
1998	107.10	103.30	107.50	107.50	109.10
1999	106.90	106.20	98.40	104.30	109.30
2000	103.30	100.10	104.30	101.00	105.80
2001	100.80	99.30	97.20	103.40	100.90
2002	103.90	103.40	95.50	102.10	105.70
2003	104.00	100.30	97.10	100.40	107.50
2004	105.10	101.20	106.20	104.40	107.90
2005	102.72	100.29	100.64	101.59	104.60
2006	104.10	102.70	104.50	100.20	106.30
2007	105.20	103.70	104.10	97.00	108.50
2008	105.60	102.30	107.90	105.70	107.30
2009	105.40	105.10	103.80	103.70	105.60
2010	104.10	102.70	109.00	103.40	104.70
2011	104.00	104.10	105.70	101.20	104.70
2012	104.80	103.40	101.20	104.60	104.70

5－13 主要年份农林牧渔业总产值指数

（以1952年为100）

年份	合计	农业	林业	牧业	渔业
1952	100.00	100.00	100.00	100.00	100.00
1957	141.20	114.00	376.20	173.90	220.90
1962	121.60	95.50	209.30	103.50	263.00
1965	182.30	145.20	394.30	236.20	302.50
1970	193.00	140.90	476.00	262.00	369.60
1975	186.80	146.60	480.20	215.70	334.80
1978	236.70	188.30	438.30	245.40	455.80
1979	262.10	211.40	513.00	307.40	456.10
1980	271.90	216.50	571.20	323.30	478.70
1981	296.40	230.40	639.30	361.90	540.60
1982	315.50	243.90	679.20	399.90	570.20
1983	333.40	244.70	838.30	439.60	641.20
1984	389.70	268.00	1229.90	578.20	756.50
1985	425.70	278.40	1563.90	684.50	827.80
1986	454.70	289.20	1749.80	780.40	873.90
1987	506.60	312.60	1795.50	818.30	1086.80
1988	565.30	333.10	2050.80	944.80	1261.20
1989	614.10	355.00	1936.30	1054.20	1416.40
1990	643.90	354.90	2059.10	1103.50	1573.80
1991	686.60	362.10	2417.00	1192.90	1722.00
1992	765.50	392.20	2865.10	1317.70	1969.80
1993	885.40	403.70	3452.20	1361.70	2663.10
1994	1044.00	425.00	3852.00	1658.90	3392.70
1995	1168.60	465.40	4162.10	1834.90	3881.20
1996	1300.80	507.90	4353.70	2017.60	4428.30
1997	1455.20	543.70	4669.00	2427.80	4956.70
1998	1559.00	561.70	5017.70	2608.80	5409.50
1999	1666.70	596.70	4939.50	2721.90	5912.90
2000	1722.00	597.50	5152.70	2748.20	6258.00
2001	1735.20	593.20	5007.80	2841.10	6311.50
2002	1802.90	613.20	4780.00	2900.00	6671.00
2003	1907.60	656.50	2647.20	2945.70	7418.30
2004	2033.31	685.76	2858.55	3000.74	8096.90
2005	2055.44	654.16	2920.86	3054.01	8251.60
2006	2139.70	671.90	3052.30	3060.10	8771.50
2007	2251.00	696.60	3177.40	2968.30	9517.10
2008	2376.60	712.60	3427.80	3136.00	10207.10
2009	2504.94	748.94	3558.06	3252.03	10778.70
2010	2607.64	769.16	3878.28	3362.60	11285.30
2011	2711.95	800.70	4099.34	3402.95	11815.71
2012	2842.12	827.92	4148.53	3559.49	12371.05

5－14　农林牧渔业分项产值

单位:万元

项　　目	1995 年	2000 年	2001 年	2002 年	2003 年	2004 年	2005 年
农林牧渔业总产值	**1648429**	**2174225**	**2153911**	**2210771**	**2348379**	**2685206**	**2907871**
一、农业产值	502701	618324	659853	683774	694864	765033	807695
#粮　食	195114	168471	161318	153728	230682	288492	237438
蔬菜、瓜类	178363	260474	265592	267500	372442	336226	392981
茶、桑、果	43359	71974	78410	11150		97133	96071
二、林业产值	55001	69349	26811	27111	55839	60794	63837
#竹木采伐	16700	12223	11513	11591	29532	26563	31058
林产品	33902	54278	12020	12730	24272	24915	28078
林木培育和种植					2035	9316	4701
三、牧业产值	329036	394533	411876	419142	417443	504274	510637
#猪	203631	225641	234448	237893	234452	301982	310332
家禽饲养	51994	64229	68529	70247	46236	160926	158607
狩猎和捕捉动物	174	513	499	560	887	748	749
其他畜牧业	5678	7819	9144	9591	10048	9809	10431
四、渔业产值	761691	1092019	1055371	1080744	1108233	1355104	1510342
海水产值	447740	753290	754777	780951	874197	1002657	1130325
淡水产值	313951	338729	300594	299793	306036	352447	380017

项　　目	2006 年	2007 年	2008 年	2009 年	2010 年	2011 年	2012 年
农林牧渔业总产值	**3132627**	**3461207**	**4023099**	**4108816**	**4800149**	**5526045**	**6251218**
一、农业产值	883991	918981	1007146	1093168	1298940	1446380	1620658
#粮　食	288062	246841	222285	220816	217695	243458	262842
蔬菜、瓜类	432372	486938	566083	692365	646133	916774	1017564
茶、桑、果	122852	146425	172308	178026	238241	276982	326246
二、林业产值	69142	76381	96549	101705	133141	158109	169810
#竹木采伐	32553	38472	45896	46829	58121	54857	58868
林产品	31600	32312	44489	48546	59100	62680	75355
林木培育和种植	4989	5596	6164	6330	15920	40572	35587
三、牧业产值	504578	532423	671220	582075	611016	742443	736779
#猪	307406	350475	449257	345862	363492	481170	490271
家禽饲养	155268	142489	160810	174929	180245	176622	154333
狩猎和捕捉动物	676	544	531	532	1041	924	883
其他畜牧业	9961	11080	17059	15683	18018	23397	25006
四、渔业产值	1657722	1788673	2090826	2168011	2581890	2992002	3526352
海水产值	1259247	1328973	1645055	1693008	2015226	2264355	2764675
淡水产值	398476	459701	445771	475003	566665	727647	761677

注:1. 本表中2010 起年粮食产值包括谷物及其他农作物产值;蔬菜、瓜类类产值包括蔬菜、食用菌及花卉盆景园艺产品产值;2. 本表中2004 年起茶、桑、果产值包括水果、坚果、饮料和香料作物的产值。

5－15 主要年份粮食总产量及单位播种面积产量

年　份	粮食总产量（吨）	#稻　谷	粮食单产（公斤/亩）	#稻　谷
1952	607376	434326	154	153
1957	655981	450829	156	160
1962	523324	353333	137	144
1965	802162	577140	207	220
1970	827816	603764	208	221
1975	834994	621476	203	214
1978	989434	752856	240	262
1980	1081911	837805	272	305
1985	1007395	8325550	298	334
1986	982977	820314	283	329
1987	1109783	892947	297	356
1988	1114155	893268	296	355
1989	1223238	962336	313	376
1990	1226972	948202	306	369
1991	1265957	978999	315	382
1992	1296073	996271	323	389
1993	1296223	1000296	336	397
1994	1317733	1005422	336	397
1995	1351140	1023769	341	404
1996	1388429	1040597	348	410
1997	1429464	1060478	355	418
1998	1450075	1068711	362	424
1999	1470951	1080129	367	430
2000	1403843	1021520	367	431
2001	1247727	897823	362	423
2002	1222864	885947	370	431
2003	1086208	789352	364	421
2004	1058508	770233	371	427
2005	974376	693882	361	413
2006	986935	701045	368	419
2007	640500	454673	347	367
2008	637721	435306	349	373
2009	619245	411649	348	373
2010	606916	392600	349	379
2011	599800	389932	353	385
2012	559950	363650	349	382

5-16 各类粮食产量

单位:吨

项 目	1995 年	2000 年	2001 年	2002 年	2003 年	2004 年	2005 年
总 计	**1351140**	**1403843**	**1247727**	**1222864**	**1086208**	**1058508**	**974376**
按收获季节分							
春收粮食	74589	91596	81721	72584	54191	50320	50245
夏收粮食	461809	465299	368383	364346	333760	308466	282657
秋收粮食	814742	846948	797623	785934	698257	699722	641474
按品种分							
稻 谷	1023769	1021520	897823	885947	789352	770233	693882
早 稻	448473	446374	349096	342991	312736	288533	263967
中稻和一季晚稻	200591	210388	233963	237297	223911	242104	227865
双季晚稻	374705	364758	314764	305659	252705	239596	202050
大小麦	41219	30845	24590	19704		10	9
#小 麦	25682	18855	15657	12247		10	9
甘 薯	228878	258093	236462	229553	209056	206990	199171
马铃薯	24521	46072	42306	41251	44070	45706	44237
杂 粮	3146	5083	4880	5885	5487	4895	6152
大 豆	15381	18877	17805	17848	16800	16756	16386

项 目	2006 年	2007 年	2008 年	2009 年	2010 年	2011 年	2012 年
总 计	**986935**	**640500**	**637721**	**619245**	**606916**	**599800**	**559950**
按收获季节分							
春收粮食	49627	27571	30788	33308	33125	34153	34505
夏收粮食	266986	133328	127189	124114	110757	112545	108716
秋收粮食	670322	479601	479744	461823	463034	453102	416729
按品种分							
稻 谷	701045	454673	435306	411649	392600	389932	363650
早 稻	249425	122171	115086	111070	96932	98119	93680
中稻和一季晚稻	240983	197065	192259	195453	190031	181613	171621
双季晚稻	210637	135437	127961	105126	105637	110200	98349
大小麦	22	856	1165	6	6	6	
#小 麦	19	856	1165	6	6	6	
甘 薯	206371	141101	152841	154247	159373	152457	136726
马铃薯	43736	27932	29442	34332	34269	35326	36028
杂 粮	5776	5071	5656	5743	6755	7468	8456
大 豆	16388	8789	9561	10609	11064	11766	12175

5－17 主要年份经济作物总产量及单位播种面积产量

年份	总产量（吨）				单产（公斤/亩）			
	油料	花生	甘蔗	烤烟	油料	花生	甘蔗	烤烟
1952	18626	16849	24450	120	94	106		73
1957	15622	14323	39379	35	69	79	3083	55
1962	9966	9293	10964	48	61	67	1928	45
1965	18795	16059	79266	31	87	102	3705	2
1970	15835	19492	52931	7	97	144	2952	27
1975	18341	15301	34936	70	85	111	3033	62
1978	17433	13280	92962	207	71	92	4024	75
1980	21119	13351	182324	149	64	87	4852	73
1985	25765	24173	469378	1939	123	137	4384	85
1986	25336	23928	398713	876	115	126	4491	72
1987	22716	19652	360188	1066	81	101	4349	77
1988	26511	23293	345662	900	96	120	4357	77
1989	24280	212131	259222	1031	98	113	4439	78
1990	28378	25542	244966	905	114	134	4219	77
1991	24363	21136	249234	833	97	110	4201	51
1992	29138	25957	251871	1386	116	138	4244	76
1993	28881	27122	153317	3114	124	134	4109	83
1994	32116	30521	103339	1060	138	149	3861	72
1995	33624	32596	92618	567	148	155	3733	80
1996	30729	29395	75569	674	133	139	3558	88
1997	35373	34069	42005	918	152	160	3183	91
1998	35921	34816	37537	1104	154	160	3100	105
1999	37211	36156	36935	1081	160	166	3109	111
2000	32992	31998	33792	848	141	145	3097	100
2001	32926	32206	32516	841	140	142	3054	113
2002	35530	34994	39268	806	152	155	3219	101
2003	34365	34200	43008	853	139	139	3208	104
2004	40772	40603	38358	28	151	151	3271	88
2005	40013	39828	38296	29	151	151	3319	91
2006	39535	39363	37253	29	145	146	3314	91
2007	46149	45997	16821	23	154	154	3168	99
2008	44819	44642	26470	9	155	155	4010	95
2009	45557	45230	25718	9	151	152	3961	105
2010	45887	45407	26329	1	152	152	3927	91
2011	47158	46641	25448		153	154	3841	
2012	49030	48486	20853		154	155	3340	

5－18 茶叶水果食用菌产量

单位:吨

项　目	1995年	2000年	2001年	2002年	2003年	2004年	2005年
茶叶产量	**4942**	**7908**	**8312**	**8522**	**9074**	**9543**	**11434**
#绿毛茶	4926	7855	8281	8501	8682	9133	9707
乌龙茶					378	396	528
水果产量	**220343**	**250515**	**256930**	**256098**	**296574**	**291315**	**278591**
#柑　桔	132883	110975	101471	92725	93051	94863	87131
龙　眼	2508	11202	12084	13425	16159	18063	17859
荔　枝	916	1363	1411	1548	1824	1757	1925
香　蕉	5391	6010	8782	10441	11743	12832	12179
枇　杷	8719	16883	17400	20998	27050	28280	13710
菠　萝		36		36	51	51	36
橄　榄	3795	9981	10608	13390	14847	17162	18762
柿	3850	9360	10445	11754	12581	12575	13098
桃	10393	9861	12126	12051	12180	12616	13006
李	25196	25966	38830	29527	55683	41859	49165
柚	173	897	1238	1227	1413	1429	1745
梨	2979	3985	3377	3320	3256	3890	4357
苹　果		1				10	15
葡　萄	8507	11916	7395	11180	9993	10767	6219
杨　梅	701	1148	1107	1246	1330	1433	1581
食用菌产量	**29909**	**34419**	**31704**	**47180**	**53238**	**61598**	**62537**
#蘑　菇	18042	14751	13090	12820	13700	15335	19006
香　菇	9317	12877	12669	11543	9643	8816	9471
白木耳	401	1105	1093	1132	1283	1196	1343
黑木耳	947	1691	1596	1695	3565	3479	4236

5－18 续表 单位:吨

项 目	2006年	2007年	2008年	2009年	2010年	2011年	2012年
茶叶产量	**12008**	**13143**	**15011**	**15537**	**16578**	**18168**	**19535**
#绿毛茶	11144	12260	13757	14228	16550	16471	17546
乌龙茶	742	883	1217	1308			
水果产量	**290098**	**310090**	**320489**	**338370**	**348995**	**380241**	**410419**
#柑 桔	90676	92719	95438	99908	108039	113906	119769
龙 眼	16645	18941	18834	20660	21310	22258	25321
荔 枝	2125	1962	1951	2041	2218	2552	2401
香 蕉	13010	13755	14136	13802	14146	14447	15658
枇 杷	28310	31419	33219	26884	29522	32966	35718
菠 萝	36	36	36	36	36	36	36
橄 榄	19408	21350	29734	35866	39530	45974	53402
柿	13998	13681	14509	14546	16299	16841	17728
桃	12718	13857	15055	16684	17382	17857	17771
李	39560	48630	44399	51794	43945	53665	62062
柚	1776	1757	1923	2957	3935	4096	4165
梨	4537	4883	5082	5295	5405	5559	5558
苹 果	15	15	16	15	15		
葡 萄	14076	13719	13816	14550	14769	16095	17017
杨 梅	1703	1805	1856	1985	1975	1979	2004
食用菌产量	**72455**	**79217**	**87944**	**98351**	**106678**	**116858**	**130842**
#蘑 菇	10631	21526	22408	22231	22798	24034	24138
香 菇	10245	10608	12060	12618	13175	14121	14785
白木耳	1378	1482	1674	1781	1813	1853	1797
黑木耳	4203	4508	5087	5699	6033	6315	6782

5－19 主要年份林业 牧业 水产品生产情况

年　　份	造林面积（公顷）	猪牛羊肉产量（吨）	猪出栏数（头）	水产品产量（吨）
1952	5828		220146	52718
1957	14034		433618	99877
1962	7858		183119	96056
1965	26001		526678	127761
1970	30130		521406	139001
1975	22790		599998	129771
1978	20891		671865	153731
1980	22453		755444	156087
1985	31750		927279	265359
1986	25690	71623	94472	298587
1987	15348	77247	134736	346465
1988	24860	84784	100390	373574
1989	35970	89089	897392	409497
1990	36341	94566	928283	440433
1991	33570	100529	940631	464113
1992	18151	113271	119344	628407
1993	6943	125343	118508	699629
1994	4546	158155	1766364	754647
1995	4530	177027	2006653	804394
1996	3921	194042	2241563	870176
1997	3954	173889	1958347	1176771
1998	3980	193454	2246729	1308844
1999	3785	198404	2464842	1420384
2000	3469	198081	2561742	1462961
2001	2398	213177	2759628	1459291
2002	3397	216571	2829732	1508296
2003	2433	216918	2881159	1617731
2004	2925	222732	2955053	1685635
2005	2228	233068	3094176	1712836
2006	3601	238382	3148552	1740456
2007	7564	170796	2154173	1538387
2008	5895	196660	2456643	1648255
2009	6012	209465	2658355	1691129
2010	4839	216853	2756838	1771046
2011	26246	221280	2821030	1847918
2012	6833	236989	3062932	1962207

5－20 造林面积

单位:公顷

项　　目	1995 年	2000 年	2001 年	2002 年	2003 年	2004 年	2005 年
当年造林面积	4530	3469	2398	3397	1921	2925	2228
#用材林	3276	1636	189	1067	405	1051	1321
经济林	310	482	525	510	98	42	33
防护林	1903	1295	1681	1461	1418	1832	864
薪炭林	2592	55		359			9
人工促进天然林更新面积	3551	4702	7089	4356	2927	4806	9650
零星植树(万株)	20	6	6	7	149	150	252
育苗面积	24	35	24	23	25	22	27
幼林抚育作业面积	41478	9692	11803	7049	7470	7621	7792
成林抚育作业面积	14683	6360	5658	4559	2585	2416	2397

项　　目	2006 年	2007 年	2008 年	2009 年	2010 年	2011 年	2012 年
当年造林面积	3601	7564	5894	6012	4839	26246	6833
#用材林	2485	1251	3779	3332	2397	16219	2738
经济林	51	55	173	474	620	1703	1977
防护林	1016	1876	1908	2207	2294	8286	2119
薪炭林	48	6					
人工促进天然林更新面积	8223	4908		1512	2432	8644	3411
零星植树(万株)	12	142	152	165	7	56	457
育苗面积	31	31	41	42	44	27	289
幼林抚育作业面积	9749	11972	12259	13805	14820	41599	70730
成林抚育作业面积	1598	1410	1149	2027	13277	14506	41414

注:1985 年以前造林面积成活率 45% 以上统计,1986 年及以后各年成活率 85% 以上统计;2011 年数据不含平潭。

5－21 主要林产品产量

单位:吨

项　　目	1995 年	2000 年	2001 年	2002 年	2003 年	2004 年	2005 年
木材采伐产量(立方米)	123885	77034	77597	76669	183494	187167	149259
竹材采伐产量(万根)	1889	1236	979	1101	296	1088	1267
油桐籽	936	2422	2297	2444	2600	2575	2726
油茶籽	3620	5600	5161	5463	5523	6039	6312
棕　片	752	1944	1899	2103	2119	2245	2481
松　脂	591	983	1048	1003	1039	1076	1199
笋　干	2051	5527	5424	5494	5285	5504	6557
板　栗	138	2362	1894	2344	2371	2572	3043
紫　胶		32	32				
山苍籽	101	207	191	191	277	334	372

项　　目	2006 年	2007 年	2008 年	2009 年	2010 年	2011 年	2012 年
木材采伐产量(立方米)	161922	702337	665705	714887	791697	652785	765869
竹材采伐产量(万根)	2028	2401	2696	2853	2943	2970	3388
油桐籽	2535	2646	2793	2922	3040	3166	3299
油茶籽	6675	7145	7976	8895	10167	11206	13301
棕　片	2719	2787	2809	2967	3429	3447	3647
松　脂	1332	1405	1449	1539	1839	1837	1866
笋　干	7342	8256	9600	10392	11874	12783	14021
板　栗	3718	3845	4493	4666	5213	5454	5791
紫　胶		106	98	106	102		
山苍籽	429	459	495	531	573	572	606

注:本表2004年木材采伐产量不含薪材;竹材采伐产量含毛竹、篙竹;2003年起为全社会口径,其他年份为村及村以下口径。

5－22 主要畜禽产品产量

项目	单位	1995年	2000年	2001年	2002年	2003年	2004年	2005年
肉类产量	吨	210142	245787	261476	265627	266789	272780	283425
#猪　肉	吨	172233	192111	54614	210058	210405	215922	226284
牛　肉	吨	2088	2708	651	2948	2771	2874	2494
羊　肉	吨	2706	3262	929	3565	3742	3936	4290
禽　肉	吨	30865	44868	11802	46358	46764	46819	47197
兔　肉	吨	2250	2838	657	2673	3107	3229	3160
牛奶产量	吨	34138		9175	41270	44213	43779	40032
蜂蜜产量	吨	836	775	824	940	954	922	907
禽蛋产量	吨	91500	152478	31946	155645	154318	156880	155656
肉猪出栏数	头	2006653	2561742	737132	2829732	2881159	2955053	3094176
肉羊出栏数	头	215065	262579	41295	279327	290912	305383	331407
肉牛出栏数	头	18775	27609	6073	28575	27792	30268	25015
家禽出栏数	只	25445259	34309369	9063937	35227412	35281582	35509364	35730267
家兔出栏数	只	1756271	2275287	559934	2279660	2356984	2449186	2389477

项目	单位	2006年	2007年	2008年	2009年	2010年	2011年	2012年
肉类产量	吨	287798	201723	230900	244802	253058	257969	269037
#猪　肉	吨	231361	164561	189903	202559	209716	213770	229038
牛　肉	吨	2378	2169	2286	2269	2344	2482	2620
羊　肉	吨	4643	4066	4471	4637	4793	5028	5331
禽　肉	吨	46422	27516	30701	32133	33058	33370	28663
兔　肉	吨	2994	3411	3445	3103	3142	3319	3385
牛奶产量	吨	36655	22522	24759	24452	22067	21733	19108
蜂蜜产量	吨	836	1050	957	1038	1069	1127	1164
禽蛋产量	吨	156899	137300	115166	117792	120547	123007	126660
肉猪出栏数	头	3148552	2154173	2456643	2658355	2756838	2821030	3062932
肉羊出栏数	头	364472	318458	348641	361440	373413	392052	413137
肉牛出栏数	头	25071	21009	22395	22322	23039	24391	25677
家禽出栏数	只	35156291	19909745	21209931	22220499	23099853	23792849	19524862
家兔出栏数	只	2252492	2302779	2331491	2201494	2242233	2376219	2435816

5-23 年末畜禽存栏数

项　　目	单 位	1995 年	2000 年	2001 年	2002 年	2003 年	2004 年	2005 年
大牲畜	头	125733	108228	105114	102980	100353	100317	96365
牛	头	125730	108226	105112	102978	102387	100292	96363
#乳　牛	头		8868	8969	9327	9590	9825	9998
#役　畜	头	84434	64978	54842	54003	50679	51101	50832
猪	头	1267342	1472923	1463930	1483843	1514427	1551496	1519169
#能繁殖母猪	头	25083	76349	70267	72223	75520	77293	98084
羊	只	193419	193741	197699	197408	205880	224441	240842
蜜蜂箱数	箱	41242	42655	39601	45139	47415	44162	42613
家　兔	只	1139739	1237035	1224978	1320523	1220269	1263402	1227390
家　禽	只	15917782	17547471	17601959	18081496	16951395	18016306	18172230

项　　目	单 位	2006 年	2007 年	2008 年	2009 年	2010 年	2011 年	2012 年
大牲畜	头	89841	68687	70946	70083	69050	71188	72329
牛	头	89792	66141	70946	70083	69050	71188	72329
#乳　牛	头	8112	4919	5904	7637	7168	8082	7300
#役　畜	头	46918	33037	21057	19556	19018	18958	18142
猪	头	1587448	1647877	1725669	1730479	1759074	1827694	1867715
#能繁殖母猪	头	95397	131028	145494	161986	166887	172215	191235
羊	只	255442	229208	248361	250494	259029	267577	283624
蜜蜂箱数	箱	41634	48861	44620	46014	46805	48275	47922
家　兔	只	1257436	1349558	1255941	1274911	1296344	1362616	1298219
家　禽	只	17622955	15249057	13155578	13788580	14243604	14685156	13617748

5-24 淡水产品产量

单位:吨

项目	1995年	2000年	2001年	2002年	2003年	2004年	2005年
淡水产品产量	**83082**	**149340**	**153840**	**156488**	**145998**	**142940**	**159158**
#鱼类	77359	118596	120358	121429	122845	117462	128496
虾蟹类	472	1516	1754	2691	3764	4530	6867
贝类	4062	27728	29858	30903	17805	19415	22387
淡水养殖产量	**78234**		**13951**	**141446**	**131443**	**142940**	**145212**
#池塘			5897	93809	91519	98369	98722
水库			4135	12882	14460	14940	16455
河沟			1589	8105	10260	8757	10230
湖泊			517	2636	2792	4180	4286

项目	2006年	2007年	2008年	2009年	2010年	2011年	2012年
淡水产品产量	**165612**	**185383**	**166919**	**179006**	**186610**	**198648**	**206357**
#鱼类	134808	163319	140378	153152	156261	160887	163063
虾蟹类	7210	8124	9974	9189	15435	20701	25116
贝类	22412	12505	15121	15364	13873	15924	16531
淡水养殖产量	**190995**	**168290**	**152518**	**164951**	**172786**	**184179**	**191974**
#池塘	94770	128395	115745	127087	142124	150153	155874
水库	49995	17599	15467	16650	16304	17100	18790
河沟	20970	5727	7939	8360	6407	6160	6488
湖泊	8505	913	2841	2906	3210	3203	3439

5－25 海水产品产量

单位:吨

项　　目	1995 年	2000 年	2001 年	2002 年	2003 年	2004 年	2005 年
海水产品产量	**721312**	**1313621**	**1305451**	**1351808**	**1471733**	**1528709**	**1553678**
#鱼　类	486701	582172	593879	604503	686152	702790	699645
虾蟹类	28419	52964	44001	53093	60567	62492	67559
贝　类	134777	555200	534083	558882	570599	606960	623718
藻　类	66278	116223	124690	127814	137257	139387	146062
#海水养殖产量	194312	673686	664652	694173	724839	768599	797615
#鱼　类				28615	31123	36267	34799
虾蟹类				8607	10038	11831	14535
贝　类				528712	546010	580682	601799
藻　类				127744	137172	139297	145972
主要海水产品产量							
大黄鱼	5294	11328	13484	12125	20387	19893	18303
带　鱼	53347	73304	72432	80387	90044	94338	93216
鲳　鱼	9879	22973	14718	20064	27621	25413	29478
鳓　鱼	2324	3398	5137	4511	7418	10521	9035
马鲛鱼	5456	13930	16863	16637	13871	17318	19828
鲷　鱼		2660	773	151	3659	6357	4177
鲐　鱼	2130	2609	2346	5772	5920	5907	7280
鳗　鱼	27977	25623	26058	21453	26086	37329	36986
墨　鱼	1712	5632	4734	5158	5224	4494	5020
海蜇皮	3944	6415	8158	6925	6974	6016	3855
对　虾	2630	5419	6151	9392	11444	12172	12994
毛　虾	5290	11353	10348	11055	13132	13562	13446
梭子蟹	5904	13125	8118	9895	8715	12704	14475
蛏	30695	72139	63888	67342	65839	66684	69572
蛤				57257	62999	74797	73275
蚶	35	1292	1901	3894	3638	3620	4280
牡　蛎	20381	363475	349463	367372	374796	388596	399617
海　带	59775	107387	115413	117095	127104	122130	129261
紫　菜	6432	8834	9221	9643	9243	10977	11171

5－25 续表

单位:吨

项　　目	2006年	2007年	2008年	2009年	2010年	2011年	2012年
海水产品产量	**1574844**	**1353005**	**1481336**	**1512123**	**1584436**	**1649270**	**1755850**
#鱼　类	679973	543664	635820	636565	648748	648626	664080
虾蟹类	73181	63413	83613	91625	99484	105916	122602
贝　类	650981	574586	553018	553018	598123	632268	668978
藻　类	153454	157409	192757	189310	207371	226250	247604
#海水养殖产量	842736	752956	799279	825603	879635	946091	1024919
#鱼　类	40396	41603	41256	46286	48434	53978	60913
虾蟹类	17621	13733	21303	27111	32620	38553	51090
贝　类	631238	525041	543808	562471	591066	625455	661636
藻　类	153344	172514	192757	189285	207306	226205	247554
主要海水产品产量							
大黄鱼	15230	21439	23187	18611	17653	17707	19358
带　鱼	81316	59982	105473	114225	119086	119097	133630
鲳　鱼	28363	23917	30344	30259	31314	34635	37260
鳓　鱼	9304	5218	14880	11529	6360	6472	6303
马鲛鱼	23913	15160	19581	20713	29325	25536	25988
鲷　鱼	5179	4061	5679	8331	11832	13603	14384
鲐　鱼	11436	4471	4791	4889	4817	4610	9077
鳗　鱼	34820	26403	27553	35983	34482	35488	38168
墨　鱼		2876	3861	6664	6831	6699	9253
海蜇皮	3868	4455	3272	4923	4202	4200	4353
对　虾	15258	14759	21605	25894	31921	35925	47129
毛　虾	13637	8022	8830	12490	12239	11824	10564
梭子蟹	16455	14487	18112	18112	23599	24234	27108
蛏	71691	66043	63231	66044	77336	83038	84845
蛤	84344	78260	81657	92377	99519	102879	101160
蚶	4825	2433	2406	2525	3205	3719	3979
牡　蛎	420119	361962	347696	347696	350450	363809	384322
海　带	131650	135770	173700	169861	175208	190224	211295
紫　菜	13519	11029	11861	13185	13814	14577	15198

5-26 按县(市)区分农林牧渔业总产值

单位:万元

县(市)区	农林牧渔业总产值		农业产值	林业产值	牧业产值	渔业产值
	2012年	比上年增长(%)				
福州市	**6251218**	**4.8**	**1620658**	**169810**	**736779**	**3526352**
市　区	237580	1.5	129550	5299	29756	59704
仓山区	50280	-1.9	27499	149	6381	8481
马尾区	96225	1.0	47202	213	11850	36715
晋安区	83021	1.2	54849	4937	11525	6455
福清市	1345915	4.8	253523	4699	321376	717117
长乐市	700493	5.0	165775	2202	87471	428145
闽侯县	496962	4.4	311826	7790	110320	47757
连江县	1621249	5.7	112229	7188	34696	1431637
罗源县	430943	4.6	101021	6448	29329	275246
闽清县	328492	5.1	235120	28339	35439	26474
永泰县	498944	4.6	280739	107023	60845	38838
平潭县	590641	4.3	30876	822	27547	501434

5-27 按县(市)区分主要农产品产量

单位:吨

县(市)区	粮食总产量		油料总产量		蔬菜总产量	
	2012年	比上年增长(%)	2012年	比上年增长(%)	2012年	比上年增长(%)
福州市	**559950**	**-6.6**	**49030**	**4.0**	**3119483**	**4.2**
市　区	10204	-8.6	7	40.0	314906	1.4
仓山区					71598	1.7
马尾区	4641	-5.3	7	40.0	93232	2.7
晋安区	5563	-11.2			150076	0.4
福清市	116145	-8.5	31618	4.5	508025	5.1
长乐市	87080	-6.3	1421	1.3	425265	6.0
闽侯县	66765	-8.8	1294	6.8	808184	4.6
连江县	50126	-4.2	1194	5.3	141268	1.2
罗源县	36262	-17.3	119	13.3	77836	1.7
闽清县	63130	-0.1	1065	5.8	375489	4.4
永泰县	109457	-3.1	3571	12.1	404412	5.2
平潭县	20781	-10.8	8741	-1.2	64098	-4.0

5-27 续表 单位:吨

县(市)区	水果总产量		茶叶总产量		禽蛋总产量		牛奶总产量	
	2012年	比上年增长(%)	2012年	比上年增长(%)	2012年	比上年增长(%)	2012年	比上年增长(%)
福州市	**410419**	**7.9**	**19535**	**7.5**	**126660**	**3.0**	**19108**	**-12.1**
市　区	23160	4.3	1367	-2.4	6495	-6.5	6881	-0.9
仓山区	1186	2.9			1825	1.3	4417	11.8
马尾区	16311	6.2			3961	-9.2	1674	-26.0
晋安区	5663	-0.5	1367	-2.4	709	-9.0	790	7.8
福清市	63624	8.5	94	9.3	55062	2.3	1379	14.9
长乐市	22507	8.3	98	6.5	26073	1.2	4881	-41.1
闽侯县	66808	8.6	611	6.6	14624	8.4	4893	10.0
连江县	33325	-0.6	5472	11.9	6993	1.9	161	4.5
罗源县	9100	7.3	5847	5.2	2646	33.5	558	48.8
闽清县	91049	8.0	1211	3.2	5933	2.8	261	10.1
永泰县	98684	11.3	4835	10.0	3523	4.9	94	11.9
平潭县	2162	7.1			5311	6.2		

县(市)区	肉类总产量		水产品产量		海水产品产量	
	2012年	比上年增长(%)	2012年	比上年增长(%)	2012年	比上年增长(%)
福州市	**269037**	**4.3**	**1962207**	**6.2**	**1755850**	**6.5**
市　区	8767	1.8	28483	4.7	11112	7.4
仓山区	839	-12.8	8400	1.2	75	
马尾区	3262	-23.6	18662	6.4	11037	7.5
晋安区	4666	38.2	1421	4.9		
福清市	124484	2.0	354113	6.1	267666	6.3
长乐市	26833	0.1	131243	6.1	93536	5.1
闽侯县	43380	4.7	30515	1.7	3000	
连江县	11945	13.7	762778	6.2	756704	6.5
罗源县	10422	34.9	125370	6.0	110548	6.8
闽清县	13115	3.0	7348	5.0		
永泰县	20104	-3.9	8851	6.7		
平潭县	9987	38.3	395707	4.0	395485	3.9

5－28　按县(市)区分年末畜禽存栏数

(2012年)

县(市)区	猪		牛		羊		兔		禽	
	年末存栏(头)	比上年增长(%)	年末存栏(头)	比上年增长(%)	年末存栏(头)	比上年增长(%)	年末存栏(头)	比上年增长(%)	年末存栏(头)	比上年增长(%)
福州市	**1867715**	**2.2**	**72329**	**1.6**	**283624**	**6.0**	**1298219**	**-4.7**	**13617748**	**-7.3**
市　区	58844	3.8	2775	-14.9	5146	-0.8	1676	-3.0	655675	-11.5
仓山区	37	-61.5	1537	-0.5	297	44.9			291596	-13.4
马尾区	23478	15.6	804	-37.0	1228	11.9			267191	-4.6
晋安区	35329	-2.6	434	-1.6	3621	-6.8	1676	-3.0	96888	-21.6
福清市	840679	3.6	28388	5.2	68138	3.9	370409	5.0	5705142	-1.3
长乐市	220627	3.2	9281	-9.7	11853	-11.8	300984	-22.8	1471549	-42.3
闽侯县	299128	-5.4	8437	1.4	34585	11.9	33473	-0.7	1744955	-1.8
连江县	89275	3.5	5077	-0.1	25429	6.1	151765	3.3	737312	6.8
罗源县	63654	-9.7	5302	6.6	36727	25.5	258042	1.8	464731	5.7
闽清县	99276	14.4	3881	56.4	22867	5.1	66051	0.9	1167091	-11.1
永泰县	92667	-17.0	4072	1.2	59721	2.9	75265	-3.7	770501	-5.5
平潭县	103565	39.3	5116	-11.7	19158	-1.2	40554	0.3	900792	56.7

5－29　按县(市)区分粮食播种面积和产量

(2012年)

单位:公顷、吨

县(市)区	粮食作物		春收粮食		夏收粮食		秋收粮食	
	播种面积	总产量	播种面积	总产量	播种面积	总产量	播种面积	总产量
福州市	**106882**	**559950**	**8763**	**34505**	**22168**	**108716**	**75951**	**416729**
市　区	1821	10204			347	1868	1474	8352
仓山区								
马尾区	861	4641			331	1821	530	2820
晋安区	959	5563			16	47	943	5516
福清市	21998	116145	1218	4958	7020	37184	13759	74003
长乐市	15341	87080	2513	11607	5680	32585	7147	42888
闽侯县	12645	66765	970	4054	2155	9519	9521	53192
连江县	10043	50126	552	2155	2352	9800	7139	38171
罗源县	7417	36262	487	858	267	1086	6663	34318
闽清县	12058	63130	406	1142	1476	6421	10175	55567
永泰县	20942	109457	2122	8254	2692	9831	16127	91372
平潭县	4618	20781	494	1477	178	422	3947	18882

主要统计指标解释

乡镇个数 指农村中经省、自治区、直辖市人民政府批准成立的乡一级行政区划的数量。不包括城关镇、城市街道办事处、工矿区。

村委会个数 指农村中经上级政府批准,按居住地区设立的基层群众性自治组织的个数,含城关镇中的村。

乡村户数 是指长期(一年以上)居住在乡镇(不包括城关镇)行政管理区域内的住户,还包括居住在城关镇所辖行政村范围内的农村住户。户口不在本地而在本地居住一年及以上的住户也包括在本地农村住户内;有本地户口,但举家外出谋生一年以上的住户,无论是否保留承包耕地都不包括在本地农村住户范围内。不包括乡村地区内的国有经济的机关、团体、学校、企业、事业单位的集体户。

乡村人口数 指乡村地区常住居民户数中的常住人口数,即经常在家或在家居住6个月以上,而且经济和生活与本户连成一体的人口。外出从业人员在外居住时间虽然在6个月以上,但收入主要带回家中,经济与本户连为一体,仍视为家庭常住人口;在家居住,生活和本户连成一体的国家职工、退休人员也为家庭常住人口。但是现役军人、中专及以上(走读生除外)的在校学生、以及常年在外(不包括探亲、看病等)且已有稳定的职业与居住场所的外出从业人员,不应当作家庭常住人口。

乡村劳动力资源数 指乡村人口中劳动年龄以上(16周岁)能够参加生产经营活动的人员。

乡村从业人员 指乡村人口中16周岁以上实际参加生产经营活动并取得实物或货币收入的人员,既包括劳动年龄内经常参加劳动的人员,也包括超过劳动年龄但经常参加劳动的人员。但不包括户口在家的在外学生、现役军人和丧失劳动能力的人,也不包括待业人员和家务劳动者。从业人员年龄为16岁以上。从业人员按从事主业时间最长(时间相同接收入)分为农业从业人员、工业从业人员、建筑业从业人员、交通运输仓储及邮电通信业从业人员、批发零售贸易及餐饮业从业人员、其它从业人员。

耕地 是指能够种植农作物、经常进行耕锄的田地。包括熟地、当年新开荒地、连续撂荒未满三年的耕地和当年的休闲地(轮歇地)。以种植农作物为主并附带种植桑树、茶树、果树和其它林木的土地及沿海、沿湖地区已围垦利用的"海涂"、"湖田"等也包括在内。但不包括专业性的桑园、茶园、果木苗圃、林地、芦苇地、天然草原等。南方小于1米、北方小于2米宽的渠、路、田埂,包括在耕地中。

农林牧渔业劳动力 指直接从事农业、林业、牧业、渔业生产活动的劳动力,不包括从事工业、建筑业、运输与邮电、批发零售贸易和餐饮业以及其他非农行业的劳动力,也不包括已统计为临时工(合同工)的劳动力。

农用机械总动力 指主要用于农、林、牧、渔业的各种动力机械的动力总和,包括耕作机械、农用排灌机械、收获机械、植保机械、林业机械、畜牧机械、渔业机械,农产品加工机械、农用运输机械、其他农业机械。按能源又分为柴油、汽油、电力和其他动力。总动力按法定计算单位千瓦计算。(注:1马力=735.5瓦特=0.735千瓦)

农村用电量 指本年度内,扣除在农村中的国有工业、交通、基建等单位的用电量以后的农村生产和生活的全年用电总量(计量单位千瓦小时,按全年累计数统计)既包括国家电网供电,也包括农村自办电站供电量。

农用化肥施用量 指本年度内实际用于农业生产的化学肥料数量,包括氮肥、磷肥、钾肥和复合肥。化肥施用量要求按折纯量计算数量,折纯量是指把氮肥、磷肥、钾肥分别按含氮、含五氧化二磷、含氧化钾的百分之一百成分进行折算后的数量。复合肥按其所含主要成份折算。计算公式为:

折纯量=实物量×某种化肥有效成份含量的百分比

农作物播种面积 指实际播种或移植有农作物的面积。凡是实际种植有农作物的面积,不论种植在耕地上还是种植在非耕地上,也不论面积大小,均应如实统计,种什么就报什么,种多少就报多少,不得漏报。

粮食产量 指全社会的产量。包括国有经济经营的、集体统一经营的和农民家庭经营的粮食产量,还包括工矿企业办的农场和其他生产单位的产量。粮食除包括稻谷、小麦、玉米、高粱、谷子及其他杂粮外,还包括薯类和豆类。其产量计算方法,豆类按去豆荚后的干豆计算;薯类(包括甘薯和马铃薯,不包括芋头和木薯)

1963年以前按每4公斤鲜薯折1公斤粮食计算,从1964年开始及以后改为按5公斤鲜薯折1公斤粮食计算。城市郊区作为蔬菜的薯类(如马铃薯等到)按鲜品计算,并且不作粮食统计。其他粮食一律按脱粒后的原粮计算。

农林牧渔业总产值 指以货币表现的农、林、牧、渔全部产品和对农业生产进行各种支持性服务活动的总量,它反映一定时期内生产的总规模和总成果。从2003年开始农林牧渔业总产值执行新的国民经济行业分类标准,包括农业、林业、牧业、渔业及农林牧渔业服务业,不再包括农民家庭兼营商品性工业。

农林牧渔业中间消耗 指各种经济类型的农业生产单位和农户在农业生产经营过程中投入(或消耗)的各种物质产品和劳务价值的总和。包括中间物质消耗和中间劳务消耗两个部分。计入中间消耗必须具备以下两个条件:一是与总产出相对应的生产过程中消耗的物质产品和劳务活动;二是本期投入并一次消耗的不属于固定资产的非耐用品。

农林牧渔业增加值 指各种经济类型的农业生产单位和农户从事生产经营活动所提供的社会最终产品的货币表现。增加值的计算方法有两种,一是生产法:农林牧渔业增加值=农林牧渔业总产出-农林牧渔业中间消耗;二是分配法:农林牧渔业增加值=固定资产折旧+劳动者报酬+生产税净额(生产税-生产补贴)+营业盈余。

6 工业、交通邮电业

6－1 主要年份工业总产值和工业增加值

单位:万元

年份	工业总产值	工业总产值指数		工业增加值	工业增加值指数	
		以上年为100	以1952年为100		以上年为100	以1952年为100
1952	8355	130.8	100.0	2339	160.0	100.0
1957	18007	213.5	213.5	5041	100.6	215.5
1962	26731	147.1	314.2	7484	86.0	320.0
1965	45882	169.5	532.7	12846	131.1	549.2
1970	67104	149.6	796.9	18789	118.5	803.3
1975	121433	176.3	1405.0	34001	109.9	1453.7
1978	161815	134.6	1890.4	45308	123.4	1937.1
1979	180624	111.2	2101.4	50574	111.4	2162.2
1980	199379	113.2	2378.1	55826	111.3	2386.8
1981	217963	108.7	2584.7	61029	107.9	2609.2
1982	237815	108.8	2812.6	66588	108.1	2846.9
1983	308108	121.1	3404.8	86720	126.4	3707.6
1984	404777	130.6	4447.4	113337	125.2	4845.5
1985	451290	118.1	5254.2	143136	136.8	6119.5
1986	515916	113.5	5691.1	159933	96.7	6837.7
1987	669532	127.5	7598.9	181988	111.6	7780.6
1988	1016098	136.8	10398.1	272301	149.3	11641.8
1989	1276954	113.1	11763.9	348904	112.5	14916.8
1990	1372762	110.6	13008.4	345036	79.0	14751.4
1991	1689120	120.9	15732.4	407668	115.8	17429.2
1992	2214583	130.7	20561.2	498552	124.8	21314.8
1993	3367385	144.7	29743.6	691612	133.1	28370.3
1994	4530358	133.6	39736.4	1033673	144.3	40938.8
1995	5068178	111.1	44141.6	1300113	118.3	48430.8
1996	6613551	135.9	59994.8	1704501	129.6	62766.6
1997	8028424	126.1	75647.8	2147299	124.2	77968.8
1998	9389896	122.7	92816.2	2536111	121.2	94498.4
1999	10510351	117.3	108859.3	2855006	114.8	108484.3
2000	11238509	109.5	119234.2	3211520	114.8	124540.1
2001	11626438	111.0	132397.0	3469752	111.8	139235.9
2002	13429129	118.5	156894.1	3853609	115.7	161096.2
2003	16270890	121.9	185113.8	4638391	118.8	191382.4
2004	19920952	118.9	220100.3	5395622	115.0	220099.9
2005	22099921	111.5	245412.2	5641988	105.0	232205.4
2006	25459605	119.5	293267.3	6018520	108.3	251478.4
2007	30806322	121.8	357199.6	6995548	113.8	286182.5
2008	35845790	117.5	419709.5	7912404	113.2	323958.6
2009	39656460	113.6	476790.0	8916393	113.7	368340.9
2010	48690545	121.7	580253.3	11275850	118.8	437589.0
2011	58733583	115.8	671933.3	13551859	115.2	504102.5
2012	63532523	115.3	774739.1	14819871	114.1	575181.0

6-2 “规模以上”工业企业单位数

单位:个

项　　目	2003年	2004年	2005年	2006年	2007年	2008年	2009年	2010年	2011年	2012年
合　计	**1901**	**2345**	**2359**	**2470**	**2656**	**2902**	**2889**	**2879**	**2050**	**2119**
一、按轻重工业分										
轻工业	1112	1356	1363	1419	1520	1644	1647	1660	1153	1182
重工业	789	989	996	1051	1136	1257	1242	1219	897	937
二、按企业规模分										
大型企业	10	12	11	13	15	18	20	26	81	81
中型企业	169	196	223	257	282	315	299	327	401	471
小型企业	1722	2137	2125	2200	2359	2568	2570	2526	1493	1526
微型企业									75	41
三、按登记注册类型分										
内资企业	1129	1437	1426	1489	1649	1855	1883	1889	1318	1403
港澳台商投资企业	470	502	500	532	545	562	545	547	394	383
外商投资企业	302	406	433	449	462	485	461	443	338	333
四、按经济组织类型分										
独资企业	921	942	883	896	889	902	851	837	577	562
合作、合伙企业	138	106	100	85	81	85	68	67	66	61
股份有限公司	60	62	69	65	71	64	67	72	65	65
有限责任公司	782	1235	1307	1424	1615	1851	1903	1903	1342	1431

注:1.2011年起规模以上工业企业指年主营业务收入2000万元及以上工业企业,下同。
2.2011年起增加微型企业规模分类,故企业数与往年不可比,下同。

6－3 “规模以上”工业总产值

单位:亿元

项　　目	2011 年	2012 年	项　　目	2011 年	2012 年
“规模以上”工业总产值	**5321.18**	**5954.89**	烟草制品业	1.15	1.85
#国有及国有控股企业	887.81	917.09	纺织业	486.96	570.36
农村工业	24.65	15.47	纺织服装、服饰业	103.38	99.83
“规模以上”工业总产值比上年增长(%)	**16.10**	**15.70**	皮革、毛皮、羽毛及其制品和制鞋业	267.94	322.33
一、按轻重工业分			木材加工和木、竹、藤、棕、草制品业	22.56	22.94
轻工业	2190.57	2665.90	家具制造业	59.18	68.95
重工业	3130.61	3288.99	造纸和纸制品业	46.07	55.72
二、按企业规模分			印刷和记录媒介复制业	14.09	20.87
大型企业	1871.23	2274.33	文教、工美、体育和娱乐用品制造业	100.04	165.26
中型企业	1687.82	1896.82	石油加工、炼焦和核燃料加工业	37.65	50.85
小型企业	1632.75	1762.64	化学原料和化学制品制造业	69.81	88.39
微型企业	129.37	21.10	医药制造业	56.71	62.61
三、按登记注册类型分			化学纤维制造业	256.01	354.65
国有企业	368.14	405.31	橡胶和塑料制品业	226.05	236.95
集体企业	84.84	32.69	非金属矿物制品业	252.88	286.94
股份合作企业	2.37	2.16	黑色金属冶炼和压延加工业	486.55	505.54
联营企业	46.50	63.74	有色金属冶炼和压延加工业	96.83	99.08
有限责任公司	678.77	801.18	金属制品业	76.20	93.14
股份有限公司	149.88	147.90	通用设备制造业	103.51	115.00
私营企业	1319.77	1691.47	专用设备制造业	91.98	88.64
其他企业	27.29	40.53	汽车制造业	281.78	283.66
港澳台商投资企业	1436.54	1438.58	铁路、船舶、航空航天和其他运输设备制造业	92.45	97.00
外商投资企业	1207.07	1331.32	电气机械和器材制造业	263.74	312.49
四、按国民经济行业分			计算机、通信和其他电子设备制造业	733.63	712.61
煤炭开采和洗选业	2.34		仪器仪表制造业	50.26	47.49
有色金属矿采选业	1.71	2.17	其他制造业	13.23	15.24
非金属矿采选业	25.91	26.53	废弃资源综合利用业	1.29	2.39
农副食品加工业	378.16	456.10	金属制品、机械和设备修理业	12.21	17.03
食品制造业	91.83	104.03	电力、热力生产和供应业	454.50	485.78
酒、饮料和精制茶制造业	47.51	58.09	燃气生产和供应业	9.23	15.58
			水的生产和供应业	5.84	8.80

6－4 “规模以上”工业主要产品产量

品　　名	单位	2003 年	2004 年	2005 年	2006 年	2007 年	2008 年	2009 年	2010 年	2011 年	2012 年
原　盐	万吨	3.90	3.98	3.00	2.57	2.71	2.56	3.43	0.65		
配混合饲料	万吨	82.21	90.05	69.77	67.92	64.12	64.05	60.96	61.35	66.34	93.59
食用植物油	万吨	11.51	10.10	9.12	11.63	26.29	18.05	18.42	29.30	19.33	16.34
味　精	万吨	3.50	3.54	0.21	0.20	0.23	0.65	0.79	0.35		
啤　酒	万吨	8.74	10.62	8.13	9.68	9.55	9.05	9.55	9.53	9.04	10.85
软饮料	万吨	15.13	16.87	30.44	44.04	51.36	66.04	58.28	75.15	74.03	91.46
精制茶	万吨	0.84	0.91	0.45	0.48	0.53	0.67	0.29	0.38	0.46	0.79
纱	万吨	27.07	44.03	47.09	78.89	83.88	99.33	114.31	133.18	159.95	198.19
布	万米	4865	7560	10849	13227	17397	13109	13946	19626	26589	28371
#棉　布	万米	1954	2635	2964	3598	5041	8937	7211	11574	19517	16320
棉混纺交织布	万米		111	232	414	430	831	2845	4177	6072	7571
纯化纤布	万米	2911	4814	7653	9215	11926	3341	3890	3875	1000	4480
印染布	万米	4420	4239	3482	93811	123401	157851	94658	140698	112182	215495
服　装	万件	3394	2695	3294	3013	2867	4453	4283	4927	4840	8449
皮　鞋	万双	3646	3085	4807	5259	4836	4981	5833	8283	9396	13294
人造板	万立方米	23.39	31.93	37.78	32.13	36.38	40.31	46.36	38.93	41.39	30.26
机制纸及纸板	万吨	18.88	19.47	20.24	16.05	16.79	14.57	12.79	13.79	12.89	15.86
纯　碱	万吨	14.89	16.80	17.73	19.80	18.88	18.02	19.28	17.07	9.27	
合成氨	万吨	9.43	10.43	11.27	14.89	10.55	8.02	8.73	7.70	4.46	
氮　肥	万吨	5.65	6.04	6.53	9.52	6.67	4.89	5.57	4.88	3.28	
化学纤维	万吨	12.93	14.01	13.74	30.87	45.97	74.41	91.50	105.46	105.09	135.16
塑料制品	万吨	42.26	54.13	49.36	45.37	55.93	75.31	70.10	74.46	83.80	104.08
花岗石板材	万平方米	1446.33	2735.34	2801.58	2924.05	4032.37	5280.03	6101.38	7417.82	8096.96	9606.84
钢	万吨	33.04	28.07	13.80	45.43	69.31	175.73	179.19	428.19	502.15	618.77
成品钢材	万吨	86.03	112.65	129.79	205.44	327.93	257.05	384.08	440.16	629.62	738.78
泵	万台	1.77	2.39	17.82	12.69	82.73	97.62	61.07	68.90	78.36	63.81
小型拖拉机	万台	0.98	0.68	0.52	0.25	0.29	0.26	0.22	0.22	0.20	
汽　车	万辆	8.67	5.78	6.67	5.72	6.95	4.49	9.65	14.08	13.10	12.65
交流电动机	万千瓦	21.24	19.34	23.72	25.82	29.51	26.98	22.01	1.06		14.06
电力变压器	万千伏安	356.01	421.79	336.45	387.90	443.06	385.18	353.38	551.05	256.30	346.05
显示器	万台	1551.75	2226.59	2240.15	2646.41	2902.42	2692.61	2381.14	2710.88	3064.81	2988.06
彩色显像管	万只	1516.30	1686.50	1189.50	900.50	1092.67	882.69	350.42	465.25	230.33	
彩色电视机	万部	25.74	21.66	22.70	33.65	38.18	381.90	327.60	267.25	142.99	146.93
钟	万只	5133.97	6678.52	2429.43	2060.98	2374.70	4118.21	2868.42	3795.40	3338.50	3833.83
发电量	亿千瓦小时	135.73	140.38	157.41	173.27	212.59	280.82	328.68	341.98	460.98	419.55
#水　电	亿千瓦小时	45.41	35.44	60.99	67.92	56.18	57.10	49.24	80.30	44.79	81.94

6－5 “规模以上”工业主要经济指标

（2012 年）

单位:万元

项目	企业单位数（个）	工业总产值（当年价格）	资产总计	主营业务收入	利润总额	从业人员年平均人数（人）
总计	**2119**	**59548900**	**40683194**	**56884939**	**3857645**	**643217**
#亏损企业	194	2624552	3130897	2446013	－117881	43100
国有控股企业	81	9170883	10729977	8622448	367039	46267
农村工业	12	154738	20136	152184	4490	1599
一、按轻重工业分						
轻工业	1182	26659043	15296103	25539786	1885078	383904
重工业	937	32889858	25387091	31345154	1972567	259313
二、按企业规模分						
大型企业	81	22743322	15335288	21471192	1325315	201871
中型企业	471	18968178	13236098	18073864	1357324	254715
小型企业	1526	17626448	11955946	17138088	1168668	184542
微型企业	41	210953	155861	201795	6339	2089
三、按登记注册类型分:						
内资企业	1403	31849908	23332010	30730974	1976201	310942
国有企业	37	4053078	5013263	3974320	98221	16458
中央企业	9	2838994	3585752	2798699	48369	5274
地方企业	28	1214084	1427511	1175621	49851	11184
集体企业	26	326927	45075	324643	14447	5153
股份合作企业	1	21631	6891	21631	207	397
联营企业	11	637443	667382	633847	51187	4408
国有联营企业	2	362667	606945	362667	18663	1333
集体联营企业	2	34834	3499	34832	2905	1100
国有与集体联营企业	1	6128	1331	5380	13	31
其他联营企业	6	233813	55608	230968	29605	1944
有限责任公司	264	8011843	6250097	7628951	504084	66545
国有独资公司	5	586899	893683	520892	28788	1699
其他有限责任公司	259	7424944	5356413	7108059	475296	64846
股份有限公司	30	1478989	2067904	1337062	100907	15955
私营企业	1007	16914711	8877504	16417689	1176327	195087
私营独资企业	35	384877	94817	382747	20763	5278
私营合作企业	14	154413	45363	153230	11235	2008
私营有限责任公司	938	16071656	8443809	15573435	1121743	183980
私营股份有限公司	20	303766	293515	308277	22587	3821
其他企业	27	405286	403894	392831	30821	6939
港、澳、台商投资企业	383	14385786	9252692	13648237	913519	156681
合资经营企业(港或澳、台资)	121	3820605	2592294	3521057	330111	44809

6－5　续表　　(2012年)　　单位:万元

项　　目	企业单位数（个）	工业总产值（当年价格）	资产总计	主营业务收入	利润总额	从业人员年平均人数（人）
合作经营企业(港或澳、台资)	3	41533	6545	41841	825	652
港澳台商独资经营企业	253	9099700	5167572	8724206	434024	106169
港澳台商投资股份有限公司	6	1423948	1486281	1361134	148558	5051
外商投资企业	333	13313206	8098492	12505729	967926	175594
中外合资经营企业	108	6262751	3397272	5904303	362841	51088
中外合作经营企业	5	72120	42321	71749	12108	687
外资企业	211	5221722	3157182	4856678	499449	113506
外商投资股份有限公司	9	1756614	1501717	1672999	93528	10313
四、按经济组织类型分						
独资企业	562	19086304	13477909	18262594	1066905	246564
国有企业	37	4053078	5013263	3974320	98221	16458
集体企业	26	326927	45075	324643	14447	5153
私营独资企业	35	384877	94817	382747	20763	5278
港澳台商独资经营企业	253	9099700	5167572	8724206	434024	106169
外资企业	211	5221722	3157182	4856678	499449	113506
合作、合伙企业	61	1332425	1172396	1315129	106382	15091
股份合作企业	1	21631	6891	21631	207	397
国有联营企业	2	362667	606945	362667	18663	1333
集体联营企业	2	34834	3499	34832	2905	1100
国有与集体联营企业	1	6128	1331	5380	13	31
其他联营企业	6	233813	55608	230968	29605	1944
私营合伙企业	14	154413	45363	153230	11235	2008
合作经营企业(港或澳、台资)	3	41533	6545	41841	825	652
中外合作经营企业	5	72120	42321	71749	12108	687
其他企业(内资)	27	405286	403894	392831	30821	6939
股份有限公司	65	4963317	5349418	4679471	365580	35140
股份有限公司(内资)	30	1478989	2067904	1337062	100907	15955
私营股份有限公司	20	303766	293515	308277	22587	3821
港澳台商投资股份有限公司	6	1423948	1486281	1361134	148558	5051
外商投资股份有限公司	9	1756614	1501717	1672999	93528	10313
有限责任公司	1431	34166855	20683471	32627746	2318779	346422
国有独资公司	5	586899	893683	520892	28788	1699
私营有限责任公司	938	16071656	8443809	15573435	1121743	183980
合资经营企业(港或澳、台资)	121	3820605	2592294	3521057	330111	44809
中外合资经营企业	108	6262751	3397272	5904303	362841	51088
其他有限责任公司	259	7424944	5356413	7108059	475296	64846

6－6 按行业分“规模以上”工业主要经济指标

（2012年）　　单位:万元

项　　目	企业单位数（个）	工业总产值	工业销售产值	#出口交货值	资产总计	#流动资产合计
总　　计	**2119**	**59548900**	**57676234**	**13123526**	**40683194**	**20883078**
有色金属矿采选业	1	21745	20130		2529	2405
非金属矿采选业	9	265287	266311		37975	18773
农副食品加工业	181	4561038	4393561	1047828	2250651	1718183
食品制造业	49	1040283	1017031	104891	497290	249709
酒、饮料和精制茶制造业	31	580919	578690	6382	261096	137573
烟草制品业	1	18532	20485		34192	21303
纺织业	227	5703574	5590207	155723	3787096	1937444
纺织服装、服饰业	77	998252	973392	393407	401554	243780
皮革、毛皮、羽毛及其制品和制鞋业	136	3223272	3160769	1771029	855021	569250
木材加工和木、竹、藤、棕、草制品业	33	229410	225834	23529	136634	77355
家具制造业	44	689507	682440	347873	290595	177810
造纸和纸制品业	53	557195	537032	29002	265912	162006
印刷和记录媒介复制业	22	208731	205304		226669	111190
文教、工美、体育和娱乐用品制造业	126	1652614	1616377	875258	863121	576168
石油加工、炼焦和核燃料加工业	8	508508	515159	1200	184630	90746
化学原料和化学制品制造业	62	883906	855283	92920	386476	214686
医药制造业	26	626054	550906	46279	568455	331465
化学纤维制造业	28	3546547	3278525	124616	2744674	1425028
橡胶和塑料制品业	109	2369535	2315660	238617	1510599	1005967
非金属矿物制品业	227	2869434	2741104	418036	2341651	1022218
黑色金属冶炼和压延加工业	40	5055410	4951680	118257	3723799	2051543
有色金属冶炼和压延加工业	14	990757	942517	163418	689535	223402
金属制品业	63	931388	895413	121656	551583	302848
通用设备制造业	74	1149986	1112261	325339	688196	484014
专用设备制造业	70	886393	835709	34584	779159	419658
汽车制造业	95	2836593	2686946	303211	2073288	1148421
铁路、船舶、航空航天和其他运输设备制造业	13	969965	972210	456958	710474	513303
电气机械和器材制造业	109	3124929	2926117	946960	1941023	1180861
计算机、通信和其他电子设备制造业	97	7126071	6925627	4756800	3862035	3035233
仪器仪表制造业	34	474863	460886	196300	399871	243607
其他制造业	7	152357	151140	23452	188933	152526
废弃资源综合利用业	5	23907	22448		42167	23324
金属制品、机械和设备修理业	7	170269	165953		234093	38961
电力、热力生产和供应业	30	4857829	4844303		6594847	862772
燃气生产和供应业	4	155813	154281		125240	37304
水的生产和供应业	7	88032	84548		432133	72242

6－6　续表1　　(2012年)　　单位:万元

项　　目	固定资产合　　计	固定资产原　　价	负债合计	#流动负债合计	所有者权益合计	主营业务收　　入	主营业务成　　本
总　　计	**14910317**	**21653611**	**22857694**	**18578752**	**17462202**	**56884939**	**48994043**
有色金属矿采选业	124	182	2156	2156	317	20130	19813
非金属矿采选业	18082	20800	3646	3484	34279	268835	212291
农副食品加工业	406029	583356	1521715	1400025	719496	4397508	3882709
食品制造业	177049	240676	242128	202359	251757	1008346	775328
酒、饮料和精制茶制造业	103382	175568	122542	96267	138244	578597	444198
烟草制品业	11215	16052	16782	16782	17410	20485	12671
纺织业	1547601	1950878	1886583	1741937	1882313	5561615	4775915
纺织服装、服饰业	81485	125236	249953	176451	149077	966804	834605
皮革、毛皮、羽毛及其制品和制鞋业	194604	398427	404159	386522	445890	3160422	2654919
木材加工和木、竹、藤、棕、草制品业	41113	44333	51898	50260	83698	225632	190465
家具制造业	67849	102787	137237	124014	153210	681212	576335
造纸和纸制品业	90236	131629	144949	130622	120503	526884	456026
印刷和记录媒介复制业	71555	101242	90630	69428	136039	197880	163950
文教、工美、体育和娱乐用品制造业	228141	354350	428789	387624	432248	1593576	1347832
石油加工、炼焦和核燃料加工业	63355	71000	115954	105282	67955	467907	433587
化学原料和化学制品制造业	133945	174305	161094	154961	224747	873579	731095
医药制造业	174976	212444	261904	234256	293886	536096	391524
化学纤维制造业	1197820	1481361	2009678	1545377	725256	3202637	2690489
橡胶和塑料制品业	344676	493624	860378	743250	647621	2312203	1963890
非金属矿物制品业	715358	1016519	1101867	956392	1234559	2801861	2339593
黑色金属冶炼和压延加工业	1409430	1924304	2238070	1839292	1384014	4771279	4428937
有色金属冶炼和压延加工业	278182	378879	434598	302127	252846	923995	898803
金属制品业	156266	222678	289688	256253	261536	849320	715845
通用设备制造业	136183	203311	311776	248637	376032	1140315	940111
专用设备制造业	229103	293871	360187	308932	418882	801781	667093
汽车制造业	662918	1154769	1015508	808817	1053915	2578446	2152117
铁路、船舶、航空航天和其他运输设备制造业	142084	186136	544105	522134	166369	897966	784933
电气机械和器材制造业	308528	480174	1084897	1024600	837940	2889060	2438015
计算机、通信和其他电子设备制造业	495297	956408	2150770	2083166	1704799	6844334	5946787
仪器仪表制造业	85316	106945	103687	82667	294350	459089	379161
其他制造业	13965	22011	83185	81978	105749	152168	113459
废弃资源综合利用业	11827	15476	29029	24499	13139	22212	18626
金属制品、机械和设备修理业	37981	45353	135748	59435	97842	170060	136153
电力、热力生产和供应业	4916886	7418690	4100072	2292327	2341251	4762900	4303080
燃气生产和供应业	39087	72879	53887	53299	71353	147048	122024
水的生产和供应业	318671	476959	108447	63143	323686	72760	51667

6－6 续表2 （2012年） 单位：万元

项　目	主营业务税金及附加	利润总额	应交所得税	亏损企业亏损总额	利税总额	本年应交增值税	全部从业人员年平均人数（人）
总　计	**438340**	**3857645**	**317835**	**117881**	**6145484**	**1845750**	**643217**
有色金属矿采选业	2	164	41		178	13	45
非金属矿采选业	8128	32580	1954		49567	8859	3714
农副食品加工业	17960	298379	16908	3008	478555	161304	32531
食品制造业	5417	99632	13413	2097	142827	37774	12774
酒、饮料和精制茶制造业	7923	39804	3437	6619	69414	21687	7232
烟草制品业	139	1805	529		3154	1210	337
纺织业	17433	449155	18007	10007	533579	66655	66582
纺织服装、服饰业	4483	54560	6387	1604	93590	34545	25957
皮革、毛皮、羽毛及其制品和制鞋业	10149	291459	12410	1077	391943	90318	97039
木材加工和木、竹、藤、棕、草制品业	4226	11331	1503		24126	8570	5099
家具制造业	4227	34180	3967	3905	50479	12063	12610
造纸和纸制品业	2761	24340	3727	1157	50930	23830	7798
印刷和记录媒介复制业	761	15042	1205	187	23958	8102	4763
文教、工美、体育和娱乐用品制造业	9638	111009	11977	182	166193	45531	43458
石油加工、炼焦和核燃料加工业	632	17104	282	2	48162	30427	1766
化学原料和化学制品制造业	4983	58943	10642	275	95856	31556	8531
医药制造业	4385	59949	8149	58	84634	20002	8128
化学纤维制造业	7163	203844	8267	2327	228073	17061	10991
橡胶和塑料制品业	9696	147133	12761	5589	236005	79151	27943
非金属矿物制品业	25099	323514	18288	6976	446953	97939	40061
黑色金属冶炼和压延加工业	10913	208533	2716	4289	539400	319943	19229
有色金属冶炼和压延加工业	893	－22156	2763	33320	－13226	8037	7121
金属制品业	3971	75447	5496	2034	104897	25477	10719
通用设备制造业	7050	89821	12242	3240	170561	73635	13450
专用设备制造业	4900	61047	4999	1594	109546	43423	12833
汽车制造业	77159	117483	20470	18830	317580	122773	33182
铁路、船舶、航空航天和其他运输设备制造业	4763	59644	6171	1	79851	15444	6976
电气机械和器材制造业	31922	262560	31057	3163	396443	101612	31167
计算机、通信和其他电子设备制造业	21091	421813	37292	2344	548189	105174	62732
仪器仪表制造业	1727	40511	3009	215	53944	11687	8185
其他制造业	1571	10266	1588	44	21052	9215	3255
废弃资源综合利用业	15	2056	243	100	2256	185	232
金属制品、机械和设备修理业	1185	20781	1841	208	26645	4678	2081
电力、热力生产和供应业	124919	217381	31648	1293	543577	200873	10528
燃气生产和供应业	496	11677	985		13352	1179	1271
水的生产和供应业	563	6856	1460	2136	13241	5820	2897

6-7 规模以上工业主要经济效益指标

（2012年）

项　　　目	总资产贡献率（%）	资产负债率（%）	流动资产周转率（次/年）	成本费用利润率（%）	产品销售率（%）
总　　计	**16.67**	**56.18**	**2.76**	**7.17**	**96.86**
#亏损企业	1.44	65.15	1.65	-4.63	95.46
国有控股企业	10.78	56.39	2.95	4.40	98.17
农村工业	62.62	45.59	12.68	3.20	99.32
一、按轻重工业分					
轻工业	19.20	55.35	2.86	7.95	96.65
重工业	15.14	56.68	2.68	6.56	97.02
二、按企业规模分					
大型企业	15.15	60.42	2.88	6.46	96.36
中型企业	18.64	52.83	2.55	8.04	96.23
小型企业	16.55	54.34	2.85	7.22	98.18
微型企业	7.50	66.58	2.76	3.18	95.18
三、按登记注册类型分：					
内资企业	15.99	57.12	2.90	6.84	97.92
国有企业	8.51	66.45	4.68	2.49	99.07
中央企业	9.21	72.69	5.96	1.72	98.80
地方企业	6.74	50.77	3.09	4.36	99.70
集体企业	76.97	42.08	11.91	4.77	99.41
股份合作企业	65.19	68.65	6.16	0.97	100.00
联营企业	15.20	32.97	9.11	10.00	99.53
国有联营企业	10.19	32.91	7.99	6.78	100.00
集体联营企业	123.88	15.51	23.68	9.38	99.99
国有与集体联营企业	1.62	60.96	5.82	0.24	86.06
其他联营企业	63.37	34.04	10.59	14.79	99.07
有限责任公司	16.88	58.84	2.50	6.99	98.14
国有独资公司	11.84	83.39	3.43	5.37	99.99
其他有限责任公司	17.72	54.74	2.45	7.12	98.00
股份有限公司	8.29	53.94	0.93	8.05	91.90
私营企业	21.29	53.96	3.32	7.71	97.94
私营独资企业	51.19	46.43	6.20	6.00	99.86
私营合作企业	51.72	30.89	11.21	7.93	99.92
私营有限责任公司	21.08	54.70	3.31	7.74	97.81
私营股份有限公司	12.87	38.88	1.84	7.89	101.62
其他企业	11.99	42.01	1.93	8.52	98.94
港、澳、台商投资企业	15.27	59.91	2.57	6.92	95.29
合资经营企业（港或澳、台资）	18.51	58.29	2.75	9.66	92.67

6-7 续表 (2012年)

项目	总资产贡献率(%)	资产负债率(%)	流动资产周转率(次/年)	成本费用利润率(%)	产品销售率(%)
合作经营企业(港或澳、台资)	83.14	41.48	10.82	2.01	100.74
港澳台商独资经营企业	14.21	59.65	2.52	5.20	97.21
港澳台商投资股份有限公司	12.99	63.71	2.42	10.71	89.84
外商投资企业	20.21	49.23	2.66	8.26	96.01
中外合资经营企业	20.76	64.35	2.89	6.45	96.93
中外合作经营企业	32.71	30.49	4.18	19.91	99.24
外资企业	23.16	41.12	2.35	11.31	95.12
外商投资股份有限公司	12.42	32.59	2.94	5.79	95.22
四、按经济组织类型分					
独资企业	14.65	57.69	2.82	6.14	97.13
国有企业	8.51	66.45	4.68	2.49	99.07
集体企业	76.97	42.08	11.91	4.77	99.41
私营独资企业	51.19	46.43	6.20	6.00	99.86
港澳台商独资经营企业	14.21	59.65	2.52	5.20	97.21
外资企业	23.16	41.12	2.35	11.31	95.12
合作、合伙企业	16.81	36.17	4.22	9.35	99.42
股份合作企业	65.19	68.65	6.16	0.97	100.00
国有联营企业	10.19	32.91	7.99	6.78	100.00
集体联营企业	123.88	15.51	23.68	9.38	99.99
国有与集体联营企业	1.62	60.96	5.82	0.24	86.06
其他联营企业	63.37	34.04	10.59	14.79	99.07
私营合伙企业	51.72	30.89	11.21	7.93	99.92
合作经营企业(港或澳、台资)	83.14	41.48	10.82	2.01	100.74
中外合作经营企业	32.71	30.49	4.18	19.91	99.24
其他企业(内资)	11.99	42.01	1.93	8.52	98.94
股份有限公司	11.00	49.83	1.72	8.05	93.08
股份有限公司(内资)	8.29	53.94	0.93	8.05	91.90
私营股份有限公司	12.87	38.88	1.84	7.89	101.62
港澳台商投资股份有限公司	12.99	63.71	2.42	10.71	89.84
外商投资股份有限公司	12.42	32.59	2.94	5.79	95.22
有限责任公司	19.44	57.98	2.94	7.54	97.15
国有独资公司	11.84	83.39	3.43	5.37	99.99
私营有限责任公司	21.08	54.70	3.31	7.74	97.81
合资经营企业(港或澳、台资)	18.51	58.29	2.75	9.66	92.67
中外合资经营企业	20.76	64.35	2.89	6.45	96.93
其他有限责任公司	17.72	54.74	2.45	7.12	98.00

6-8 按行业分“规模以上”工业企业主要经济效益指标

（2012年）

项目	总资产贡献率（%）	资产负债率（%）	流动资产周转率（次/年）	成本费用利润率（%）	产品销售率（%）
总计	**16.67**	**56.18**	**2.76**	**7.17**	**96.86**
有色金属矿采选业	7.33	85.24	8.37	0.82	92.57
非金属矿采选业	129.96	9.60	14.32	14.59	100.39
农副食品加工业	22.45	67.61	2.58	7.26	96.33
食品制造业	29.84	48.69	4.06	10.93	97.76
酒、饮料和精制茶制造业	27.81	46.93	4.23	7.44	99.62
烟草制品业	10.14	49.08	0.96	9.71	110.54
纺织业	16.25	49.82	2.88	8.78	98.01
纺织服装、服饰业	24.64	62.25	3.97	6.04	97.51
皮革、毛皮、羽毛及其制品和制鞋业	48.00	47.27	5.57	10.25	98.06
木材加工和木、竹、藤、棕、草制品业	19.56	37.98	2.92	5.39	98.44
家具制造业	19.47	47.23	3.83	5.24	98.98
造纸和纸制品业	20.53	54.51	3.28	4.82	96.38
印刷和记录媒介复制业	11.64	39.98	1.79	8.03	98.36
文教、工美、体育和娱乐用品制造业	20.25	49.68	2.83	7.32	97.81
石油加工、炼焦和核燃料加工业	27.41	62.80	5.16	3.81	101.31
化学原料和化学制品制造业	26.73	41.68	4.10	7.19	96.76
医药制造业	15.96	46.07	1.62	12.33	88.00
化学纤维制造业	10.48	73.22	2.25	6.78	92.44
橡胶和塑料制品业	17.43	56.96	2.48	6.38	97.73
非金属矿物制品业	20.33	47.06	2.84	12.17	95.53
黑色金属冶炼和压延加工业	16.35	60.10	2.37	4.47	97.95
有色金属冶炼和压延加工业	-0.20	63.03	4.14	-2.22	95.13
金属制品业	20.36	52.52	2.82	9.65	96.14
通用设备制造业	25.02	45.30	2.37	8.54	96.72
专用设备制造业	14.74	46.23	1.93	8.12	94.28
汽车制造业	16.19	48.98	2.32	4.77	94.72
铁路、船舶、航空航天和其他运输设备制造业	12.11	76.58	1.76	7.23	100.23
电气机械和器材制造业	21.51	55.89	2.47	9.70	93.64
计算机、通信和其他电子设备制造业	14.73	55.69	2.28	6.50	97.19
仪器仪表制造业	13.81	25.93	1.89	9.49	97.06
其他制造业	11.88	44.03	1.00	7.07	99.20
废弃资源综合利用业	5.76	68.84	0.96	9.88	93.90
金属制品、机械和设备修理业	11.60	57.99	4.36	14.18	97.46
电力、热力生产和供应业	10.84	62.17	5.55	4.71	99.72
燃气生产和供应业	11.41	43.03	4.18	8.09	99.02
水的生产和供应业	3.32	25.10	1.05	9.55	96.04

6－9　规模以上工业企业能源购进、消费与库存

（2012 年）

项　　目	单　位	年初库存量	购进量	合　计	工业生产消　费	非工业生产消费	期末库存量
原　煤	吨	1709542.88	16229754.33	17065850.99	17021968.93	43882.06	871530.21
#无烟煤	吨	131069.76	548688.09	605814.31	605795.41	18.90	72571.54
一般烟煤	吨	1578473.12	15681066.24	16460036.68	16416173.52	43863.16	798958.67
洗精煤	吨	82810.56	1432239.00	1470994.14	1470994.14		44055.42
煤制品	吨	1181.62	172555.72	164804.79	164791.59	13.20	8965.29
焦　炭	吨	61622.39	2299602.58	2284520.41	2284488.91	31.50	76698.64
其他焦化产品	吨	7.00	8.00	15.00	15.00		
焦炉煤气	万立方米			21750.00	21750.00		
高炉煤气	万立方米			48534.00	48534.00		
天然气（气态）	万立方米		19564.36	19564.36	19563.76	0.60	
液化天然气（液态）	吨	4.25	5151.75	5145.45	5139.25	6.20	10.55
原　油	吨		3176.53	3176.53	3175.53	1.00	
汽　油	吨	61.42	24079.64	24647.43	17516.48	7131.01	50.13
煤　油	吨	3.37	250.77	292.06	276.02	16.04	6.63
柴　油	吨	3047.65	73955.89	73008.87	67439.13	5569.69	3340.07
燃料油	吨	11947.13	62027.11	64358.95	63381.62	977.33	9706.28
液化石油气	吨	107.36	6990.21	7048.59	6927.49	121.09	86.92
润滑油	吨	2.30	65.85	91.13	91.13		4.26
石　蜡	吨	63.00	394.87	393.87	393.87		4.00
溶剂油	吨	125.36	1347.75	1198.43	1198.43		274.68
石油焦	吨	115.00	1480.00	1486.00	1486.00		109.00
石油沥青	吨	21.30	2198.30	2216.60	2216.60		3.00
其他石油制品	吨	3.60	133.79	135.09	135.09		2.20
热　力	百万千焦		279170.40	279170.40	279170.40		
电　力	万千瓦时		1951401.95	2125283.99	2094995.57	30288.37	
生物质废料用于燃料	吨		4255.60	4255.60	4255.60		
其他工业废料用于燃料	吨		169.00	169.00	169.00		
其他燃料	吨标准煤	35.60	12809.80	12721.60	12276.60	445.00	125.00
能源合计	吨标准煤			18398686.93	18311745.86	86941.04	

6-10 规模以上工业企业主要能源品种分行业消费量

(2012年)

指标	综合能源消费量（吨标准煤）	原煤（吨）	洗精煤（吨）	焦炭（吨）	天然气（气态）（万立方米）
合计	**13011129.02**	**17065850.99**	**1470994.14**	**2284520.41**	**19564.36**
轻工业	1650682.67	717549.63		761.77	2182.87
重工业	11360446.35	16348301.36	1470994.14	2283758.64	17381.49
一、按工业行业门类分					
（一）采矿业	4933.05	1517.00			
有色金属矿采选业	1233.53	1517.00			
非金属矿采选业	3699.52				
（二）制造业	7097789.56	2722239.99	1470994.14	2284520.41	19564.36
农副食品加工业	162682.32	116804.17		121.27	
食品制造业	53009.70	6622.60			771.95
酒、饮料和精制茶制造业	25864.46	9584.55		640.50	
烟草制品业	8520.20	9099.66			
纺织业	657626.88	270645.10			866.47
纺织服装、服饰业	10052.11				
皮革、毛皮、羽毛及其制品和制鞋业	89403.83	16313.70			328.00
木材加工和木、竹、藤、棕、草制品业	6741.04	207.43			
家具制造业	12989.72	149.50			
造纸和纸制品业	56186.35	43223.96			
印刷和记录媒介复制业	4571.74				
文教、工美、体育和娱乐用品制造业	25707.73	5255.55			
石油加工、炼焦和核燃料加工业	107567.10	1034.02	1470969.14		
化学原料和化学制品制造业	77379.66	16021.14			
医药制造业	104386.38	115064.70			
化学纤维制造业	332770.90	118369.00			
橡胶和塑料制品业	134360.75	27436.97			62.23
非金属矿物制品业	1173889.97	891710.63			15334.43
黑色金属冶炼和压延加工业	3634048.77	1070271.36	25.00	2280545.83	105.16
有色金属冶炼和压延加工业	90146.22			164.00	1442.40
金属制品业	28293.74	751.00		22.00	136.00
通用设备制造业	21747.72	199.64		756.94	
专用设备制造业	28859.71	108.00		342.00	
汽车制造业	86941.82			1927.87	203.40
铁路、船舶、航空航天和其他运输设备制造业	22752.15	682.00			11.10
电气机械和器材制造业	41188.79	2529.31			154.22
计算机、通信和其他电子设备制造业	75741.63				149.00
仪器仪表制造业	9273.70	156.00			
其他制造业	1306.61				
废弃资源综合利用业	4093.72				
金属制品、机械和设备修理业	9684.14				
（三）电力、热力、燃气及水生产和供应业	5908406.41	14342094.00			
电力、热力生产和供应业	5894229.22	14342094.00			
燃气生产和供应业	348.51				
水的生产和供应业	13828.68				
二、按企业登记注册类型分					
国有企业	1400855.53	3092720.00			1132.40
集体企业	90620.99	5311.00		739.90	
股份合作企业	9249.53	11900.00			
股份制企业	6773317.66	7472048.80	1470994.14	1623188.77	7157.21
外商及港澳台商投资企业	4568995.43	6413484.93		658685.74	11274.75
其他经济类型企业	168089.88	70386.26		1906.00	

6－10　续表　　　　　　　　　（2012 年）

指　　标	汽　油 （吨）	柴　油 （吨）	燃料油 （吨）	液化石油气 （吨）	热　力 （百万千焦）	电　力 （万千瓦时）
合　　计	**24647.43**	**73008.87**	**64358.95**	**7048.59**	**279170.40**	**2125283.99**
轻工业	12851.04	16010.27	16116.09	2879.20	129161.40	794499.28
重工业	11796.39	56998.60	48242.86	4169.39	150009.00	1330784.71
一、按工业行业门类分						
（一）采矿业	265.80	705.00				1981.11
有色金属矿采选业						125.00
非金属矿采选业	265.80	705.00				1856.11
（二）制造业	21990.49	68091.50	64358.95	7048.59	279170.40	1747063.65
农副食品加工业	1587.69	3834.68	7650.10	1334.78	1579.00	47324.03
食品制造业	545.56	1675.91	1072.26	58.58		22162.69
酒、饮料和精制茶制造业	336.23	410.20	803.00		99301.00	10248.54
烟草制品业	41.07	9.02				1584.00
纺织业	1130.87	937.55	1189.42	15.40		366958.30
纺织服装、服饰业	1002.59	811.57		10.14		6310.17
皮革、毛皮、羽毛及其制品和制鞋业	2011.87	2143.48	628.20	6.39		55095.05
木材加工和木、竹、藤、棕、草制品业	119.73	175.90				5133.37
家具制造业	283.67	432.56	103.44	6.00		9724.01
造纸和纸制品业	425.54	1224.71	1622.43			15266.47
印刷和记录媒介复制业	319.54	115.77		1.70		3170.91
文教、工美、体育和娱乐用品制造业	1309.51	848.52	52.00	75.18		15518.81
石油加工、炼焦和核燃料加工业	100.00	185.79	254.00			8448.57
化学原料和化学制品制造业	1287.82	574.04		466.16	150009.00	42115.21
医药制造业	386.16	349.66	1475.45	77.95		18672.44
化学纤维制造业	335.43	267.32				154600.75
橡胶和塑料制品业	1456.46	2852.55	2575.98	1.41	28281.40	83286.42
非金属矿物制品业	541.22	29489.86	28001.02	901.40		201905.59
黑色金属冶炼和压延加工业	137.87	1931.94		118.49		429839.85
有色金属冶炼和压延加工业	34.35	379.14	15944.00			32116.39
金属制品业	508.94	610.37	122.00	1546.36		17901.29
通用设备制造业	694.49	1370.97	110.71	112.61		14926.32
专用设备制造业	1222.65	1440.36	200.33	194.27		20530.44
汽车制造业	1701.75	8170.61	590.79	1292.93		53097.45
铁路、船舶、航空航天和其他运输设备制造业	145.21	2509.25	246.00	285.00		11699.09
电气机械和器材制造业	2393.83	2199.48		525.63		24243.68
计算机、通信和其他电子设备制造业	1110.69	249.86	1717.82	18.21		59258.16
仪器仪表制造业	650.44	82.00				6710.77
其他制造业	139.27	219.68				731.55
废弃资源综合利用业	16.76	151.63				3136.79
金属制品、机械和设备修理业	13.28	2437.12				5346.54
（三）电力、热力、燃气及水生产和供应业	2391.14	4212.37				376239.23
电力、热力生产和供应业	2102.74	4178.52				365022.04
燃气生产和供应业	105.69	33.35				117.50
水的生产和供应业	182.71	0.50				11099.69
二、按企业登记注册类型分						
国有企业	1346.45	2255.99	483.13	6.60		223503.85
集体企业	241.36	47.40				19230.38
股份合作企业						609.73
股份制企业	10614.97	34027.85	14885.21	2141.62	151588.00	1073456.13
外商及港澳台商投资企业	11755.73	35825.19	48759.61	4884.37	127582.40	720345.66
其他经济类型企业	688.92	852.44	231.00	16.00		88138.24

6－11 按县(市)区分"规模以上"工业总产值

(2012年)

单位:万元

项目	福州市	鼓楼区	台江区	仓山区	晋安区	马尾区	福清市
规模以上工业总产值	**59548900**	**2293004**	**1384656**	**5673265**	**3000545**	**7508779**	**11366145**
#亏损企业	2624552	72343	23966	205100	162165	645707	425804
国有控股企业	9170883	1323735	1180670	637148	167247	810467	502846
农村工业	154738			96203			
一、按轻重工业分							
轻工业	26659043	582266	164363	3282674	1505027	2489032	4092123
重工业	32889858	1710738	1220293	2390591	1495517	5019746	7274023
二、按经济类型分							
国有企业	4053078	1216773	1180670	16290	10588	512938	247954
集体企业	326927			179458	64346		13691
股份合作企业	21631			21631			
联营企业	637443				34834		192246
有限责任公司	8011843	168185	10114	348003	232470	129129	1497822
股份有限公司	1478989	149615	5080	142632	88930	376732	624400
私营企业	16914711	334340	134668	2394324	1261809	901024	1077832
港、澳、台商投资企业	14385786	164179	54125	1321190	711632	1832190	6158874
外商投资企业	13313206	259913		1201407	595936	3756766	1541901
其他企业	405286			48330			11425
三、按登记注册分							
内资企业	31849908	1868913	1330531	3150667	1692977	1919822	3665370
港、澳、台商投资企业	14385786	164179	54125	1321190	711632	1832190	6158874
外商投资企业	13313206	259913		1201407	595936	3756766	1541901
四、按经济组织分							
独资企业	19086304	1460316	1193127	2182721	1131405	2952136	5277047
合作、合伙企业	1332425			170898	48591	4144	206957
股份有限公司	4963317	203166	5080	319547	91787	1377972	1210230
有限责任公司	34166855	629523	186450	3000098	1728762	3174527	4671912
五、按企业规模分							
大型企业	22743322	1391520	1148112	1112393	635082	3563866	4615335
中型企业	18968178	328642	41007	2149740	1593797	2287315	3749312
小型企业	17626448	532534	195537	2397098	743092	1646389	2954695
微型企业	210953	40308		14034	28573	11209	46803

6－11 续表 （2012 年） 单位：万元

项目	长乐市	闽侯县	连江县	罗源县	闽清县	永泰县	平潭县
规模以上工业总产值	**13890367**	**5780067**	**3294076**	**3472290**	**1199636**	**316606**	**369466**
#亏损企业	219432	649970	49786	143260		27021	
国有控股企业	923088	1583119	607950	1111263	241261	24505	57584
农村工业	7581	4673	46281				
一、按轻重工业分							
轻工业	10308505	1849795	1759441	147043	208761	199272	70742
重工业	3581862	3930272	1534634	3325247	990875	117334	298725
二、按经济类型分							
国有企业	411399	304194	5474		64711	24505	57584
集体企业		8716	46281	14436			
股份合作企业							
联营企业	233813				176550		
有限责任公司	2420577	236560	803582	2066753	15062	39436	44152
股份有限公司	35500	33125				22976	
私营企业	6286374	1849274	804251	638253	826763	194971	210828
港、澳、台商投资企业	2690336	871149	280766	202684	32094	26126	40441
外商投资企业	1541094	2405306	1353722	550166	81940	8593	16461
其他企业	271272	71742			2517		
三、按登记注册分							
内资企业	9658936	2503611	1659588	2719441	1085602	281887	312564
港、澳、台商投资企业	2690336	871149	280766	202684	32094	26126	40441
外商投资企业	1541094	2405306	1353722	550166	81940	8593	16461
四、按经济组织分							
独资企业	1809485	1661360	1111246	87564	114525	47790	57584
合作、合伙企业	547130	75151	76999		202556		
股份有限公司	1644190	75151				22976	13217
有限责任公司	9889562	3968404	2105830	3384726	882555	245841	298666
五、按企业规模分							
大型企业	6265518	1368755	837628	1741481		63632	
中型企业	3952728	2067642	1052364	780677	705529	36377	223048
小型企业	3656891	2306288	1390336	950132	490440	216597	146419
微型企业	15230	37381	13748		3667		

6－12　按县(市)区分“规模以上”工业分行业总产值

（2012年）　　　　单位:万元

项　目	福州市	鼓楼区	台江区	仓山区	晋安区	马尾区	福清市
合　计	**59548900**	**2293004**	**1384656**	**5673265**	**3000545**	**7508779**	**11366145**
有色金属矿采选业	21745						
非金属矿采选业	265287				249153		
农副食品加工业	4561038	18250	67817	230645	56560	576732	1608976
食品制造业	1040283		23538	140046	20245	192307	233478
酒、饮料和精制茶制造业	580919	16457	5107	208304	33906	67343	39631
烟草制品业	18532						
纺织业	5703574	38466		26519	98799	140320	101133
纺织服装、服饰业	998252	9782	17953	439682	303952	41288	38582
皮革、毛皮、羽毛及其制品和制鞋业	3223272			911718	254935	267687	704662
木材加工和木、竹、藤、棕、草制品业	229410	19450		31634	50972	31754	28748
家具制造业	689507		2106	81044	71909	164725	235212
造纸和纸制品业	557195		8999	172411	9269	75925	146971
印刷和记录媒介复制业	208731	7743	17500	101528	66137	4318	9066
文教、工美、体育和娱乐用品制造业	1652614	31160	5244	254726	104314	59963	133938
石油加工、炼焦和核燃料加工业	508508				5140	104850	155754
化学原料和化学制品制造业	883906	21465		190503	75951		291970
医药制造业	626054	108546	5080	178055	92212	14639	221317
化学纤维制造业	3546547					2257	53030
橡胶和塑料制品业	2369535			319141	335169	103780	1194983
非金属矿物制品业	2869434			100150	19924	200230	569569
黑色金属冶炼和压延加工业	5055410	3399		58520	26021	522905	72849
有色金属冶炼和压延加工业	990757		2973		9487	368970	599464
金属制品业	931388			94290	159512	154627	166844
通用设备制造业	1149986	123036		309394	137446	276828	102501
专用设备制造业	886393	26310	7391	129320	35701	141527	116478
汽车制造业	2836593	22608		265961	140069	62654	85348
铁路、船舶、航空航天和其他运输设备制造业	969965	2266		13828	22274	481218	18459
电气机械和器材制造业	3124929	117499	38104	574688	289590	740339	820731
计算机、通信和其他电子设备制造业	7126071	398483		699579	223998	2491420	3057903
仪器仪表制造业	474863	49374	34732	95798	29528	209949	21429
其他制造业	152357	77206		19449		6084	27373
废弃资源综合利用业	23907						
金属制品、机械和设备修理业	170269			26333			
电力、热力生产和供应业	4857829	1162365	1148112		7923		474534
燃气生产和供应业	155813				70450		28693
水的生产和供应业	88032	39140				4144	6523

6-12 续表 (2012年) 单位:万元

项目	长乐市	闽侯县	连江县	罗源县	闽清县	永泰县	平潭县
合计	**13890367**	**5780067**	**3294076**	**3472290**	**1199636**	**316606**	**369466**
有色金属矿采选业	21745						
非金属矿采选业	2001	14134					
农副食品加工业	819312	280157	766960	70486	3478	7384	54281
食品制造业	208051	46398	124219			35539	16461
酒、饮料和精制茶制造业	9757	149293	48317		2806		
烟草制品业				18532			
纺织业	4985411	197177				115749	
纺织服装、服饰业	22725	107967	2920			13401	
皮革、毛皮、羽毛及其制品和制鞋业	307184	119312	655092			2682	
木材加工和木、竹、藤、棕、草制品业	2049	53549	2062		3449	5743	
家具制造业	50812	72887	3489	4612		2711	
造纸和纸制品业	41227	65872	6070	30451			
印刷和记录媒介复制业	2441						
文教、工美、体育和娱乐用品制造业	352832	609621	35497	12008	37247	16064	
石油加工、炼焦和核燃料加工业		46117		184702		11945	
化学原料和化学制品制造业	91131	31743	126900	15147	10904	28192	
医药制造业					6206		
化学纤维制造业	3485032			6229			
橡胶和塑料制品业	87024	125186	7670	163394	33189		
非金属矿物制品业	144239	609625	224782	343153	613435	13833	30494
黑色金属冶炼和压延加工业	1611779	31169	141727	2396667	171462	18911	
有色金属冶炼和压延加工业		2500		7363			
金属制品业	121483	187511	28969	5381		12772	
通用设备制造业	48469	112567	33420		6326		
专用设备制造业	150726	247879	2452	13975	14634		
汽车制造业	110432	2143670	2650	3202			
铁路、船舶、航空航天和其他运输设备制造业			234309				197611
电气机械和器材制造业	157902	207883	155276		22918		
计算机、通信和其他电子设备制造业	83841	170849					
仪器仪表制造业	13132	3660			17261		
其他制造业		14035	8211				
废弃资源综合利用业	6725	4002	5000	8180			
金属制品、机械和设备修理业			91523	22540			29874
电力、热力生产和供应业	902311	100793	586561	161543	241261	31681	40746
燃气生产和供应业	41609				15062		
水的生产和供应业	8988	24512		4726			

6－13　按县(市)区分“规模以上”工业主要财务指标

(2012 年)

单位:万元

项　　目	企业单位数(个)	工业总产值	工业销售产值	# 出口交货值	资产总计	# 流动资产合计
福州市	**2119**	**59548900**	**57676234**	**13123526**	**40683194**	**20883078**
鼓楼区	74	2293004	2278341	98852	2956327	958302
台江区	26	1384656	1373586	48862	1436599	245801
仓山区	359	5673265	5502761	1812110	2969638	2051567
晋安区	169	3000545	2977255	842996	1464671	944218
马尾区	146	7508779	7329967	3100385	4490175	2952441
福清市	320	11366145	10728938	4314036	7264884	4114691
长乐市	371	13890367	13394891	695202	10172756	5226418
闽侯县	313	5780067	5549865	900851	3506593	1899594
连江县	106	3294076	3232692	1088849	1818401	598568
罗源县	105	3472290	3468716	35164	3145654	1468124
闽清县	89	1199636	1163213	155040	952192	233327
永泰县	31	316606	309083	31180	280539	129183
平潭县	10	369466	366927		224766	60846

项　　目	固定资产合计	固定资产原价	负债合计	# 流动负债合计	所有者权益合计	主营业务收入
福州市	**14910317**	**21653611**	**22857694**	**18578752**	**17462202**	**56884939**
鼓楼区	1573053	2212449	1655781	1222158	1294807	2231024
台江区	961522	1404084	1023030	617222	412136	1369402
仓山区	525099	818473	1432844	1213882	1526320	5353290
晋安区	389863	732147	637413	570005	820223	2923668
马尾区	884677	1543659	2599180	2391367	1890100	7263231
福清市	1978539	2932186	4335833	3803895	2906235	10742154
长乐市	4104857	5586377	5868059	5088303	4265801	13268051
闽侯县	1074432	1655894	1772521	1347221	1721474	5425550
连江县	1103360	1589579	1206649	543012	601354	3174170
罗源县	1333410	1621528	1715709	1339828	1332761	3280668
闽清县	704081	1206466	306756	213362	492963	1163180
永泰县	134075	168868	164392	142250	112789	332186
平潭县	143348	181902	139527	86247	85239	358365

6－13　续表　（2012年）　单位:万元

项　目	主营业务成本	主营业务税金及附加	利润总额	应交所得税	利税总额	本年应交增值税
福州市	**48994043**	**438340**	**3857645**	**317835**	**6145484**	**1845750**
鼓楼区	1880293	67061	137378	20321	275020	69996
台江区	1275886	56856	43818	8429	146254	45435
仓山区	4483120	32973	277376	38274	607392	296995
晋安区	2422677	31220	238308	18187	329212	59564
马尾区	6410730	22006	369002	40317	577449	186162
福清市	9575481	47063	623778	62172	922419	251441
长乐市	11326736	33289	1086029	42385	1387759	268266
闽侯县	4559461	102935	318758	47181	655598	233126
连江县	2517240	17525	478502	21834	600900	103858
罗源县	3023490	13516	130684	4633	409803	265480
闽清县	904200	8003	115786	5904	174858	50771
永泰县	297133	1258	15980	3236	25388	8146
平潭县	317598	4635	22247	4962	33432	6511

项　目	全部从业人员年平均人数（人）	总资产贡献率（%）	资产负债率（%）	流动资产周转率（次/年）	成本费用利润率（%）	产品销售率（%）
福州市	**643217**	**16.67**	**56.18**	**2.76**	**7.17**	**96.86**
鼓楼区	18234	10.48	56.01	2.35	6.43	99.36
台江区	6220	12.20	71.21	5.59	3.24	99.20
仓山区	102261	21.27	48.25	2.64	5.48	96.99
晋安区	69132	22.91	43.52	3.11	8.96	99.22
马尾区	66693	13.98	57.89	2.51	5.25	97.62
福清市	119777	14.30	59.68	2.64	5.95	94.39
长乐市	97028	15.61	57.68	2.55	8.88	96.43
闽侯县	80019	19.81	50.55	2.91	6.22	96.02
连江县	34979	35.90	66.36	5.34	17.66	98.14
罗源县	20841	14.84	54.54	2.37	3.88	99.90
闽清县	21009	20.22	32.22	4.99	11.86	96.96
永泰县	5438	11.31	58.60	2.60	5.01	97.62
平潭县	1586	15.83	62.08	5.89	6.38	99.31

6-14 规模以上工业企业科技活动情况

(2012年)

单位:万元

项　　目	企业数(个)	#有R&D活动	#有科技机构	R&D人员合计(人)	R&D经费内部支出	R&D经费外部支出
总　　计	**2119**	**382**	**154**	**27148**	**546436**	**39336**
一、按企业规模分						
大中型企业	551	183	94	22446	466302	36583
大型企业	79	42	24	11935	284786	20396
中型企业	472	141	70	10511	181516	16188
小型企业	1525	196	60	4675	79562	2753
微型企业	43	3		27	573	
二、按隶属关系分组						
中　央	13	3	2	909	13149	2935
地　方	1483	379	152	11990	222186	13002
三、按登记注册类型分						
内资企业	1403	222	88	10920	204197	10067
国有企业	37	9	4	986	16917	2935
集体企业	26	1		6	119	
股份合作企业	1					
联营企业	11	1		39	477	
国有联营企业	2	1		39	477	
集体联营企业	2					
国有与集体联营企业	1					
其他联营企业	6					
有限责任公司	264	51	21	2643	57790	871
国有独资公司	5	2	1	217	336	
其他有限责任公司	259	49	20	2426	57454	871
股份有限公司	30	18	12	2681	36811	4854
私营企业	1007	137	50	4356	89105	1403
私营独资企业	35					
私营合伙企业	14					
私营有限责任公司	938	132	47	4148	84834	1189
私营股份有限公司	20	5	3	208	4271	214
其他企业	27	5	1	209	2980	3
港、澳、台商投资企业	383	86	40	7594	196244	823
合资经营企业(港或澳、台资)	121	30	14	1887	38581	243
合作经营企业(港或澳、台资)	3					
港、澳、台商独资经营企业	253	52	24	4973	112753	565
港、澳、台商投资股份有限公司	6	4	2	734	44910	15
外商投资企业	333	74	26	8634	145996	28446
中外合资经营企业	108	27	8	3261	59151	26253
中外合作经营企业	5	1		41	478	
外资企业	211	41	14	4537	74066	2184
外商投资股份有限公司	9	5	4	795	12301	9

6－14　续表1　　　　　　　　　　　　　　（2012年）　　　　　　　　　　　　　　单位：万元

项　　目	专利申请数（件）	#发明专利（件）	新产品开发项目数（项）	新产品销售收入	引进技术经费支出	技术改造经费支出
总　　计	**2959**	**1281**	**1773**	**7193701**	**18449**	**138415**
一、按企业规模分						
大中型企业	2182	1050	1131	6482178	18344	102626
大型企业	1081	596	489	4746683	7767	46840
中型企业	1101	454	642	1735495	10577	55787
小型企业	775	229	637	711523	105	35789
微型企业	2	2	5			
二、按隶属关系分组						
中　央	240	73	41	152137		3662
地　方	1626	598	985	2079235	3823	62378
三、按登记注册类型分						
内资企业	1356	522	923	1711960	3823	56019
国有企业	270	76	61	360053		6339
集体企业			1	7223		21
股份合作企业						
联营企业						
国有联营企业						
集体联营企业						
国有与集体联营企业						
其他联营企业						
有限责任公司	274	151	277	362414	1512	15418
国有独资公司			1	298		17
其他有限责任公司	274	151	276	362116	1512	15401
股份有限公司	194	79	151	405090	1321	2890
私营企业	599	211	420	556304	991	31317
私营独资企业						183
私营合伙企业						357
私营有限责任公司	587	203	399	533288	991	30766
私营股份有限公司	12	8	21	23017		11
其他企业	19	5	13	20876		35
港、澳、台商投资企业	649	189	522	3601300	487	31804
合资经营企业（港或澳、台资）	67	16	200	421509		9415
合作经营企业（港或澳、台资）						
港、澳、台商独资经营企业	449	151	245	2377377	487	21869
港、澳、台商投资股份有限公司	133	22	77	802414		521
外商投资企业	954	570	328	1880442	14138	50592
中外合资经营企业	234	95	92	1061164	12942	41896
中外合作经营企业	8	6	1	3128		214
外资企业	653	429	196	578278	287	3395
外商投资股份有限公司	59	40	39	237871	909	5086

6－14　续表2　　　　（2012年）　　　　单位:万元

项　　目	企业数（个）	#有R&D活动	#有科技机构	R&D人员合计（人）	R&D经费内部支出	R&D经费外部支出
四、按国民经济行业分	**2119**	**382**	**154**	**27148**	**546436**	**39336**
采矿业	10					
有色金属矿采选业	1					
非金属矿采选业	9					
制造业	2068	374	151	26316	538607	36472
农副食品加工业	181	36	12	975	21964	399
食品制造业	49	9	5	295	4682	554
饮料制造业	31	8	1	119	3700	50
烟草制品业	1	1	1	17	182	
纺织业	227	11	5	659	25112	281
纺织服装、鞋、帽制造业	77	5	3	390	4430	489
皮革、毛皮、羽毛(绒)及其制品业	136	3	1	175	2470	42
木材加工及木、竹、藤、棕、草制品业	33	3	1	18	267	
家具制造业	44	2		364	2185	
造纸及纸制品业	53	2		159	1333	50
印刷业和记录媒介的复制	22	2	1	161	1919	5
文教体育用品制造业	126	25	6	519	8554	35
石油加工、炼焦及核燃料加工业	8	1	1	5	936	
化学原料及化学制品制造业	62	7	3	152	3115	5
医药制造业	26	16	11	1083	14117	773
化学纤维制造业	28	7	2	845	21574	
橡胶和塑料制品业	109	16	12	926	23670	200
非金属矿物制品业	227	22	10	1160	55823	52
黑色金属冶炼和压延加工业	40	4		98	30969	
有色金属冶炼和压延加工业	14	2	2	306	10015	71
金属制品业	63	12	3	270	7061	38
通用设备制造业	74	17	3	879	23892	11625
专用设备制造业	70	17	8	747	11980	292
汽车制造业	95	33	8	1926	29535	18196
铁路、船舶、航空航天和其他运输设备制造业	13	2	3	418	7229	1918
电气机械和器材制造业	109	41	18	1948	32814	212
计算机、通信和其他电子设备制造业	97	49	23	10405	167675	1129
仪器仪表制造业	34	20	7	953	15919	10
其他制造业	7	1	1	344	5486	45
废弃资源综合利用业	5					
金属制品、机械和设备修理业	7					
电力、燃气及水的生产和供应业	41	8	3	832	7829	2864
电力、热力的生产和供应业	30	5	2	784	7231	2864
燃气生产和供应业	4	1	1	20	533	
水的生产和供应业	7	2		28	65	

6-14 续表3 （2012年） 单位:万元

项目	专利申请数（件）	#发明专利（件）	新产品开发项目数（项）	新产品销售收入	引进技术经费支出	技术改造经费支出
四、按国民经济行业分	**2959**	**1281**	**1773**	**7193701**	**18449**	**138415**
采矿业						
有色金属矿采选业						
非金属矿采选业						
制造业	2725	1210	1738	7193701	18449	132904
农副食品加工业	54	36	97	286203		5656
食品制造业	44	12	33	35455		11255
饮料制造业	15	3	14	4608		11
烟草制品业	3	3	2	1023		
纺织业	32	24	31	144660	93	10867
纺织服装、鞋、帽制造业	2	1	6	18137		36
皮革、毛皮、羽毛(绒)及其制品业	24	2	18	46347		918
木材加工及木、竹、藤、棕、草制品业			2			1
家具制造业	30		8	7056		
造纸及纸制品业			5	22336		500
印刷业和记录媒介的复制	16	10	17	15159		
文教体育用品制造业	57	17	47	58817	120	868
石油加工、炼焦及核燃料加工业	9	3	1	59627		
化学原料及化学制品制造业	10	9	23	80413		18
医药制造业	51	17	131	164320		2252
化学纤维制造业	95	14	34	708282	778	911
橡胶和塑料制品业	111	36	66	430246	187	12869
非金属矿物制品业	151	37	196	542950		13787
黑色金属冶炼和压延加工业			4		1500	19200
有色金属冶炼和压延加工业	18	2	17	163831		13
金属制品业	21	5	26	44336		789
通用设备制造业	155	77	60	231179	8774	1019
专用设备制造业	182	94	71	57432	909	970
汽车制造业	171	48	128	773029	4456	25274
铁路、船舶、航空航天和其他运输设备制造业	49	9	48	428787	1321	996
电气机械和器材制造业	414	110	201	317059	300	19134
计算机、通信和其他电子设备制造业	784	573	314	2439675	12	4864
仪器仪表制造业	214	65	129	74385		205
其他制造业	13	3	9	38350		392
废弃资源综合利用业						
金属制品、机械和设备修理业						98
电力、燃气及水的生产和供应业	234	71	35			5511
电力、热力的生产和供应业	234	71	34			4411
燃气生产和供应业						
水的生产和供应业			1			1100

6-15 民用车辆拥有量

(2012年)

单位:辆

项目	总计	营运	非营运	总计中 进口	个人	新注册	报废
合计	**1093571**	**77872**	**1015699**	**51373**	**945641**	**133895**	**12526**
一、汽车	**626178**	**67966**	**558212**	**51350**	**497106**	**105172**	**3733**
载客汽车	515343	16894	498449	50731	437567	90816	2124
#大型	7683	5937	1746	111	153	1096	226
中型	7734	2147	5587	500	1962	596	527
小型	492761	8777	483984	49935	429179	88772	1243
微型	7165	33	7132	185	6273	352	128
#轿车	380661	8495	372166	27123	340516	62583	811
载货汽车	105759	50290	55469	452	57795	13802	1473
#重型	17343	16172	1171	271	2973	1975	223
中型	5211	4094	1117	1	2211	303	199
轻型	82992	29942	53050	180	52459	11524	991
微型	213	82	131		152		60
#普通载货	46583	7786	38797	172	30301	6473	809
其它汽车	5076	782	4294	167	1744	554	136
#三轮汽车	82	3	79		82		
低速货车	478	251	227		386	34	7
二、摩托车	**450506**	**184**	**450322**	**22**	**448057**	**27885**	**8710**
普通	434076	184	433892	21	431849	27876	8346
轻便	16430		16430	1	16208	9	364
三、拖拉机(农机部门数据)	**6992**		**6992**				
大中型	269		269				
小型方向盘式	6723		6723				
三、挂车	**9895**	**9722**	**173**	**1**	**478**	**838**	**81**

补充资料:机动车驾驶员1428079人,其中:汽车驾驶员1159852人。

6-16 运输线路长度

（2012年） 单位:公里

项目	福州市	市区	福清市	长乐市	闽侯县
公路通车里程合计	**10624.855**	**792.060**	**1673.996**	**965.350**	**1547.284**
#国道	563.649	89.092	88.973	11.373	148.680
省道	683.399	46.067	177.324	96.563	40.779
县级公路	1776.537	210.343	177.061	127.149	327.529
乡级公路	2267.666	321.275	487.831	105.748	119.425
等级路里程	9268.942	738.982	1540.618	783.704	1456.821
高速公路	420.696	78.777	99.262	34.758	104.739
一级	138.859	28.719		79.517	30.623
二级	677.047	61.994	155.945	48.409	84.831
三级	984.560	77.871	195.002	100.758	112.106
四级	7047.780	491.621	1090.409	520.262	1124.522

项目	连江县	罗源县	闽清县	永泰县	平潭县
公路通车里程合计	**1119.125**	**874.857**	**1389.261**	**1710.167**	**552.755**
#国道	110.111	46.622	68.798		
省道	64.321	32.271	43.289	163.961	18.824
县级公路	210.606	179.330	240.802	253.370	50.341
乡级公路	377.931	165.181	213.165	294.265	182.845
等级路里程	1008.531	809.618	1129.384	1370.958	430.326
高速公路	52.264	14.375	36.521		
一级					
二级	117.783	28.771	75.401	75.301	28.612
三级	50.980	46.903	133.241	207.363	60.336
四级	787.504	719.569	884.221	1088.294	341.378

6-17 邮政电信基本情况

(2012 年)

项目	单位	福州市	市区	福清市	长乐市	闽侯县
一、邮政基本情况						
邮路单程长度	公里	11010	9750	29	63	333
城市投递路线	公里	7576	5647	387	266	203
农村投递路线	公里	11423	605	1893	1284	1857
国内平常函件	万件	5826.60	3868.50	759.74	306.85	347.96
国际平常函件	万件	57.42	48.79	3.31	3.27	0.35
国内给据函件	万件	251.87	205.20	8.19	7.89	16.57
国际给据函件	万件	43.89	41.75	0.84	1.09	0.05
国内普通包件	万件	19.04	8.12	1.95	1.65	4.19
国内快递包件(代理)	万件	23.97	15.25	2.51	2.25	0.89
国际包件(代理)	万件	2.90	1.33	1.06	0.21	0.05
国内特快专递(代理)	万件	79.51	46.83	8.98	4.78	6.20
国际特快专递(代理)	万件	4.39	1.67	1.53	0.58	0.10
报纸杂志期发数	万份	90.07	47.82	10.85	7.92	6.65
集邮业务	万枚	1457.25	1164.39	65.49	35.50	86.01
邮政业务总量	万元	52838.30	26318.00	7346.99	5607.39	5469.49
邮政储蓄期末余额(代理)	万元	1306193.00	378396.00	199166.81	229767.85	221491.93
二、电信基本情况						
电话交换机总容量	万门	327.25				
IC 卡电话机数(智能 IC 卡)	万部	0.65	0.35	0.09	0.03	0.06
年末固定电话机数	万部	198.00	106.43	29.09	14.86	14.34
国内长途电话	万分钟	42569	33647	3309	1634	1322
国际港澳台长话	万分钟	975	558	165	120	68
互联网用户	万户	123.91	66.37	17.31	10.52	12.68

6－17　续表　　　　　　　　(2012年)

项　　目	单　位	连江县	罗源县	闽清县	永泰县	平潭县
一、邮政基本情况						
邮路单程长度	公里	77	159	114	236	249
城市投递路线	公里	215	143	136	154	425
农村投递路线	公里	1589	862	993	1449	891
国内平常函件	万件	103.70	107.63	260.28	44.92	27.03
国际平常函件	万件	0.24	1.22	0.02	0.01	0.21
国内给据函件	万件	5.52	1.18	1.76	3.33	2.23
国际给据函件	万件	0.09	0.02	0.01	0.01	0.04
国内普通包件	万件	1.46	0.51	0.24	0.21	0.72
国内快递包件(代理)	万件	1.03	0.18	0.41	0.60	0.86
国际包件(代理)	万件	0.10	0.01	0.04	0.01	0.10
国内特快专递(代理)	万件	4.32	1.79	1.42	1.50	3.69
国际特快专递(代理)	万件	0.35	0.03	0.04	0.01	0.08
报纸杂志期发数	万份	5.82	2.02	2.95	2.31	3.73
集邮业务	万枚	38.82	8.62	14.01	10.22	34.19
邮政业务总量	万元	2671.36	1235.45	1817.08	1070.68	1301.78
邮政储蓄期末余额(代理)	万元	93901.01	28376.52	79742.36	40575.08	34775.00
二、电信基本情况						
电话交换机总容量	万门					
IC卡电话机数(智能IC卡)	万部	0.04	0.01	0.04	0.02	0.01
年末固定电话机数	万部	11.55	4.11	4.93	4.43	8.26
国内长途电话	万分钟	895	336	460	257	708
国际港澳台长话	万分钟	40	3	5	1	13
互联网用户	万户	6.16	2.66	2.32	1.93	3.97

主要统计指标解释

工业 指从事物质产品生产活动的部门,工业生产活动主要包括以下几个方面:对自然资源的开采,如采矿、晒盐等,但禽兽捕猎和水产捕捞按国家标准《国民经济行业分类和代码》的划分,均属农业生产活动,不包括在工业生产活动内。对农副产品的加工、再加工,如粮油加工、食品加工、轧花、缫丝、纺织、制革等。对采掘品的加工、再加工,如冶金加工、石油加工、化学加工、机械加工、木材加工等,以及电力、煤气及水的生产和供应等。对工业品的修理、翻新,如机器设备的修理、交通运输工具(包括小卧车)的修理等。拆船业也是工业生产活动。

工业总产值 指以货币表现的工业企业在报告期内生产的工业最终产品或提供工业性劳务活动的总价值量。它是反映一定时间内工业生产总规模和总水平的重要标志,是计算工业生产发展速度和主要比例关系,计算工业产品销售率和其他经济指标的重要依据。

工业增加值 指工业企业在报告期内以货币表现的工业生产活动的最终成果。工业增加值有两种计算方法:一是生产法,即工业总产出减去工业中间投入;二是收入法,即从收入的角度出发,根据生产要素在生产过程中应得到的收入份额计算,具体构成项目有固定资产折旧、劳动者报酬、生产税净额、营业盈余,这种方法也称要素分配法。

轻工业 指主要提供生产消费品和制作手工工具工业。按其所使用的原料不同,可分为两大类:(1)以农产品为原料的轻工业,是指直接或间接以农产品为基本原料的轻工业。主要包括食品制造、饮料制造、烟草加工、纺织、缝纫、皮革和毛皮制作、造纸以及印刷等工业;(2)以非农产品为原料的轻工业,是指以工业品为原料的轻工业。主要包括文教体育用品、化学药品制造、合成纤维制造、日用化学制品、日用玻璃制品、日用金属制品、手工工具制造、医疗器械制造、文化和办公用机械制造等工业。

重工业 指为国民经济各部门提供物质技术基础的主要生产资料的工业。按其生产性质和产品用途,可以分为下列三类:(1)采掘(伐)工业,是指对自然资源的开采,包括石油开采、煤炭开采、金属矿开采、非金属矿开采和木材采伐等工业;(2)原材料工业,指向国民经济各部门提供基础材料、动力和燃料的工业。包括金属冶炼及加工、炼焦及焦炭化学、化工原料、水泥、人造板以及电力、石油和煤炭加工等工业;(3)加工工业,是指对工业原材料进行再加工制造的工业。包括装备国民经济各部门的机械设备制造工业、金属结构、水泥制品等工业,以及为农业提供的生产资料如化肥、农药等工业。

固定资产原值 指企业在建造、购置、安装、改建、扩建、技术改造某项固定资产时所支出的全部货币总额。它一般包括买价、包装费、运杂费和安装费等。

固定资产净值 指固定资产原价减去历年已提折旧额后的净额。

流动资产 流动资产是指可以在一年或者超过一年的一个经营周期内变现或者运用的资产,包括货币资金、短期投资、应收票据、实收股利、实收利息、应收帐款、预付货款、其他应收款、实收补贴款、存货、待摊费用、一年内到期的长期债权投资和其他流动资产等。

利税总额 指企业利润总额、产品销售税金及附加和应交增值税之和。

资金利税率 指在一定时期内已实现的利润、税金总额与同期的资产(固定资产净值和流动资产)平均总额之比。

工业增加值率 指在一定时期内工业增加值占工业总产出的比重,反映降低中间消耗的经济效益。

流动资产周转次数 指在一定时期内流动资产完成的周转次数,反映流动资产的周转速度。

主营业务收入 指企业经营和提供劳务等主要经营业务取得的业务总额。

全员劳动生产率 指根据产品的价值量指标计算的平均每一个职工在单位时间内的产品生产量。目前全员劳动生产率是将工业企业的工业增加值除以同一时期从业人员的平均人数来计算。

研究与试验发展(R&D) 指在科学技术领域,为增加知识总量、以及运用这些知识去创造新的应用进行的系统的创造性的活动,包括基础研究、应用研究、试验发展三类活动。国际上通常采用 R&D 活动的规模和强度指标反映一国的科技实力和核心竞争力。

基础研究 指为了获得关于现象和可观察事实的基本原理的新知识(揭示客观事物的本质、运动规律,获得新发现、新学说)而进行的实验性或理论性研究,它不以任何专门或特定的应用或使用为目的。其成果以科学论文和科学著作为主要形式。用来反映知识的原始创新能力。

应用研究　指为获得新知识而进行的创造性研究,主要针对某一特定的目的或目标。应用研究是为了确定基础研究成果可能的用途,或是为达到预定的目标探索应采取的新方法(原理性)或新途径。其成果形式以科学论文、专著、原理性模型或发明专利为主。用来反映对基础研究成果应用途径的探索。

试验发展　指利用从基础研究、应用研究和实际经验所获得的现有知识,为产生新的产品、材料和装置,建立新的工艺、系统和服务,以及对已产生和建立的上述各项作实质性的改进而进行的系统性工作。其成果形式主要是专利、专有技术、具有新产品基本特征的产品原型或具有新装置基本特征的原始样机等。在社会科学领域,试验发展是指把通过基础研究、应用研究获得的知识转变成可以实施的计划(包括为进行检验和评估实施示范项目)的过程。人文科学领域没有对应的试验发展活动。主要反映将科研成果转化为技术和产品的能力,是科技推动经济社会发展的物化成果。

研究与试验发展人员　指参与研究与试验发展项目研究、管理和辅助工作的人员,包括项目(课题)组人员,企业科技行政管理人员和直接为项目(课题)活动提供服务的辅助人员。反映投入从事拥有自主知识产权的研究开发活动的人力规模。

铁路营业里程　指办理客货运输业务的铁路正线总长度。凡是全线或部分建成双线及以上的线路,以第一线的实际长度计算;复线、站线、段管线、岔线和特别用途线以及不计算运费联络线都不计算营业里程。铁路营业里程是反映铁路运输业基础设施发展水平的重要指标,也是计算客货周转量、运输密度和机车车辆运用效率等指标的基础资料。

公路里程　也称“公路通车里程”,是反映公路建设发展规模的重要指标,也是计算运输网密度等指标的基础资料;是指实际达到交通部制定的公路工程技术标准规定的等级的公路长度。它包括大中城市的郊区公路以及通过小城镇街道的公路里程,也包括桥梁、渡口的长度,但不包括城市的街道以及厂矿、林区和农业生产用道的里程,两条或多条公路共同经由同一路段,只计算一次,不得重复计算里程长度。

货(客)运量　指运输业实际运送的货物(旅客)数量。货运按吨计算,货物不论运输距离长短,货物类别,均按实际重量统计。客运按人计算,半价票、小孩票也按一人统计。

沿海主要港口货物吞吐量　指由水运进出沿海主要港区范围,并经过装卸的货物数量,包括邮件及办理托运手续的行李、包裹以及补给运输船舶的燃、物料和淡水。其计量单位为吨。货物吞吐量的货种分类及其主要流向流量,反映了港口在国内外物资交流和对外贸易运输中的地位和作用。吞吐量可分为进口、出口,又可分为国内贸易和对外贸易。

邮电业务总量　指以货币表现的邮电部门用于传递信息和其他邮电服务的总量。它综合反映了一定时期邮电工作的成果,是研究邮电业务量构成和发展趋势的重要指标。它用各种邮电分类业务量,如函件件数、电报份数、长话张数、市内电话和农村电话的年均户数、订销报刊累计份数等,分别乘以相应的平均单价(不变价)、加总后再加上出租电路和设备的收入、代用户维护电话交换机和线路等设备的收入、其他业务收入求得。

7 固定资产投资

7-1 全社会固定资产投资完成额

(1994-2012年)

单位:万元

年份	全社会固定资产投资额	#基本建设	更新改造	房地产投资	其他投资
1994	1377148	410693	117593	470743	102894
1995	1747461	569613	157881	549959	197686
1996	1891344	571186	189701	519497	253707
1997	2198600	619227	186848	476460	474280
1998	2556799	882479	211613	505414	284088
1999	2609877	900993	252372	593645	229434
2000	2375269	517043	268441	758488	295738
2001	2608253	756176	275303	895214	221033
2002	3028329	917561	288114	999867	304074
2003	4257211	1283778	375388	1670394	311244
2004	5266318	1185421	461519	2238298	771774
2005	6032595			2220270	
2006	7323412			3011836	
2007	10014521			3764663	
2008	12489065			3098039	
2009	16467177			3617991	
2010	23174379			6706940	
2011	27202827			9564451	
2012	32664861			9722667	

注:2005年起固定资产投资不再以基本建设、更新改造和其他投资划分,而将其统称为城镇项目投资,2012年起改为项目投资。

7-2 项目投资完成情况

（2006-2012 年）　　单位:万元

项　　目	2006 年	2007 年	2008 年	2009 年	2010 年	2011 年	2012 年
总　　计	**3681993**	**5144570**	**7903876**	**10768157**	**14115734**	**15817803**	**21638878**
#国有经济控股	1607833	2027886	3207652	4879751	8329521	8602923	11789409
#住 宅	64385	57571	35746	337020	394434	294081	108265
按国民经济行业分							
农、林、牧、渔业	21881	30750	43331	89942	138025	202050	445638
采矿业	17936	800	9395	9266	10254		7462
制造业	1170340	1887170	2541741	2688890	3106642	4283413	5960256
电力、热力、燃气及水的生产和供应业	692474	677292	1290841	1701059	2025989	2227985	2322676
建筑业	17219	22415	11265	44393	85682	31279	45629
交通运输、仓储及邮政业	398535	455261	792119	1320076	2127521	2430993	2851712
信息传输、软件和信息技术服务业	126612	150800	475030	672645	788868	1072544	1037605
批发和零售业	37905	86287	234718	420104	677820	413219	684771
住宿和餐饮业	27300	52438	73107	170370	161250	372722	586982
金融业	54014	82756	113263	114210	201919	137885	194741
房地产业	26171	12267	63764	339988	938717	628179	1514442
租赁和商务服务业	30718	67403	168531	238676	605833	91553	466281
科学研究和技术服务业	6372	26905	20087	47672	79453	59820	71561
水利、环境和公共设施管理业	368294	757752	1037370	1698924	1952645	1986722	3086312
居民服务、修理和其他服务业	10090	4516	3729	20079	48132	41076	133098
教　育	232878	217352	232744	334733	358059	439796	648421
卫生和社会工作	53268	68239	98203	174105	170702	144980	156270
文化、体育和娱乐业	40684	192313	211056	145882	249241	387092	595674
公共管理、社会保障和社会组织	349302	351854	483582	537143	388982	866495	829347
国际组织							
按三次产业分							
第一产业	21881	30750	43331	89942	138025	202050	445638
第二产业	1897969	2587677	3853242	4443608	5228567	6542677	8336023
第三产业	1762143	2526143	4007303	6234607	8749142	9073076	12857217

注:1、本表不含高速公路和铁路投资数字。2012 年高速公路投资额为 623434 万元,铁路投资额为 362793 万元。
2、本表 2011 年以前数据为城镇项目投资,2012 年起数据为项目投资。
3、2012 年执行《国民经济行业分类》)GDB/T 4754-2011)。

7－3 房地产投资完成情况

（1990－2012年）

项 目	单 位	1990年	1991年	1992年	1993年	1994年	1995年	1996年	1997年
完成投资额	**万元**	**39178**	**77576**	**217483**	**395424**	**470743**	**549959**	**519497**	**476460**
按经济类型分									
国有经济	万元	15117	22836	42379	73251	119716	138579	106507	76839
集体经济	万元	6803	11098	16383	23176	37873	42013	41993	33294
其他经济	万元	17258	43642	158721	298997	313154	369367	370977	366327
按构成分									
#建筑工程	万元	31167	53104	155840	281641	310095	377911	371253	323585
安装工程	万元	1371	3278	6389	31334	26562	35730	44523	42005
设备工器具购置	万元	1685	2582	7238	7574	8814	11665	10921	9382
按工程用途分									
商业营业用房	万元	6073	11606	32537	44953	45642	68010	86362	83358
住 宅	万元	22955	48328	124830	255877	322928	357930	279687	223676
办公楼	万元	9246	20402	45381	67082	70278	82476	77185	89892
其 他	万元	904	2760	14735	27512	31895	41543	76263	79534
按隶属关系分									
中 央	万元	1527	4267	2659	8699	4566	3272	8677	6239
地 方	万元	37651	73309	214824	386725	466177	546687	510820	470221
新增固定资产	万元	14418	24436	74241	137295	175502	356867	294950	375125
施工面积	万平方米	164.68	286.79	405.52	669.89	775.98	923.83	853.18	912.85
#住 宅	万平方米	117.75	203.04	289.73	467.53	553.68	643.06	559.59	568.37
本年竣工面积	万平方米	67.28	112.01	126.95	212.95	228.54	328.86	218.52	225.54
#住 宅	万平方米	50.86	84.68	115.72	173.98	187.37	260.77	182.97	181.54
土地开发投资额	万元	3483	8276	19931	38196	36239	41809	53557	39350
土地购置费	万元	4087	9604	13338	20520	11680	23177	10193	38093
土地开发面积	万平方米	18.41	38.97	86.31	117.90	133.09	208.36	194.95	122.66
商品房屋销售额	万元	26907	38061	92097	171449	200826	275644	163138	296171
#住 宅	万元	9956	14843	34076	80581	117018	171757	127611	212465

7－3　续表1　(1990－2012年)

项　　目	单　位	1998年	1999年	2000年	2001年	2002年	2003年	2004年
完成投资额	**万元**	**505414**	**593645**	**758488**	**895214**	**999867**	**1670934**	**2238298**
按经济类型分								
国有经济	万元	83645	120759	153831	175801	189359	234962	291101
集体经济	万元	30749	35712	57057	66143	87332	157818	166763
其他经济	万元	391020	437174	547600	653270	723176	1278154	1780434
按构成分								
#建筑工程	万元	340040	410403	533277	642820	774902	1144607	1564367
安装工程	万元	49992	32044	22201	41364	30145	75437	79216
设备工器具购置	万元	10463	15987	20588	33249	8219	12417	11809
按工程用途分								
商业营业用房	万元	87105	76572	103134	103356	94909	146290	132889
住　宅	万元	279447	361587	461013	606304	695632	1136937	1512092
办公楼	万元	78739	60853	84642	46464	46171	55807	43051
其　他	万元	60123	94633	109699	139090	163164	331900	550266
按隶属关系分								
中　央	万元	5974	3293	5516	6171	10619	6639	20194
地　方	万元	499440	590352	752972	889043	989248	1664295	2218104
新增固定资产	万元	404670	516483	502619	669539	820488	910051	727002
施工面积	万平方米	991.37	1099.40	1236.99	1418.21	1613.85	1936.79	2117.14
#住　宅	万平方米	608.45	750.98	873.12	1023.57	1247.24	1588.33	1770.00
本年竣工面积	万平方米	215.46	279.62	323.56	439.85	465.92	492.02	548.80
#住　宅	万平方米	173.23	217.34	255.90	373.17	369.22	423.72	492.95
土地开发投资额	万元	25142	70219	87982	111558	90630	145297	41537
土地购置费	万元	40314	97552	111815	102561	120635	338850	471596
土地开发面积	万平方米	112.09	133.23	142.25	133.34	268.14	283.61	163.03
商品房屋销售额	万元	387219	420933	490304	650514	879756	1062070	1089689
#住　宅	万元	302232	335005	382120	560407	621917	890446	973105

7-3 续表2 (1990-2012年)

项　　目	单 位	2005年	2006年	2007年	2008年	2009年	2010年	2011年	2012年
完成投资额	**万元**	**2220270**	**3011836**	**3764663**	**3136079**	**3617991**	**6706940**	**9634087**	**9722667**
按经济类型分									
国有经济	万元	114735	238345	353732	287194	162836	498897	711343	1161179
集体经济	万元	157396	131971	139816	217156	224160	219469	267039	63341
其他经济	万元	1948139	2641520	3271115	2631729	3230995	5988574	8655705	8498147
按构成分									
#建筑工程	万元	1425189	1469573	1893265	2133196	2367528	3311464	4937192	6487181
安装工程	万元	95726	109178	126400	145323	138266	196939	288755	488344
设备工器具购置	万元	19408	7790	8734	17440	17106	17156	12371	27687
按工程用途分									
商业营业用房	万元	171875	208634	150235	158889	203354	482384	864472	878689
住　宅	万元	1588398	2028782	2704938	2239851	2521901	3842829	6800822	6284804
办公楼	万元	49015	23143	26872	28085	39777	249356	532640	811513
其　他	万元	410982	751277	882618	709254	852959	2132371	1436153	1747661
按隶属关系分									
中　央	万元				252		11393	47198	10806
地　方	万元	2220270	3011836	3764663	3135827	3617991	6695547	9586889	9711861
新增固定资产	万元	790832	954632	877325	678775	1076320	945411	1756326	1693930
施工面积	万平方米	2023.33	2126.41	2431.91	2520.39	2635.06	3599.46	4939.00	5704.68
#住　宅	万平方米	1714.72	1809.35	2083.42	2155.02	2244.38	2908.55	3819.54	4275.69
本年竣工面积	万平方米	501.43	479.54	474.07	329.15	485.90	345.81	541.43	534.33
#住　宅	万平方米	448.11	411.12	411.8	294.68	423.59	294.57	457.87	402.46
土地开发投资额	万元	96701	52551	17418	63925	30793	22003		
土地购置费	万元	467989	1248672	1658440	653667	897691	2924155	3996054	2296969
土地开发面积	万平方米	180.53	100.8	144.75	52.11	39.66	25.87		
商品房屋销售额	万元	2702461	2921840	3343512	2044541	4576114	5029944	6321066	9414937
#住　宅	万元	2373901	2470916	2903189	1790644	4175460	4183336	5082318	7812616

注:1.2005年起商品房销售额包括现房和期房两部分,以前年份只统计现房部分,不包括期房部分。
2.2008年为经济普查代年报;2011年房地产企业实行网络直报,与快报比数据有变动。

7－4 按三次产业分固定资产投资

(1990－2012年)

单位:亿元

年 份	合 计	第一产业	第二产业	第三产业
1990	21.98	0.10	11.90	9.98
1991	29.60	0.25	13.16	16.19
1992	52.51	0.43	17.76	34.32
1993	84.99	0.92	25.56	58.51
1994	110.19	0.89	30.66	78.64
1995	147.51	0.65	46.85	100.01
1996	153.41	1.42	47.91	104.08
1997	175.68	2.13	73.89	99.66
1998	188.36	3.37	69.44	115.55
1999	197.64	2.70	57.37	137.57
2000	183.97	1.11	55.19	127.67
2001	203.44	1.79	56.80	144.85
2002	250.96	1.94	61.83	187.19
2003	364.08	2.17	86.14	275.77
2004	465.70	1.72	140.57	323.41
2005	536.56	2.43	164.34	369.79
2006	696.69	2.19	189.80	504.70
2007	946.54	3.08	258.77	684.69
2008	1163.67	4.33	385.32	774.02
2009	1544.60	8.99	444.36	1091.25
2010	2231.69	13.80	522.86	1695.03
2011	2649.63	20.21	654.27	1975.15
2012	3234.77	44.56	833.60	2356.61

7－5　房地产开发企业主要指标

（2012 年）

单位：万元、平方米

指标名称	计划总投资	自开始建设累计完成投资	本年完成投资	住宅投资	#90 平方米以下	144 平方米以上	别墅、高档公寓
总计	**47719910**	**32285682**	**9722667**	**6284804**	**1307712**	**1407146**	**326379**
一、按控股情况分							
国有控股	6157601	3184660	1277643	1046773	352757	16417	2592
集体控股	1127877	1157436	160541	93314	22053	6996	
私人控股	28419340	20372436	5786326	3572481	711938	1070811	217248
港澳台商控股	6224949	4059811	1087549	738096	90976	203499	82035
外商控股	605925	510595	105436	61397	8401	10303	3604
其　他	5184218	3000744	1305172	772743	121587	99120	20900
二、按隶属关系分组							
中　央	135000	71631	10806	10600	10600		
省（自治区、直辖市）	4792097	3600041	1127012	639583	109324	183195	13238
地区（州、盟、省辖市）	8957346	5107054	1838036	1119685	305841	29687	51978
县（区、市、旗）	7533744	3923721	1465255	1068423	255906	212786	39691
街　道							
镇	135960	112752	32884	29253	1370	1860	
其　他	26165763	19470483	5248674	3417260	624671	979618	221472
三、按营业状态分							
营　业	46927092	31923791	9432674	6111944	1278627	1365673	319635
停业（歇业）	258497	88115	36117	15856	1736	5380	400
筹　建	534321	273776	253876	157004	27349	36093	6344
当年关闭							
其　他							
四、按企业资质等级分							
一　级	2424112	2208570	523932	373360	58191	88950	356
二　级	8390922	7045518	1569411	1178727	308583	183039	43237
三　级	10017923	6767819	1694395	1168260	300671	285383	85996
四　级	2718055	1908160	328220	250755	39678	27620	63191
暂　定	23010898	13903846	5443790	3219811	573574	809478	121923
其　他	1158000	451769	162919	93891	27015	12676	11676
五、按登记注册类型分							
内资企业	41556715	28141343	8774640	5668418	1212260	1274321	240740
港澳台商投资企业	5617270	3650138	858985	554989	87051	122522	82035
外商投资企业	545925	494201	89042	61397	8401	10303	3604

7－5 续表1 （2012年） 单位:万元、平方米

指标名称	办公楼投资	商业营业用房投资	其他用房投资	本年新增固定资产	待开发土地面积	本年购置土地面积	本年土地成交价款	施工面积
总　　计	**811513**	**878689**	**1747661**	**1693930**	**1261003**	**2143219**	**885158**	**57046842**
一、按控股情况分								
国有控股	17424	33230	180216	48043		287907	164730	8385941
集体控股	31800	26496	8931	225943	8623			1603073
私人控股	615615	645682	952548	968669	1206433	876227	409519	32714525
港澳台商控股	90518	95206	163729	149607	44777	76500	17229	8670280
外商控股	13863	12620	17556	52836		2085	2000	1002454
其　他	42293	65455	424681	248832	1170	900500	291680	4670569
二、按隶属关系分组								
中　央		115	91					25079
省(自治区、直辖市)	127125	144235	216069	93	18821			4577758
地区(州、盟、省辖市)	152582	80193	485576	60043		491406	363001	8970475
县(区、市、旗)	28714	188608	179510	261295	181194	304521	79383	11650635
街　道								
镇		1450	2181	27800		33094	13500	301164
其　他	503092	464088	864234	1344699	1060988	1314198	429274	31521731
三、按营业状态分								
营　业	798871	846646	1675213	1678074	1169613	1864990	799948	55751798
停业(歇业)		17996	2265	6156	3316	18416	6800	298825
筹　建	12642	14047	70183	9700	88074	259813	78410	996219
当年关闭								
其　他								
四、按企业资质等级分								
一　级	50621	32093	67858	231537		63669	42976	3913016
二　级	99082	170644	120958	390105	8623	12727	28800	10588916
三　级	179899	77206	269030	339699		575436	175682	12518965
四　级	26866	25375	25224	249915	3316			2662368
暂　定	447279	572804	1203896	482674	1176494	1246426	423129	26392715
其　他	7766	567	60695		72570	244961	214571	970862
五、按登记注册类型分								
内资企业	711949	773743	1620530	1573024	1216226	2064634	865929	49012326
港澳台商投资企业	90518	92750	120728	68070	44777	76500	17229	7135334
外商投资企业	9046	12196	6403	52836		2085	2000	899182

7－5 续表2 （2012年） 单位:万元、平方米

指标名称	#本年新开工面积	竣工面积	竣工房屋价值	商品房销售面积合计	住宅	#90平方米以下	144平方米以上	别墅、高档公寓
总　计	**15090523**	**5343298**	**1443424**	**8414981**	**7339564**	**1495468**	**2457562**	**274011**
一、按控股情况分								
国有控股	3095900	257228	44268	224778	86005	24622	8089	8089
集体控股	333268	704331	170736	10346	10283	988		
私人控股	8717836	2564319	839582	5947629	5272123	1076298	2002891	176031
港澳台商控股	746224	536335	146269	1012430	857517	148610	320197	30552
外商控股	181281	227095	52186	146335	114212	6067	16167	16603
其　他	2016014	1053990	190383	1073463	999424	238883	110218	42736
二、按隶属关系分组								
中　央								
省(自治区、直辖市)	864448			842473	749452	161330	488143	21925
地区(州、盟、省辖市)	4035492	239009	56068	879169	591693	22256	187453	363
县(区、市、旗)	3849760	767751	239995	1361868	1288868	332215	334169	24701
街　道								
镇	60848	83588	23800	24343	24343			
其　他	6279975	4252950	1123561	5307128	4685208	979667	1447797	227022
三、按营业状态分								
营　业	14003397	5285779	1427856	8324641	7253277	1473942	2446018	265611
停业(歇业)	175919	25019	5868	41980	37927	5128	11544	8400
筹　建	911207	32500	9700	48360	48360	16398		
当年关闭								
其　他								
四、按企业资质等级分								
一　级	638812	720326	201537	538466	474843	19678	259328	18492
二　级	2158828	814931	368887	715229	616314	185321	99094	17290
三　级	2390417	1372332	329886	1814833	1493372	398737	528919	52120
四　级	471439	676197	163719	272194	239089	75258	44456	16602
暂　定	9136328	1759512	379395	5035823	4479109	790817	1518959	162701
其　他	294699			38436	36837	25657	6806	6806
五、按登记注册类型分								
内资企业	14390789	4800194	1326506	7471030	6564779	1342743	2284610	226856
港澳台商投资企业	621725	316009	64732	797616	660573	146658	156785	30552
外商投资企业	78009	227095	52186	146335	114212	6067	16167	16603

7-5 续表3 (2012年) 单位:万元、平方米

指标名称	办公楼销售面积	商业营业用房销售面积	其他房屋销售面积	出租面积	#商业营业用房	待售面积	#住宅	商品房销售额
总计	**496383**	**385469**	**193565**	**142946**	**130001**	**1295630**	**661970**	**9414937**
一、按控股情况分								
国有控股	67917	69506	1350			75171	38344	215014
集体控股			63			23115	7704	10503
私人控股	343345	193183	138978			229263	121599	6772402
港澳台商控股	58554	61551	34808	142946	130001	195997	71448	1244476
外商控股	23760	4513	3850			46913	34930	136891
其他	2807	56716	14516			725171	387945	1035651
二、按隶属关系分组								
中央								
省(自治区、直辖市)	78671	4988	9362			9354	2596	1351302
地区(州、盟、省辖市)	198570	76017	12889	14415	10621	350578	259451	1173520
县(区、市、旗)		66128	6872			60388	44904	1149198
街道								
镇								13562
其他	219142	238336	164442	128531	119380	875310	355019	5727355
三、按营业状态分								
营业	496383	381416	193565	142946	130001	1270877	639367	9359414
停业(歇业)		4053				5150	3000	26904
筹建						19603	19603	28619
当年关闭								
其他								
四、按企业资质等级分								
一级	7579	17167	38877	26556	26556	363201	251855	810806
二级	16998	26868	55049	107239	103445	76340	13175	888089
三级	143493	141118	36850	9151		208192	135593	1959347
四级	2223	18637	12245			66199	44806	279913
暂定	325714	180506	50494			572706	214089	5444323
其他	376	1173	50			8992	2452	32459
五、按登记注册类型分								
内资企业	414069	319785	172397			1052720	555592	8438831
港澳台商投资企业	58554	61171	17318	142946	130001	195997	71448	839215
外商投资企业	23760	4513	3850			46913	34930	136891

7－5 续表4 （2012年） 单位：万元、平方米

指标名称	住宅销售额	#90平方米以下住房	144平方米以上住房	别墅、高档公寓	办公楼销售额	商业营业用房销售额	其他房屋销售额
总　计	**7812616**	**1244449**	**3391832**	**378120**	**818497**	**646809**	**137015**
一、按控股情况分							
国有控股	90902	23135	8171	8171	54334	69238	540
集体控股	10490	942					13
私人控股	5618462	904800	2712360	241683	660376	398030	95534
港澳台商控股	1060169	145256	540710	43377	76716	81276	26315
外商控股	110239	5667	15305	13999	19880	4718	2054
其　他	922354	164649	115286	70890	7191	93547	12559
二、按隶属关系分组							
中　央							
省（自治区、直辖市）	1200661	143214	941932	40671	120195	24275	6171
地区（州、盟、省辖市）	773640	20062	300358	198	314315	78035	7530
县（区、市、旗）	1040241	232099	337141	33415		105411	3546
街　道							
镇	13562						
其　他	4784512	849074	1812401	303836	383987	439088	119768
三、按营业状态分							
营　业	7764230	1231726	3383749	372870	818497	639672	137015
停业（歇业）	19767	1848	8083	5250		7137	
筹　建	28619	10875					
当年关闭							
其　他							
四、按企业资质等级分							
一　级	712828	23413	470731	43015	34224	33356	30398
二　级	765656	198030	146249	14312	19528	59168	43737
三　级	1540153	352537	647667	59180	223208	171068	24918
四　级	231318	78431	45193	19070	7250	32412	8933
暂　定	4532175	575384	2071035	231586	534087	349077	28984
其　他	30486	16654	10957	10957	200	1728	45
五、按登记注册类型分							
内资企业	7029308	1096081	3170644	320744	721901	563711	123911
港澳台商投资企业	673069	142701	205883	43377	76716	78380	11050
外商投资企业	110239	5667	15305	13999	19880	4718	2054

7-6 房地产开发企业资金来源情况

(2012年)

单位:万元

指标名称	本年资金来源合计	上年末结余资金	本年资金来源小计	国内贷款	利用外资	自筹资金	其他资金来源	#定金及预收款	个人按揭贷款	本年各项应付款合计
总计	**17480380**	**2264097**	**15216283**	**2149219**	**385**	**5985344**	**7081335**	**3904273**	**2439430**	**1137731**
一、按控股情况分										
国有控股	1519291	320493	1198798	19775		237259	941764	451620	100521	55204
集体控股	575676	209245	366431			8872	357559	122160	176931	27557
私人控股	11212723	1316036	9896687	1423697		4689821	3783169	2076904	1422904	686052
港澳台商控股	1996881	247604	1749277	335462		392947	1020868	630542	384594	254414
外商控股	223658	34957	188701	25000	385	7927	155389	92057	62884	2428
其他	1952151	135762	1816389	345285		648518	822586	530990	291596	112076
二、按隶属关系分										
中央	8155	4509	3646			2714	932	396		3200
省(自治区、直辖市)	1935058	268022	1667036	413554		847177	406305	210165	103041	59253
地区(州、盟、省辖市)	3309349	266591	3042758	514545		1111622	1416591	802738	277581	88103
县(区、市、旗)	2702021	378703	2323318	203222		1243995	876101	495403	290564	81536
街道										
镇	86300	3488	82812			31875	50937	48509	2428	4950
其他	9439497	1342784	8096713	1017898	385	2747961	4330469	2347062	1765816	900689
三、按营业状态分										
营业	17185103	2225437	14959666	2139519	385	5745219	7074543	3899840	2437071	1112367
停业(歇业)	39990	12230	27760			24536	3224	1638	1586	10290
筹建	255287	26430	228857	9700		215589	3568	2795	773	15074
当年关闭										
其他										
四、按企业资质等级分										
一级	1285288	141672	1143616	127790		8500	1007326	395924	356804	54772
二级	3338602	385669	2952933	388629		1102737	1461567	889809	344245	132703
三级	2595600	461114	2134486	247881	385	789107	1097113	607063	418778	207399
四级	735853	210278	525575	36049		219834	269692	173177	87342	70229
暂定	9340818	1044373	8296445	1319170		3735620	3241655	1834318	1232261	672027
其他	184219	20991	163228	29700		129546	3982	3982		601
五、按登记注册类型分										
内资企业	15734110	1998319	13735791	1918719		5588210	6228862	3415333	2082077	888066
港澳台商投资企业	1555280	236228	1319052	230500		391447	697105	396904	294469	249441
外商投资企业	190990	29550	161440		385	5687	155368	92036	62884	224

7－7　房地产开发企业主要财务指标

（2012 年）　　单位：万元

指标名称	企业数（个）	年末从业人数（人）	资产总计	流动资产合计	#存货	固定资产原价	累计折旧	#本年折旧
总计	**550**	**18822**	**40753406**	**33774519**	**19508989**	**821834**	**129395**	**38823**
一、按控股情况分								
国有控股	43	1626	5026037	2963449	1927228	464034	25340	11701
集体控股	17	603	902861	671471	270816	39569	4039	1343
私人控股	325	11881	22485074	20118588	11633965	100196	38231	11054
港澳台商控股	109	2884	7617028	5752781	2488599	188476	47554	12503
外商控股	28	687	974352	804506	368727	24340	11091	1619
其他	28	1141	3748053	3463724	2819654	5218	3140	604
二、按隶属关系分								
中央	3	60	71469	71197	64917	520	248	28
省（自治区、直辖市）	38	1479	2783710	2520599	1258759	20133	9905	2278
地区（州、盟、省辖市）	37	1612	6543144	4499351	3134046	472679	29026	13396
县（区、市、旗）	72	2924	4305955	3890614	2750392	30767	9659	2253
街道	1	6	12207	1309	720	48	43	
镇	2	80	63235	54955	26278	547	286	100
其他	397	12661	26973685	22736495	12273878	297140	80229	20768
三、按营业状态分								
营业	491	18264	40217564	33289411	19246998	813658	125208	38501
停业（歇业）	33	249	366629	334751	162711	6496	3337	120
筹建	7	44	41649	38987	30743	414	69	56
当年关闭	6	43	9214	207		35	25	4
其他	13	222	118350	111163	68537	1232	756	142
四、按企业资质等级分								
一级	15	1367	6813950	3608320	1234918	98979	19417	4238
二级	37	2406	7385533	5688050	3472376	42942	18949	3439
三级	139	5581	9290453	8176519	4663069	568660	48507	21028
四级	84	1965	1815324	1644028	972646	31328	15577	2827
暂定	249	7213	15144399	14443727	9085269	71840	22851	6848
其他	26	290	303746	213875	80711	8084	4094	443
五、按登记注册类型分								
内资企业	415	15465	34013279	28367742	16938579	633142	77046	26366
港澳台商投资企业	108	2699	5790063	4626556	2218839	164353	41259	10839
外商投资企业	27	658	950064	780220	351571	24338	11090	1619

7－7 续表1 （2012年） 单位:万元

指标名称	负债合计	实收资本	主营业务收入	商品房屋销售收入	房屋出租收入	其他收入	主营业务成本	主营业务税金及附加
总　　计	**32154492**	**5287990**	**5338791**	**5187137**	**58027**	**91147**	**3211167**	**613059**
一、按控股情况分								
国有控股	3401732	344331	294090	226199	3605	64286	212249	15998
集体控股	591743	133827	660204	628009	16275	15920	261382	138692
私人控股	18386817	3010734	2770140	2760308	4964	4868	1897576	261828
港澳台商控股	5978401	1190567	932738	896277	28049	5932	440697	120610
外商控股	693500	209822	147429	142553	4834	43	93387	16618
其　他	3102299	398710	534190	533792	300	98	305877	59313
二、按隶属关系分								
中　央	46886	25000	11802	11572	101	130	10750	684
省(自治区、直辖市)	1929350	803234	537794	474564	4139	59091	280256	73213
地区(州、盟、省辖市)	4691462	568386	194437	188001	3779	1570	146594	13829
县(区、市、旗)	3569040	616776	298669	291391	1686	5592	240087	27504
街　道	9178	5014	1454		1053	402	305	208
镇	59976	2500	5925	5925			4182	510
其　他	21848601	3267081	4288710	4215684	47271	24362	2528994	497110
三、按营业状态分								
营　业	31762036	5147566	5321590	5170089	57875	91145	3201162	610922
停业(歇业)	266196	92831	15050	15022	28	1	9304	1907
筹　建	28755	12300						
当年关闭	5878	3800						
其　他	91628	31494	2151	2027	125		701	230
四、按企业资质等级分								
一　级	4278127	472525	1392412	1298653	20736	73023	635676	215642
二　级	6128297	789409	737585	722727	12109	1661	437965	93783
三　级	7813281	972592	1117250	1090957	13657	12637	780620	105986
四　级	1261544	362840	274763	266131	6455	784	183161	23570
暂　定	12506891	2546646	1784364	1778566	4628	1169	1154578	170581
其　他	166352	143978	32418	30103	442	1873	19166	3497
五、按登记注册类型分								
内资企业	26542926	3992569	4549251	4438336	25541	85375	2803154	504529
港澳台商投资企业	4937389	1090599	642111	606248	27653	5729	314627	91912
外商投资企业	674176	204822	147429	142553	4834	43	93387	16618

7－7 续表2 （2012年） 单位：万元

指标名称	营业利润	投资收益	销售费用	管理费用	财务费用	利润总额	应交所得税	应付工资总额	土地和固定资产支出
总计	**969940**	**11825**	**195823**	**253721**	**74639**	**989141**	**236959**	**128129**	**1123940**
一、按控股情况分									
国有控股	－4706	10944	3856	22741	16738	40756	5169	13093	2146
集体控股	235282	49	8726	10971	6408	231408	58806	4223	1
私人控股	313253	－2109	134515	140102	25185	299289	76107	75783	685775
港澳台商控股	266642	3161	30736	55127	20701	266489	60686	22462	85212
外商控股	20759	－248	4369	10070	3493	20149	3519	3592	7394
其他	138710	28	13622	14711	2115	131050	32672	8977	343413
二、按隶属关系分									
中央	－178			560	－13	－118	26	293	2
省（自治区、直辖市）	119346	10636	16181	19053	10232	118823	37211	13049	45900
地区（州、盟、省辖市）	－22727	465	11569	24098	12568	21512	6441	12001	233101
县（区、市、旗）	－21822	84	20876	32745	1623	－22207	6286	14545	324158
街道	831			111		831	208	78	
镇	522		132	582	－2	509	130	308	
其他	893969	639	147064	176573	50232	869793	186657	87856	520780
三、按营业状态分									
营业	968340	11932	195406	249729	73996	990320	234543	125539	1122517
停业（歇业）	2339	－107	318	2118	658	－623	389	1104	105
筹建	－239			238	1	－239		125	1053
当年关闭	－165			165		－165		90	
其他	－334		98	1471	－16	－152	2027	1272	265
四、按企业资质等级分									
一级	431977	9590	27369	36862	25328	450775	89761	16470	1457
二级	137627	2003	16624	38062	13104	127433	36864	19608	648
三级	72427	－1229	53916	73193	28125	92807	34483	31490	118756
四级	31969	2	11873	24710	35	30475	5348	10957	7611
暂定	290918	125	85646	75724	7934	282981	69921	48034	991871
其他	5022	1334	396	5171	114	4671	583	1570	3597
五、按登记注册类型分									
内资企业	803528	8955	167204	197366	49745	823455	186534	106196	1031425
港澳台商投资企业	145623	3118	24268	46461	21239	145501	469059	18546	85124
外商投资企业	20789	－248	4352	9894	3655	20185	35185	3387	7391

7－8 按县(市)区分全社会固定资产投资完成情况

单位:万元

县(市)区	全社会固定资产投资完成额		固定资产投资						农户固定资产投资	
					项目投资		房地产开发投资			
	2012年	比上年增长(%)	2012年	比上年增长(%)	2012年	比上年增长(%)	2012年	比上年增长(%)	2012年	比上年增长(%)
福州市	**32664861**	**21.0**	**32347772**	**21.1**	**22625105**	**32.5**	**9722667**	**0.9**	**317089**	**12.4**
市　区	13273044	9.5	13260914	9.5	7559421	31.6	5701493	－10.0	12130	13.4
鼓楼区	3111690	6.1	3111690	6.1	2477303	15.1	634387	－18.8		
台江区	2539306	8.3	2539306	8.3	1386749	23.5	1152557	－5.6		
仓山区	3318921	6.0	3313271	6.0	1129677	66.3	2183594	－10.7	5650	15.1
晋安区	3033489	17.2	3027009	17.3	1423261	73.6	1603748	－9.0	6480	12.0
马尾区	967923	34.1	967923	34.1	840716	41.4	127207	－0.1		
福清市	4751112	18.2	4607638	18.4	3978400	18.1	629238	19.8	143474	12.6
长乐市	2754245	23.0	2718529	23.1	2184149	28.7	534380	4.7	35716	13.9
闽侯县	3805123	27.7	3769381	28.0	3000661	47.5	768720	－15.6	35742	5.2
连江县	2609258	35.2	2580244	35.6	1572221	19.0	1008023	73.6	29014	6.7
罗源县	1176227	20.6	1154639	20.6	653110	－14.8	501529	161.8	21588	24.4
闽清县	316393	31.3	306343	31.8	231909	37.9	74434	15.7	10050	18.2
永泰县	635786	15.2	623406	15.2	536230	16.0	87176	11.0	12380	11.1
平潭县	3343673	72.8	3326678	73.2	2909004	91.9	417674	3.3	16995	17.0

7－9 按登记注册类型分固定资产投资

(2012年)

单位:万元

指标名称	本年完成投资	增长%	指标名称	本年完成投资	增长%
总　　计	**32347772**	**21.1**	私营企业	4436401	14.5
内资企业	29407681	23.6	其他企业	1651965	56.2
国有企业	11369623	34.4	港澳台商投资企业	1676794	－1.3
集体企业	566405	－10.8	港澳台合资经营企业	582019	－3.7
股份合作企业	34919	－67.6	港澳台合作经营企业	82484	178.0
联营企业	192717	34.6	港澳台独资经营企业	744832	－13.2
国有联营企业	127988	19.1	港澳台商投资股份有限公司	267459	29.8
集体联营企业	17185	10008.8	其他港澳台商投资企业		
国有与集体联营企业	27974	566.8	外商投资企业	1204016	1.7
其他联营企业	19570	－37.7	中外合资经营企业	350664	－21.7
有限责任公司	9919137	13.3	中外合作经营企业	11029	214.4
国有独资公司	861898	90.1	外资企业	653272	9.2
其他有限责任公司	9057239	9.1	外商投资股份有限公司	179051	33.5
股份有限公司	1295795	63.6	其他外商投资企业	10000	

主要统计指标解释

全社会固定资产投资 是以货币表现的建造和购置固定资产活动的工作量。它是反映固定资产投资规模、速度、比例关系和使用方向的综合性指标。全社会固定资产投资指各种登记注册经济类型的投资。按照报表管理种类,全社会固定资产投资总额分为项目投资、房地产开发投资和农户固定资产投资。

建筑工程 指各种房屋、建筑物的建造工程,又称建筑工作量。这部分投资额必须兴工动料,通过施工活动才能实现。

安装工程 指各种设备、装置的安装工程。

房地产开发投资 包括全社会各种经济类型的房地产开发企业和单位进行的商品房屋的开发、销售和土地开发经营活动。不包括单纯的房地产管理、代理与经纪活动。

新增固定资产 指通过投资活动所形成的新的固定资产价值。包括已经建成投入生产或交付使用的工程投资和达到固定资产标准的设备、工具、器具的价值及有关应摊入的费用。

房屋建筑面积 是指房屋建筑物勒脚以上外墙外围的水平截面面积,包括房屋建筑物的有效面积和结构面积。

施工面积 是指报告期内施工全部建筑面积。一栋房屋开始施工,即按整栋房屋的全部建筑面积计算施工面积。不能按其实际施工部位或层次的面积分割计算。

竣工面积 是指报告期内房屋建筑按照设计要求已经全部完工,达到住人和使用条件,经验鉴定合格(或达到竣工验收标准),正式移交使用单位的各栋房屋建筑面积的总和。

销售面积 指报告期内出售商品房屋的合同总面积(即双方签署的正式买卖合同中所确定的建筑面积)。由现房销售建筑面积和期房销售建筑面积两部分组成。

待售面积 指报告期末已竣工尚未销售或出租的商品房屋建筑面积。

8 建筑业

8-1 按登记注册类型分建筑业总承包、专业承包施工企业生产情况

(2012年)

项目	单位	总计	#国有及国有控股企业	按登记注册类型分		
				内资企业	港、澳、台商投资企业	外商投资企业
建筑业企业个数	个	690	51	672	15	3
签订的合同额	万元	30490392	9373476	29725191	714831	50371
上年结转合同额	万元	14051106	4219717	13802533	240600	7972
本年新签合同额	万元	16439287	5153759	15922658	474230	42399
承包工程完成情况						
直接从建设单位承揽工程完成的产值	万元	14697133	4127655	14155019	505735	36379
自行完成施工产值	万元	14448261	4064282	14005718	406165	36379
分包出去工程的产值	万元	248872	63373	149302	99570	
从建设单位以外承揽工程完成的产值	万元	1060801	26511	1059545		1256
建筑业总产值	万元	15509062	4090793	15065262	406165	37635
#装饰装修产值	万元	546173	104685	533000	11608	1566
在外省完成的产值	万元	7117480	972266	6838851	277080	1549
建筑业总产值按构成分						
建筑工程产值	万元	14131765	3565917	13736897	364890	29977
安装工程产值	万元	1265807	518041	1225111	40539	157
其他产值	万元	111491	6835	103254	736	7501
竣工产值	万元	8402253	1732980	8071032	244208	87013
房屋建筑施工面积	平方米	161211168	38897224	154978984	5756784	475400
#本年新开工面积	平方米	56212743	13987765	53818433	2061530	332780
实行投标承包面积	平方米	113316519	35632546	108150456	4833283	332780
#本年新开工	平方米	39047878	11330982	37134678	1580420	332780
年末自有施工机械设备(净值)	万元	369466	74588	366802	2005	659
年末自有施工机械设备(总台数)	台	68421	13293	66628	1681	112
年末自有施工机械设备(总功率)	千瓦	1696814	518743	1681798	12038	2978
直接从事生产经营活动的平均人数	人	680431	136968	665754	13136	1541
年末从业人数	人	546439	64682	543171	2456	812
#工程技术人员	人	69576	10061	68559	839	178
一级建造师	人	3265	894	3184	79	2

8－1 续表 （2012 年）

项目	单位	总计	#国有及国有控股企业	按登记注册类型分		
				内资企业	港、澳、台商投资企业	外商投资企业
现场施工工人	人	305796	26352	304346	1203	247
持证上岗人员	人	110452	13223	109900	408	144
主要建筑材料消耗量						
钢材	吨	8256092	1798561	7893523	348033	14536
木材	立方米	4571297	705160	4538841	24212	8244
水泥	吨	30410147	4843408	29711037	567709	131401
平板玻璃	重量箱	4392216	215592	4239588	104274	48354
平板玻璃	平方米	17749317	1054165	16740570	624778	383969
铝材	吨	452278	125808	447451	4138	689
企业总产值	万元	15828918	4254892	15385118	406165	37635
房屋建筑竣工面积	平方米	40440838	6409538	38754459	1228416	457963
住宅	平方米	30116935	3775132	28916630	1200305	
商业及服务用房	平方米	2527170	353752	2526572	598	
办公用房	平方米	2073978	1136715	2065074	8904	
科研、教育、医疗用房	平方米	1143559	361608	1133075	10484	
文化、体育、娱乐用房	平方米	397108	12000	397108		
厂房及建筑物	平方米	3872513	615885	3414550		457963
仓库	平方米	140808	104423	140808		
其他用房	平方米	168767	50023	160642	8125	
竣工房屋价值	万元	6057258	1039249	5739209	231036	87013
住宅	万元	4544684	668368	4319027	225657	
商业及服务用房	万元	494169	152888	494086	83	
办公用房	万元	231914	75173	230189	1725	
科研、教育、医疗用房	万元	169571	43411	167365	2206	
文化、体育、娱乐用房	万元	99903	17581	99903		
厂房及建筑物	万元	458547	46727	371534		87013
仓库	万元	11387	7518	11387		
其他用房	万元	47083	27584	45718	1365	

8－2 按行业分建筑业总承包、专业承包施工企业生产情况

（2012 年）

项目	单位	总计	按国民经济行业分			
			房屋建筑业	土木工程建筑业	建筑安装业	建筑装饰和其他建筑业
建筑业企业个数	个	690	252	118	122	198
签订的合同额	万元	30490392	23980139	3947994	1525123	1037137
上年结转合同额	万元	14051106	11431177	1982799	456743	180386
本年新签合同额	万元	16439287	12548962	1965194	1068380	856750
承包工程完成情况						
直接从建设单位承揽工程完成的产值	万元	14697133	10910138	2051707	909965	825324
自行完成施工产值	万元	14448261	10752817	1993600	876609	825236
分包出去工程的产值	万元	248872	157321	58107	33357	87
从建设单位以外承揽工程完成的产值	万元	1060801	573020	472352	2604	12826
建筑业总产值	万元	15509062	11325836	2465952	879212	838062
#装饰装修产值	万元	546173	183490	8068	15742	338873
在外省完成的产值	万元	7117480	5407803	1184665	278613	246398
建筑业总产值按构成分						
建筑工程产值	万元	14131765	11087462	1964336	363813	716153
安装工程产值	万元	1265807	183122	453610	509777	119298
其他产值	万元	111491	55252	48006	5622	2611
竣工产值	万元	8402253	6470092	1114036	359512	458614
房屋建筑施工面积	平方米	161211168	158130389	1755031	941647	384101
#本年新开工面积	平方米	56212743	54764990	615121	476789	355843
实行投标承包面积	平方米	113316519	111911320	1073293	48745	283161
#本年新开工	平方米	39047878	38394935	373903		279040
年末自有施工机械设备（净值）	万元	369466	221685	99793	31284	16705
年末自有施工机械设备（总台数）	台	68421	43233	12425	7069	5694
年末自有施工机械设备（总功率）	千瓦	1696814	856512	489716	263202	87384
直接从事生产经营活动的平均人数	人	680431	507485	104142	31786	37018
年末从业人数	人	546439	393460	83832	33211	35936
#工程技术人员	人	69576	42100	13244	8231	6001
一级建造师	人	3265	1595	689	520	461

8－2 续表 （2012 年）

项　　目	单 位	总 计	按国民经济行业分			
			房屋建筑业	土木工程建筑业	建筑安装业	建筑装饰和其他建筑业
现场施工工人	人	305796	225083	41408	20030	19275
持证上岗人员	人	110452	73976	20679	7671	8126
主要建筑材料消耗量						
钢　材	吨	8256092	6553569	1279257	178198	245068
木　材	立方米	4571297	3697716	523400	72379	277802
水　泥	吨	30410147	22439906	6074077	808477	1087687
平板玻璃	重量箱	4392216	4015503	90629	89203	196881
平板玻璃	平方米	17749317	16273861	278651	378685	818120
铝　材	吨	452278	396835	14589	11254	29600
企业总产值	万元	15828918	11419072	2502295	1049479	858071
房屋竣工面积	平方米	40440838	38983302	764949	395954	296633
住　宅	平方米	30116935	29246998	455562	250263	164112
商业及服务用房	平方米	2527170	2397353	36342	25350	68125
办公用房	平方米	2073978	1949730	9098	54713	60437
科研、教育、医疗用房	平方米	1143559	1027603	115956		
文化、体育、娱乐用房	平方米	397108	389749	3400		3959
厂房及建筑物	平方米	3872513	3668087	138798	65628	
仓　库	平方米	140808	139015	1793		
其他用房	平方米	168767	164767	4000		
房屋竣工价值	万元	6057258	5827296	120413	61554	47995
住　宅	万元	4544684	4406536	72028	37389	28731
商业及服务用房	万元	494169	472426	7890	5019	8833
办公用房	万元	231914	210201	1262	10942	9508
科研、教育、医疗用房	万元	169571	150631	18940		
文化、体育、娱乐用房	万元	99903	98162	819		922
厂房及建筑物	万元	458547	434057	16287	8204	
仓　库	万元	11387	11029	359		
其他用房	万元	47083	44256	2827		

8－3 按企业资质等级分建筑业总承包施工企业生产情况

（2012年）

项目	单位	总计	按企业资质等级分			
			特级	一级	二级	三级以下
建筑业企业个数	个	336	1	54	150	131
签订的合同额	万元	28722210	1032868	21382819	5383605	922919
上年结转合同额	万元	13704755	357589	10713394	2409796	223976
本年新签合同额	万元	15017455	675279	10669424	2973809	698943
承包工程完成情况						
直接从建设单位承揽工程完成的产值	万元	13329137	721440	8703053	3226126	678518
自行完成施工产值	万元	13088632	721440	8518548	3170826	677818
分包出去工程的产值	万元	240506		184505	55300	700
从建设单位以外承揽工程完成的产值	万元	696229		371760	310675	13794
建筑业总产值	万元	13784861	721440	8890308	3481501	691612
#装饰装修产值	万元	202122	12040	116371	33382	40329
在外省完成的产值	万元	6390820	52852	4557309	1606045	174615
建筑业总产值按构成分						
建筑工程产值	万元	12913023	721440	8349492	3236374	605717
安装工程产值	万元	774954		506766	208375	59813
其他产值	万元	96884		34049	36753	26082
竣工产值	万元	7488820	340471	4500461	2169305	478583
房屋建筑施工面积	平方米	161106298	7281412	114350183	35336814	4137889
#本年新开工面积	平方米	56130758	1807227	38901622	13275772	2146137
实行投标承包面积	平方米	113268669	5474185	88406911	17218341	2169232
#本年新开工	平方米	39000028		30185454	7397897	1416677
年末自有施工机械设备(净值)	万元	335468	2850	158706	126075	47838
年末自有施工机械设备(总台数)	台	58203	893	23900	27645	5765
年末自有施工机械设备(总功率)	千瓦	1497994	17810	812814	505522	161848
直接从事生产经营活动的平均人数	人	596245	30060	357959	168326	39900
年末从业人数	人	478509	445	283968	158573	35523
#工程技术人员	人	54983	268	22491	24669	7555
一级建造师	人	2330	50	1579	563	138

8－3 续表 （2012年）

项目	单位	总计	按企业资质等级分			
			特级	一级	二级	三级以下
现场施工工人	人	270696	255	174513	79623	16305
持证上岗人员	人	94785	216	48954	36439	9176
主要建筑材料消耗量						
钢材	吨	7651483	219939	5267528	1811994	352022
木材	立方米	4063075	57564	2261950	1514424	229137
水泥	吨	27778089	403916	17611859	8211812	1550502
平板玻璃	重量箱	4172415	13871	1836533	2203910	118101
平板玻璃	平方米	16841205	108194	8418898	7874398	439715
铝材	吨	413492	90000	175089	127347	21056
企业总产值	万元	14070545	721440	9118015	3520886	710203
房屋竣工面积	平方米	40344871	1821925	23972342	12717956	1832648
住宅	平方米	30069039	1259806	18712813	9368249	728171
商业及服务用房	平方米	2504377		1464453	734600	305324
办公用房	平方米	2069259	137396	1391512	373109	167242
科研、教育、医疗用房	平方米	1143559	55000	620320	241178	227061
文化、体育、娱乐用房	平方米	393149	12000	335848	41394	3907
厂房及建筑物	平方米	3855913	308940	1302228	1867775	376970
仓库	平方米	140808		113528	25221	2059
其他用房	平方米	168767	48783	31640	66430	21914
房屋竣工价值	万元	6041149	315139	3750922	1715946	259142
住宅	万元	4535407	221344	2967045	1241116	105902
商业及服务用房	万元	492168		327089	111867	53212
办公用房	万元	231205	28212	114387	64212	24394
科研、教育、医疗用房	万元	169571	12104	91784	34620	31063
文化、体育、娱乐用房	万元	98981	17581	74354	6122	924
厂房及建筑物	万元	455347	8384	163807	243058	40098
仓库	万元	11387		8297	2696	394
其他用房	万元	47083	27514	4160	12254	3155

8-4 按企业资质等级分建筑业专业承包施工企业生产情况

(2012年)

项目	单位	总计	按企业资质等级分		
			一级	二级	三级以下
建筑业企业个数	个	354	51	151	152
签订的合同额	万元	1768182	799616	543576	424991
上年结转合同额	万元	346350	159278	128897	58175
本年新签合同额	万元	1421832	640338	414678	366816
承包工程完成情况					
直接从建设单位承揽工程完成的产值	万元	1367995	588612	426180	353204
自行完成施工产值	万元	1359630	588447	420584	350599
分包出去工程的产值	万元	8366	165	5596	2605
从建设单位以外承揽工程完成的产值	万元	364572	339140	13707	11725
建筑业总产值	万元	1724201	927587	434290	362324
#装饰装修产值	万元	344052	197488	109436	37128
在外省完成的产值	万元	726659	526302	145209	55148
建筑业总产值按构成分					
建筑工程产值	万元	1218742	744565	251698	222480
安装工程产值	万元	490853	181966	175196	133691
其他产值	万元	14607	1057	7397	6154
竣工产值	万元	913434	465194	262209	186031
房屋建筑施工面积	平方米	104870	26549	31471	46850
#本年新开工面积	平方米	81985	3664	31471	46850
实行投标承包面积	平方米	47850	1000		46850
#本年新开工	平方米	47850	1000		46850
年末自有施工机械设备(净值)	万元	33998	18753	8690	6555
年末自有施工机械设备(总台数)	台	10218	5270	3129	1819
年末自有施工机械设备(总功率)	千瓦	198820	100695	50473	47652
直接从事生产经营活动的平均人数	人	84186	40687	22558	20941
年末从业人数	人	67930	24896	23987	19047
#工程技术人员	人	14593	4081	6359	4153
一级建造师	人	935	362	405	168

8－4 续表 （2012年）

项 目	单 位	总 计	按企业资质等级分		
			一 级	二 级	三级以下
现场施工工人	人	35100	14965	10496	9639
持证上岗人员	人	15667	5736	4700	5231
主要建筑材料消耗量					
钢 材	吨	604609	395691	134440	74478
木 材	立方米	508222	334963	104284	68975
水 泥	吨	2632058	2006487	410990	214581
平板玻璃	重量箱	219801	77202	136342	6257
平板玻璃	平方米	908112	406911	457660	43541
铝 材	吨	38786	21324	10153	7309
企业总产值	万元	1758373	929148	440200	389025
房屋竣工面积	平方米	95967	18796	31471	45700
住 宅	平方米	47896	18796		29100
商业及服务用房	平方米	22793		22793	
办公用房	平方米	4719		4719	
科研、教育、医疗用房	平方米				
文化、体育、娱乐用房	平方米	3959		3959	
厂房及建筑物	平方米	16600			16600
仓 库	平方米				
其他用房	平方米				
房屋竣工价值	万元	16109	3437	3632	9040
住 宅	万元	9277	3437		5840
商业及服务用房	万元	2002		2002	
办公用房	万元	708		708	
科研、教育、医疗用房	万元				
文化、体育、娱乐用房	万元	922		922	
厂房及建筑物	万元	3200			3200
仓 库	万元				
其他用房	万元				

8-5 按县(市)区分建筑业总承包、专业承包施工企业生产情况

(2012年)

项　　目	单位	福州市	鼓楼区	台江区	仓山区	马尾区	晋安区	福清市
建筑业企业个数	个	690	234	70	38	44	110	53
签订的合同额	万元	30490392	9619834	1271729	569281	4148402	3160220	2620441
上年结转合同额	万元	14051106	4427742	489151	306623	1721908	1365473	1443872
本年新签合同额	万元	16439287	5192092	782578	262658	2426494	1794747	1176569
承包工程完成情况								
直接从建设单位承揽工程完成的产值	万元	14697133	4771209	840152	242434	1363498	2055243	1057137
自行完成施工产值	万元	14448261	4729202	722548	241717	1361499	2001399	1057137
分包出去工程的产值	万元	248872	42007	117604	717	1999	53844	
从建设单位以外承揽工程完成的产值	万元	1060801	153478	2989	8007	150	2523	
建筑业总产值	万元	15509062	4882680	725537	249724	1361649	2003922	1057137
#装饰装修产值	万元	546173	234767	74059	17713	57639	116544	11314
在外省完成的产值	万元	7117480	1631681	287773	75471	322141	821495	562344
建筑业总产值按构成分								
建筑工程产值	万元	14131765	4338875	576286	230264	1205889	1710920	1040341
安装工程产值	万元	1265807	501433	147690	5380	146899	290921	3821
其他产值	万元	111491	42372	1561	14080	8861	2081	12976
竣工产值	万元	8402253	2125103	625969	91034	691511	1143904	655031
房屋建筑施工面积	平方米	161211168	43045628	7063694	1269531	22944295	11341948	16781726
#本年新开工面积	平方米	56212743	11514779	2404554	623490	8536630	6290265	4893090
实行投标承包面积	平方米	113316519	29477479	5583587	544213	21397370	6101881	9480352
#本年新开工	平方米	39047878	6458000	1790227	333633	8153937	4712619	2512882
年末自有施工机械设备(净值)	万元	369466	86019	11869	8543	13760	56773	51741
年末自有施工机械设备(总台数)	台	68421	17016	3696	1145	2392	10781	10674
年末自有施工机械设备(总功率)	千瓦	1696814	625400	52793	34767	38828	191069	237205
直接从事生产经营活动的平均人数	人	680431	198864	26044	11137	61597	76676	48907
年末从业人数	人	546439	162180	16371	11317	18091	97632	41053
#工程技术人员	人	69576	21350	3731	2652	4557	11414	6749
一级建造师	人	3265	1379	225	118	231	493	163

8－5 续表1 （2012年）

项目	单位	福州市	鼓楼区	台江区	仓山区	马尾区	晋安区	福清市
现场施工工人	人	305796	94438	9556	6195	10495	49634	28762
持证上岗人员	人	110452	32091	3607	4625	6390	16498	11081
主要建筑材料消耗量								
钢材	吨	8256092	2348211	429326	168236	723086	961477	499052
木材	立方米	4571297	1239754	132671	54214	164858	418438	175741
水泥	吨	30410147	6742700	937518	482424	1932805	3375935	4019434
平板玻璃	重量箱	4392216	681281	175474	52629	200204	479422	579835
平板玻璃	平方米	17749317	3180057	860018	162381	1162669	1314378	2341557
铝材	吨	452278	196170	23998	3942	16029	61697	22028
企业总产值	万元	15828918	5055257	730728	255755	1389871	2029746	1119489
房屋竣工面积	平方米	40440838	9244135	1835396	523746	3239807	4377363	4484850
住宅	平方米	30116935	7175514	1531675	173889	1504290	3167170	3625425
商业及服务用房	平方米	2527170	332671	65000	1030	255785	170912	453480
办公用房	平方米	2073978	406415	10308	11160	779545	260205	59433
科研、教育、医疗用房	平方米	1143559	199496	25180	16147	208384	260091	133192
文化、体育、娱乐用房	平方米	397108	72250	5000	507		176896	
厂房及建筑物	平方米	3872513	879620	177927	316337	489563	334947	184605
仓库	平方米	140808	104451	11306	1793		5935	
其他用房	平方米	168767	73718	9000	2883	2240	1207	28715
房屋竣工价值	万元	6057258	1518860	308003	53342	529655	695751	493789
住宅	万元	4544684	1202399	258588	22393	269655	489929	387081
商业及服务用房	万元	494169	63061	13435	203	126335	27468	63890
办公用房	万元	231914	56707	1461	1846	27936	45491	4675
科研、教育、医疗用房	万元	169571	46233	3512	3423	13118	45759	16363
文化、体育、娱乐用房	万元	99903	35032	1065	105		35202	
厂房及建筑物	万元	458547	77006	24836	24587	92421	51129	17174
仓库	万元	11387	7530	1480	359		545	
其他用房	万元	47083	30891	3627	427	190	229	4605

8－5 续表2 (2012年)

项　　目	单　位	长乐市	闽侯县	连江县	罗源县	闽清县	永泰县	平潭县
建筑业企业个数	个	17	24	21	9	22	33	15
签订的合同额	万元	1538191	264092	2556054	124651	1938434	2066222	612842
上年结转合同额	万元	843609	131721	1323881	80520	1019376	745638	151592
本年新签合同额	万元	694582	132371	1232173	44131	919059	1320584	461250
承包工程完成情况								
直接从建设单位承揽工程完成的产值	万元	682051	177988	1079956	58595	843774	1379889	145206
自行完成施工产值	万元	682051	175224	1079956	58595	843774	1349954	145206
分包出去工程的产值	万元		2764				29936	
从建设单位以外承揽工程完成的产值	万元		1137	900			2038	889580
建筑业总产值	万元	682051	176360	1080856	58595	843774	1351992	1034786
#装饰装修产值	万元		1546	16924	250	14711	354	353
在外省完成的产值	万元	306761	63680	663996	33691	611999	902670	833780
建筑业总产值按构成分								
建筑工程产值	万元	666237	168045	1009151	58595	747665	1347590	1031906
安装工程产值	万元	15502	8199	54258		87676	4031	
其他产值	万元	312	117	17448		8433	371	2880
竣工产值	万元	439055	114094	677812	26986	414716	978435	418604
房屋建筑施工面积	平方米	12534721	1656120	15749060	597960	12073026	15464464	688995
#本年新开工面积	平方米	3700357	634385	6746871	63984	3686777	6908322	209239
实行投标承包面积	平方米	12241531	718605	4298267	75640	11240638	11470869	686087
#本年新开工	平方米	3586592	273485	2090602	30500	3450756	5445406	209239
年末自有施工机械设备(净值)	万元	13207	9812	15302	472	30404	39908	31657
年末自有施工机械设备(总台数)	台	2413	1130	6386	132	3592	4831	4233
年末自有施工机械设备(总功率)	千瓦	48278	32688	63560	9808	91070	133557	137791
直接从事生产经营活动的平均人数	人	29111	8585	42237	2678	46923	71648	56024
年末从业人数	人	30695	8782	35188	2880	43913	76223	2114
#工程技术人员	人	3138	2427	2611	477	3455	5963	1052
一级建造师	人	111	45	107	22	101	188	82

8－5　续表3　　　　　　　　　　（2012年）

项　　目	单　位	长乐市	闽侯县	连江县	罗源县	闽清县	永泰县	平潭县
现场施工工人	人	14309	4302	15916	2012	29607	39827	743
持证上岗人员	人	4329	2224	5140	658	8466	14679	664
主要建筑材料消耗量								
钢　材	吨	389139	71868	684521	33788	534838	817770	594780
木　材	立方米	206863	59235	483523	25919	340786	665750	603545
水　泥	吨	2501118	516602	2772105	41038	1556552	2390853	3141063
平板玻璃	重量箱	386933	53386	605037	19985	279464	608713	269853
平板玻璃	平方米	1055902	141229	3561836	36030	1014789	2412210	506261
铝　材	吨	25435	7318	25377	4042	12969	13812	39461
企业总产值	万元	682051	176394	1080856	58595	844063	1371007	1035106
房屋竣工面积	平方米	2632993	814256	4507931	90136	2220851	5986216	483158
住　宅	平方米	2108235	265995	4213396	82754	1576215	4221429	470948
商业及服务用房	平方米	37814	34918	182779	20	152831	839930	
办公用房	平方米	49676	47628	19081		201087	229440	
科研、教育、医疗用房	平方米	77120	13285	14512		75038	121114	
文化、体育、娱乐用房	平方米	36852		1650		3468	100485	
厂房及建筑物	平方米	304009	444354	68513		186734	473694	12210
仓　库	平方米	9105	590		7362	142	124	
其他用房	平方米	10182	7486	8000		25336		
房屋竣工价值	万元	410310	93789	628819	13897	338991	897962	74089
住　宅	万元	337118	42107	580176	12313	246572	623609	72745
商业及服务用房	万元	3892	6000	34484	1024	26088	128289	
办公用房	万元	8533	4734	2494		29474	48563	
科研、教育、医疗用房	万元	11620	1368	1900		9926	16349	
文化、体育、娱乐用房	万元	4882		504		517	22596	
厂房及建筑物	万元	42384	38258	7850		23010	58547	1344
仓　库	万元	779	100		560	26	10	
其他用房	万元	1102	1223	1410		3379		

8－6　建筑业总承包、专业承包施工企业数及利润总额

（2012 年）

项　　目	单　位	福州市	鼓楼区	台江区	仓山区	马尾区	晋安区	福清市
企业个数	个	**591**	**198**	**53**	**28**	**39**	**90**	**53**
施工总承包	个	305	62	16	16	17	42	41
特　级	个	1	1					
一　级	个	52	17	1	2	2	8	6
二　级	个	138	19	9	6	6	17	18
三级以下	个	114	25	6	8	9	17	17
专业承包	个	286	136	37	12	22	48	12
一　级	个	47	24	7	1	2	8	2
二　级	个	128	63	16	4	6	25	7
三级以下	个	111	49	14	7	14	15	3
利润总额	**万元**	**371966**	**71824**	**22484**	**5515**	**65048**	**34107**	**31320**
施工总承包	万元	302491	33677	18039	4058	60830	27337	30801
特　级	万元	6548	6548					
一　级	万元	181299	19244	13026	2195	56539	12999	19574
二　级	万元	93320	5152	2598	997	1506	12861	7528
三级以下	万元	21324	2733	2415	866	2786	1477	3700
专业承包	万元	69474	38148	4446	1457	4218	6769	519
一　级	万元	18645	9186	2152	1057	675	2221	61
二　级	万元	30782	13460	1437	33	1704	4171	372
三级以下	万元	20047	15502	856	367	1838	377	86

项　　目	单　位	长乐市	闽侯县	连江县	罗源县	闽清县	永泰县	平潭县
企业个数	个	**17**	**21**	**21**	**7**	**22**	**28**	**14**
施工总承包	个	13	17	20	6	18	27	10
特　级	个							
一　级	个	4	2	2		4	2	2
二　级	个	8	11	11	4	7	17	5
三级以下	个	1	4	7	2	7	8	3
专业承包	个	4	4	1	1	4	1	4
一　级	个		1					2
二　级	个	2	2	1	1			1
三级以下	个	2	1			4	1	1
利润总额	**万元**	**20361**	**13490**	**17396**	**680**	**28382**	**41618**	**19742**
施工总承包	万元	20079	4585	16755	678	27547	41618	16489
特　级	万元							
一　级	万元	13709	352	8176		18258	10785	6443
二　级	万元	6147	3496	7829	649	6062	29046	9451
三级以下	万元	223	737	750	30	3227	1787	595
专业承包	万元	282	8906	641	2	835		3253
一　级	万元		75					3218
二　级	万元	280	8650	641	2			32
三级以下	万元	2	181			835		3

8－7 按行业分劳务分包企业主要指标

（2012年）

项目	单位	总计		按国民经济行业分			
			内资企业	房屋建筑业	土木工程建筑业	建筑安装业	建筑装饰和其他建筑业
企业个数	个	195	194	113	22	7	53
建筑业总产值	万元	1126220	1085261	887545	46539	45392	146744
#装饰装修产值	万元	23692	23692	21480	30		2182
直接从事生产经营活动的平均人数	人	211809	201409	160125	3999	10663	37022
年末从业人数	人	221157	210945	173800	1954	10717	34686
#单位负责人	人	768	766	482	93	62	131
工程技术人员	人	8756	8633	7060	402	365	929
现场施工工人	人	162433	162311	118832	1591	10326	31684
固定资产原价	万元	31638	31638	20851	6641	259	3888
本年折旧	万元	2634	2634	1264	646	16	709
资产总计	万元	210749	209000	142818	13400	7833	46698
负债合计	万元	135863	134610	95909	2320	7025	30609
实收资本	万元	57652	57452	37210	9630	707	10106
营业收入合计	万元	1122848	1081889	885103	45102	46079	146564
#主营业务收入(工程结算收入)	万元	1120305	1079346	884449	45002	46068	144786
主营业务成本(工程结算成本)	万元	1062637	1023201	843431	39235	44253	135719
主营业务税金及附加(工程结算税金及附加)	万元	37553	36178	29471	1702	1505	4876
费用合计(营业费用、管理费用、财务费用)	万元	14262	14231	9075	3074	282	1832
营业利润	万元	7970	7853	6218	1135	40	578
利润总额	万元	9196	8995	5678	2915	32	571
从业人员劳动报酬	万元	887137	846178	713105	7142	43542	123348
全部从业人员年平均人数	人	227255	216833	176861	2406	10617	37371
土地和固定资产支出	万元	901	901	685	139		76

8-8 按企业资质等级分劳务分包企业主要指标

(2012年)

项目	单位	总计	一级	二级	三级及以下
企业个数	个	195	132	26	37
建筑业总产值	万元	1126220	847077	73710	205433
#装饰装修产值	万元	23692	21290	262	2140
直接从事生产经营活动的平均人数	人	211809	154523	9616	47670
年末从业人数	人	221157	157565	7800	55792
#管理人员	人	768	491	70	207
工程技术人员	人	8756	7194	221	1341
现场施工工人	人	162433	113145	7438	41850
固定资产原价	万元	31638	23923	1689	6027
本年折旧	万元	2634	1626	388	620
资产总计	万元	210749	169828	10370	30551
负债合计	万元	135863	112374	3744	19744
实收资本	万元	57652	44501	4634	8517
营业收入合计	万元	1122848	846767	72161	203920
#主营业务收入(工程结算收入)	万元	1120305	844496	71929	203881
主营业务成本(工程结算成本)	万元	1062637	802903	68106	191628
主营业务税金及附加(工程结算税金及附加)	万元	37553	28181	2607	6764
费用合计(营业费用、管理费用、财务费用)	万元	14262	10254	1157	2852
营业利润	万元	7970	7101	347	522
利润总额	万元	9196	8423	279	495
从业人员劳动报酬	万元	887137	677980	31909	177248
全部从业人员年平均人数	人	227255	163315	9704	54236
土地和固定资产支出	万元	901	822	63	16

8-9 按登记注册类型分建筑业总承包、专业承包施工企业主要财务指标

（2012年） 单位：万元

项目	总计	#国有及国有控股企业	按登记注册类型分 内资企业	港、澳、台商投资企业	外商投资企业
年初存货	1121090	242407	1086005	28094	6991
流动资产合计	6999401	2233890	6879127	99503	20771
#存　货	1374321	323525	1342403	29844	2073
固定资产合计	1002711	396601	996223	3079	3408
固定资产原价	1348877	509416	1332510	8244	8123
累计折旧	443232	154345	433281	5236	4715
#本年折旧	76932	25848	76081	352	499
在建工程	57529	27084	57495	34	
资产总计	9007380	3279411	8813580	168852	24948
流动负债合计	5334089	2154806	5201449	114556	18085
非流动负债合计	299082	247810	298495	16	571
负债合计	5774714	2416556	5641486	114572	18655
所有者权益合计	3232792	862855	3172221	54280	6292
#实收资本	2418098	473506	2374598	37405	6095
国家资本	266842	258844	266242	600	
集体资本	87301	5745	86591	709	
法人资本	618555	189850	601000	17555	
个人资本	1425441	18367	1419529	4912	1000
港澳台资本	11164	700	700	10464	
外商资本	8796		536	3165	5095
主营业务收入	14287768	3835472	13759165	486741	41862
主营业务成本	12925974	3483098	12434831	453252	37891
主营业务税金及附加	484142	106728	468081	15457	604
其他业务利润	11939	5487	10805	1124	10
销售费用	53700	2088	53484	217	
管理费用	359405	126246	352931	3844	2631
#税　金	11819	2244	11636	123	60
差旅费	27022	5029	26689	201	133
工会经费	3056	1206	3015	8	32
财务费用	48701	22824	48417	101	184
#利息支出	44700	30696	44399	120	180
营业利润	365004	86552	350427	14015	562
营业外收入	10796	5805	10469	65	261
营业外支出	14754	2576	14653	5	95
建筑业企业在境外完成的营业收入	246856	246856	246856		
利润总额	361042	89832	346385	14075	581
应交所得税	135320	23357	131610	3564	147
应付职工薪酬(本年贷方累计发生额)	3622353	900163	3526631	87936	7786
从业人员工资总额	2399036	368325	2386923	8678	3435
#在岗职工工资总额	1411237	132257	1401192	8069	1976
从业人员平均工资(元)	45621	59272	45671	35725	43046
#在岗职工平均工资(元)	46148	53511	46228	36036	42676
应收工程款	983228	367049	946675	26496	10056
#竣工工程	349641	78398	326754	16052	6836
全部从业人员年平均人数(人)	525760	62141	522533	2429	798
资产减值损失	28087	7357	28087		
公允价值变动收益	2516	2	2516		
投资收益	5598	3428	5745		-147
土地和固定资产支出	185414	132228	183625	300	1489

8－10　按行业分建筑业总承包、专业承包施工企业主要财务指标

（2012年）　　　　单位：万元

项　　目	总　计	按国民经济行业分			
		房屋建筑业	土木工程建筑业	建筑安装业	建筑装饰和其他建筑业
年初存货	1121090	704710	279968	65910	70501
流动资产合计	6999401	4272776	1501329	743458	481838
#存　货	1374321	925580	237306	89109	122327
固定资产合计	1002711	593501	245844	85652	77714
固定资产原价	1348877	722320	378553	122816	125189
累计折旧	443232	162506	176210	52657	51860
#本年折旧	76932	29600	28481	9742	9110
在建工程	57529	20238	21681	12865	2745
资产资计	9007380	5466740	1930457	988035	622148
流动负债合计	5334089	3292738	1192173	549268	299911
长期负债合计	299082	216897	21356	58221	2608
负债合计	5774714	3587947	1233725	626227	326815
所有者权益合计	3232792	1878793	696732	361808	295460
#实收资本	2418098	1373410	571458	244941	228289
国家资本	266842	168829	64832	21080	12102
集体资本	87301	55081	22359	8190	1671
法人资本	618555	350922	137023	65590	65019
个人资本	1425441	784894	346544	149481	144523
港澳台资本	11164	5424	700	100	4939
外商资本	8796	8260		500	36
工程结算收入	14287768	10218314	2439511	886975	742968
工程结算成本	12925974	9421637	2161235	716431	626670
工程结算税金及附加	484142	347874	82836	22056	31376
其他业务利润	11939	3778	3018	3244	1900
销售费用	53700	12719	24665	9660	6656
管理费用	359405	144683	112493	59375	42855
#税　金	11819	5790	3021	1839	1170
差旅费	27022	13649	7833	3131	2410
工会经费	3056	1440	982	488	146
财务费用	48701	20592	11094	14234	2781
#利息支出	44700	23534	6695	12635	1836
营业利润	365004	253143	39295	48864	23702
营业外收入	10796	3151	5080	2172	392
营业外支出	14754	3630	2888	7852	384
建筑业企业在境外完成的营业收入	246856	7986	134606	104265	
利润总额	361042	252562	41487	43205	23787
应交所得税	135320	103439	15628	8989	7265
应付职工薪酬(本年贷方累计发生额)	3622353	2746947	548851	154081	172475
从业人员工资总额	2399036	1737474	398868	123069	139625
#在岗职工工资总额	1411237	1028095	209288	84284	89570
从业人员平均工资(元)	45621	46262	47977	36952	41244
#在岗职工平均工资(元)	46148	47140	47554	37819	41832
应收工程款	983228	506697	225446	141012	110073
#竣工工程	349641	168642	58174	62605	60220
全部从业人员年平均人数(人)	525760	375488	83138	33305	33829
资产减值损失	28087	1664	1851	24517	56
公允价值变动收益	2516	1	2	2511	2
投资收益	5598	－646	4575	1787	－117
土地和固定资产支出	185414	44481	78921	57568	4444

8－11 按企业资质等级分建筑业总承包施工企业主要财务指标

（2012 年）

单位：万元

项目	总计	#特级	一级	二级	三级以下
年初存货	966440	12217	457989	426071	70162
流动资产合计	5957650	194465	3928526	1476566	358093
#存货	1152369	6853	635536	434258	75722
固定资产合计	829389	2850	483968	241833	100739
固定资产原价	1102593	2732	661178	308530	130153
累计折旧	336446	1373	205968	93748	35357
#本年折旧	57683	161	34784	12892	9846
在建工程	43651		24875	14963	3813
资产总计	7670908	357742	4992863	1834763	485541
流动负债合计	4697933	274375	3229134	1004676	189748
长期负债合计	289769	47	276437	10493	2793
负债合计	5085032	274422	3535401	1061625	213584
所有者权益合计	2585877	83320	1457462	773138	271957
#实收资本	1955499	59710	1012312	648110	235367
国家资本	240682	59710	154158	16156	10658
集体资本	66578		17995	31213	17370
法人资本	490979		361576	94483	34921
个人资本	1143740		469994	501328	172418
港澳台资本	6124		5424	700	
外商资本	7396		3165	4231	
工程结算收入	12578377	460720	8303273	3171791	642593
工程结算成本	11514321	431245	7663405	2845626	574045
工程结算税金及附加	422557	10823	272357	116047	23331
其他业务利润	8020		5139	2639	242
销售费用	24097		1911	20518	1669
管理费用	250092	5497	152979	69272	22345
#税金	8316	69	3656	2843	1748
差旅费	19649	273	13596	3858	1922
工会经费	2364	49	1381	627	308
财务费用	41815	1094	34072	6167	481
#利息支出	40726	9626	27415	3297	389
营业利润	291841	6569	175933	89316	20023
营业外收入	8886		7031	1601	254
营业外支出	5863	21	4660	1002	179
建筑业企业在境外完成的营业收入	246856	7986	238870		
利润总额	294766	6548	178349	89768	20101
应交所得税	119790	1637	68261	42365	7526
应付职工薪酬(本年贷方累计发生额)	3244796	180360	2114407	776625	173404
从业人员工资总额	2142129	3148	1364581	639767	134633
#在岗职工工资总额	1234860	3132	701036	424946	105745
从业人员平均工资(元)	46518	76408	50584	41318	37953
#在岗职工平均工资(元)	47232	76958	52149	42652	39201
应收工程款	777565	11822	500921	202314	62508
#竣工工程	240577		125515	78620	36441
全部从业人员年平均人数(人)	460411	412	269766	154759	35474
资产减值损失	6470	17	6380	71	3
公允价值变动收益	2			1	2
投资收益	3248		909	2335	4
土地和固定资产支出	170952		146002	17895	7055

8－12　按企业资质等级分建筑业专业承包施工企业主要财务指标

(2012 年)　　单位:万元

项　　目	总　计	一　级	二　级	三级以下
年初存货	154650	66433	40220	47997
流动资产合计	1041751	339326	330444	371981
#存　货	221952	115512	45682	60758
固定资产合计	173321	39230	47281	86810
固定资产原价	246284	57605	74931	113748
累计折旧	106786	25803	31930	49054
#本年折旧	19249	3921	4975	10353
在建工程	13878	5886	3267	4724
资产总计	1336471	396252	415235	524985
流动负债合计	636156	227105	148921	260130
长期负债合计	9313	124	4318	4871
负债合计	689683	237951	178092	273640
所有者权益合计	646916	158301	237143	251472
#实收资本	462599	111083	179008	172508
国家资本	26161	12775	705	12681
集体资本	20722		11907	8815
法人资本	127576	27593	50372	49611
个人资本	281701	68250	112050	101400
港澳台资本	5039	1929	3110	
外商资本	1400	536	864	
工程结算收入	1709391	839279	468092	402020
工程结算成本	1411653	738320	355534	317799
工程结算税金及附加	61584	35875	14066	11644
其他业务利润	3919	1423	735	1761
销售费用	29603	16824	5720	7059
管理费用	109313	28241	37051	44021
#税　金	3503	1379	1214	910
差旅费	7373	2720	2230	2423
工会经费	692	112	213	367
财务费用	6886	2388	1631	2868
#利息支出	3974	758	1025	2191
营业利润	73164	17836	37147	18181
营业外收入	1909	441	614	855
营业外支出	8891	45	8524	322
建筑业企业在境外完成的营业收入				
利润总额	66275	18255	29288	18731
应交所得税	15530	4967	4902	5662
应付职工薪酬(本年贷方累计发生额)	377558	191441	102491	83626
从业人员工资总额	256907	106642	76082	74183
#在岗职工工资总额	176377	64521	51226	60630
从业人员平均工资(元)	39298	43517	34201	39838
#在岗职工平均工资(元)	39759	42242	36027	40776
应收工程款	205663	50103	74619	80942
#竣工工程	109064	20079	44539	44447
全部从业人员年平均人数(人)	65349	24506	22229	18614
资产减值损失	21617	－22	21557	82
公允价值变动收益	2514		2514	
投资收益	2350	194	2156	
土地和固定资产支出	14463	1021	8536	4906

8－13 按县(市)区分建筑业总承包、专业承包施工企业主要财务指标

（2012 年）　　　　单位：万元

项　　目	福州市	鼓楼区	台江区	仓山区	马尾区	晋安区	福清市
年初存货	1121090	355950	43706	32902	105992	137522	175640
流动资产合计	6999401	2945625	373271	330277	974247	857351	383943
#存　货	1374321	555444	42306	52055	104207	130094	174672
固定资产合计	1002711	432423	59499	37999	50922	113841	89078
固定资产原价	1348877	575642	80577	42410	60268	169366	116444
累计折旧	443232	168735	38406	15221	16274	66608	34960
#本年折旧	76932	31365	6192	5792	2864	9721	4677
在建工程	57529	17364	4232	9744	6646	6721	7002
资产总计	9007380	4051697	552774	375673	1097026	1011288	506901
流动负债合计	5334089	2467809	364195	238396	856252	568668	277057
长期负债合计	299082	270164	2262	1748	10698	8685	1639
负债合计	5774714	2759753	375434	243882	867046	617367	290583
所有者权益合计	3232792	1291944	177467	131791	229981	393921	216318
#实收资本	2418098	858315	135558	107878	205923	316221	175889
国家资本	266842	184307	19494	18919	2687	39051	
集体资本	87301	26860	9290	4904	8100	7552	921
法人资本	618555	304151	38287	3730	77298	104247	9272
个人资本	1425441	333021	64965	80325	113607	164390	164448
港澳台资本	11164	8613	358			945	1248
外商资本	8796	1364	3165		4231	36	
工程结算收入	14287768	4364097	804202	242662	1392245	1882741	949828
工程结算成本	12925974	3985471	708847	217110	1241302	1685002	866376
工程结算税金及附加	484142	128689	31387	7959	47162	62155	42174
其他业务利润	11939	5526	2113	73	1095	1108	1125
销售费用	53700	13296	2850	212	1921	8903	581
管理费用	359405	133809	37446	9132	31705	69676	9183
#税　金	11819	3172	1035	459	489	2250	731
差旅费	27022	11940	2021	326	1652	3943	886
工会经费	3056	1064	330	71	186	863	91
财务费用	48701	27737	2554	3144	5180	4542	1877
#利息支出	44700	33734	1950	533	2520	3575	541
营业利润	365004	67215	18264	4816	64246	31204	30762
营业外收入	10796	2809	172	60	1191	4199	631
营业外支出	14754	1763	248	26	464	2837	77
建筑业企业在境外完成的营业收入	246856	246856					
利润总额	361042	68264	18188	4850	64920	32566	31320
应交所得税	135320	17686	5279	1783	17342	11679	17422
应付职工薪酬(本年贷方累计发生额)	3622353	1047387	153468	60609	401835	459364	291950
从业人员工资总额	2399036	628379	58711	46076	93538	419913	287897
#在岗职工工资总额	1411237	215698	42494	17847	76151	127056	275408
从业人员平均工资(元)	45621	43792	41120	40442	43593	48460	36633
#在岗职工平均工资(元)	46148	43106	42520	40925	45127	45581	36874
应收工程款	983228	364136	54147	39615	140306	181105	43098
#竣工工程	349641	124047	30278	17225	29333	49649	19412
全部从业人员年平均人数(人)	525760	143473	14271	11393	21457	86571	52579
资产减值损失	28087	2117	－199	22	2329	2260	
公允价值变动收益	2516	3				2	
投资收益	5598	933	2634		－60	179	4
土地和固定资产支出	185414	135139	3279	1349	12275	17437	3617

8－13 续表 (2012年) 单位:万元

项目	长乐市	闽侯县	连江县	罗源县	闽清县	永泰县	平潭县
年初存货	92477	30498	48074	8585	24614	40120	25010
流动资产合计	229122	142321	163927	47180	169425	266899	115813
#存货	101287	39716	53856	8348	29526	56481	26329
固定资产合计	27606	17123	27806	2805	36647	50425	56537
固定资产原价	35837	22612	38193	3787	49080	72386	82276
累计折旧	10539	6498	13469	1259	15365	23288	32610
#本年折旧	1918	935	1356	158	2775	4079	5101
在建工程	1090	367	130	64	187	25	3957
资产总计	258266	176818	195760	52198	215553	335799	177626
流动负债合计	175339	71060	79092	34583	45905	99469	56265
长期负债合计	199	100	135		1	3452	
负债合计	175796	90550	91953	37008	45906	123167	56269
所有者权益合计	82469	86268	103807	15190	169647	212632	121357
#实收资本	72549	64804	85442	15001	124137	153082	103301
国家资本		2386					
集体资本	1811	40	2954	5672	11067	8129	
法人资本	17680	14554	13142		9837	15228	11130
个人资本	53059	47825	69346	9328	103232	129725	92171
港澳台资本							
外商资本							
工程结算收入	624143	226378	663376	47051	801514	1347678	941852
工程结算成本	569488	173136	608814	43748	727044	1243347	856288
工程结算税金及附加	22041	7349	23374	1475	28217	46138	36023
其他业务利润	285	64	170	10	370		
销售费用	4370	597	606	232	4489	524	15121
管理费用	7884	6563	9602	949	13567	15542	14347
#税金	722	676	496	80	433	638	639
差旅费	181	522	1794	110	799	587	2261
工会经费	10	124	1	3	255	20	39
财务费用	430	253	1122	11	148	1125	578
#利息支出	358	99	806	8	27	490	59
营业利润	19847	21362	17400	676	28497	41219	19496
营业外收入	888	539	36	23	15	232	3
营业外支出	374	8640	40	32	131	107	13
建筑业企业在境外完成的营业收入							
利润总额	20361	13301	17396	666	28382	41344	19485
应交所得税	6734	3502	10989	607	10004	20773	11521
应付职工薪酬(本年贷方累计发生额)	167980	41101	248849	13982	200212	336879	198738
从业人员工资总额	152747	33834	133572	11301	190363	334503	8202
#在岗职工工资总额	138446	27593	121240	11192	186802	165225	6084
从业人员平均工资(元)	48994	42598	40130	42628	38782	54755	52960
#在岗职工平均工资(元)	48193	42637	40516	42745	38631	56088	53335
应收工程款	6277	29323	20552	17473	34435	30145	22617
#竣工工程	1233	13508	12288	6026	25948	17987	2708
全部从业人员年平均人数(人)	28842	9236	27263	2653	47436	78471	2115
资产减值损失		21557					
公允价值变动收益		2511		1			
投资收益		1895		12			
土地和固定资产支出	1089	1001	1	155	3122	4082	2869

主要统计指标解释

建筑业总产值 指以货币表现的建筑业企业在一定时期内生产的建筑业产品和服务的总和。它包括建筑工程产值、安装工程产值和其他产值三部分内容。

建筑工程产值 指列入建筑工程预算内的各种工程价值。包括各种用途的房屋、构筑物的建筑工程和列入房屋工程预算内暖气、卫生、通风、照明、煤气等设备价值;设备基础、支柱、操作台、梯子、烟囱、凉水塔的建筑工程;各种锅炉炉体砌筑和金属结构安装工程;施工现场布置,场地平整,施工临时用水、电、道路的铺筑与架设;矿井的开凿,井巷掘进延伸,露天矿的剥离,石油、天然气钻井工程;铁路、公路、港口、桥梁的建筑工程;水利工程;防空、地下建筑等特殊工程。建筑工程产值还包括建筑装饰工程产值。建筑装饰工程的范围,包括抹灰、门窗、玻璃、吊顶、隔断、饰面板(砖)、涂料、裱湖、刷浆、花饰等十项工程。

安装工程产值 指设备安装工程产值,包括:生产、动力、起重、运输、传动和医疗、实验等各种需要安装设备的装配与安装,与设备相相联结的工作台、梯子、栏杆等装设工程,附属于被安装设备的管线敷设工程,被安装设备的绝缘、防腐、保温、油漆等工程;为测定安装工作质量,对单个设备、系统设备进行单机试车和系统联动无负荷试运转工作。设备安装工程产值中不包括被安装设备本身的价值。

其他产值 指建筑业总产值中除建筑工程、安装工程以外的产值。包括房屋构筑物修理产值、非标准设备制造产值、总包企业向分包企业收取的管理费及不能明确划分的施工活动所完成的产值。

房屋、构筑物修理产值 指房屋、构筑物修理所完成的产值,但不包括被修理房屋、构筑物本身的价值和生产设备的修理价值。

非标准设备制造产值 指加工制造没有定型的、非标准生产设备的加工费和原材料价值,不论是现场还是附属加工厂为本单位承建工程制造的非标准设备价值,都应计算产值。

竣工产值 指在报告期内,按照设计所规定的的工程内容全部完成,达到了设计规定的交工条件,经质量监督检查部门检查验收鉴定合格的单位工程价值之和。

单位工程施工个数 指在报告期内施工过的全部单位工程个数。它包括本期内新开工的,还包括上期施工跨入本期继续施工的单位工程个数。

单位工程竣工个数 指在报告期内,按照设计规定的的工程内容全部完成,达到了使用条件,经质量监督检查部门检查验收鉴定合格的全部单位工程个数。

自有机械设备年末总台数 指归本企业(或单位)所有,属于本企业(或单位)固定资产的生产性机械设备年末总台数。包括施工机械、生产设备、运输设备以及其他设备。

自有机械设备年末总功率 指本企业(或单位)自有施工机械、生产设备、运输设备以及其他设备等列为在册固定资产的生产性机械设备年末总功率,按设计能力或查定能力计算。包括机械本身的动力和为该机械服务的单独动力设备。如电动机等到。计量单位用千瓦,动力换算可按 1 马力 =0.735 千瓦折合成千瓦数.电焊机、变压器、锅炉不计算动力。

施工机械功率 指归本企业所有,属于本企业固定资产的施工机械,以及直接为施工服务的生产设备、运输设备的全部功率,

建筑业增加值 是指建筑业企业在报告期内以货币表现的建筑业生产经营活动的最终成果。建筑业增加值有两种计算方法:一是生产法,即建筑业总产值减去建筑业中间投入后的余额;二是分配法(收入法),即从收入的角度出发,根据生产要素在生产过程中得到的收入份额计算,构成项目有固定资产折旧、劳动者报酬、生产税净额和营业盈余。

工程结算收入 指企业(或单位)按工程的分部分项自行完成的建筑产品价值并已与甲方在报告期内办理结算手续的工程价款收入,以及向甲方收取的除工程价款以外的按规定列作营业收入的各种款项,如临时

设施费、劳动保险费、施工机械调迁费经及向甲方收取的各种索赔款。

工程结算利润 指已结算工程实现的利润,如亏损以“－”号表示。其计算公式为:

工程结算利润＝工程结算收入－工程结算成本－工程结算税金及附加

企业总收入 指与企业生产经营直接有关的各项收入,包括工程结算收入和其他业务收入。即:企业总收入＝工程结算收入＋其他业务收入

房屋建筑施工面积 指在报告期内施工的全部房屋建筑面积,包括本期新开工的、上期施工跨入本期继续施工、上期停建本期复工的房屋建筑面积;不包括上期开工后又停工,本期末施工的房屋建筑面积。

房屋建筑竣工面积 指在报告期内,按照设计所规定的工程内容全部完成,达到了设计规定的交工条件,经有关部门检查验收鉴定合格的房屋建筑面积。

9 批发零售、住宿餐饮与旅游业

9-1 主要年份社会消费品零售总额

单位:万元

年份	社会消费品零售总额	批发和零售业	住宿和餐饮业	其他行业
1952	14728			
1957	28730			
1962	41885			
1965	40392			
1970	41312			
1975	55755			
1978	69385			
1979	81434			
1980	105652			
1981	107486			
1982	119816			
1983	132492			
1984	159722			
1985	203152			
1986	246647			
1987	284971			
1988	377931	291538	13826	45290
1989	440614	330248	16209	58669
1990	452764	331223	20587	62384
1991	506952	370231	20464	79497
1992	606802	464470	27776	78591
1993	777163	593644	43875	90776
1994	1048674	779362	58964	160914
1995	1332693	989155	106433	186642
1996	1873235	1517625	185902	111718
1997	2344414	1885178	255068	144607
1998	2770234	2249704	294374	167361
1999	3152256	2539537	368167	181403
2000	3517653	2833875	418509	196414
2001	3862850	3137011	449542	206858
2002	4306946	3485075	524865	297006
2003	4909778	4043290	608730	257757
2004	5803820	4852169	711629	240022
2005	6645454	5689260	913330	42864
2006	7790321	6716281	1024511	49529
2007	9473711	8154373	1264089	55249
2008	11446381	9862225	1519862	64294
2009	13386447	11464073	1819200	103175
2010	16242808	13917104	2190655	135049
2011	19478102	16791660	2524519	161923
2012	23198231	19669508	2920788	607935

9－2　限额以上批发企业基本情况

（2012 年）　　单位：万元

项　　目	法人企业（个）	年末从业人员（人）	商品购进总额	商品销售总额	#批发额	商品年末库存
总　　计	**589**	**34158**	**24033586**	**25793290**	**21985059**	**1441885**
按登记注册类型分						
内资企业	571	31959	18590855	19334751	18276482	1274680
国有企业	48	8067	4340833	4303860	4058290	235840
集体企业	4	72	27345	27965	27965	1877
联营企业	2	110	39612	37820	37820	1802
国有联营企业	1	14	11761	11524	11524	246
国有与集体联营企业	1	96	27852	26296	26296	1556
有限责任公司	151	9607	6529553	6872817	6698290	658250
国有独资公司	7	437	877789	877711	874669	241623
其他有限责任公司	144	9170	5651764	5995106	5823621	416627
股份有限公司	13	1371	487191	537398	536393	26939
私营企业	328	11845	6775557	7095259	6496969	318623
私营独资企业	1	11	9390	9628	9628	34
私营有限责任公司	317	11379	6653810	6946365	6360274	308615
私营股份有限公司	10	455	112356	139267	127067	9974
其他企业	25	887	390764	459632	420757	31350
港、澳、台商投资企业	12	796	1211718	1257323	1242443	51028
合资经营企业（港或澳、台资）	4	95	203174	207175	207175	7390
港、澳、台商独资经营企业	8	701	1008544	1050147	1035267	43637
外商投资企业	6	1403	4231013	5201217	2466134	116177
中外合资经营企业	4	913	4157539	5127977	2401760	115247
外资企业	1	86	29554	29554	20688	
外商投资股份有限公司	1	404	43920	43686	43686	930

9-2 续表 (2012年) 单位:万元

项目	法人企业(个)	年末从业人员(人)	商品购进总额	商品销售总额	#批发额	商品年末库存
按国民经济行业分						
农、林、牧产品批发	9	416	436043	404453	404453	205792
谷物、豆及薯类批发	4	283	339992	308043	308043	191292
饲料批发	5	133	96051	96410	96410	14500
食品、饮料及烟草制品批发	60	6995	2356181	2813335	2482323	174022
米、面制品及食用油批发	18	2180	669098	705329	680734	86636
糕点、糖果及糖批发	2	74	13830	14046	14046	1022
果品、蔬菜批发	3	634	161590	177916	131889	631
肉、禽、蛋及水产品批发	15	483	232359	399752	391823	19781
盐及调味品批发	3	194	49215	63180	63180	6980
营养及保健品批发	2	101	17207	17745	17745	4236
酒、饮料及茶叶批发	13	1847	631369	669834	418847	20741
烟草制品批发	2	1426	564038	748001	747085	32363
其他食品批发	2	56	17475	17534	16974	1632
纺织、服装及家庭用品批发	120	7789	2950501	3203844	3091812	222600
纺织品、针织品及原料批发	12	258	259060	268993	263117	24422
服装批发	30	1216	667405	691646	683567	38592
鞋帽批发	31	1441	1080536	1128009	1123847	27688
化妆品及卫生用品批发	5	281	46577	49269	46866	3073
厨房、卫生间用具及日用杂货批发	9	530	48744	74434	72806	4692
灯具、装饰物品批发	2	29	8482	8830	8830	76
家用电器批发	25	3356	731600	877515	797398	119741
其他家庭用品批发	6	678	108098	105148	95381	4316
文化、体育用品及器材批发	9	285	39886	40157	39272	2932
文具用品批发	5	112	25194	25481	24662	1537
图书批发	1	73	4496	4291	4291	205
首饰、工艺品及收藏品批发	1	37	4689	4698	4698	25
其他文化用品批发	2	63	5508	5687	5621	1164
医药及医疗器材批发	37	2471	967659	1027151	843620	86292
西药批发	21	1784	721024	772595	630366	52330
中药批发	10	579	212943	215368	179016	26925
医疗用品及器材批发	6	108	33692	39188	34238	7038
矿产品、建材及化工产品批发	235	10526	13820968	14556815	11554389	548708
煤炭及制品批发	26	2786	1947641	1957117	1881860	59955
石油及制品批发	16	4441	6649780	7135769	4339797	229231
非金属矿及制品批发	4	43	32387	38223	38223	28
金属及金属矿批发	100	1023	1796681	1951352	1946166	115452
建材批发	53	1427	2388930	2439941	2320067	50461
化肥批发	6	219	423350	394809	394809	67209
农药批发	3	28	142238	138544	136426	3694
其他化工产品批发	27	559	439961	501059	497041	22677
机械设备、五金交电及电子产品批发	90	3717	1945042	2143401	1986335	112827
农业机械批发	1	93	5580	7420	7420	1311
汽车批发	7	516	98391	112108	98151	15092
汽车零配件批发	7	274	122878	127715	123198	9490
摩托车及零配件批发	2	90	37039	56023	56023	805
五金产品批发	9	224	153309	163167	158376	2763
电气设备批发	2	76	40647	48769	45636	6823
计算机、软件及辅助设备批发	18	1006	954127	982840	908839	48544
通讯及广播电视设备批发	14	550	144679	155197	155197	15870
其他机械设备及电子产品批发	30	888	388392	490163	433495	12129
贸易经纪与代理	6	1298	675583	751691	751691	48725
贸易代理	5	404	240242	356578	356578	8497
其他贸易经纪与代理	1	894	435341	395114	395114	40228
其他批发业	23	661	841722	852442	831165	39989
再生物资回收与批发	8	132	33795	35013	35013	1928
其他未列明的批发	15	529	807928	817429	796151	38061

9-3 限额以上零售企业基本情况

（2012年）　　　　单位：万元

项　　目	法人企业（个）	年末从业人员（人）	商品购进总额	商品销售总额	#批发额	商品年末库存
总　　计	**580**	**61295**	**9808361**	**11237095**	**1257994**	**739512**
按登记注册类型分						
内资企业	545	40480	8442390	9323426	1189030	650564
国有企业	15	1541	419990	696254	87864	11452
集体企业	24	962	73613	83843	4899	3607
股份合作企业	1	80	6312	8192		620
联营企业	2	43	9581	10583		238
国有联营企业	1	29	4927	4889		37
集体联营企业	1	14	4654	5694		200
有限责任公司	160	17945	3616652	3821693	503778	340961
其他有限责任公司	160	17945	3616652	3821693	503778	340961
股份有限公司	12	4210	1526666	1601979	186658	70281
私营企业	292	13945	2502873	2794084	371167	190375
私营独资企业	45	1394	86599	94900	3129	7785
私营合伙企业	8	511	38199	46445	1985	3683
私营有限责任公司	232	11190	2233264	2463422	362728	169222
私营股份有限公司	7	850	144810	189318	3325	9685
其他企业	39	1754	286704	306799	34662	33030
港、澳、台商投资企业	15	13738	867158	870499	19098	49581
合资经营企业（港或澳、台资）	4	842	84800	77268	2560	14887
港、澳、台商独资经营企业	10	3371	100491	125650	16539	20408
其他港、澳、台商投资企业	1	9525	681867	667581		14286
外商投资企业	20	7077	498813	1043170	49866	39367
中外合资经营企业	7	3075	217112	717348	45974	13041
外资企业	13	4002	281701	325822	3893	26326

9-3 续表 (2012年) 单位:万元

项目	法人企业(个)	年末从业人员(人)	商品购进总额	商品销售总额	#批发额	商品年末库存
按国民经济行业分						
综合零售	119	24202	2000897	2225583	13710	84951
百货零售	34	4352	621392	783502	4545	20319
超级市场零售	72	19360	1336792	1397438	6230	62539
其他综合零售	13	490	42713	44644	2935	2093
食品、饮料及烟草制品专门零售	41	6423	399090	419978	20885	70552
粮油零售	4	3104	186079	171465	1480	61185
糕点、面包零售	1	1644	5167	12918		97
果品、蔬菜零售	1	6	847	806		41
肉、禽、蛋及水产品零售	3	156	6682	7089		186
营养和保健品零售	3	95	41875	53561	3970	513
酒、饮料及茶叶零售	19	633	89709	99736	7107	3093
烟草制品零售	2	349	37245	39772		2827
其他食品零售	8	436	31486	34631	8329	2609
纺织、服装及日用品专门零售	62	4801	397814	495354	107509	43007
纺织品及针织品零售	13	756	37229	43113	2846	3874
服装零售	21	2106	135337	158424	18529	30805
鞋帽零售	7	410	33768	37344	8060	2517
化妆品及卫生用品零售	7	422	37316	65707	47707	2269
钟表、眼镜零售	1	209	11557	11595		938
厨房用具及日用杂品零售	2	44	41028	58016		12
自行车零售	1	30	16970	17160	17160	700
其他日用品零售	10	824	84608	103995	13208	1892
文化、体育用品及器材专门零售	30	2042	804034	819430	264555	89269
文具用品零售	3	26	8377	8671	6030	224
图书、报刊零售	4	711	382458	391713	194446	46135
珠宝首饰零售	8	370	41691	48507	25694	10207
工艺美术品及收藏品零售	8	664	330022	327067	10082	28585
乐器零售	2	41	5777	5790	4048	454
照相器材零售	2	26	6579	5958	1495	624
其他文化用品零售	3	204	29131	31724	22760	3040
医药及医疗器材专门零售	25	2498	289493	306327	85195	20642
药品零售	20	2225	265713	279790	71553	18847
医疗用品及器材零售	5	273	23780	26537	13642	1796
汽车、摩托车、燃料及零配件专门零售	145	14240	3903702	4808769	266690	306084
汽车零售	105	7749	2430240	2547880	68599	277108
汽车零配件零售	6	1041	85710	96242	1117	4425
摩托车及零配件零售	3	39	3390	4021		375
机动车燃料零售	31	5411	1384363	2160626	196975	24177
家用电器及电子产品专门零售	82	4751	804881	866834	59236	54182
家用视听设备零售	8	412	59923	68393	3893	4440
日用家电设备零售	35	2103	334721	378060	19531	21754
计算机、软件及辅助设备零售	29	1837	373104	379709	20936	21263
通信设备零售	8	366	28585	30184	13134	5167
其他电子产品零售	2	33	8549	10487	1743	1558
五金、家具及室内装修材料专门零售	49	1507	836791	918766	157427	57290
五金零售	11	273	57655	60126	34004	3967
灯具零售	4	49	19574	20297	592	394
家具零售	19	642	587174	656881	19912	45029
木制装饰材料零售	3	76	34539	40380		1904
陶瓷、石材装饰材料零售	2	166	8797	8608	528	1098
其他室内装修材料零售	10	301	129053	132474	102391	4899
货摊、无店铺及其他零售业	27	831	371659	376054	282788	13535
生活用燃料零售	3	78	5083	5202	976	31
其他未列明的零售	24	753	366576	370852	281811	13504

9－4 限额以上批发零售贸易业商品销售类值

单位:万元

项目	2011年			2012年		
	销售合计	批发额	零售额	销售合计	批发额	零售额
总计	**23994591**	**15032369**	**8962222**	**27385719**	**16897483**	**10488237**
粮油、食品、饮料、烟酒类	4034056	2674781	1359275	4304093	2730586	1573507
服装、鞋帽、针纺织品类	1984934	1258989	725944	2057956	1294682	763273
化妆品类	99194	12569	86625	117362	18584	98778
金银珠宝类	187103	14310	172793	362682	88915	273767
日用品类	839038	407690	431349	939239	397952	541287
五金、电料类	202977	163788	39190	247750	171323	76427
体育、娱乐用品类	27752	14435	13316	21441	11248	10193
书报杂志类	433273	173540	259733	376349	198985	177364
电子出版物及音像制品类	44793	37870	6923	14449	4995	9454
家用电器和音像器材类	1289920	668275	621646	1317991	712606	605384
中西药品类	1178026	918165	259861	1227890	845545	382345
文化办公用品类	697183	338855	358328	736359	264211	472148
家具类	397804	66206	331598	482873	80614	402259
通讯器材类	172103	58967	113136	200511	122217	78294
煤炭及制品类	1122164	1032916	89248	993853	873164	120688
木材及制品类	82388	82388		101474	101474	
石油及制品类	3195793	1984019	1211774	3455338	2115793	1339545
化工材料及制品类	984002	984002		1535085	1535085	
金属材料类	2020092	2020092		2586933	2586933	
建筑及装潢材料类	836602	577500	259102	961556	510745	450812
机电产品及设备类	614091	535969	78122	683648	569168	114480
汽车类	2503637	189761	2313875	2755567	149787	2605780
种子饲料类	46359	46359		113378	113378	
棉麻类	11857	11330	526	19800	19737	63
其他类	989451	759593	229858	1772145	1379754	392391

9－5 限额以上批发零售贸易业商品购进、销售库存数量

（2012年）

项　　目	单　位	购进量	销售量	期末库存量
大米（稻米）	千克	736533870	477046204	1066695690
面粉（小麦面）	千克	358586353	254049956	104647845
杂　粮	千克	434901074	348038202	88203110
食用植物油	千克	257302173	250495966	31630399
猪　肉	千克	15010467	15828981	286274
牛　肉	千克	1029127	1019432	38599
羊　肉	千克	250687	241918	20139
禽　肉	千克	6483066	6736473	102741
鲜　蛋	千克	3265948	3232006	122702
彩色电视机	台	428950	477036	67589
家用电冰箱	台	534280	761722	31895
房间空调器	台	1522454	1656434	264519
电脑（微型计算机）	台	974729	941420	144799
汽　车	辆	91993	91401	13452
其中：轿　车	辆	59525	59569	9062
煤　炭	吨	12005765	11732451	439385
汽　油	吨	1430908	1392480	80211
柴　油	吨	1279194	1010692	45827
钢　材	吨	5205297	5250037	306393
铜	吨	11464	11413	135
铝	吨	862	843	213
水　泥	吨	1176765	1162216	20675
化学肥料	吨	626873	799276	279080
化学农药	吨	332137	332544	1275

9－6 限额以上批发企业年末资产及负债情况

（2012 年）　　单位:万元

项目	法人企业数（个）	资产总计	#流动资产合计	固定资产原价	负债合计	所有者权益合计
总计	**589**	**10782980**	**8144433**	**693630**	**7643501**	**3139479**
按登记注册类型分						
内资企业	571	9730806	7564304	507418	6982715	2748091
国有企业	48	1708648	1123187	130915	922277	786371
集体企业	4	6642	5491	1666	5820	823
联营企业	2	7533	5893	2524	3220	4314
国有联营企业	1	3514	1904	2047	197	3317
国有与集体联营企业	1	4019	3989	477	3023	996
有限责任公司	151	3425501	2827925	255266	2727727	697774
国有独资公司	7	450874	314455	41223	367928	82946
其他有限责任公司	144	2974627	2513470	214043	2359799	614828
股份有限公司	13	777483	341262	12632	577015	200468
私营企业	328	3503208	2982073	97741	2495498	1007710
私营独资企业	1	383	286	161	281	101
私营有限责任公司	317	3416654	2930226	90279	2448518	968135
私营股份有限公司	10	86172	51561	7301	46698	39473
其他企业	25	301791	278475	6676	251159	50632
港、澳、台商投资企业	12	287164	276703	6452	213061	74103
合资经营企业(港或澳、台资)	4	68621	66305	2330	48475	20146
港、澳、台商独资经营企业	8	218543	210398	4122	164587	53957
外商投资企业	6	765010	303426	179761	447725	317285
中外合资经营企业	4	751244	294667	179600	435199	316045
外资企业	1	5541	5466	138	4801	740
外商投资股份有限公司	1	8225	3293	23	7725	500

9-6 续表 (2012年) 单位:万元

项目	法人企业数(个)	资产总计	#流动资产合计	固定资产原价	负债合计	所有者权益合计
按国民经济行业分						
农、林、牧产品批发	9	341776	281281	27354	295395	46381
谷物、豆及薯类批发	4	236167	208179	22195	215251	20916
种子批发						
饲料批发	5	105609	73102	5160	80144	25465
食品、饮料及烟草制品批发	60	1120300	788612	166209	597708	522593
米、面制品及食用油批发	18	328308	272358	24814	269231	59077
糕点、糖果及糖批发	2	5617	5525	170	5288	328
果品、蔬菜批发	3	112708	18121	63324	47515	65193
肉、禽、蛋及水产品批发	15	176857	115170	8582	124121	52736
盐及调味品批发	3	107460	41142	8913	64173	43287
营养及保健品批发	2	7435	7254	420	5879	1556
酒、饮料及茶叶批发	13	98133	72870	8919	67438	30695
烟草制品批发	2	278128	251223	49793	9781	268348
其他食品批发	2	5656	4950	1275	4284	1373
纺织、服装及家庭用品批发	120	1624754	1084645	41827	1269474	355280
纺织品、针织品及原料批发	12	82722	81948	1122	73157	9565
服装批发	30	288228	272317	6591	236769	51458
鞋帽批发	31	946748	446707	18725	696987	249761
化妆品及卫生用品批发	5	15326	15178	354	12940	2387
厨房、卫生间用具及日用杂货批发	9	25463	20907	632	11817	13647
灯具、装饰物品批发	2	977	852	274	827	150
家用电器批发	25	244708	230106	6675	226941	17768
其他家庭用品批发	6	20582	16629	7454	10037	10545
文化、体育用品及器材批发	9	72168	51701	1648	50243	21925
文具用品批发	5	19023	15934	738	7694	11329
图书批发	1	47992	30994	210	38604	9388
首饰、工艺品及收藏品批发	1	1362	1091	415	997	365
其他文化用品批发	2	3791	3682	285	2949	842
医药及医疗器材批发	37	468093	428093	17615	342915	125178
西药批发	21	376333	339304	14609	285866	90467
中药批发	10	68765	67416	2136	40791	27974
医疗用品及器材批发	6	22995	21373	870	16258	6737
矿产品、建材及化工产品批发	235	5685424	4181936	378260	3961165	1724259
煤炭及制品批发	26	682882	598164	42167	522276	160607
石油及制品批发	16	1485897	580275	203694	815704	670193
非金属矿及制品批发	4	11944	11822	177	8009	3935
金属及金属矿批发	100	1393130	1319094	22441	1162270	230861
建材批发	53	1147483	864280	69977	745902	401581
化肥批发	6	332220	238271	28503	284815	47405
农药批发	3	47425	34824	146	16400	31026
其他化工产品批发	27	584443	535207	11156	405790	178653
机械设备、五金交电及电子产品批发	90	773986	736551	21352	598202	175785
农业机械批发	1	4677	4541	221	3493	1184
汽车批发	7	58372	54151	2421	44809	13563
汽车零配件批发	7	36710	34546	1493	19598	17112
摩托车及零配件批发	2	7175	5770	735	6115	1061
五金产品批发	9	24955	24287	1035	10520	14435
电气设备批发	2	16001	15929	237	13328	2673
计算机、软件及辅助设备批发	18	313820	304106	5662	255749	58071
通讯及广播电视设备批发	14	103700	98511	2744	69837	33862
其他机械设备及电子产品批发	30	208575	194712	6803	174753	33823
贸易经纪与代理	6	246280	165910	24892	166521	79759
贸易代理	5	160985	99510	5997	120879	40106
其他贸易经纪与代理	1	85295	66400	18896	45642	39653
其他批发业	23	450199	425705	14473	361879	88320
再生物资回收与批发	8	25397	17679	5164	11595	13802
其他未列明的批发	15	424802	408026	9310	350284	74518

9-7 限额以上批发企业财务状况

(2012 年) 单位:万元

项目	主营业务收入	主营业务成本	主营业务税金及附加	主营业务利润
总计	**23144046**	**22038913**	**79122**	**315658**
按登记注册类型分				
内资企业	17601145	16777599	72041	176162
国有企业	3901263	3619529	43143	121216
集体企业	26932	25871	91	124
联营企业	36134	34988	48	310
国有联营企业	11320	11269	47	351
国有与集体联营企业	24814	23719	1	-41
有限责任公司	6472403	6276756	11755	-23659
国有独资公司	792523	800372	403	-44491
其他有限责任公司	5679880	5476384	11352	20832
股份有限公司	496353	469750	447	44739
私营企业	6251407	5947837	16112	38064
私营独资企业	9628	9462	9	21
私营有限责任公司	6104867	5815553	15656	33079
私营股份有限公司	136912	122822	447	4965
其他企业	416653	402869	447	-4632
港、澳、台商投资企业	1093123	1069069	291	12564
合资经营企业(港或澳、台资)	191454	188255	91	459
港、澳、台商独资经营企业	901669	880814	200	12105
外商投资企业	4449778	4192245	6789	126932
中外合资经营企业	4382886	4128409	6728	127497
外资企业	29554	28374	23	-1
外商投资股份有限公司	37339	35462	37	-564

9-7 续表 (2012年) 单位:万元

项目	主营业务收入	主营业务成本	主营业务税金及附加	主营业务利润
按国民经济行业分				
农、林、牧产品批发	403438	411639	231	-28559
谷物、豆及薯类批发	308043	323230	214	-31234
饲料批发	95395	88409	17	2675
食品、饮料及烟草制品批发	2517680	2251144	47910	96347
米、面制品及食用油批发	638305	608446	774	-11109
糕点、糖果及糖批发	12005	11022	21	-97
果品、蔬菜批发	177416	161607	1103	1960
肉、禽、蛋及水产品批发	388321	375275	198	3661
盐及调味品批发	56943	48451	154	1817
营养及保健品批发	17500	16529	33	96
酒、饮料及茶叶批发	568818	537432	5970	4750
烟草制品批发	639619	475111	39559	95179
其他食品批发	18752	17272	99	90
纺织、服装及家庭用品批发	2926512	2795240	1541	50392
纺织品、针织品及原料批发	265154	259762	44	295
服装批发	654189	629080	145	129
鞋帽批发	1049508	1008209	146	40655
化妆品及卫生用品批发	42472	38276	121	606
厨房、卫生间用具及日用杂货批发	70692	64565	123	613
灯具、装饰物品批发	8478	7922	5	1
家用电器批发	741339	695431	883	7082
其他家庭用品批发	94680	91995	75	1011
文化、体育用品及器材批发	36704	33630	71	-4
文具用品批发	23348	22796	28	-56
图书批发	3797	2278	34	-20
首饰、工艺品及收藏品批发	4698	4155		40
其他文化用品批发	4861	4401	10	31
医药及医疗器材批发	889475	844851	981	8397
西药批发	668855	635583	773	6317
中药批发	185183	178697	129	701
医疗用品及器材批发	35437	30571	79	1379
矿产品、建材及化工产品批发	13022659	12526870	23259	129062
煤炭及制品批发	1985957	1921839	3177	3499
石油及制品批发	6192320	5892103	8586	133691
非金属矿及制品批发	34549	33360	34	-4
金属及金属矿批发	1692673	1666546	972	-13860
建材批发	2173762	2115749	4669	519
化肥批发	379560	360988	4462	846
农药批发	119983	119080	14	145
其他化工产品批发	443855	417204	1345	4225
机械设备、五金交电及电子产品批发	1879966	1787076	2502	30361
农业机械批发	7420	6515		-196
汽车批发	95763	88030	284	2054
汽车零配件批发	114210	106417	181	2627
摩托车及零配件批发	55923	54116	18	110
五金产品批发	146654	135480	210	5577
电气设备批发	41695	38892	58	1412
计算机、软件及辅助设备批发	845574	818855	592	12262
通讯及广播电视设备批发	140124	132811	379	2061
其他机械设备及电子产品批发	432603	405959	780	4454
贸易经纪与代理	689605	626210	1561	29930
贸易代理	356563	345916	99	1644
其他贸易经纪与代理	333042	280294	1462	28285
其他批发业	778007	762255	1064	-268
再生物资回收与批发	30052	29067	625	-698
其他未列明的批发	747956	733188	439	431

9-8 限额以上零售企业年末资产及负债情况

(2012年)

单位:万元

项目	法人企业数(个)	资产总计	#流动资产合计	固定资产原价	负债合计	所有者权益合计
总计	**577**	**5001445**	**3280485**	**847508**	**2984657**	**2016789**
按登记注册类型分						
内资企业	543	4056364	2691315	740142	2447799	1608565
国有企业	13	64328	32228	12595	23795	40533
集体企业	24	11833	7967	4733	7497	4336
股份合作企业	1	4695	3395	784	3915	780
联营企业	2	1296	704	402	745	551
国有联营企业	1	561	342	195	503	58
集体联营企业	1	735	363	208	242	493
有限责任公司	160	1661309	1143677	332540	1041489	619820
其他有限责任公司	160	1661309	1143677	332540	1041489	619820
股份有限公司	12	1289237	661073	298063	633752	655485
私营企业	292	904525	750102	73851	663086	241439
私营独资企业	45	18763	15020	3240	11313	7451
私营合伙企业	8	12097	10660	1763	10044	2053
私营有限责任公司	232	818992	682863	57642	600284	218707
私营股份有限公司	7	54673	41559	11207	41445	13229
其他企业	39	119142	92168	17175	73521	45622
港、澳、台商投资企业	15	715839	391646	62739	328155	387684
合资经营企业(港或澳、台资)	4	26649	21653	2563	23152	3497
港、澳、台商独资经营企业	10	63203	47636	16525	43803	19399
其他港、澳、台商投资企业	1	625987	322358	43651	261200	364788
外商投资企业	19	229242	197524	44628	208703	20539
中外合资经营企业	6	123543	118342	9718	90892	32651
外资企业	13	105699	79181	34909	117811	-12112

9－8 续表 （2012 年） 单位:万元

项　　目	法人企业数（个）	资产总计	#流动资产合计	固定资产原　价	负债合计	所有者权益合计
按国民经济行业分						
综合零售	119	1438566	820684	256166	793684	644883
百货零售	34	475600	212460	146759	303697	171903
超级市场零售	72	953249	601059	106371	484738	468511
其他综合零售	13	9717	7166	3036	5248	4469
食品、饮料及烟草制品专门零售	41	191577	109664	30287	93017	98560
粮油零售	4	83573	67047	18356	64771	18802
糕点、面包零售	1	3044	815	1418	2653	391
果品、蔬菜零售	1	145	129	19	17	128
肉、禽、蛋及水产品零售	3	3119	1459	2034	1289	1830
营养和保健品零售	3	52991	5028	380	1558	51433
酒、饮料及茶叶零售	19	16531	14256	2199	11148	5384
烟草制品零售	2	20249	10447	4857	4330	15919
其他食品零售	8	11924	10485	1024	7251	4673
纺织、服装及日用品专门零售	62	126038	116102	5481	81261	44778
纺织品及针织品零售	13	17067	16398	962	6579	10488
服装零售	21	70823	65274	1950	53207	17616
鞋帽零售	7	12790	12598	348	10787	2003
化妆品及卫生用品零售	7	10395	9960	333	2718	7677
钟表、眼镜零售	1	7404	4945	1026	5328	2076
厨房用具及日用杂品零售	2	463	377	224	273	191
自行车零售	1	1094	1092	4	380	714
其他日用品零售	10	6001	5458	634	1988	4013
文化、体育用品及器材专门零售	30	502079	354218	115899	261388	240691
文具用品零售	3	35751	35148	115	29408	6344
图书、报刊零售	4	352888	227444	103835	163786	189102
珠宝首饰零售	8	39006	35173	973	21580	17426
工艺美术品及收藏品零售	8	63509	45888	10507	39030	24479
乐器零售	2	806	781	82	90	717
照相器材零售	2	1407	1315	110	1059	348
其他文化用品零售	3	8712	8468	276	6436	2276
医药及医疗器材专门零售	25	171003	133138	22964	109869	61134
药品零售	20	166719	129852	22671	107544	59176
医疗用品及器材零售	5	4284	3286	293	2325	1959
汽车、摩托车、燃料及零配件专门零售	142	1733295	1078400	337502	991651	741645
汽车零售	105	864294	689729	96866	651515	212779
汽车零配件零售	6	31304	27669	5211	13417	17886
摩托车及零配件零售	3	4138	4126	54	316	3822
机动车燃料零售	28	833560	356877	235372	326402	507158
家用电器及电子产品专门零售	82	448846	372628	45066	341546	107300
家用视听设备零售	8	24753	23261	646	20951	3802
日用家电设备零售	35	185050	165927	3945	127097	57953
计算机、软件及辅助设备零售	29	195759	150837	37981	159083	36676
通信设备零售	8	41398	30775	2346	33754	7644
其他电子产品零售	2	1886	1829	148	661	1226
五金、家具及室内装修材料专门零售	49	266740	218717	24280	218620	48120
五金零售	11	17884	11797	1533	8667	9218
灯具零售	4	1274	1156	174	168	1106
家具零售	19	117326	79337	17638	92220	25105
木制装饰材料零售	3	3712	2582	1165	1768	1945
陶瓷、石材装饰材料零售	2	2620	2341	444	1000	1620
其他室内装修材料零售	10	123924	121504	3326	114798	9127
货摊、无店铺及其他零售业	27	123300	76935	9864	93623	29677
生活用燃料零售	3	7463	2437	3553	3518	3945
其他未列明的零售	24	115838	74498	6310	90105	25733

9－9 限额以上零售企业财务状况

（2012 年）

单位:万元

项　　目	主营业务收入	主营业务成本	主营业务税金及附加	主营业务利润
总　　计	**9000489**	**7987512**	**37197**	**321399**
按登记注册类型分				
内资企业	7711269	6933962	32364	262933
国有企业	175389	160495	393	5305
集体企业	78006	69386	519	746
股份合作企业	7002	6273	13	4
联营企业	9670	8833	15	209
国有联营企业	4494	4179	4	56
集体联营企业	5176	4654	10	153
有限责任公司	3318494	2978647	11956	60009
其他有限责任公司	3318494	2978647	11956	60009
股份有限公司	1395838	1302285	3652	137731
私营企业	2452279	2168826	13573	47920
私营独资企业	85885	75927	500	2100
私营合伙企业	41843	39229	81	－122
私营有限责任公司	2161243	1912881	11804	43442
私营股份有限公司	163309	140789	1188	2500
其他企业	274592	239217	2243	11009
港、澳、台商投资企业	759389	624080	2462	42193
合资经营企业（港或澳、台资）	67164	55159	147	7171
港、澳、台商独资经营企业	109397	84676	305	4360
其他港、澳、台商投资企业	582828	484245	2010	30662
外商投资企业	529831	429470	2371	16273
中外合资经营企业	229762	186277	1216	13019
外资企业	300069	243193	1155	3254

9－9 续表 (2012 年) 单位:万元

项　　目	主营业务收入	主营业务成本	主营业务税金及附加	主营业务利润
按国民经济行业分				
综合零售	1958685	1640710	12184	67179
百货零售	680572	563598	6827	19646
超级市场零售	1233934	1036791	4889	46507
其他综合零售	44179	40321	468	1026
食品、饮料及烟草制品专门零售	365132	299737	1745	14684
粮油零售	146813	125061	202	1770
糕点、面包零售	12768	6575		567
果品、蔬菜零售	689	514	1	57
肉、禽、蛋及水产品零售	6940	6130	30	233
营养和保健品零售	44872	35126	293	4766
酒、饮料及茶叶零售	88440	73608	778	2168
烟草制品零售	33993	26045	115	4106
其他食品零售	30617	26678	327	1016
纺织、服装及日用品专门零售	431956	373227	1238	7882
纺织品及针织品零售	39260	33012	157	986
服装零售	139263	120737	251	632
鞋帽零售	35408	32079	21	385
化妆品及卫生用品零售	50785	34459	315	3954
钟表、眼镜零售	11257	4790	41	67
厨房用具及日用杂品零售	49587	48510	28	140
自行车零售	17160	16270	20	406
其他日用品零售	89237	83370	405	1313
文化、体育用品及器材专门零售	648535	504603	5197	27059
文具用品零售	7412	7089	13	－307
图书、报刊零售	281743	229485	739	12514
珠宝首饰零售	41566	29479	251	505
工艺美术品及收藏品零售	279844	202830	4124	14230
乐器零售	5400	4860	15	－5
照相器材零售	5456	5089	6	81
其他文化用品零售	27114	25771	50	42
医药及医疗器材专门零售	273317	230638	4885	12250
药品零售	250444	212125	4819	11824
医疗用品及器材零售	22873	18513	66	426
汽车、摩托车、燃料及零配件专门零售	3406515	3218426	5756	145473
汽车零售	2284265	2170658	3535	11636
汽车零配件零售	84545	72089	501	5346
摩托车及零配件零售	3436	3096	12	125
机动车燃料零售	1034268	972584	1709	128366
家用电器及电子产品专门零售	754660	682852	2417	9503
家用视听设备零售	59924	54745	198	559
日用家电设备零售	328886	292038	899	4187
计算机、软件及辅助设备零售	330517	303994	1188	4320
通信设备零售	26140	23968	116	－218
其他电子产品零售	9194	8108	16	655
五金、家具及室内装修材料专门零售	806596	699482	3343	37107
五金零售	56125	42519	138	905
灯具零售	17434	14455	67	829
家具零售	573977	497163	2663	33903
木制装饰材料零售	34832	29156	169	1027
陶瓷、石材装饰材料零售	8372	5925	29	250
其他室内装修材料零售	115857	110265	277	192
货摊、无店铺及其他零售业	355094	337838	433	263
生活用燃料零售	4515	3929	33	64
其他未列明的零售	350580	333909	400	200

9-10 限额以上批发企业主要效益指标

（2012 年）

单位:%

项　　目	资产负债率	销售利润率	销售毛利率	经营费用率	成本费用利润率	总资产贡献率
总　　计	**70.88**	**1.65**	**4.78**	**1.77**	**1.67**	**7.77**
按登记注册类型分						
内资企业	71.76	1.37	4.68	1.74	1.38	6.26
国有企业	53.98	3.64	7.22	1.45	3.80	16.60
集体企业	87.62	0.43	3.94	3.37	0.43	4.53
联营企业	42.74	0.95	3.17	2.12	0.94	58.34
国有联营企业	5.60	3.00	0.45	1.80	2.90	14.32
国有与集体联营企业	75.21	0.01	4.41	2.26	0.01	96.84
有限责任公司	79.63	0.25	3.02	1.52	0.25	3.24
国有独资公司	81.60	-0.79	-0.99	1.11	-0.76	0.70
其他有限责任公司	79.33	0.40	3.58	1.58	0.40	3.63
股份有限公司	74.22	7.83	5.36	2.12	7.92	5.99
私营企业	71.23	0.75	4.86	2.07	0.76	4.62
私营独资企业	73.54	0.22	1.73	0.58	0.22	11.69
私营有限责任公司	71.66	0.69	4.74	2.04	0.69	4.48
私营股份有限公司	54.19	3.68	10.29	3.30	3.80	10.15
其他企业	83.22	-1.09	3.31	2.23	-1.08	0.46
港、澳、台商投资企业	74.19	1.32	2.20	0.85	1.34	7.33
合资经营企业(港或澳、台资)	70.64	0.83	1.67	0.65	0.83	4.30
港、澳、台商独资经营企业	75.31	1.43	2.31	0.90	1.45	8.29
外商投资企业	58.53	2.84	5.79	2.12	2.93	27.21
中外合资经营企业	57.93	2.90	5.81	2.13	2.99	27.61
外资企业	86.64	0.10	3.99	3.57	0.10	4.50
外商投资股份有限公司	93.92	-1.51	5.03		-1.49	5.78

9-10 续表 (2012年) 单位:%

项　　目	资产负债率	销售利润率	销售毛利率	经营费用率	成本费用利润率	总资产贡献率
按国民经济行业分						
农、林、牧产品批发	86.43	1.32	-2.03	1.19	1.23	2.75
谷物、豆及薯类批发	91.14	0.85	-4.93	0.88	0.77	2.38
饲料批发	75.89	2.81	7.32	2.21	2.89	3.58
食品、饮料及烟草制品批发	53.35	4.08	10.59	2.12	4.32	20.40
米、面制品及食用油批发	82.01	-0.91	4.68	3.46	-0.89	2.68
糕点、糖果及糖批发	94.15	-0.81	8.19	7.90	-0.80	0.99
果品、蔬菜批发	42.16	1.28	8.91	0.91	1.30	4.74
肉、禽、蛋及水产品批发	70.18	1.12	3.36	1.22	1.13	4.16
盐及调味品批发	59.72	3.01	14.91	6.42	3.09	5.04
营养及保健品批发	79.08	0.54	5.55	5.24	0.53	4.62
酒、饮料及茶叶批发	68.72	0.86	5.52	2.18	0.88	14.69
烟草制品批发	3.52	14.87	25.72	1.04	18.82	66.93
其他食品批发	75.73	0.49	7.90	2.49	0.49	11.38
纺织、服装及家庭用品批发	78.13	1.46	4.49	2.70	1.46	4.37
纺织品、针织品及原料批发	88.44	0.28	2.03	1.02	0.28	2.37
服装批发	82.15	0.16	3.84	1.85	0.16	1.92
鞋帽批发	73.62	3.39	3.94	2.28	3.38	4.46
化妆品及卫生用品批发	84.43	1.42	9.88	5.85	1.42	10.46
厨房、卫生间用具及日用杂货批发	46.41	1.46	8.67	5.88	1.46	9.10
灯具、装饰物品批发	84.63	0.08	6.56	3.14	0.08	5.66
家用电器批发	92.74	0.37	6.19	3.94	0.37	5.73
其他家庭用品批发	48.77	1.08	2.84	4.33	1.05	15.82
文化、体育用品及器材批发	69.62	1.59	8.37	4.06	1.58	1.82
文具用品批发	40.44	-0.17	2.36	1.02	-0.17	2.51
图书批发	80.44	14.44	40.00	20.54	14.48	1.22
首饰、工艺品及收藏品批发	73.19	0.98	11.57	4.37	0.99	6.99
其他文化用品批发	77.78	0.64	9.45	5.51	0.64	4.06
医药及医疗器材批发	73.26	0.95	5.02	1.87	0.96	5.44
西药批发	75.96	0.95	4.97	1.66	0.96	5.36
中药批发	59.32	0.41	3.50	1.63	0.41	3.99
医疗用品及器材批发	70.70	3.88	13.73	7.09	4.01	11.00
矿产品、建材及化工产品批发	69.67	1.18	3.81	1.50	1.19	6.43
煤炭及制品批发	76.48	0.37	3.23	1.08	0.37	4.67
石油及制品批发	54.90	2.13	4.85	1.96	2.18	15.30
非金属矿及制品批发	67.06	0.04	3.44	2.43	0.04	32.42
金属及金属矿批发	83.43	0.50	1.54	0.55	0.50	2.90
建材批发	65.00	0.06	2.67	0.81	0.06	3.57
化肥批发	85.73	0.27	4.89	3.44	0.27	2.68
农药批发	34.58	0.16	0.75	0.27	0.16	1.08
其他化工产品批发	69.43	0.65	6.00	2.47	0.66	2.03
机械设备、五金交电及电子产品批发	77.29	1.75	4.94	1.48	1.78	7.28
农业机械批发	74.68	-2.76	12.20	8.99	-2.69	-0.58
汽车批发	76.76	2.34	8.08	4.21	2.37	8.54
汽车零配件批发	53.39	2.30	6.82	2.34	2.36	11.46
摩托车及零配件批发	85.22	0.23	3.23	0.25	0.23	6.80
五金产品批发	42.15	3.86	7.62	1.81	4.03	38.12
电气设备批发	83.30	3.40	6.72	1.50	3.52	12.01
计算机、软件及辅助设备批发	81.50	1.62	3.16	0.86	1.64	6.63
通讯及广播电视设备批发	67.35	1.47	5.22	0.85	1.50	4.64
其他机械设备及电子产品批发	83.78	1.23	6.16	1.99	1.26	4.63
贸易经纪与代理	67.61	4.98	9.19	3.66	5.17	24.23
贸易代理	75.09	0.46	2.99	1.73	0.46	3.06
其他贸易经纪与代理	53.51	9.82	15.84	5.74	10.63	64.18
其他批发业	80.38	0.13	2.02	0.77	0.13	4.62
再生物资回收与批发	45.65	0.38	3.28	1.73	0.37	17.65
其他未列明的批发	82.46	0.11	1.97	0.73	0.11	3.84

9-11 限额以上零售企业主要效益指标

（2012年）　　单位：%

项　目	资产负债率	销售利润率	销售毛利率	经营费用率	成本费用利润率	总资产贡献率
总　计	**59.68**	**3.21**	**11.25**	**5.92**	**3.28**	**10.39**
按登记注册类型分						
内资企业	60.34	3.08	10.08	4.92	3.13	10.44
国有企业	36.99	3.19	8.49	3.67	3.28	14.51
集体企业	63.36	1.04	11.05	4.68	1.06	23.89
股份合作企业	83.39	0.04	10.40	5.83	0.04	6.05
联营企业	57.51	0.66	8.65	1.95	0.68	53.94
国有联营企业	89.70	1.39	7.00		1.41	28.28
集体联营企业	32.91	0.03	10.09	3.65	0.03	73.55
有限责任公司	62.69	1.87	10.24	5.94	1.89	8.44
其他有限责任公司	62.69	1.87	10.24	5.94	1.89	8.44
股份有限公司	49.16	9.69	6.70	3.32	9.80	13.42
私营企业	73.31	0.98	11.56	4.77	1.00	9.09
私营独资企业	60.29	2.51	11.59	5.40	2.57	21.45
私营合伙企业	83.03	-0.28	6.25	3.03	-0.27	4.37
私营有限责任公司	73.30	0.90	11.49	4.39	0.92	8.56
私营股份有限公司	75.80	1.57	13.79	9.90	1.57	13.84
其他企业	61.71	3.47	12.88	2.87	3.73	12.65
港、澳、台商投资企业	45.84	4.66	17.82	10.76	4.86	7.87
合资经营企业（港或澳、台资）	86.88	-0.29	17.87	7.20	-0.32	10.19
港、澳、台商独资经营企业	69.31	4.06	22.60	14.99	4.18	14.65
其他港、澳、台商投资企业	41.73	5.35	16.91	10.38	5.57	7.09
外商投资企业	91.04	3.12	18.94	13.54	3.20	17.37
中外合资经营企业	73.57	5.55	18.93	10.82	5.92	18.51
外资企业	111.46	1.25	18.95	15.62	1.25	16.03

9-11 续表 (2012年) 单位:%

项　　目	资产负债率	销售利润率	销售毛利率	经营费用率	成本费用利润率	总资产贡献率
按国民经济行业分						
综合零售	55.17	3.61	16.23	10.92	3.69	9.64
百货零售	63.86	3.17	17.19	11.92	3.21	11.44
超级市场零售	50.85	3.93	15.98	10.70	4.04	8.66
其他综合零售	54.01	1.50	8.73	1.39	1.54	17.51
食品、饮料及烟草制品专门零售	48.55	3.53	17.91	10.78	3.69	12.49
粮油零售	77.50	1.20	14.82	12.25	1.22	2.77
糕点、面包零售	87.15		48.50	39.51		0.22
果品、蔬菜零售	12.01	8.27	25.38	12.29	9.03	50.66
肉、禽、蛋及水产品零售	41.32	5.99	11.67	3.73	6.22	17.27
营养和保健品零售	2.94	11.57	21.72	9.23	13.04	16.57
酒、饮料及茶叶零售	67.43	2.75	16.77	7.92	2.85	35.93
烟草制品零售	21.38	6.21	23.38	9.66	6.85	17.34
其他食品零售	60.81	3.01	12.87	5.04	3.15	23.16
纺织、服装及日用品专门零售	64.47	1.67	13.60	8.50	1.69	13.46
纺织品及针织品零售	38.55	2.51	15.91	7.28	2.59	11.13
服装零售	75.13	-0.04	13.30	9.09	-0.04	3.92
鞋帽零售	84.34	1.14	9.40	5.04	1.15	5.74
化妆品及卫生用品零售	26.15	7.78	32.15	21.72	8.50	67.07
钟表、眼镜零售	71.96	0.57	57.45	46.29	0.52	14.51
厨房用具及日用杂品零售	58.86	0.28	2.17	0.81	0.28	88.32
自行车零售	34.72	2.37	5.19	1.62	2.43	41.68
其他日用品零售	33.13	1.46	6.58	2.81	1.47	43.95
文化、体育用品及器材专门零售	52.06	4.15	22.19	8.20	4.35	9.28
文具用品零售	82.26	-4.16	4.36	1.29	-4.00	0.43
图书、报刊零售	46.41	4.32	18.55	9.41	4.38	6.50
珠宝首饰零售	55.33	1.20	29.08	3.38	1.46	4.89
工艺美术品及收藏品零售	61.46	5.10	27.52	8.38	5.46	32.84
乐器零售	11.10	0.21	9.99	4.18	0.22	3.66
照相器材零售	75.29	1.49	6.73	1.50	1.51	13.62
其他文化用品零售	73.87	0.73	4.95	5.13	0.72	5.81
医药及医疗器材专门零售	64.25	1.92	15.62	5.10	2.00	12.84
药品零售	64.51	1.93	15.30	4.40	2.02	12.49
医疗用品及器材零售	54.28	1.80	19.06	12.74	1.84	26.17
汽车、摩托车、燃料及零配件专门零售	57.21	4.19	5.52	3.01	4.20	12.20
汽车零售	75.38	0.51	4.97	2.79	0.51	5.95
汽车零配件零售	42.86	6.41	14.73	5.17	6.80	30.03
摩托车及零配件零售	7.64	3.64	9.91	2.10	3.79	5.88
机动车燃料零售	39.16	12.11	5.96	3.31	12.25	18.04
家用电器及电子产品专门零售	76.09	1.15	9.52	4.84	1.17	5.33
家用视听设备零售	84.64	0.90	8.64	1.63	0.91	7.98
日用家电设备零售	68.68	0.98	11.20	7.43	1.00	4.29
计算机、软件及辅助设备零售	81.26	1.35	8.02	2.92	1.37	6.34
通信设备零售	81.54	-0.69	8.31	4.78	-0.66	1.69
其他电子产品零售	35.03	7.03	11.82	2.75	7.40	48.97
五金、家具及室内装修材料专门零售	81.96	1.79	13.28	3.83	1.91	11.22
五金零售	48.46	1.61	24.24	2.30	2.01	8.95
灯具零售	13.18	1.86	17.09	7.28	1.96	57.88
家具零售	78.60	2.08	13.38	3.54	2.22	19.88
木制装饰材料零售	47.61	2.95	16.29	6.71	3.06	63.33
陶瓷、石材装饰材料零售	38.17	3.00	29.24	17.70	3.10	17.24
其他室内装修材料零售	92.64	0.04	4.83	3.67	0.04	1.19
货摊、无店铺及其他零售业	75.93	0.11	4.86	1.63	0.11	5.11
生活用燃料零售	47.14	1.40	12.98	3.98	1.44	2.87
其他未列明的零售	77.79	0.10	4.76	1.60	0.10	5.25

9－12 限额以上住宿业基本情况

（2012年）

项　　目	法人企业（个）	年末从业人员（个）	床位数（张）	餐位数（个）
总　　计	**393**	**55756**	**51367**	**222865**
按登记注册类型分				
内资企业	131	14829	42518	44503
国有企业	20	3033	5159	11548
集体企业	2	121	272	350
联营企业	3	800	893	1095
国有联营企业	2	674	697	895
集体联营企业	1	126	196	200
有限责任公司	34	4858	6578	12945
国有独资公司	1	153	177	388
其他有限责任公司	33	4705	6401	12557
股份有限公司	1	118	279	100
私营企业	68	5756	28646	18235
私营独资企业	15	1091	1448	6395
私营合伙企业	14	989	1836	2276
私营有限责任公司	38	3655	25257	9564
私营股份有限公司	1	21	105	
其他企业	3	143	691	230
港澳台商投资企业	16	4737	5402	11397
与港澳台商合资经营企业	6	1716	2177	5605
与港澳台商合作经营企业	2	619	875	1470
港澳台商独资企业	8	2402	2350	4322
外商投资企业	5	1087	1548	3342
中外合资经营企业	1	620	530	2022
中外合作经营企业	1	33	82	250
外资企业	3	434	936	1070
按国民经济行业分				
旅游饭店	129	19300	46266	55948
一般旅馆	21	1014	2707	2662
其他住宿服务	2	339	495	632

9－13 限额以上餐饮业企业基本情况

（2012年）

项　　目	法人企业（个）	年末从业人员（个）	营业面积（平方米）	餐位数（个）
总　　计	**241**	**35103**	**1899**	**163623**
按登记注册类型分				
内资企业	226	26769	1234	138391
国有企业	2	144	94	680
集体企业	1	35		200
股份合作企业	1	128		242
有限责任公司	19	1360	108	7931
其他有限责任公司	19	1360	108	7931
股份有限公司	3	254	73	1378
私营企业	170	23233	692	116321
私营独资企业	88	3944	244	28860
私营合伙企业	25	1553	137	7060
私营有限责任公司	51	17285	311	77986
私营股份有限公司	6	451		2415
其他企业	30	1615	267	11639
港澳台商投资企业	10	3154	665	17299
与港澳台商合资经营企业	1	124	95	636
与港澳台商合作经营企业	1	189		863
港澳台商独资企业	8	2841	570	15800
外商投资企业	5	5180		7933
中外合资经营企业	2	63		388
外资企业	3	5117		7545
按国民经济行业分				
正餐服务	231	28306	1899	137085
快餐服务	7	6692		26158
饮料及冷饮服务	1	52		80
其他餐饮业	2	53		300

9－14 限额以上住宿业经营情况

（2012 年）

单位：万元

项目	营业收入	客房收入	餐费收入	商品销售收入	其他收入
总计	**3733800**	**1469152**	**1986361**	**34494**	**243793**
按登记注册类型分					
内资企业	2465965	1021930	1255082	16389	172564
国有企业	535941	241094	258118	582	36147
集体企业	32092	3545	3958		24589
联营企业	190896	76259	106364		8273
国有联营企业	109765	49778	52997		6990
集体联营企业	81131	26481	53367		1283
有限责任公司	696211	316560	339591	3162	36898
国有独资公司	5704	4264	1272		168
其他有限责任公司	690507	312296	338319	3162	36730
股份有限公司	49757	26173	20704	798	2082
私营企业	920159	322281	522782	11047	64049
私营独资企业	191881	41750	137742	6209	6180
私营合伙企业	159463	62278	85881	3085	8219
私营有限责任公司	566515	215953	299159	1753	49650
私营股份有限公司	2300	2300			
其他企业	40909	36018	3565	800	526
港澳台商投资企业	955610	355509	536564	13216	50321
与港澳台商合资经营企业	280444	102791	147474	10037	20142
与港澳台商合作经营企业	105191	50155	46762	2339	5935
港澳台商独资企业	569975	202563	342328	840	24244
外商投资企业	312225	91713	194715	4889	20908
中外合资经营企业	249140	69740	161673	4058	13669
中外合作经营企业	3201	867	917		1417
外资企业	59884	21106	32125	831	5822
按国民经济行业分					
旅游饭店	3494132	1356736	1903332	33098	200966
一般旅馆	189880	96471	68190	1161	24058
其他住宿服务	49788	15945	14839	235	18769

9－15 限额以上餐饮业企业经营情况

(2012 年)　　单位:万元

项　　目	营业收入	客房收入	餐费收入	商品销售收入	其他收入
总　　计	**7756650**	**60088**	**7543619**	**117306**	**35637**
按登记注册类型分					
内资企业	5910294	52783	5726922	103698	26891
国有企业	22185	1657	20219	309	
集体企业	12570		12570		
股份合作企业	18949		18949		
有限责任公司	253054	2849	242227	3178	4800
其他有限责任公司	253054	2849	242227	3178	4800
股份有限公司	54739	2010	41185		11544
私营企业	5222276	43508	5074258	98127	6383
私营独资企业	1002727	3142	991841	3236	4508
私营合伙企业	378448	14214	361347	1012	1875
私营有限责任公司	3781163	26152	3661132	93879	
私营股份有限公司	59938		59938		
其他企业	326521	2759	317514	2084	4164
港澳台商投资企业	1002303	7305	975284	11157	8557
与港澳台商合资经营企业	17467	3517	13668	34	248
与港澳台商合作经营企业	41299		41299		
港澳台商独资企业	943537	3788	920317	11123	8309
外商投资企业	844053		841413	2451	189
中外合资经营企业	18000		15360	2451	189
外资企业	826053		826053		
按国民经济行业分					
正餐服务	5425454	60088	5212423	117306	35637
快餐服务	2316554		2316554		
饮料及冷饮服务	6085		6085		
其他餐饮业	8557		8557		

9－16 限额以上住宿企业年末资产及负债情况

（2012 年） 单位：万元

项 目	法人企业数（个）	资产总计	#流动资产合计	固定资产原价	负债合计	所有者权益合计
总 计	**151**	**730144**	**274827**	**416804**	**347467**	**382678**
按登记注册类型分						
内资企业	130	483385	170083	250782	203374	280011
国有企业	20	142958	25447	110338	28809	114148
集体企业	2	3382	1974	4065	655	2728
联营企业	3	40065	14208	28597	7432	32634
国有联营企业	2	33442	11565	25657	3586	29856
集体联营企业	1	6624	2643	2941	3846	2778
有限责任公司	33	141167	66663	55173	71838	69330
国有独资公司	1	1006	610	189	1673	－667
其他有限责任公司	32	140161	66053	54984	70165	69997
股份有限公司	1	8015	3523	1351	3006	5009
私营企业	68	144960	56730	49833	91220	53740
私营独资企业	15	13095	3633	11239	4403	8692
私营合伙企业	14	8091	3457	3505	2721	5370
私营有限责任公司	38	123768	49637	35085	84095	39672
私营股份有限公司	1	6	1	5		6
其他企业	3	2838	1539	1424	415	2423
港澳台商投资企业	16	186955	77291	108638	115554	71401
与港澳台商合资经营企业	6	60642	19698	10021	39864	20777
与港澳台商合作经营企业	2	10813	5791	17393	23035	－12222
港澳台商独资企业	8	115500	51802	81225	52654	62845
外商投资企业	5	59804	27453	57385	28538	31266
中外合资经营企业	1	39690	23079	33241	14389	25301
中外合作经营企业	1	2521	1347	2135	64	2456
外资企业	3	17594	3028	22008	14085	3509
按国民经济行业分						
旅游饭店	128	687725	254900	393479	320990	366735
一般旅馆	21	21001	8203	12800	9015	11986
其他住宿服务	2	21419	11725	10526	17462	3957

9－17 限额以上餐饮企业年末资产及负债情况

（2012年） 单位：万元

项目	法人企业数（个）	资产总计	#流动资产合计	固定资产原价	负债合计	所有者权益合计
总计	**241**	**270299**	**110431**	**150630**	**177587**	**92712**
按登记注册类型分						
内资企业	226	166987	82670	96938	80133	86855
国有企业	2	2311	568	1749	1075	1236
集体企业	1	102	75	28	19	83
股份合作企业	1	2100	203	206	301	1799
有限责任公司	19	13981	9531	2996	6338	7643
其他有限责任公司	19	13981	9531	2996	6338	7643
股份有限公司	3	2692	641	2106	429	2263
私营企业	170	132217	65982	84230	66579	65638
私营独资企业	88	21014	10889	11652	5977	15038
私营合伙企业	25	13407	8849	3995	2702	10705
私营有限责任公司	51	94685	44295	67015	56685	38000
私营股份有限公司	6	3111	1950	1568	1215	1897
其他企业	30	13584	5670	5624	5391	8193
港澳台商投资企业	10	62673	20427	34018	68268	－5594
与港澳台商合资经营企业	1	2804	652	722	1332	1472
与港澳台商合作经营企业	1	501	100	586	205	296
港澳台商独资企业	8	59368	19675	32710	66731	－7362
外商投资企业	5	40639	7334	19674	29187	11451
中外合资经营企业	2	207	134	276	764	－557
外资企业	3	40431	7200	19398	28424	12008
按国民经济行业分						
正餐服务	231	184441	84591	111310	98948	85493
快餐服务	7	85004	25124	39181	78573	6432
饮料及冷饮服务	1	655	614	31	24	631
其他餐饮业	2	200	103	109	43	156

9－18　限额以上住宿企业财务状况

（2012 年）　　单位:万元

项　　目	主营业务收入	主营业务成本	主营业务税金及附加	主营业务利润
总　　计	**368066**	**126018**	**19287**	**21542**
按登记注册类型分				
内资企业	243911	89058	12377	6405
国有企业	52824	17997	2653	478
集体企业	3209	1002	383	1335
联营企业	19071	6644	813	855
国有联营企业	10958	2885	612	410
集体联营企业	8113	3759	201	446
有限责任公司	69007	22870	3795	1668
国有独资公司	570	134	31	－927
其他有限责任公司	68437	22736	3764	2594
股份有限公司	4694	619	294	66
私营企业	91051	39237	4220	1306
私营独资企业	18845	9920	716	2403
私营合伙企业	15803	8673	1060	648
私营有限责任公司	56403	20644	2443	－1953
私营股份有限公司			1	208
其他企业	4054	690	218	698
港澳台商投资企业	93703	27956	5045	9736
与港澳台商合资经营企业	27346	8310	1461	85
与港澳台商合作经营企业	10496	2792	599	－1238
港澳台商独资企业	55861	16854	2985	10889
外商投资企业	30453	9003	1865	5401
中外合资经营企业	24178	7060	1552	6250
中外合作经营企业	318	206	16	－207
外资企业	5957	1738	296	－642
按国民经济行业分				
旅游饭店	344951	115201	18268	21040
一般旅馆	18136	10817	703	－115
其他住宿服务	4979		315	617

9－19 限额以上餐饮企业财务状况

（2012 年）

单位:万元

项　　目	主营业务收入	主营业务成本	主营业务税金及附加	主营业务利润
总　　计	**762412**	**459997**	**38706**	**44984**
按登记注册类型分				
内资企业	579569	379217	27968	40379
国有企业	2188	1073	125	40
集体企业	1257	1119	62	11
股份合作企业	1895	1033	126	53
有限责任公司	25359	15277	1330	767
其他有限责任公司	25359	15277	1330	767
股份有限公司	5474	3413	346	482
私营企业	511009	334714	24749	37511
私营独资企业	100227	65731	3635	8951
私营合伙企业	37835	23698	1938	2716
私营有限责任公司	366930	242084	18792	25355
私营股份有限公司	6017	3201	384	488
其他企业	32387	22588	1231	1516
港澳台商投资企业	100077	41455	5679	－341
与港澳台商合资经营企业	1747	678	80	499
与港澳台商合作经营企业	4130	1888	97	693
港澳台商独资企业	94201	38889	5502	－1534
外商投资企业	82766	39326	5058	4946
中外合资经营企业	1800	1026	30	372
外资企业	80966	38300	5029	4574
按国民经济行业分				
正餐服务	542420	330446	29801	40353
快餐服务	218528	128452	8864	4562
饮料及冷饮服务	609	490	13	18
其他餐饮业	856	610	28	52

9－20　主要年份按县(市)区分社会消费品零售总额

单位:万元

年　份	福州市	市　区	福清市	长乐市	闽侯县	连江县	罗源县	闽清县	永泰县	平潭县
1952	14728	8328	1608	1081	1248	831	226	455	300	619
1957	28730	15037	2909	1571	2747	2147	775	895	755	1251
1962	41885	22684	3497	2800	2810	2915	1095	1231	891	1195
1965	40392	20820	4122	2682	3373	3011	1060	1185	950	1442
1970	41312	19044	4384	3043	3346	3314	1203	1390	1186	1939
1975	55755	27905	5552	3390	3727	4126	1561	2014	1834	2115
1978	69385	36033	7906	4658	4923	5684	2145	2398	2331	2669
1979	81434	43828	9386	5462	5521	6033	2593	2995	2636	3127
1980	105652	60368	11239	6467	6721	6874	2983	3246	3032	3720
1981	107486	56748	12042	7839	7832	7494	3293	3795	3349	4277
1982	119816	64368	13043	8038	8705	8571	3547	3882	3723	4537
1983	132492	70060	14466	9279	9699	9367	3884	4270	4022	4968
1984	159722	87347	16504	11463	11803	10014	4026	5026	4310	5662
1985	203152	117103	18988	13960	14953	12107	4557	6533	5783	5888
1986	246647	149494	21926	16325	16910	13964	4972	7727	6465	6550
1987	284971	172062	25860	18400	20423	16145	5502	9732	7351	8179
1988	377931	231765	32167	24919	24174	23198	6863	11633	9006	12673
1989	440614	273641	35556	29296	26691	25521	7577	13217	9547	15568
1990	452764	289302	37995	28228	26646	25325	7676	12663	9283	15646
1991	506952	329641	41145	30843	30573	26533	8104	12931	9676	19213
1992	606802	393142	50695	36089	37473	33128	10743	14451	11830	19251
1993	777163	490035	73213	46613	56882	40130	13824	19048	14774	22570
1994	1048674	680253	106192	62588	62139	50768	20077	22044	19075	25588
1995	1332693	818728	166820	83629	78137	69438	26033	28074	23046	38350
1996	1873235	1055321	267667	133098	120134	125004	32581	45071	31820	60670
1997	2344414	1281154	353700	170222	150584	164359	45418	57167	47865	72709
1998	2770234	1480459	430105	210066	180134	195247	55038	68236	58503	92395
1999	3152256	1695115	486428	232181	203811	222603	63011	78057	66193	104857
2000	3517653	1902024	536112	255271	226143	249540	72005	85088	76103	115368
2001	3862850	2097221	570959	285267	247980	276537	80014	93290	86835	124747
2002	4306946	2360004	630288	316245	273539	304837	89032	100394	96615	135991
2003	4909778	2926436	657047	329737	268213	291500	90185	106719	103576	136366
2004	5803820	3704895	722751	356405	264630	290244	99743	115412	105541	144199
2005	6645454	4639941	758526	364194	233060	179772	109617	109380	101990	133971
2006	7790321	5524748	833096	378298	278937	213930	125354	121935	120400	158605
2007	9473711	6832866	949737	429919	329373	253604	146227	138375	139842	189986
2008	11446381	8265791	1142602	500875	398241	301335	169958	164993	167466	225929
2009	13386447	9712233	1335169	603851	516240	364159	202292	194697	195068	262738
2010	16242808	11801298	1556831	723684	709187	442266	241189	225344	228239	314770
2011	19478102	14141775	1836430	887444	869358	541525	275922	266098	278180	381370
2012	23198231	16822038	2160747	1082451	1071037	668280	321373	309451	330000	432855

9－21 接待境外旅游人数

（1980－2012年）

单位：人次

年份	合计	外国人	华侨	港澳同胞	台湾同胞
1980	26881	8234	6258	12290	99
1981	27584	9032	3442	14368	742
1982	20335	8592	1767	8957	1019
1983	42131	15706	3713	20928	1784
1984	55474	20903	3207	27822	3542
1985	53693	20836	1669	28177	3011
1986	67586	27256	2754	34388	3188
1987	73789	31118	1669	36223	4779
1988	105195	27028	2537	35849	39781
1989	110016	19563	1494	24131	64828
1990	178984	27823	2549	28883	119729
1991	148135	34656	3366	29958	80155
1992	174414	46273	4547	32654	90940
1993	162741	48717	3601	29330	81093
1994	129680	52800	3030	25664	48186
1995	127669	50381	4549	25566	47173
1996	120563	50154	3804	22870	43735
1997	129148	51315	3638	22724	51471
1998	132098	45719	4846	27059	54474
1999	249601	74603	20808	53636	100554
2000	300269	100745	36705	59496	103323
2001	288763	124814		55625	108324
2002	298003	146135		56963	94905
2003	281762	144792		59067	77903
2004	310779	177842		55147	77790
2005	308883	187642		49876	71365
2006	559602	340571		81232	137799
2007	572273	344548		83812	143913
2008	630457	361155		83525	185777
2009	605973	357898		85095	162980
2010	670206	389198		94562	186446
2011	741826	428371		98526	214929
2012	832696	477274		108172	247250

9－22 按国别分接待外国者旅游人数

单位：人次

国别(地区)	2000年	2001年	2002年	2003年	2004年	2005年
合　计	**100745**	**124814**	**146135**	**144792**	**177842**	**187642**
亚洲小计	47302	47854	56290	55826	64763	64552
#日　本	17794	19851	21251	20708	27780	29233
菲律宾	3592	2715	4063	2181	2412	2291
新加坡	9201	8610	9477	13816	12818	10447
泰　国	684	866	780	347	486	776
印度尼西亚	3365	3192	3565	2226	3039	2912
马来西亚	8237	5391	8343	6750	7900	6334
美洲小计	42869	64934	76603	75966	91550	100414
#美国	40024	59810	72198	72907	86881	96152
加拿大	2203	3746	3516	2629	4322	3947
欧洲小计	8770	9454	10576	10236	16949	18848
#英　国	1042	1684	1991	1901	2798	2456
法　国	650	639	890	687	1099	1055
德　国	2531	2633	2588	3632	6209	6718
意大利	551	518	655	515	948	1293
俄罗斯	1037	1266	981	878	1254	1204
大洋洲小计	1378	2015	2282	2357	3199	2736
#澳大利亚	1172	1686	1973	2023	2866	2339
新西兰	163	171	258	284	295	326
非洲小计	426	557	384	407	1381	1092

国别(地区)	2006年	2007年	2008年	2009年	2010年	2011年	2012年
合　计	**340571**	**344548**	**361155**	**357898**	**389198**	**428371**	**477274**
亚洲小计	93867	92406	99827	95158	112202	120640	132410
#日　本	40267	36027	38676	35036	39878	41020	41192
菲律宾	5904	5993	5924	6509	6737	7285	4240
新加坡	13345	13655	15763	17669	18961	21678	29443
泰　国	1028	1146	1251	1264	1302	1813	2829
印度尼西亚	7151	7022	8046	7762	9283	10073	1962
马来西亚	7641	8277	10712	9313	13791	14698	16536
美洲小计	214932	218164	224152	224080	237081	256477	273467
#美　国	192426	195815	201080	201249	214064	232463	252671
加拿大	17580	18067	18583	18610	19603	18304	15742
欧洲小计	23417	24790	27150	28892	29731	35403	44528
#英　国	6152	6434	6913	6789	7200	7147	5627
法　国	1657	1595	1326	1444	1636	1787	2952
德　国	3185	3795	5053	7965	6520	8080	7987
意大利	2759	2763	2835	2654	2908	3368	3973
俄罗斯	794	555	686	652	839	3289	6248
大洋洲小计	5829	6161	6386	6215	6420	10699	19523
#澳大利亚	4319	4431	4630	4367	4794	7984	14090
新西兰	1139	946	1048	974	1100	2100	4685
非洲小计	2526	3027	3640	3553	3764	5152	7346

主要统计指标解释

批发和零售业、住宿和餐饮业(单位)统计限额以上标准 (1)批发业(包括外贸企业)同时具备以下两个条件:一是年商品销售总额在2000万元及以上,二是年末从业人员在20人及以上。(2)零售业(包括外贸企业)同时具备以下两个条件:一是年商品销售总额在500万元及以上,二是年末从业人员在60人及以上。(3)住宿业是一星级及以上或为旅游饭店。(4)餐饮业同时具备以下两个条件:一是年营业收入在200万元及以上,二是年末从业人员在40人及以上。

商品购进总额 指从本企业以外的单位和个人购进(包括从国外、境外直接进口)作为转卖或加工后转卖的商品。本指标由从生产者购进额、从批发零售贸易业购进额、进口额和其他项目组成。这个指标反映批发零售贸易企业从国内、国外市场上购进商品的总量。

商品销售总额 指对本企业以外的单位和个人出售(包括对国外、境外直接出口的)商品(包括售给本单位消费用的商品)。本指标由对生产经营单位批发额、对批发零售贸易业批发额、出口额和对居民和社会集团商品零售额项目组成。这个指标反映批发零售贸易企业在国内市场上销售商品以及出口商品的总量。

社会消费品零售额 指各种经济类型的批发零售贸易业、餐饮业和其他行业对城乡居民和社会集团的消费品零售额总和。这个指标反映通过各种商品流通渠道向居民和社会集团供应的生活消费品来满足他们生活需要,是研究人民生活、社会消费品购买力、货币流通等问题的重要指标。

对居民的消费品零售额 指售给城乡居民用于生活消费的商品。

对社会集团的消费品零售额 指售给机关、团体、部队、学校、企业、事业单位和城市街道居民委员会、农村村民委员会用公款购买的用作非生产、非经营使用的消费品。

按行业分 指将社会消费品零售总额按经营企业、单位本身的业务性质所的划分。用以反映各行业在社会消费品零售渠道中的比重和作用。

批发零售贸易业零售额 指专门从事商品转卖业务的各种济类型独立核算的批发零售贸易企业以及个体的和其他行业附营的批发零售贸易单位直接售给居民和社会集团的消费品零售额。

住宿和餐饮业零售额 指住宿和餐饮企业、产业活动单位为顾客提供就餐服务得到的餐费收入或出售商品所取得的收入。

住宿和餐饮业营业额 指住宿和餐饮企业、产业活动单位在经营活动中因提供服务或销售商品等到取得的收入。包括客房收入、餐费收入、商品销售收入和其他收入。

其他行业零售额 指批发零售贸易业、餐饮业以外的其他行业的直接零售额。包括各种经济类型的交通运输业、邮电业、建筑业、居民服务业、公用事业出版社等行业的零售额(跨行业的经济联合组织的零售额,按其主营活动确定其所属行业,列入该行业的零售额内)。

按销售地区分 指将社会消费品零售额按经营机构所在地所作划分。用以研究反映城乡商品销售变化情况。

市的零售额 指设立在中央直辖市,省、地辖市的市区和郊区以及县级市的市区的各行业消费品零售额,不包括市属县的消费品零售额。

县的零售额 指设立在县城关区的各行业消费品零售额。

县以下的零售额 指设立在县城关以及县级市的市区以外的集镇和农村的各行业消费品零售额。但不包括分布在农村的独立工矿、林区的商品零售额,这部分零售额,凡属市直辖的列入"市的零售额"中,凡属县直辖的列入"县的零售额"中。

城乡集市贸易成交额 指在农村集市和城市集市上买卖双方(包括农民、非农业居民、机关、团体、工商企业、个体商贩)成交全部商品金额,是反映集市贸易规模的综合性指标。

旅游者人数 (1)入境国际旅游者人数:指来中国参观、访问、旅行、探亲、访友、休养、考察、参加会议和从事经济、科技、文化、教育、宗教等活动的外国人、华侨、港澳和台湾同胞的人数。不包括外国常住机构,如使领馆、通讯社、企业办事处的工作人员;来我国常住的外国专家、留学生以及在岸逗留不过夜人员。(2)出境居民人数:指大陆居民因公务活动或私人事务短期出境的人数。公务活动出境居民人数包括在国际交通工具上的中国服务员工,因私出境居民人数不包括在国际交通工具上的中国服务员工。(3)国内旅游者人数:指我国大陆居民和在我国常住1年以上的外国人、华侨、港澳台同胞离开常住地在境内其他地方的旅游设施内至少停留一夜,最长不超过6个月的人数。

10 对外经济

10-1 进出口总额

(1981-2012年)

年份	进出口总额(万美元)	出口总额	进口总额	进出口总额(万元)	出口总额	进口总额
1981	394	394		701	701	
1982	682	682		1316	1316	
1983	888	888		1740	1740	
1984	2215	2215		6180	6180	
1985	1384	1384		4055	4055	
1986	1323	1323		4922	4922	
1987	3961	3961		14735	14735	
1988	16840	9290	7550	62645	34559	28086
1989	19906	14124	5782	93757	66524	27233
1990	32278	23360	8918	168491	121939	46552
1991	42568	30034	12534	231144	163085	68060
1992	65562	46969	18593	376982	270072	106910
1993	150893	93987	56906	873670	544185	329486
1994	211193	129448	81745	1801476	1104191	697285
1995	234961	156732	78229	1968973	1313414	655559
1996	303581	168315	135266	2519722	1397015	1122708
1997	375183	192861	182322	3105765	1596503	1509262
1998	379794	196157	183637	3143935	1623788	1520147
1999	371050	203578	167472	3071552	1685219	1386333
2000	511835	272947	238888	4232875	2257272	1975604
2001	537892	299856	238036	4448367	2479809	1968558
2002	638804	353425	285379	5282909	2922825	2360084
2003	829631	464279	365352	6861048	3839587	3021461
2004	1252722	744391	508331	10360011	6156114	4203897
2005	1368910	867200	501710	11053948	7002640	4051308
2006	1575456	1016452	559004	12414593	8009642	4404952
2007	1864105	1231004	633101	13878262	9164825	4713437
2008	2032422	1358759	673663	13890791	9286574	4604217
2009	1786004	1201245	584759	12195193	8202341	3992851
2010	2459967	1631423	828544	16291623	10804425	5487198
2011	3472476	2413056	1059420	21879724	15204425	6675299
2012	3105985	2113124	992861	19522669	13282041	6240628

注:从1996年起为海关统计口径数据。

10－2　按主要国别(地区)分出口商品贸易额

单位:万美元

国别(地区)	2000 年	2001 年	2002 年	2003 年	2004 年	2005 年
总　计	**272947**	**298483**	**349140**	**464279**	**744391**	**867200**
亚　洲	107504	115788	136346	173379	270549	306633
#中国香港	23882	30974	39170	53461	84719	76932
中国澳门	615	356	94		592	222
日　本	42091	48061	54609	55487	81891	94095
菲律宾	1916	2640	2795		6272	10394
泰　国	989	1002	1454		3823	4559
马来西亚	4145	1503	2472		12069	9827
新加坡	5386	6658	6465		12528	16376
阿拉伯联合酋长国	1884	2319	4424		11279	12941
欧　洲	56880	69740	78622	111319	166501	206784
#德　国	15412	22245	24621	22445	36411	29231
法　国	3715	2701	3866	3572	4882	11873
意大利	4623	4986	5800	8447	7670	13192
芬　兰	332	534	594	40814	2415	4010
英　国	7151	7843	8589	10407	16226	20946
丹　麦	540	531	725		1129	2765
瑞　典	549	640	651		1219	1989
瑞　士	842	1533	1260	1524	2489	4666
西班牙	3351	3381	3356	4144	4837	8341
北美洲	88011	91870	111316	147468	245699	259031
#加拿大	6533	7984	6723	8007	12023	15942
美　国	81478	83886	104594	139460	233676	243089
大洋洲	4511	4255	5840	9720	19830	16907
#澳大利亚	4040	3760	5101	8534	14148	14716
非　洲	4961	7747	8455	10525	17879	23938
拉丁美洲	11080	9082	8561	11862	23933	30183
俄罗斯				1443	2749	4584

10－2 续表 单位:万美元

国别(地区)	2006年	2007年	2008年	2009年	2010年	2011年	2012年
总 计	**1016452**	**1231004**	**1358759**	**1201138**	**1631423**	**2413056**	**2113124**
亚 洲	321216	416836	456892	442614	640321	841802	840147
#中国香港	65083	63725	66605	61604	89947	103217	129926
中国澳门	344	429	240	214	373	1637	425
日 本	91517	117239	124542	106124	147136	156625	155158
菲律宾	9859	12285	11084	11929	19092	25127	31867
泰 国	5050	7956	8016	11071	15428	21884	21159
马来西亚	19691	27655	37824	52759	60905	73582	73930
新加坡	11306	16307	21171	21993	35637	54745	71573
阿拉伯联合酋长国	12948				23243	47047	42615
欧 洲	256257	335613	373479	296145	384037	622708	483501
#德 国	34993	53696	72969	53306	70346	126184	79560
法 国	13750	17593	16972	15613	19179	33943	23010
意大利	15048	22585	27301	23694	30833	43455	31192
芬 兰	3262	9135	12652	4340	6660	8950	9006
英 国	31156	30638	30020	29109	41880	89642	62502
丹 麦	6236	5513	6549	4846	6027	8210	7153
瑞 典	2835	4751	4475	4036	5864	8886	7036
瑞 士	7187	9677	5244	2329	2699	3239	4006
西班牙	10350	22000	14853	12932	18843	33645	21893
北美洲	331638	330818	364212	319300	374739	622898	481678
#加拿大	22236	27449	28350	22315	28949	44383	36635
美 国	309401	303364	335862	296985	345777	578514	445043
大洋洲	21047	27467	26727	28148	30961	48854	44078
#澳大利亚	16012	22249	22799	21343	24923	40730	37626
非 洲	33652	41177	47262	45496	70994	99549	113122
拉丁美洲	51826	79750	90187	69435	130370	177245	151955
俄罗斯	4664	7440	11696	9925	17729	25095	33274

10－3 按主要国别(地区)分进口商品贸易额

单位:万美元

国别(地区)	2000年	2001年	2002年	2003年	2004年	2005年
总　　计	**238889**	**238287**	**285379**	**365351**	**498331**	**501710**
亚　洲	200716	196287	240536	307189	419006	419188
#中国香港	2542	2135	2218	2442	2914	1948
中国澳门	24	23	19		2	3
日　本	38931	36952	42635	62874	81783	72427
菲律宾	671	1237	599		1134	1373
泰　国	4379	4670	5839		4690	4088
马来西亚	11737	11201	13551		16683	10787
新加坡	3361	2230	2648		4015	2495
阿拉伯联合酋长国	7	115	7		11	82
欧　洲	17931	21785	22290	26693	33023	32175
#德　国	1628	1443	2107	6606	8499	8617
法　国	421	471	598	719	1039	749
意大利	1266	1696	2203	1626	2551	1620
芬　兰	597	329	282	350	5183	669
英　国	2978	2598	1337	1940	3079	3060
丹　麦	72	73	81		256	264
瑞　典	234	151	201		212	598
瑞　士	4331	8538	8469	8534	9807	9818
西班牙	260	91	35	76	319	500
北美洲	12671	12636	10836	16585	24238	19517
#加拿大	412	707	274	493	476	919
美　国	12252	11928	10562	16091	23762	18597
大洋洲	1137	915	1112	2003	1877	1806
#澳大利亚	497	226	454	935	734	1056
非　洲	832	926	958	1075	1989	2365
拉丁美洲	5561	5738	9646	11804	18199	19307

10－3 续表 单位:万美元

国别(地区)	2006 年	2007 年	2008 年	2009 年	2010 年	2011 年	2012 年
总　　计	**559004**	**633101**	**673663**	**583940**	**828544**	**1059420**	**992861**
亚　洲	472449	512025	532102	411439	559626	570067	557633
#中国香港	1753	1947	1990	2034	5927	20213	26182
中国澳门	10	14	5			53	
日　本	66490	74794	91945	69773	95468	87933	87103
菲律宾	1664	2071	3204	6306	10382	9584	19312
泰　国	7504	8613	11490	10885	18975	13475	24417
马来西亚	7993	13197	17369	12952	16262	14937	10915
新加坡	2568	3926	4312	4646	7617	9180	6989
阿拉伯联合酋长国	91				243	265	2075
欧　洲	38368	55937	65210	67672	109646	206316	196280
#德　国	12773	22150	28017	22092	41003	53748	45382
法　国	821	1961	5093	4875	5848	11057	8629
意大利	1533	1790	3126	2960	5269	6004	5815
芬　兰	507	1448	1335	2150	2361	3061	4169
英　国	2122	2421	2882	4628	6250	4745	6077
丹　麦	246	498	876	331	177	371	844
瑞　典	1093	1988	2374	1230	814	2648	828
瑞　士	10018	9283	1425	959	1644	54238	65160
西班牙	271	394	2057	2720	11292	10894	5194
北美洲	24173	35953	30227	37282	71197	99504	112092
#加拿大	608	1364	1754	2603	9747	13385	19488
美　国	23565	34588	28466	34666	61425	86113	92604
大洋洲	2513	2396	2832	7801	9488	51695	23611
#澳大利亚	1330	1144	1167	5214	5797	47086	19709
非　洲	4028	4809	5918	13224	24147	65024	32116
拉丁美洲	17212	22279	37374	46521	54434	66812	76994

10－4 外商直接投资合同数

（1979－2012年）

单位:项

年 份	外商直接投资	合资企业	合作企业	独资企业
1979	5			
1980	5			
1981	3			
1982	2			
1983	4			
1984	64			
1985	73			
1986	29	19	10	
1987	56	46	9	1
1988	168	123	26	19
1989	214	131	16	67
1990	233	103	9	121
1991	286	99	16	171
1992	676	259	35	382
1993	1134	372	56	706
1994	722	216	31	475
1995	678	179	25	474
1996	412	107	10	295
1997	437	83	18	336
1998	481	109	13	359
1999	338	80	8	250
2000	295	80	6	209
2001	319	73	3	243
2002	386	52	41	293
2003	360	88	2	268
2004	414	90	5	319
2005	326	81	11	234
2006	327	83	2	242
2007	234	78		155
2008	155	31	1	123
2009	144	29	1	114
2010	186	44	1	140
2011	170	51	1	118
2012	148	47		100

10－5　外商直接投资合同金额

（1979－2012 年）　　　　单位:万美元

年　　份	外商直接投资	合资企业	合作企业	独资企业
1979	105			
1980	387			
1981	104			
1982	15			
1983	106			
1984	5603			
1985	4367			
1986	909	794	115	
1987	3052	2115	767	170
1988	11781	8489	1432	1860
1989	15156	9262	656	5238
1990	27370	7693	1452	18225
1991	29601	6632	1057	21912
1992	117538	27587	7565	82386
1993	330705	64417	13476	252812
1994	220592	56769	16279	147544
1995	322706	36978	24674	261053
1996	111121	23919	2113	85088
1997	92022	16395	9497	65831
1998	111031	32927	19577	58527
1999	93426	13434	5030	74962
2000	95479	15652	1171	78656
2001	103264	20122	1944	81198
2002	150867	10236	16854	117596
2003	161412	20650	3236	135597
2004	135003	10651	－376	122331
2005	116672	12603	6581	96779
2006	142956	22989	4497	115470
2007	132371	22323		100379
2008	148883	9619	2834	130805
2009	122969	5880	2660	112371
2010	167297	22793	151	113360
2011	176966	18091	2980	147998
2012	205643	37432	18	158848

10－6 按行业分外商直接投资合同数

（1987－2012 年）

单位：项

年份	农业	制造业	建筑业	交通运输仓储及邮电通信业	批发和零售贸易餐饮业	房地产公用事业服务业
1987	6	48	1			
1988	6	153	4	2		3
1989	8	179	1			23
1990	6	190	1		2	33
1991	8	248		3		25
1992	22	481	11		3	153
1993	56	675	46		55	134
1994	37	379	39		26	75
1995	46	414	36		39	36
1996	37	209	15		50	20
1997	29	247	13		76	16
1998	23	291	6	4	78	31
1999	26	219	6		17	39
2000	14	210		1	10	35
2001	10	228	3	1	9	23
2002	13	237	9	5	13	53
2003	12	256	8	5	11	67
2004	12	307	5	9	18	63
2005	5	240		7	26	10
2006	8	234	5	4	36	42
2007	10	131	1	3	42	57
2008	8	63	4	1	33	46
2009	4	38		2	54	46
2010	9	46	1	4	82	44
2011	8	37	1	5	74	41
2012	12	32	2	1	64	36

10－7　按行业分外商直接投资合同金额

（1987－2012 年）

单位:万美元

年　份	农　业	制造业	建筑业	交通运输仓储及邮电通信业	批发和零售贸易餐饮业	房地产公用事业服务业
1987	197	2608	215			
1988	1103	9906	119	64		589
1989	256	11095	51			3474
1990	233	20243	22		115	6752
1991	959	21744				6623
1992	1003	50540	432		3480	58127
1993	5148	134920	2280		5592	149058
1994	2637	92714	1562		1642	105230
1995	7501	251052	2036		2857	25104
1996	2983	54310	1051		3758	15021
1997	3823	50486	6692		6854	9409
1998	6588	47296	17819	375	6211	20661
1999	8560	49682	3970		4178	22143
2000	703	52199	169	10	3004	33314
2001	4727	69326	885	1454	501	17967
2002	4400	101619	8132	3463	944	22600
2003	3294	128747	3873	208	358	24932
2004	3887	93171	－1815	8458	2959	28343
2005	8141	87428	－13	5710	3893	7045
2006	6922	113480	2695	1395	3704	14760
2007	5408	73864	－71	1128	13896	38146
2008	6157	62739	1649	56	7557	70725
2009	3522	32980	761	8400	13552	63720
2010	9022	87209	－119	4406	30304	36475
2011	7411	61022	119	2618	33497	56839
2012	19238	31366	11798	2030	45849	86017

10－8 按国别(地区)分外商直接投资合同数

单位:项

国别(地区)	2000年	2001年	2002年	2003年	2004年	2005年
合　计	**295**	**319**	**386**	**360**	**414**	**326**
#中国香港	119	95	140	137	158	125
中国澳门	7		1	3	3	4
日　本	27	24	33	17	24	27
菲律宾	2	2	3	7	3	2
泰　国		2	1	3	1	
马来西亚	1	2	3	2	4	2
新加坡	7	6	10	15	13	6
印度尼西亚	2	4	1	2	7	4
德　国	1					2
维尔京群岛	10	22	27	25	34	22
英　国		1			1	
开曼群岛	2	3	3	4	2	2
加拿大	5	7	11	12	10	11
美　国	24	33	35	37	43	33
澳大利亚	8	12	7	9	16	16

国别(地区)	2006年	2007年	2008年	2009年	2010年	2011年	2012年
合　计	**327**	**234**	**155**	**144**	**186**	**170**	**148**
#中国香港	142	78	63	56	72	74	50
中国澳门	4	1	1	2		1	4
日　本	25	16	13	7	9	9	3
菲律宾							
泰　国		1					
马来西亚		2	2	1	5	4	4
新加坡	12	6	4	5	4	5	5
印度尼西亚	11		1	2		1	
德　国		2	2			2	1
维尔京群岛	17	19	15	6	9	4	7
英　国	2	1	1			1	
开曼群岛	2	1		1	2		
加拿大	12	6	3	3	6	5	3
美　国	19	32	11	23	10	9	7
澳大利亚	5	14	4	2	6	2	6

10－9 按国别(地区)分外商直接投资合同金额

单位:万美元

国别(地区)	2000 年	2001 年	2002 年	2003 年	2004 年	2005 年
合　计	**95479**	**103264**	**150867**	**161412**	**135003**	**116672**
#中国香港	63312	43296	70300	75503	82905	51832
中国澳门	763		711	443	89	994
日　本	4080	1653	18927	2591	3886	5122
菲律宾	98	731	473	1735	－99	151
泰　国		190	150	2011	25	
马来西亚	1045	1004	3270	207	646	412
新加坡	585	579	37	－1797	2946	2068
印度尼西亚	494	3141	1198	81	932	763
德　国	10	179	－7		33	86
维尔京群岛	7666	12138	18907	12814	14590	22617
英　国		－8	－95	552	－289	
开曼群岛	96	6115	4372	286	1121	2379
加拿大	437	159	2994	1294	1495	645
美　国	7516	7666	7889	6915	10448	7375
澳大利亚	325	562	－1	3151	1754	2997

国别(地区)	2006 年	2007 年	2008 年	2009 年	2010 年	2011 年	2012 年
合　计	**142956**	**132371**	**148883**	**122969**	**167297**	**176966**	**205643**
#中国香港	70580	58978	100517	119015	104403	118214	137328
中国澳门	381	525	－479	390		9	2507
日　本	12842	3216	1034	1914	2570	4101	－1856
菲律宾	－191	74	38	－1592	－230	－66	
泰　国			889		2	－1000	
马来西亚	1	2810	2601	－305	3325	217	－1507
新加坡	5076	395	5946	384	1695	4426	4546
印度尼西亚	8857	－1308	2930	348	223	－1989	188
德　国	6	－20	573			510	793
维尔京群岛	18211	26466	2876	－8122	9659	8084	12519
英　国	1291	993	－1883		－89	39	
开曼群岛	1651	4059	1210	735	6197	1419	1542
加拿大	3843	729	－267	520	4792	3639	951
美　国	1932	8894	2742	1104	395	1510	10948
澳大利亚	661	1293	－15	88	909	2807	816

10－10 实际利用外商直接投资金额

（1979－2012 年）

单位:万美元

年　　份	合　计	合资企业	合作企业	独资企业
1979	78			
1980	167			
1981	61			
1982	154			
1983	679			
1984	1630			
1985	1539			
1986	1495	588	886	
1987	1462	498	794	170
1988	2355	2004	351	
1989	5035	2815	890	1330
1990	10193	6242	703	3248
1991	13813	5412	330	8071
1992	28452	7870	1175	19407
1993	63385	24762	2938	35685
1994	81838	42263	3004	46571
1995	105035	26106	5289	73640
1996	97590	27902	5330	64358
1997	97848	30830	5973	60746
1998	90348	27883	6177	56288
1999	90036	25183	6675	58178
2000	80087	8471	3565	66843
2001	100198	27953	3095	67754
2002	120246	28404	3162	76635
2003	130198	12332	3236	114630
2004	136042	19336	5407	99029
2005	160000			
2006	162100			
2007	170225			
2008	213034			
2009	229596			
2010	248193			
2011	268592			
2005(验资口径)	64017	9986	341	51383
2006(验资口径)	66069	8913	430	56726
2007(验资口径)	70011	11634	55	57859
2008(验资口径)	100150	24311	189	68177
2009(验资口径)	103227	16842		71491
2010(验资口径)	118524	23232		80795
2011(验资口径)	127745	10169	17	67927
2012(验资口径)	133877	23075	18	83210

10－11 按国别(地区)分实际利用外商直接投资金额

单位:万美元

国别(地区)	2000年	2001年	2002年	2003年	2004年	2005年
中国香港	39861	47263	51503	51940	57923	26819
中国澳门	474	500	2358	207	1213	227
日本	1679	6072	3258	23600	4818	3624
菲律宾	258	125	1169	228	1184	508
泰国	174	151	769	941	500	295
马来西亚	2075	1480	2883	491	1448	630
新加坡	1209	1638	1299	1601	2819	2070
印度尼西亚	509	1990	796	415	946	336
德国		10				
法国						52
英国	7850	1810	3558	450	267	300
加拿大	50	221	823	695	1398	223
美国	7031	13452	4791	6642	8220	2138
澳大利亚	178	242	784	186	801	378
维尔京群岛	7794	11121	13351	15145	18906	12042
开曼群岛		61	4523	3116	1269	3630
百幕大	1001	100	10852	2708	4885	1800

国别(地区)	2006年	2007年	2008年	2009年	2010年	2011年	2012年
中国香港	26569	31728	43567	73079	82044	45842	72914
中国澳门	52	1525	217	105	101	128	
日本	10020	1614	3344	2044	1657	4636	3232
菲律宾	58	209	124		38		18
泰国		56	907				
马来西亚	20	353	853	20	50	1968	223
新加坡	1119	2971	2487	2486	128	3212	4346
印度尼西亚	424	629	361	1458	406	19	284
德国	61		10	500			488
法国	3	42					
英国	400	667	179	1			8
加拿大	401	377	452	359	36	400	411
美国	3613	2195	2160	1788	1442	986	1916
澳大利亚	267	776	488	204	341	290	161
维尔京群岛	13579	16795	25682	12172	6765	13191	8391
开曼群岛	2016	2914	992	1546	3799	2020	2396
百幕大			2123	490		31926	561

10－12　按县(市)区分外商直接投资合同数

单位:项

地　　区	2000年	2001年	2002年	2003年	2004年	2005年
福州市	**295**	**319**	**387**	**360**	**414**	**326**
鼓楼区	48	48	64	61	71	54
台江区	25	31	27	26	35	23
仓山区	27	47	48	46	47	38
晋安区	31	31	40	35	42	30
马尾区	31	34	53	49	30	27
福清市	32	33	44	40	57	54
长乐市	8	14	23	19	26	16
闽侯县	29	34	35	24	40	24
连江县	8	8	8	33	17	14
罗源县	6	4	13	10	12	13
闽清县	10	3	1	9	5	5
永泰县	5	6	2	1	3	5
平潭县	4	1	2	2	5	3

地　　区	2006年	2007年	2008年	2009年	2010年	2011年	2012年
福州市	**327**	**234**	**155**	**144**	**186**	**170**	**148**
鼓楼区	51	53	43	36	49	40	33
台江区	22	19	10	17	21	18	18
仓山区	42	29	18	12	19	19	16
晋安区	29	17	10	18	10	13	4
马尾区	28	19	12	5	10	16	17
福清市	60	45	24	19	18	23	19
长乐市	16	14	7	10	4	8	6
闽侯县	19	17	16	13	33	17	24
连江县	9	4	9	5	4	9	6
罗源县	9	12	4	5	3	4	2
闽清县	7	2	1		3	2	1
永泰县	2	1		2	2		2
平潭县		1		2	10		

10－13　按县(市)区分外商直接投资合同金额

单位:万美元

地　　区	2000年	2001年	2002年	2003年	2004年	2005年
福州市	**95479**	**103264**	**150867**	**161412**	**135003**	**116672**
鼓楼区	8907	9380	13173	12422	16356	14074
台江区	7078	8462	12610	11802	12375	7941
仓山区	7782	10156	23500	12343	15032	15050
晋安区	1607	12024	15341	14818	18001	16362
马尾区	4149	14544	31494	29026	11051	12911
福清市	12056	13008	19475	53982	20225	15784
长乐市	4618	11724	15062	15536	18191	11613
闽侯县	12911	10950	12154	10516	9181	6654
连江县	737	1709	2012	5141	5071	5301
罗源县	797	1139	5052	4651	4005	4504
闽清县	354	54	－372	823	704	463
永泰县	203	2406	1352	4	774	286
平潭县	657	12	353	110	321	761

地　　区	2006年	2007年	2008年	2009年	2010年	2011年	2012年
福州市	**142956**	**132371**	**148883**	**122969**	**167297**	**176966**	**205643**
鼓楼区	15291	15750	17168	19331	19755	22197	22260
台江区	10112	15960	16337	18438	21246	22977	23017
仓山区	8688	11757	31315	6609	7161	11255	18804
晋安区	17701	4691	5941	7630	12310	16027	5016
马尾区	22512	21037	21476	4829	22371	23740	25046
福清市	40162	17870	23790	23876	19253	23290	26877
长乐市	1078	7906	5697	9353	6498	8474	9775
闽侯县	16288	9970	10783	18419	25530	35122	56583
连江县	4912	6899	7899	5439	4050	4794	6029
罗源县	5153	3950	5006	5048	5200	5621	5660
闽清县	231	74	2119	281	157	167	2000
永泰县	285	780	854	1000	1199	1500	1705
平潭县	339	1136		607	1579		

10－14 按县(市)区分实际利用外资金额

单位:万美元

地　　区	2000年	2001年	2002年	2003年	2004年	2005年
福州市	**80087**	**100198**	**120246**	**130198**	**136042**	**64017**
鼓楼区	4503	5646	9240	12318	15404	8123
台江区	3010	3762	7078	9745	11895	4750
仓山区	5048	7575	18600	15926	12418	6567
晋安区	2509	10184	15246	17332	15850	6311
马尾区	15080	18753	21639	21729	21050	7087
福清市	11032	13770	20009	17069	20289	12301
长乐市	7191	10272	14799	15316	15523	3757
闽侯县	5727	8505	12208	13076	16015	5514
连江县	1351	1600	1930	3115	2445	2289
罗源县	1353	1420	996	2850	3532	1733
闽清县	570	510	201	356	604	206
永泰县	361	636	1270	75	100	207
平潭县	576	638	465	513	304	95

地　　区	2006年	2007年	2008年	2009年	2010年	2011年	2012年
福州市	**66069**	**70011**	**100150**	**103227**	**118524**	**127745**	**133877**
鼓楼区	10133	14002	17827	18162	18180	19710	22687
台江区	4723	6200	9113	9788	11163	11910	9700
仓山区	9310	12586	16403	15371	15400	16180	18634
晋安区	6640	4050	2732	2735	10000	10510	10655
马尾区	13357	13551	13746	15706	25539	27999	10188
福清市	12630	12867	13256	13336	13810	15976	19714
长乐市	3815	4747	5824	7960	7965	3615	3768
闽侯县	6212	9621	11291	13202	13512	15040	17902
连江县	2958	3876	3912	3260	2027	3785	6823
罗源县	1821	2115	2459	2380	2381	2525	2907
闽清县	63	131	155	160	222	279	401
永泰县	345	577	621	625	875	1113	1371
平潭县	450	500	556	542	650		

主要统计指标解释

进出口总额 海关进出口总额指实际进出我国国境的货物总金额。包括对外贸易实际进出口货物,来料加工装配进出口货物,国家间、联合国及国际组织无偿援助物资和赠送品,华侨、港澳台同胞和外籍华人捐赠品,租赁期满归承租人所有的租赁货物,进料加工进出口货物,边境地方贸易及边境地区小额贸易进出口货物(边民互市贸易除外),中外合资经营企业、中外合作经营企业、外商独资经营企业进出口货物和公用物品,到离岸价格在规定限额以上的进出口货样和广告品(无商业价值、无使用价值和免费提供出口的除外),从保税仓库提取在中国境内销售的进口货物,以及其他进出口货物。我国规定出口货物按离岸价格统计,进口货物按到岸价格统计。

利用外资 指我国各级政府、部门、企业和其他经济组织通过对外借款、吸收外商直接投资以及用其他方式筹措的境外现汇、设备、技术等。

对外借款 包括通过外国政府贷款,国际金融组织贷款,外国银行商业贷款,出口信贷以及对外发行债券,股票等方式,从境外筹措的资金。

外商直接投资 是指外国企业和经济组织或个人(包括华侨、港澳台胞以及我国在境外注册的企业)按我国有关政策、法规,用现汇、实物、技术等在我省境内开办外商独资企业、与我省境内的企业或经济组织共同举办中外合资经营企业、合作经营企业或合作开发资源的投资(包括外商投资收益的再投资)以及经政府有关部门批准的项目总额中境外直接投资者对企业的贷款。

对外承包工程 包括各对外承包公司以招标议标承包方式承揽下列业务(1)承包国外工程建设项目;(2)承包我国对外经援项目;(3)承包我国驻外机构的工程建设项目;(4)承包我国境内利用外资进行建设的工程项目(包括承担地形地貌测绘;地质资源勘探与普查;建设区域规划;提供设计文件、图纸、生产工艺技术资料和工程技术经济咨询;工程项目的可行性考察、研究和评估;进行技术指导和培训人员等);(5)对外承包兼营的房屋开发业务。对外承包工程的营业额是以货币表现的本期内完成的对外承包工程的工作量,包括以前年度签订的合同和本年度新签订的合同在报告期内完成的工作量。

对外劳务合作 指以收取工资的形式向业主或承包商提供技术和劳动服务的活动。我国对外承包公司在境外开办的合营企业,中国公司同时又提供劳务的,其劳务部门也纳入劳务合作统计。劳务合作营业额按报告期内向雇主提交的结算数(包括工资、加班费和奖金等)统计。

11 价格指数

11－1　主要物价总指数

（以1978年价格为100）

年　份	居民消费价格指数	城　市	农　村	商品零售价格指数	服务项目价格指数
1979	101.1			101.2	100.0
1980	107.8			108.2	110.8
1981	108.9			109.5	109.5
1982	112.9			113.8	109.5
1983	115.6			116.4	114.9
1984	120.6			120.6	126.6
1985	140.6			141.3	140.4
1986	153.0			154.2	147.7
1987	169.2			171.8	151.8
1988	216.6			221.6	179.6
1989	256.9			263.5	207.8
1990	257.2	102.4	98.5	262.2	225.9
1991	271.9	110.3	102.7	276.1	249.1
1992	294.5	120.2	108.2	296.3	289.5
1993	350.5	143.9	127.0	350.2	351.4
1994	447.8	181.7	157.9	435.3	450.6
1995	529.3	214.8	186.8	500.6	570.5
1996	568.5	233.3	198.8	524.1	684.6
1997	581.6	241.9	203.0	528.3	767.4
1998	579.3	242.6	201.6	521.4	798.1
1999	574.1	240.9	199.6	505.8	880.3
2000	583.9	247.9	202.2	498.7	1152.3
2001	578.1	245.2	199.4	486.2	1219.1
2002	572.9	245.0	196.4	475.5	1282.5
2003	577.5	246.0	198.6	464.1	1338.9
2004	603.5	257.2	207.1	475.2	1412.6
2005	619.2	265.4	211.2	480.4	1470.5
2006	626.0	267.5	214.2	479.9	1472.0
2007	653.5	278.7	224.1	494.8	1497.0
2008	682.3	290.7	234.0	516.6	1446.1
2009	676.8	288.1	232.1	508.9	1421.5
2010	698.5	297.3	239.1	523.7	1438.6
2011	732.0	311.6	250.3	544.6	1478.9
2012	748.1	318.5	256.3	550.6	1483.3

注：1、本表中商品零售价格指数1990～2000年为全市数据，其他年份为市区数据。
2、上述年份不全的指数均以开编年份的上一年价格为100。

11-2 主要物价总指数

(以上年价格为100)

年份	居民消费价格指数	城市	农村	商品零售价格指数	服务项目价格指数
1951	107.8			108.4	98.2
1952	97.6			97.2	103.9
1957	100.7			100.6	101.6
1962	100.8			101.0	99.1
1965	95.9			95.6	98.9
1970	99.3			99.2	100.0
1975	100.1			100.1	99.7
1978	100.2			100.3	99.0
1979	101.1			101.2	100.0
1980	106.6			106.9	110.8
1981	101.0			101.2	98.8
1982	103.7			103.9	100.0
1983	102.4			102.3	104.9
1984	104.3			103.6	110.2
1985	116.6			117.2	110.9
1986	108.8			109.1	105.2
1987	110.6			111.4	102.8
1988	128.0			129.0	118.3
1989	118.6			118.9	115.7
1990	100.1	102.4	98.5	99.5	108.7
1991	105.7	107.7	104.3	105.3	110.3
1992	108.3	109.0	105.4	107.3	116.2
1993	119.0	119.7	117.4	118.2	121.4
1994	126.9	126.3	124.3	124.3	128.2
1995	118.2	118.2	118.3	115.0	126.6
1996	107.4	108.6	106.4	104.7	120.0
1997	102.3	103.7	102.1	100.8	112.1
1998	99.6	100.3	99.3	98.7	104.0
1999	99.1	99.3	99.0	97.0	110.3
2000	101.7	102.9	101.3	98.6	130.9
2001	99.0	98.9	98.6	97.5	105.8
2002	99.1	99.9	98.5	97.8	105.2
2003	100.8	100.4	101.1	97.6	104.4
2004	104.5	104.6	104.3	102.4	105.5
2005	102.6	103.2	102.0	101.1	104.1
2006	101.1	100.8	101.4	99.9	100.1
2007	104.4	104.2	104.6	103.1	101.7
2008	104.4	104.3	104.4	104.4	96.2
2009	99.2	99.1	99.2	99.1	98.4
2010	103.2	103.2	103.0	102.9	101.2
2011	104.8	104.8	104.7	104.0	102.8
2012	102.2	102.2	102.4	101.1	100.3

注:1、本表中1990年以前零售、消费总指数数据均为市区数据。

2、2001年起商品零售价格总指数为市区数据。

11－3 居民消费价格分类指数

（以1978年价格为100）

项　　目	1980年	1985年	1990年	1995年	2000年	2001年	2002年	2003年
居民消费价格总指数	**107.8**	**140.6**	**257.2**	**529.3**	**583.9**	**578.1**	**572.9**	**577.5**
#食品类	114.0	162.5	329.2	770.1	780.4	760.1	740.3	752.1
衣着类	99.1	91.6	158.9	347.6	390.5	360.8	355.0	332.3
家庭设备及用品		96.8	138.6	136.9	134.7	132.5	129.7	125.4
医疗保健	99.8	114.5	171.6	306.3	379.4	395.3	381.9	375.8
娱乐教育文化用品	101.0	101.8	150.3	153.1	137.9	139.2	136.3	145.0
居　住		104.5	117.2	196.5	319.3	327.3	351.5	363.5
服务项目价格指数	110.8	140.4	225.9	570.5	1152.3	1219.1	1282.5	1338.9

项　　目	2004年	2005年	2006年	2007年	2008年	2009年	2010年	2011年	2012年
居民消费价格总指数	**603.5**	**619.2**	**626.0**	**653.5**	**682.3**	**676.8**	**698.5**	**732.0**	**748.1**
#食品类	822.8	860.6	879.5	963.9	1083.4	1089.9	1160.7	1284.9	1350.4
衣着类	317.0	302.1	290.3	281.6	256.5	260.6	256.2	258.8	266.8
家庭设备及用品	122.0	121.0	121.8	123.6	127.2	127.3	125.8	128.7	132.8
医疗保健	361.9	361.2	363.0	372.8	376.9	378.8	390.5	404.6	415.1
娱乐教育文化用品	155.0	163.2	159.6	159.1	148.3	146.5	147.2	144.7	139.3
居　住	379.9	401.9	422.0	435.1	455.1	426.9	444.0	467.5	477.3
服务项目价格指数	1412.6	1470.5	1472.0	1497.0	1446.1	1421.5	1438.6	1478.9	1483.3

注：1. 家庭设备及用品价格指数以1982年价格为100。

2. 居住价格指数以1983年价格为100。

11－4 市区商品零售价格分类指数

（以1978年价格为100）

项　　目	1980年	1985年	1990年	1995年	2000年	2001年	2002年	2003年
商品零售价格总指数	**108.2**	**141.3**	**267.9**	**529.3**	**528.9**	**515.7**	**504.4**	**492.3**
食品类	114	162.5	426.5	1024.9	1018.1	985.6	962.9	961.9
#粮　食		102.2	201.7	927.2	736.8	744.1	740.4	764.8
鲜　菜		161.5	375.6	1198.9	1594.0	1579.7	1684.0	1547.6
肉禽蛋		116.1	246.9	446.6	378.8	368.6	365.3	363.1
水产品		236.3	569.4	1388.8	1700.4	1549.1	1440.7	1453.7
饮料烟酒类		128	169.8	222.0	230.8	230.1	233.1	742.6
服装鞋帽类	99.1	91.6	158.9	357.8	423.5	393.5	400.2	381.8
纺织品类		113.3	239.5	412.0	429.8	434.1	425.9	397.4
中西药品类	99.8	114.5	171.6	304.0	363.6	358.2	340.6	327.3
文化体育用品类	101	101.8	150.3	149.3	142.5	139.4	136.9	138.0
日用品类	100.9	96.4	144.8	196.5	195.5	189.4	187.1	184.7
家用电器类		89.2	127.6	110.3	85.9	82.0	76.6	72.2
燃料类	100	101.7	139.1	602.8	732.8	726.2	704.4	734.0

项　　目	2004年	2005年	2006年	2007年	2008年	2009年	2010年	2011年	2012年
商品零售价格总指数	**504.1**	**509.6**	**509.1**	**524.9**	**548.0**	**539.8**	**555.5**	**577.7**	**584.1**
食品类	1061.0	1121.5	1135.0	1237.2	1416.6	1401.0	1503.3	1673.2	1756.9
#粮　食	893.3	884.4	911.8	962.9	1026.5	1091.2	1248.3	1470.5	1513.1
鲜　菜	1894.3	2237.2	2299.8	2562.0	2848.9	2988.5	3592.2	3689.2	4526.6
肉禽蛋	419.4	435.8	418.8	531.0	601.1	574.1	603.4	694.8	678.1
水产品	1559.8	1729.8	1757.5	1696.0	1889.3	1951.6	2119.4	2348.3	2569.0
饮料烟酒类	734.4	724.9	728.5	742.3	777.9	798.9	810.9	840.1	855.2
服装鞋帽类	377.6	360.2	331.0	314.5	277.4	290.2	292.8	291	292.2
纺织品类	397.0	385.9	374.7	354.8	354.4	366.4	349.9	361.4	390.0
中西药品类	308.3	298.1	305.3	327.9	332.2	338.2	359.5	379.6	390.6
文化体育用品类	136.5	133.8	131.7	130.4	125.1	118.2	114.5	114.2	114.1
日用品类	181.0	180.5	178.3	177.2	183.4	187.4	187.4	186.7	181.8
家用电器类	69.7	68.5	67.9	65.7	57.8	55.2	54.0	51.9	49.6
燃料类	792.0	905.3	1042.0	1121.2	1234.4	1122.7	1256.3	1381.9	1417.8

11－5　市区居民消费价格分类指数

（以上年价格为100）

项　　目	1995年	1997年	1998年	1999年	2000年	2001年	2002年	2003年
居民消费价格总指数	**118.2**	**102.7**	**100.3**	**99.3**	**102.9**	**99.0**	**99.6**	**99.4**
食品类	123.6	100.2	97.8	97.6	99.2	97.4	97.9	99.9
粮　食	139.9	87.0	101.2	94.1	94.6	100.2	94.6	103.3
淀粉及薯类	123.7	98.0	111.6	95.6	95.7	107.2	97.6	92.1
干豆类及豆制品类	107.2	103.6	99.3	87.5	94.0	98.4	97.6	101.1
油脂类	102.8	108.8	101.2	95.5	95.0	90.3	99.8	106.1
肉禽及其制品类	118.5	106.0	92.6	84.9	95.9	98.7	98.2	99.5
蛋　类	116.2	83.0	98.1	97.8	84.0	103.2	99.0	96.3
水产品	115.6	105.3	94.2	110.0	103.0	94.3	91.9	100.7
菜　类	141.7	103.8	109.0	98.9	107.7	95.5	112.9	93.1
调味品类	130.6	109.8	99.4	96.1	94.8	84.6	102.2	99.8
糖　类	120.8	97.3	91.0	90.5	110.2	114.4	97.0	96.9
烟草类	96.9	100.8	99.8	102.7	96.2	105.6	93.1	100.8
酒和饮料	106.2	106.7	100.6	99.9	95.8	100.5	100.1	98.6
干鲜瓜果类	135.3	90.7	95.0	88.9	100.0	98.3	96.7	107.6
糕点类	121.6	100.0	100.0	100.0	106.6	117.3	97.1	98.9
奶及奶制品	127.5	100.7	100.2	101.8	100.0	96.8	99.4	99.2
其他食品	112.6	100.6	92.0	105.3	100.0	98.8	101.0	103.6
饮食业	125.7	100.6	100.5	100.0	100.0	99.6	97.8	98.1
衣着类	125.5	106.9	106.2	94.5	96.6	92.4	100.1	95.4
服　装	140.0	106.2	110.5	96.3	96.2	90.2	99.0	94.5
衣着材料	111.7	103.2	98.9	109.8	98.4	100.7	98.6	100.8
鞋袜帽及其他衣着	103.1	111.0	100.5	84.7	97.8	98.3	103.4	97.8
家庭设备及用品	103.3	100.8	98.2	99.9	99.2	98.4	98.5	96.2
#耐用消费品	102.1	98.1	97.1	99.7	99.6	97.5	94.8	95.3
家庭日用杂品	107.4	102.3	101.9	99.8	94.7	101.0	100.3	98.9
医疗保健	114.7	105.4	104.1	100.7	102.0	105.3	96.5	96.9
交通和通讯工具	101.1	95.6	95.9	98.7	102.6	100.0	97.7	94.7
娱乐、教育文化用品	102.7	100.8	96.8	92.3	93.0	100.9	110.7	104.9
居　住	108.5	109.7	111.2	104.0	106.1	102.5	100.5	103.3
#水电、燃料	111.1	113.0	106.8	100.0	105.0	102.6	101.4	106.8
服务项目价格指数	126.6	112.1	104.0	110.3	130.9	105.8	106.7	102.8
#学杂保育费	145.2	112.0	102.7	136.5	106.0	111.1	135.0	117.3

11－5 续表 （以上年价格为100）

项目	2004年	2005年	2006年	2007年	2008年	2009年	2010年	2011年	2012年
居民消费价格总指数	**103.9**	**102.5**	**100.3**	**104.1**	**104.2**	**98.7**	**103.5**	**104.9**	**102.0**
食品类	109.5	105.6	101.2	109.4	114.0	99.7	107.4	111.6	104.6
粮　食	116.5	99.0	103.4	105.8	106.9	106.6	114.4	117.4	104.0
淀粉及薯类	100.1	104.7	101.4	102.9	112.2	104.3	112.0	111.7	105.4
干豆类及豆制品类	109.1	102.9	101.1	107.7	123.1	99.3	115.3	99.3	100.1
油脂类	111.2	95.9	99.2	123.6	119.6	79.7	95.2	111.9	105.8
肉禽及其制品类	113.4	104.2	95.3	131.2	122.7	89.4	101.6	119.1	98.1
蛋　类	124.9	102.7	93.6	126.4	102.9	101.3	108.6	113.1	95.7
水产品	107.3	110.9	101.9	98.5	111.8	102.8	109.0	110.8	109.1
菜　类	119.7	115.5	103.4	110.6	111.4	103.6	119.3	103.8	117.8
调味品类	100.6	100.9	102.6	107.2	105.6	104.7	103.8	103.8	102.2
糖　类	101.3	99.5	105.9	102.2	104.0	99.4	102.4	108.6	103.6
烟草类	101.9	99.1	99.8	100.0	100.4	100.2	100.0	100.0	100.0
酒和饮料	97.0	98.5	99.8	102.2	109.2	102.4	100.8	104.8	103.4
干鲜瓜果类	102.2	109.2	120.5	93.2	113.5	106.5	113.2	114.6	99.2
糕点类	99.1	96.1	101.7	101.8	107.2	102.1	96.0	103.6	104.3
奶及奶制品	96.3	94.3	98.0	100.1	116.2	100.2	100.8	101.8	104.8
其他食品	99.4	100.3	101.8	101.1	105.8	104.1	102.4	105.7	103.4
饮食业	107.9	104.2	97.0	109.6	111.1	102.4	104.8	109.1	105.7
衣着类	98.8	95.5	91.8	95.4	88.0	102.7	101.0	100.5	101.9
服　装	98.9	94.5	90.7	96.6	88.8	103.0	101.4	97.2	100.0
衣着材料	100.0	100.0	100.0	104.4	102.2	100.3	100.0	107.2	105.5
鞋袜帽及其他衣着	98.2	98.2	95.3	91.0	84.4	101.7	99.5	112.2	107.6
家庭设备及用品	98.2	99.6	100.2	100.4	103.0	100.9	98.3	102.1	104.0
#耐用消费品	97.3	98.8	101.9	100.9	99.7	99.2	98.1	99.7	99.5
家庭日用杂品	95.7	100.0	98.9	100.0	109.1	102.4	98.3	96.4	103.5
医疗保健	95.8	98.5	102.5	105.1	101.0	101.3	104.3	102.0	101.2
交通和通讯工具	97.3	97.5	98.0	100.2	96.9	95.4	98.6	101.3	99.8
娱乐、教育文化用品	105.2	103.5	99.2	99.9	94.2	98.0	101.5	98.9	96.0
居　住	103.3	104.8	105.7	103.8	102.7	93.4	103.4	105.0	102.6
#水电、燃料	106.6	109.4	108.8	103.3	103.2	93.9	105.8	104.1	106.2
服务项目价格指数	103.4	103.0	100.3	101.8	96.9	97.7	101.5	103.7	100.4
#学杂保育费	117.4	110.8	101.6	100.0	84.5	98.3	100.5	98.6	105.1

注：本表中2010年"淀粉及薯类"不含"薯类"，"薯类"含在"菜类"中。

11－6 城市居民消费价格分类指数

（以上年价格为100）

项　　目	1995年	1997年	1998年	1999年	2000年	2001年	2002年	2003年
居民消费价格总指数	**118.2**	**102.7**	**100.3**	**99.3**	**102.9**	**98.9**	**99.9**	**100.4**
食品类	123.6	100.2	97.8	97.6	99.2	96.5	97.7	101.1
粮　食	139.9	87.0	101.1	94.1	94.6	100.3	95.0	106.6
淀粉及薯类	123.7	98.0	111.6	95.6	95.7	107.2	98.7	100.6
干豆类及豆制品类	107.2	103.6	99.3	87.5	94.0	98.4	97.6	102.6
油脂类	102.8	103.8	101.2	95.5	95.0	92.6	99.3	108.2
肉禽及其制品类	118.5	106.0	92.6	84.5	95.9	99.1	97.5	99.6
蛋　类	116.2	83.0	98.1	97.8	84.0	104.2	93.1	95.6
水产品	115.6	105.3	94.1	110.0	103.0	98.1	95.5	98.9
菜　类	141.7	103.8	109.1	98.9	107.7	95.5	118.2	98.7
调味品类	130.6	109.8	99.3	96.1	94.8	90.1	102.8	100.0
糖　类	120.8	97.3	91.0	90.5	110.0	116.0	93.5	94.5
烟草类	96.9	100.8	99.8	102.7	96.2	109.1	93.8	100.5
干鲜瓜果类	135.3	90.7	95.0	88.9	100.0	97.8	90.1	111.3
糕点类	121.6	100.0	100.0	100.0	106.6	119.5	97.9	97.8
奶及奶制品	127.5	100.7	100.2	101.8	100.0	97.0	98.6	98.9
其他食品	112.6	100.6	92.1	105.3	100.0	98.8	99.5	109.4
饮食业	125.7	100.6	100.5	100.0	100.0	97.9	97.0	99.5
衣着类	125.5	106.9	106.2	94.5	96.6	91.1	98.7	93.9
服　装	140.0	106.2	110.5	96.3	96.2	88.3	98.5	92.7
衣着材料	111.7	103.2	98.9	109.8	98.4	100.7	96.3	98.9
鞋袜帽及其他衣着	103.1	111.0	100.5	84.7	97.8	99.1	99.9	97.2
家庭设备及用品	103.3	100.8	98.2	99.9	99.2	96.0	96.7	96.3
#耐用消费品	102.1	98.1	97.1	99.7	99.6	95.1	93.9	93.8
家庭日用杂品	107.4	102.3	101.9	99.8	94.7	102.4	99.4	99.8
医疗保健	114.7	105.4	104.1	100.7	102.0	101.9	99.2	95.7
交通和通讯工具	101.1	95.6	95.9	98.7	102.6	101.2	97.6	95.9
娱乐、教育文化用品	102.7	100.3	96.8	92.3	93.0	102.9	112.8	107.4
居　住	108.5	109.7	111.2	104.0	106.1	102.0	99.1	103.6
#水电、燃料	111.1	113.0	106.8	100.0	105.0	102.5	99.6	106.2
服务项目价格指数	126.6	112.1	104.0	110.3	130.7	104.7	107.3	104.5
#学杂保育费	145.2	112.0	102.7	138.5	206.0			118.3

11-6 续表 (以上年价格为100)

项目	2004年	2005年	2006年	2007年	2008年	2009年	2010年	2011年	2012年
居民消费价格总指数	**104.6**	**103.2**	**100.8**	**104.2**	**104.3**	**99.1**	**103.2**	**104.8**	**102.2**
食品类	109.2	105.4	101.2	109.7	113.2	100.7	106.6	111.2	105.0
粮　食	125.4	99.1	102.4	109.1	107.0	105.5	114.7	117.6	103.8
淀粉及薯类	107.0	112.5	103.1	102.2	111.0	103.5	106.1	108.4	103.5
干豆类及豆制品类	112.1	103.7	100.7	106.6	122.2	99.4	113.0	100.7	99.7
油脂类	117.7	98.2	99.2	122.8	122.3	82.0	97.9	113.6	106.1
肉禽及其制品类	113.0	102.5	97.4	129.2	121.7	91.2	103.5	119.2	100.2
蛋　类	126.6	102.5	94.4	127.2	102.4	101.8	108.2	112.9	96.1
水产品	106.6	110.3	99.1	101.1	111.2	105.6	106.1	109.3	108.7
菜　类	111.0	119.0	105.5	111.2	110.8	104.8	118.2	102.8	118.2
调味品类	99.5	101.6	101.7	103.9	103.4	102.2	98.8	104.1	101.8
糖　类	102.3	99.1	104.1	102.9	104.3	101.5	107.2	108.5	102.8
烟草类	102.7	99.1	99.9	100.0	100.4	100.2	102.5	100.3	99.9
干鲜瓜果类	103.2	107.5	118.5	96.4	114.0	105.5	109.1	118.0	99.9
糕点类	99.3	97.2	100.0	101.8	106.5	101.2	95.4	103.9	103.6
奶及奶制品	96.2	94.7	99.3	100.3	113.6	98.7	100.5	102.2	103.6
其他食品	101.7	101.1	101.5	101.8	103.9	104.4	104.5	106.3	104.4
饮食业	105.1	102.5	98.3	106.7	109.2	102.6	103.3	107.1	106.1
衣着类	99.1	96.7	94.6	96.2	89.8	101.0	98.7	100.3	102.6
服　装	99.1	96.3	93.5	96.6	89.8	101.3	99.2	98.1	101.1
衣着材料	101.8	101.0	100.5	101.6	103.1	103.0	104.8	112.2	104.3
鞋袜帽及其他衣着	98.8	97.2	98.2	94.3	88.5	99.7	96.5	107.6	106.9
家庭设备及用品	98.2	99.3	99.9	100.5	102.5	100.2	98.4	102.2	103.9
#耐用消费品	95.8	97.2	100.6	100.5	99.3	98.6	98.0	99.5	100.2
家庭日用杂品	98.5	101.2	98.5	99.3	107.1	101.4	97.9	98.9	103.0
医疗保健	95.2	100.3	101.4	103.1	100.6	100.4	103.1	103.2	102.2
交通和通讯工具	97.8	98.1	99.0	100.2	97.0	96.4	99.2	100.9	99.5
娱乐、教育文化用品	106.6	104.6	100.2	99.8	94.0	98.5	100.7	98.6	96.1
居　住	105.1	107.1	105.8	103.5	103.4	93.2	104.4	105.2	102.4
#水电、燃料	107.2	110.3	108.4	102.9	104.4	93.0	106.4	104.0	104.4
服务项目价格指数	104.5	103.9	101.3	101.7	96.6	98.3	101.4	103.1	100.3
#学杂保育费	116.9	112.4	102.6	100.0	85.9	98.5	100.3	97.0	105.1

注：本表中2010年“淀粉及薯类”不含“薯类”，“薯类”含在“菜类”中。

11－7　农村居民消费价格分类指数

（以上年价格为100）

项　　目	1995年	1997年	1998年	1999年	2000年	2001年	2002年	2003年
居民消费价格总指数	**118.3**	**102.1**	**99.3**	**99.0**	**101.3**	**98.6**	**98.5**	**101.1**
食品类	122.2	99.7	99.8	97.5	98.2	97.4	98.4	102.2
粮　食	136.4	83.5	102.1	98.3	85.6	93.7	94.9	110.3
淀粉及薯类	122.1	94.0	106.3	98.7	98.1	99.7	96.5	106.4
干豆类及豆制品类	112.0	102.7	95.1	92.9	101.6	97.9	96.4	106.4
油脂类	107.7	101.9	96.8	97.4	98.1	97.8	97.0	108.7
肉禽及其制品类	120.5	101.5	90.6	90.5	96.5	99.6	99.9	100.8
蛋　类	117.9	80.6	100.3	98.0	85.2	102.3	99.0	97.7
水产品	109.9	106.7	99.6	101.0	103.8	97.6	95.2	99.4
菜　类	146.2	104.5	113.5	100.4	105.7	86.7	112.0	103.5
调味品类	119.3	106.2	103.7	104.3	96.5	98.7	99.9	98.4
糖　类	128.0	98.5	91.4	84.7	111.3	104.4	97.7	92.0
烟草类	93.8	107.8	103.5	99.7	110.1	98.9	98.6	100.7
干鲜瓜果类	127.7	94.5	100.8	97.9	100.1	98.8	96.3	107.1
糕点类	116.4	103.7	100.2	99.0	98.9	97.1	98.3	100.1
奶及奶制品	122.7	104.7	101.1	99.5	99.8	105.5	96.3	100.8
其他食品	109.3	105.4	98.9	97.0	96.4	97.5	98.2	102.1
饮食业	127.1	109.0	102.9	100.4	99.3	99.0	99.3	100.2
衣着类	119.7	104.2	98.6	93.7	98.5	98.5	96.2	93.5
服　装	121.2	104.5	97.4	91.9	99.7	97.3	95.0	91.6
衣着材料	111.5	100.6	99.5	95.9	97.4	101.1	101.1	98.3
鞋袜帽及其他衣着	124.7	107.3	100.8	95.9	96.2	101.1	98.6	97.5
家庭设备及用品	107.3	100.9	98.4	97.4	98.0	96.7	95.8	96.9
#耐用消费品	106.4	100.0	96.9	96.2	97.1	94.5	93.4	95.9
家庭日用杂品	119.6	104.5	101.4	98.9	99.2	98.2	96.8	98.1
医疗保健	111.9	103.3	104.3	102.5	103.5	99.2	97.2	100.0
交通和通讯工具	104.9	94.8	95.9	96.3	94.4	94.5	96.6	98.3
娱乐、教育文化用品	104.6	98.5	91.5	95.2	96.3	104.1	101.2	105.5
居　住	111.6	106.2	99.8	102.8	106.5	100.9	101.0	103.3
#水电、燃料	115.2	110.2	102.0	106.7	111.4	100.9	102.8	107.8
服务项目价格指数	126.0	119.3	104.4	117.1	129.6	101.8	101.6	104.2
#学杂保育费	141.3	137.2	107.5	147.6	179.9			111.0

11－7 续表 （以上年价格为100）

项目	2004年	2005年	2006年	2007年	2008年	2009年	2010年	2011年	2012年
居民消费价格总指数	**104.3**	**102.0**	**101.4**	**104.6**	**104.4**	**99.2**	**103.0**	**104.7**	**102.4**
食品类	109.5	103.4	103.2	109.5	111.3	99.9	106.3	109.5	105.4
粮　食	124.4	99.3	101.8	106.6	104.8	103.5	115.8	114.6	105.7
淀粉及薯类	108.7	103.4	103.4	111.7	109.1	99.1	104.4	121.1	108.8
干豆类及豆制品类	122.1	102.9	100.9	106.0	121.6	97.6	115.2	102.3	99.5
油脂类	129.2	99.0	99.7	115.7	119.1	82.6	103.1	111.4	105.2
肉禽及其制品类	108.3	104.5	96.8	124.9	119.4	90.3	101.8	118.3	104.4
蛋　类	123.6	102.2	95.2	124.2	103.2	102.7	107.8	114.1	95.2
水产品	107.2	104.8	104.6	105.2	109.1	103.4	102.8	105.9	106.5
菜　类	103.2	113.3	109.5	109.2	108.7	105.2	119.8	96.6	117.8
调味品类	101.9	99.3	102.1	100.5	102.6	103.8	105.5	103.7	102.3
糖　类	103.9	101.9	114.0	101.9	99.4	103.1	110.0	115.3	103.7
烟草类	100.7	99.8	100.5	99.9	100.4	100.2	101.3	100.1	100.2
干鲜瓜果类	103.5	100.7	125.7	98.7	109.9	107.9	108.5	113.1	104.2
糕点类	101.1	98.7	98.9	100.4	104.9	104.4	105.4	106.3	104.5
奶及奶制品	101.0	101.2	101.6	104.5	116.7	101.0	100.5	102.8	100.2
其他食品	100.7	101.4	102.2	103.7	110.9	105.1	103.0	105.6	100.9
饮食业	103.4	101.5	99.3	103.3	107.6	102.8	101.1	103.6	103.4
衣着类	91.8	93.9	98.1	98.1	92.3	103.5	97.1	103.1	104.5
服　装	90.7	92.9	97.4	97.0	90.6	104.3	97.2	102.3	104.7
衣着材料	100.2	103.2	100.4	102.7	101.6	100.2	100.7	112.1	104.2
鞋袜帽及其他衣着	93.4	95.2	100.2	101.6	97.3	100.6	96.7	105.3	103.7
家庭设备及用品	97.9	99.1	101.7	102.8	103.3	99.9	100.0	102.6	101.1
#耐用消费品	96.2	97.5	102.5	104.0	102.2	98.2	99.2	98.7	99.2
家庭日用杂品	99.7	99.5	100.3	99.8	105.2	100.9	100.3	104.5	102.2
医疗保健	97.3	99.2	99.3	102.1	101.8	100.7	102.9	104.5	103.5
交通和通讯工具	100.5	98.6	100.7	100.9	98.1	97.6	99.6	100.9	100.3
娱乐、教育文化用品	108.5	106.0	95.0	99.6	91.8	99.2	99.8	97.7	96.9
居　住	104.1	105.0	104.2	102.7	106.0	94.1	103.1	105.5	101.4
#水电、燃料	104.3	108.7	105.2	102.0	107.5	92.3	103.5	103.8	101.5
服务项目价格指数	106.3	104.4	98.5	101.6	95.5	98.3	100.8	102.1	100.3
#学杂保育费	114.3	110.3	89.9	98.3	82.0	97.5	100.4	96.4	103.2

注：本表中2010年“淀粉及薯类”不含“薯类”，“薯类”含在“菜类”中。

11－8　市区商品零售价格分类指数

（以上年价格为100）

项　　目	1995年	1997年	1998年	1999年	2000年	2001年	2002年	2003年
商品零售价格总指数	**114.4**	**101.2**	**98.8**	**96.8**	**98.8**	**97.5**	**97.8**	**97.6**
食品类	125.2	100.1	97.6	96.0	98.8	96.8	97.7	99.9
粮　食	139.1	88.2	100.9	93.9	94.8	101.0	99.5	103.3
油脂类	102.8	108.7	101.2	95.4	95.1	88.8	98.7	106.1
肉禽蛋	119.2	101.9	93.6	97.7	93.8	97.3	99.1	99.4
水产品	116.2	105.6	92.8	107.2	102.6	91.1	93.0	100.9
鲜　菜	146.3	104.1	112.5	97.8	109.1	99.1	106.6	91.9
干　菜	110.3	100.7	93.4	102.8	92.4	95.1	102.1	100.5
鲜　果	135.9	89.8	95.4	89.9	100.5	95.4	93.2	108.4
干　果	125.6	97.6	94.6	87.1	91.5	100.1	97.7	103.2
其他食品类	125.1	102.4	97.9	97.7	101.3	101.9	98.1	103.7
饮食业	125.7	100.7	100.7	100.0	100.0	100.0	95.9	98.1
饮料烟酒类	102.6	105.0	101.3	101.0	94.7	99.7	101.3	100.3
饮　料	104.5	102.4	102.2	99.3	89.7	97.8	99.4	103.7
烟　酒	101.7	106.2	100.9	101.8	97.1	100.6	102.3	99.7
服装、鞋帽类	125.1	109.1	108.8	93.7	96.5	92.9	101.7	95.4
服　装	140.5	107.8	114.4	96.5	95.4	88.4	100.4	94.4
鞋	103.9	109.5	100.4	81.8	97.5	97.5	103.9	97.4
其他衣着	116.6	113.8	101.3	105.5	99.7	102.9	102.9	100.0
纺织品类	110.7	101.7	100.3	102.8	98.1	101.0	98.1	93.3
中西药品类	115.2	105.1	103.4	100.4	101.7	98.5	95.1	96.1
#中　药	120.8	107.1	110.5	99.6	104.9	101.5	98.0	113.2
西　药	108.9	103.9	100.0	101.2	100.0	96.5	93.6	82.6
化妆品类	104.7	101.7	100.4	99.9	97.6	96.7	100.9	90.4
书报杂志类	108.5	103.1	102.8	101.1	107.1	113.6	100.2	103.8
文化体育用品类	100.8	98.7	99.8	99.2	99.4	97.8	98.2	100.8
日用品类	109.7	100.0	99.6	99.2	99.1	96.9	98.8	98.7
家用电器类	99.5	98.4	95.0	92.3	92.3	95.5	93.4	94.2
首饰类	97.0	98.5	92.9	96.1	101.5	93.1	102.9	108.0
燃料类	106.1	102.2	99.9	99.6	114.4	99.1	97.0	104.2
建筑装璜材料类	94.4	98.8	94.7	92.9	101.4	101.1	98.2	99.7

11－8 续表 （以上年价格为100）

项　　目	2004年	2005年	2006年	2007年	2008年	2009年	2010年	2011年	2012年
商品零售价格总指数	**102.4**	**101.1**	**99.9**	**103.1**	**104.4**	**98.5**	**102.9**	**104.0**	**101.1**
食品类	110.3	105.7	101.2	109.0	114.5	98.9	107.3	111.3	105.0
粮　食	116.8	99.0	103.1	105.6	106.6	106.3	114.4	117.8	102.9
油脂类	111.2	95.9	99.0	124.6	118.5	79.1	94.7	111.7	106.2
肉禽蛋	115.5	103.9	96.1	126.8	113.2	95.5	105.1	117.2	97.6
水产品	107.3	110.9	101.6	96.5	111.4	103.3	108.6	110.8	109.4
鲜　菜	122.4	118.1	102.8	111.4	111.2	96.6	120.2	102.7	122.7
干　菜	104.1	98.2	106.5	106.6	112.1	100.4	109.9	107.5	101.1
鲜　果	101.1	110.8	124.3	89.9	112.6	111.7	116.1	117.2	98.6
干　果	108.7	99.4	104.8	108.9	115.9	87.8	107.1	105.7	101.4
其他食品类	99.4	100.3	101.8	101.1	105.8	104.1	102.4	105.7	103.4
饮食业	107.9	104.2	97.0	110.4	113.6	102.8	103.7	109.1	105.7
饮料烟酒类	98.9	98.7	100.5	101.9	104.8	102.7	101.5	103.6	101.8
饮　料	99.4	96.3	99.5	98.3	108.1	100.4	98.3	102.8	103.2
烟　酒	98.1	99.0	100.8	103.1	105.3	102.5	101.6	103.6	101.8
服装、鞋帽类	98.9	95.4	91.9	95.0	88.2	104.6	100.9	99.4	100.4
服　装	98.9	94.5	91.0	96.0	89.4	104.9	101.1	97.6	98.2
鞋	98.1	98.1	95.0	89.9	82.5	105.2	98.9	106.9	108.4
其他衣着	102.2	97.2	84.1	99.7	83.4	110.2	109.3	101.7	96.0
纺织品类	99.9	97.2	97.1	94.7	99.9	103.4	95.5	103.3	107.9
中西药品类	94.2	96.7	102.4	107.4	101.3	101.8	106.3	105.6	102.9
#中　药	95.9	91.4	104.0	121.8	102.7	105.4	113.3	113.3	106.0
西　药	90.5	100.4	102.1	98.8	100.3	100.1	102.6	100.7	101.0
化妆品类	97.2	99.4	98.6	99.1	101.0	103.5	102.0	96.7	102.0
书报杂志类	103.6	100.3	100.0	101.5	103.6	115.5	100.6	99.9	103.8
文化体育用品类	98.9	98.0	98.4	99.0	95.9	94.5	97.8	99.7	99.9
日用品类	98.0	99.7	98.8	99.4	103.5	102.2	100.0	99.6	97.4
家用电器类	96.5	98.3	99.1	96.8	88.0	98.4	97.9	96.2	95.5
首饰类	109.1	103.0	105.3	99.8	105.0	99.0	101.8	107.4	97.3
燃料类	107.9	114.3	115.1	107.6	110.1	89.5	111.9	110.0	102.6
建筑装璜材料类	99.1	97.1	100.6	105.3	107.1	94.6	101.1	100.7	98.0

11-9 按县(市)分主要物价指数

(2012年,以上年价格为100)

县(市)	居民消费价格指数	#非食品价格指数	#服务项目价格指数	#消费品价格指数	1.食品类	2.烟酒及用品
福州市	**102.2**	**100.9**	**100.3**	**103.1**	**105.1**	**100.2**
市　区	102.0	100.8	100.4	102.6	104.6	101.0
福清市	102.4	101.4	100.5	103.2	104.7	99.9
长乐市	102.8	100.2	97.7	104.8	108.2	100.0
闽侯县	102.7	101.3	100.9	103.4	105.7	101.1
连江县	101.9	100.6	99.2	103.1	104.7	96.0
罗源县	102.7	101.5	101.7	105.1	105.1	100.7
闽清县	102.6	101.8	101.6	103.1	104.2	102.2
永泰县	102.9	101.3	102.4	103.2	106.4	101.5
平潭县	102.0	99.9	97.3	104.1	106.4	100.1

县(市)	3.衣　着	4.家庭设备用品及维修服务	5. 医疗保健和个人用品	6.交通及通讯	7.娱乐教育文化用品及服务	8.居　住
福州市	**103.1**	**103.2**	**102.3**	**99.7**	**96.3**	**102.1**
市　区	101.9	104.0	100.8	99.8	96.0	102.6
福清市	107.2	103.0	104.5	99.3	97.8	100.8
长乐市	104.4	104.6	101.5	99.9	90.0	102.6
闽侯县	102.3	101.5	102.2	99.3	99.7	102.3
连江县	106.6	100.1	103.6	100.7	96.1	100.2
罗源县	103.9	101.6	102.5	101.3	99.9	101.3
闽清县	104.6	102.8	104.7	100.3	98.8	101.7
永泰县	101.6	100.6	102.4	99.3	96.5	104.4
平潭县	104.5	102.6	104.4	100.4	87.5	101.6

11-10 工业生产者出厂价格指数

（以上年价格为100）

项目	2005年	2006年	2007年	2008年	2009年	2010年	2011年	2012年
工业生产者出厂价格总指数	**100.45**	**98.65**	**100.12**	**100.73**	**97.00**	**103.09**	**103.23**	**98.89**
一、按轻重工业分								
轻工业	99.04	97.00	99.04	99.78	97.09	102.83	108.94	98.70
以农产品为原料	100.80	100.40	103.21	102.66	98.55	102.94	108.05	99.83
以非农产品为原料	98.25	95.41	97.37	98.67	96.20	102.73	110.53	96.73
重工业	103.27	101.84	102.57	102.87	96.85	103.67	99.45	99.04
采掘工业	99.34	105.54	113.95	125.47	108.25	105.16	100.66	99.39
原料工业	104.01	100.46	102.75	101.94	100.59	101.76	103.19	99.71
加工工业	102.64	103.03	102.24	103.52	92.64	105.71	98.47	98.85
二、按两大部类分								
生产资料	100.49	98.08	99.84	100.02	95.54	103.96	103.16	97.81
采掘工业	99.34	105.54	113.95	125.47	108.25	105.16	100.66	99.39
原料工业	103.81	100.65	102.81	101.41	99.89	104.39	110.89	96.96
加工工业	99.24	97.29	99.06	99.57	94.21	103.78	100.91	98.09
生活资料	100.41	100.71	101.24	103.62	101.01	101.40	103.44	101.72
食　品	100.65	100.84	101.90	104.10	100.75	102.61	108.82	106.12
衣　着	100.57	100.60	100.60	103.29	101.05	101.29	100.60	98.48
一般日用品	101.09	101.34	102.01	103.96	100.92	100.32	101.66	101.03
耐用消费品	98.54	98.65	98.42	101.12	101.59	100.11	102.31	101.31
三、按工业行业大、中类分								
非金属矿采选业	99.35	105.54	113.95	125.47	108.25	105.16	100.66	99.39
土砂石开采	98.85	105.63	114.45	126.36	108.86	103.91	100.66	99.39
采　盐	101.62	103.13	101.24	100.61	99.50	122.28		
农副食品加工业	100.89	99.70	103.49	106.91	99.53	103.07	107.47	106.78
谷物磨制	97.21	100.56	107.84	105.13	100.59	101.13	107.78	103.43
饲料加工	100.90	97.98	106.22	111.73	98.69	103.01	103.14	104.59
植物油加工	82.13	104.40	124.64	127.90	75.86	106.21	114.88	99.46
屠宰及肉类加工	109.58	96.97	101.59	103.77	100.31	100.47	102.64	103.15
水产品加工	101.51	101.01	100.53	103.26	100.72	104.31	108.43	111.36

注：2012年国家统计局开始使用国民经济行业分类新标准（GB/T 4754—2011）。

11－10 续表1 （以上年价格为100）

项　　目	2005年	2006年	2007年	2008年	2009年	2010年	2011年	2012年
蔬菜、水果和坚果加工	101.31	101.06	99.89	102.20	102.75	101.15	105.67	99.29
其他农副食品加工	99.05	99.80	107.78	109.08	102.56	101.75	104.36	99.03
食品制造业	100.14	99.55	103.60	108.65	100.77	102.69	113.21	103.76
焙烤食品制造	99.88	100.17	103.60	100.75	100.84	103.39	100.00	100.00
糖果、巧克力及蜜饯制造	100.00		111.11	112.27	100.00	104.70	157.49	100.00
方便食品制造	101.67	99.01	102.55	105.80	100.44	102.99	105.17	106.85
乳制品制造	99.95	100.12	100.00	112.27	102.50	100.00	111.60	100.23
罐头食品制造	100.00	100.07	100.10	102.35	100.00	100.53	116.34	103.23
调味品、发酵制品制造	100.17	99.79	102.88	113.14	100.20	100.00	100.00	100.00
其他食品制造	100.17	101.04	111.42	120.94	100.29	101.64	103.06	98.96
酒、饮料和精制茶制造业	100.33	101.13	101.38	101.65	100.03	101.76	100.56	99.96
酒的制造	101.17	100.79	103.05	101.56	100.00	101.45	104.33	101.04
软饮料制造	98.07	101.96	100.95	99.64	100.29	102.73	99.79	99.64
精制茶加工	104.47	99.25	100.94	106.50	99.67	100.77	100.66	100.24
纺织业	100.07	100.63	105.02	95.54	92.79	108.21	113.53	92.62
棉纺织及印染精加工	99.86	100.70	105.81	95.19	92.38	109.62	119.62	91.98
毛纺织和染整精加工	99.91	98.88	100.00	100.00				
纺织制成品制造	102.78	102.36	101.46	101.78	97.85	99.47	101.26	
针织或钩针编织物及其制品制造	100.77	99.47	99.47	98.88	96.92		98.79	90.34
纺织服装、服饰业	100.01	101.93	101.49	103.11	101.72	100.07	102.33	100.63
纺织服装制造	98.92	100.56	99.74	102.13	101.01	99.74	102.46	100.63
纺织面料鞋的制造	104.94	105.26	108.34	107.30	106.42	104.35	101.54	
皮革、毛皮、羽毛及其制品和制鞋业	102.17	100.32	101.42	99.05	101.75	101.94	100.93	100.53
皮革鞣制加工	106.38	103.85	104.04	107.90	100.47	89.16		
皮革制品制造	101.46	99.82	102.01	97.57	101.86	103.58	100.94	100.45
羽毛(绒)加工及制品制造	101.25	100.49	100.00	100.00	100.00	100.00	100.84	101.02
木材加工及木、竹、藤、棕、草制品业	102.87	104.03	109.43	105.58	100.83	100.02	99.25	101.96
人造板制造	103.69	105.17	112.70	100.99	100.02	100.17	100.04	100.30
木制品制造	101.09	103.56	104.16	107.22	104.18	104.60	102.14	106.30
竹、藤、棕、草制品制造	100.58	100.47	114.01	119.99	100.00	99.44	97.95	101.83

11-10 续表2　　(以上年价格为100)

项　目	2005年	2006年	2007年	2008年	2009年	2010年	2011年	2012年
家具制造业	101.09	101.73	98.05	101.80	103.32	100.01	103.57	104.24
木质家具制造	103.62	100.04	97.37	99.68	98.82	99.99	105.33	106.25
金属家具制造	98.44	104.11	98.54	103.74	107.07	100.00	100.51	100.82
其他家具制造	101.57	100.00	100.00	100.00	101.53		100.00	100.00
造纸及纸制品业	100.80	100.02	100.44	103.34	97.44	105.69	101.31	97.01
造　纸	100.72	100.86	101.66	106.80	91.65	115.01	102.34	93.70
纸制品制造	100.82	99.68	99.97	102.01	100.31	100.64	101.11	97.63
印刷和记录媒介复制业	101.73	100.25	100.60	110.02	96.10	101.28	100.97	99.38
印　刷	101.95	100.21	100.57	110.19	96.12	101.29	100.97	99.38
装订及其他印刷服务活动	99.95	100.00	103.93	95.79				
文教、工美、体育和娱乐用品制造业	101.08	99.93	100.10	101.21	99.95	100.07	103.66	100.68
文教办公用品制造	97.90	99.68	100.22	100.64	99.21	100.15	113.98	102.02
体育用品制造	102.30	100.00	100.00	101.37	100.07	99.99	96.40	99.31
乐器制造	100.00	100.00	100.00	104.53	100.91	102.79	105.66	101.63
玩具制造	99.97	100.34	100.18	99.50	99.96	100.13	98.56	98.61
化学原料和化学制品制造业	110.00	95.64	113.03	113.05	100.32	104.05	101.37	101.07
基础化学原料制造	110.21	95.30	114.79	114.85	87.66	115.02	94.33	101.68
肥料制造	114.26	97.47	110.30	136.97	101.07	101.40	100.00	100.00
涂料、油墨、颜料及类似产品制造	103.41	93.97	103.54	100.86	99.99	104.41	103.51	100.68
合成材料制造	83.74	97.08	108.74	105.86	94.36	99.99	99.86	95.74
专用化学产品制造	104.44	101.68	103.03	104.17	109.14	99.77	100.64	102.82
日用化学产品制造	101.37	106.93	101.70	101.61	108.40	100.29	102.19	102.72
医药制造业	100.01	101.32	99.95	100.72	101.86	104.45	102.55	100.92
化学药品制剂制造	101.53	101.31	99.94	100.62	100.62	100.17	93.30	96.08
中成药制造	102.46	101.70	100.08	101.01	100.79	103.02	107.29	104.15
兽用药品制造	83.70	97.49	100.00	100.79	101.22	100.79	100.99	110.58
化学纤维制造业	101.61	103.73	104.06	91.88	87.16	122.09	131.26	90.84
合成纤维制造	101.61	103.73	104.06	91.88	87.16	122.09	131.26	90.84
橡胶和塑料制品业	104.26	100.65	104.06	109.27	99.35	103.87	106.35	99.67
橡胶制品业	104.26	100.65	100.46	109.27	99.10	104.50	106.50	101.77

11－10　续表3　　　　　　　　（以上年价格为100）

项　　目	2005年	2006年	2007年	2008年	2009年	2010年	2011年	2012年
塑料制品业	104.69	100.32	100.56	103.44	94.34	102.29	103.47	99.62
非金属矿物制品业	97.54	100.76	99.40	102.51	100.71	104.21	105.78	97.22
水泥、石灰和石膏的制造	88.55	101.59	100.00	90.83	100.00	122.26	113.60	84.12
石膏、水泥制品及类似制品制造	101.09	103.96	101.07	119.03	101.57	100.18	113.55	92.23
砖瓦、石材等建筑材料制造	99.43	100.54	100.26	101.88	100.48	101.43	104.72	100.37
玻璃制造	99.23	100.06	97.77	98.89	101.86	99.05	98.98	96.99
石墨及其他非金属矿物制品制造	100.00	100.00	100.00	100.00	100.00	100.00	131.10	101.63
黑色金属冶炼和压延加工业	101.39	92.17	109.28	125.20	82.26	109.86	109.84	89.06
炼　钢							114.75	85.52
黑色金属铸造								105.76
钢压延加工	98.25	91.76	109.55	134.19	81.49	107.47	107.85	89.81
铁合金冶炼	100.83	100.88	100.70	125.08	98.77			
有色金属冶炼和压延加工业	114.78	126.27	102.38	92.35	80.79	114.82	111.43	94.71
常用有色金属冶炼	114.55	148.72	123.10	64.88	81.46			
稀有稀土金属冶炼	176.92	77.51	93.97	146.90	66.80	88.80		
有色金属合金制造	100.52	111.24	101.64	97.73	93.16	111.40		
有色金属压延加工	104.59	126.23	102.33	92.35	82.91	118.52	111.43	94.71
金属制品业	100.06	98.40	99.74	104.98	99.44	100.18	97.44	98.36
结构性金属制品制造	102.76	98.40	99.35	102.63	99.92	99.39	99.75	99.70
金属工具制造	103.32	95.92	93.49	110.79	102.69	105.63	110.87	102.18
金属丝绳及其制品的制造	98.16	97.64	104.89	111.46	89.22	103.14	112.33	93.81
搪瓷制品制造	100.00	100.04	99.92	100.00	99.46	100.00	100.00	100.00
金属制日用品制造	100.00	100.30	100.00	100.00	99.98	100.91	100.06	100.24
通用设备制造业	103.98	97.12	98.90	111.56	93.31	104.93	106.24	100.86
锅炉及原动机制造	100.10	97.03	95.23	98.28	94.21	102.45	102.24	97.57
金属加工机械制造	100.08	100.00	101.45	105.49	100.87	99.74		

11－10 续表4 （以上年价格为100）

项　　目	2005年	2006年	2007年	2008年	2009年	2010年	2011年	2012年
泵、阀门、压缩机及类似机械的制造	101.68	109.91	107.62	107.29	88.54	103.25	103.06	102.44
轴承、齿轮和传动部件制造	104.90	95.32	98.30	119.00	92.30	105.62	112.23	104.23
烘炉、风机、衡器、包装等设备制造	100.03	100.55	98.63	105.17	99.55	100.42	100.73	99.90
金属铸、锻加工	105.92	92.43	101.02	120.07	95.10	109.25	109.60	
专用设备制造业	100.70	98.73	97.45	95.27	99.27	99.76	101.16	102.38
采矿、冶金、建筑专用设备制造	96.25	95.01	90.07	103.61	97.68	100.03	103.88	101.52
化工、木材、非金属加工专用设备制造	103.90	98.39	98.40	96.82	98.47	100.92	96.17	97.18
食品、饮料、烟草及饲料生产专用设备制造	101.04	100.05	100.11	100.00				
农、林、牧、渔专用机械制造	102.84	99.11	100.00	109.26	100.00			
医疗仪器设备及器械制造	99.02	100.17	101.88	102.04	99.95	100.00	99.76	97.18
环保、社会公共服务及其他专用设备制造	72.26	100.00	94.33	84.36	101.27	98.98	99.81	104.02
汽车制造业	100.85	100.34	99.04	98.69	98.52	99.89	98.83	99.05
汽车整车制造	98.61	100.24	98.96	98.80	98.47	99.66	98.58	99.91
汽车零部件及配件制造								98.31
铁路、船舶、航空航天和其他运输设备制造业								104.76
船舶及相关装置制造	105.55	102.09	99.53	97.40	98.93	100.89	99.61	104.76
电气机械和器材制造业	106.66	116.95	106.43	95.66	95.78	104.61	105.91	99.14
电机制造	97.12	105.87	106.95	106.45	98.39	93.76	103.17	100.65
输配电及控制设备制造	107.00	107.21	104.38	95.07	96.73	98.25	99.32	98.00
电线、电缆、光缆及电工器材制造	118.13	134.56	109.13	94.93	77.57	132.75	119.92	99.40
电池制造	108.24	126.45	107.59	87.01	95.21	102.06	100.58	96.30
照明器具制造	99.83	100.37	97.76	106.10	106.56	98.15	101.97	100.71
计算机、通信和其他电子设备制造业	93.62	89.83	95.41	97.09	94.79	98.04	89.62	101.05
计算机制造	93.82	89.25	96.05	96.59	94.08	97.70	87.69	101.17
通信设备制造	99.41	98.65	98.22	97.63	97.30	94.93	100.02	99.86
广播电视设备制造							98.56	96.69
视听设备制造	96.99	90.03	95.56	101.50	102.79	101.32	144.89	103.33
电子器件制造	89.58	90.24	91.21	99.79	97.19	98.16	97.79	100.54
电子元件制造	100.00	100.33	100.87	101.95	98.51	100.44	98.35	99.76

11－10　续表5　　　　　　(以上年价格为100)

项　　目	2005年	2006年	2007年	2008年	2009年	2010年	2011年	2012年
仪器仪表制造业	98.20	100.93	103.13	103.20	97.36	100.39	100.15	99.58
通用仪器仪表制造	101.03		101.42	112.75	99.61	100.61	100.76	98.99
专用仪器仪表制造	90.99	100.17	100.00	100.00	100.00	100.00		
钟表与计时仪器制造	100.44	100.97	103.30	103.40	96.83	100.68	99.43	99.83
光学仪器及眼镜制造	97.70	101.54	106.62	98.00	99.52	99.26	97.44	98.65
电力、热力生产和供应业	101.91	100.52	100.94	100.43	102.29	100.39	99.67	103.64
电力生产	101.08	100.86	102.36	100.00	105.24	98.45	99.04	106.24
电力供应	103.18	100.35	100.25	100.64	100.76	101.48	99.95	102.50
燃气生产和供应业	110.28	113.49	112.83	105.57	85.33	142.47	147.48	107.49
水的生产和供应业	102.19	103.77	101.18	101.50	116.77	101.16	106.58	101.85
自来水的生产和供应	102.19	103.77	101.18	101.50	116.77	101.16	106.58	101.85
四、按工业部门分								
冶金工业	104.66	108.82	106.08	113.20	85.72	109.91	109.00	90.63
电力工业	101.91	100.52	100.94	100.43	102.29	100.39	99.67	103.64
煤炭及炼焦工业	100.00	112.62	117.68	99.82	94.02	136.83	107.90	89.11
石油工业	123.80	114.62	106.26	113.33	71.21	159.04	148.81	107.70
化学工业	105.07	100.01	103.05	104.44	95.60	107.49	113.11	96.18
机械工业	97.68	95.69	97.19	97.66	95.46	100.58	94.92	100.73
建筑材料工业	97.55	101.07	100.53	104.77	101.20	104.27	105.10	97.20
森林工业	102.96	102.95	106.20	104.03	100.26	100.03	103.17	104.75
食品工业	100.59	99.78	103.28	106.56	99.82	102.73	107.85	105.97
纺织工业	99.96	100.77	105.58	95.41	92.61	108.22	117.35	93.21
缝纫工业	100.04	101.59	101.06	102.67	101.47	100.07	100.81	96.23
皮革工业	102.39	102.75	102.06	98.31	101.66	102.01	100.94	101.05
造纸工业	100.80	100.03	100.44	103.34	97.44	105.69	101.31	97.01
文教艺术用品工业	101.59	100.18	100.43	107.20	98.42	100.52	101.58	99.74
其它工业	100.95	102.07	102.33	102.75	102.28	101.59	100.28	100.52

11－11　工业生产者购进价格指数

（以上年价格为100）

项　　目	2005年	2006年	2007年	2008年	2009年	2010年	2011年	2012年
工业生产者购进价格指数	**106.92**	**101.76**	**101.83**	**109.90**	**92.78**	**106.69**	**109.91**	**96.82**
燃料、动力类	119.04	104.84	100.98	115.32	101.59	104.04	103.84	104.96
黑色金属材料类	105.15	92.48	108.44	130.93	76.52	107.76	109.08	88.26
#钢　材	106.57	91.85	105.15	120.07	79.85	107.14	108.97	88.24
其　它	104.03	95.13	129.18	164.98	68.00	109.65	111.57	88.83
有色金属材料和电线类	106.52	130.05	107.22	99.36	88.31	111.25	114.97	90.38
化工原料类	105.07	101.1	103.58	114.03	80.28	114.18	107.81	97.81
木材及纸浆类	101.19	98.18	99.30	109.71	93.03	103.19	101.98	100.21
建筑材料及非金属矿类	117.47	92.16	101.45	117.29	90.99	104.34	105.46	99.59
其它工业原材料及半成品类	106.21	103.84	96.79	96.97	98.93	100.87	106.09	100.54
农副产品类	91.23	100.43	104.71	105.80	102.46	117.43	130.35	103.12
纺织原料类	100.19	101.94	100.78	99.61	93.90	101.81	107.45	99.97
按大类行业分：								
农　业							121.24	103.77
林　业							100.00	100.00
畜牧业							100.40	100.18
渔　业							115.64	111.99
农、林、牧、渔服务业							191.71	100.26
煤炭开采和洗选业							120.87	103.52
黑色金属矿采选业							100.00	100.00
非金属矿采选业		144.86	113.95	112.30	157.25	101.07	111.24	99.02
农副食品加工业	106.42	103.44	103.49	111.88	91.28	107.64	106.62	98.51
食品制造业	102.50	101.62	103.60	111.80	90.93	103.14	101.79	106.36
饮料制造业	93.36	102.84	101.38	111.25	95.22	102.39	141.22	100.10
纺织业	95.44	102.79	105.02	104.16	88.33	117.41	107.45	99.97

11－11 续表 （以上年价格为100）

项目	2005年	2006年	2007年	2008年	2009年	2010年	2011年	2012年
皮革、毛皮、羽毛(绒)及其制品业		103.57	101.42	101.52	91.12	106.54	96.46	95.19
木材加工及木、竹、藤、棕、草制品业	105.66	102.88	109.43	116.78	85.11	102.59	102.27	100.60
家具制造业			98.05	111.21		103.77		
造纸及纸制品业	106.02	98.57	100.44				101.48	99.51
印刷业和记录媒介的复制	105.04	96.56	100.60	112.83	90.68	101.55		
文教体育用品制造业	97.57	97.43	100.10	106.26	89.65	100.74		
石油加工、炼焦及核燃料加工业	102.04						132.83	99.74
化学原料及化学制品制造业	99.00	100.01	113.03	117.98	85.65	105.99	111.11	105.27
医药制造业	108.04	103.83	99.95	109.69	98.39	104.34	102.47	101.03
化学纤维制造业	103.71		104.06				104.77	83.83
橡胶制品业	98.30		100.46	100.00				
塑料制品业	105.42	101.23	100.56	106.71	86.09	115.21	100.89	97.49
非金属矿物制品业	104.67	96.45	99.40	118.91	99.82	103.09	100.48	100.14
黑色金属冶炼及压延加工业	109.29	92.52	109.28	133.58	74.38	124.20	109.09	88.26
有色金属冶炼及压延加工业	97.36	127.51	102.38	101.03	80.40	116.34	114.97	90.38
金属制品业	115.93	97.30	99.74	111.70	99.16	102.72	100.00	100.00
通用设备制造业	106.56	110.89	98.90	107.67	78.36	114.72	109.60	100.42
专用设备制造业			97.45	110.06		102.34	100.00	100.00
交通运输设备制造业	134.91	104.72	99.04	114.86	81.50	106.86	100.02	99.98
电气机械及器材制造业		110.22	106.43	101.96	86.62	106.63	104.79	95.13
通讯设备、计算机及其他电子设备制造业	110.16	99.17	95.41	100.02	98.12	100.05	106.00	102.39
仪器仪表及文化、办公用机械制造业	104.79	102.82	103.13	99.69	96.00	101.29	100.00	100.00
废弃资源和废旧材料回收加工业	100.41							
电力、热力的生产和供应业	112.94	100.23	100.94	106.10	106.52	97.62	100.71	105.27
燃气生产和供应业	104.98	115.44	112.83	114.28	79.08	118.71	140.75	100.00
水的生产和供应业	108.69	102.54	101.18	108.23	95.09	102.01	108.12	102.61

11－12　房屋租赁价格指数

（以上年价格为100）

项　　目	2005年	2006年	2007年	2008年	2009年	2010年	2011年	2012年
房屋租赁价格指数	**101.4**	**101.7**	**102.6**	**101.7**	**101.0**	**106.1**		
一、住　宅	100.4	101.4	103.0	102.6	100.6	108.2	103.7	101.4
（一）普通住宅	100.6	101.5	102.9	102.3	100.5	109.8	103.8	101.3
（二）高档住宅		101.7	103.4	105.4	102.1	106.0	102.5	101.6
二、办公楼	101.0	100.0	101.9	105.3	100.2	110.8		
（一）写字楼	101.3		104.8					
（二）普通办公用房	100.0	100.0	100.1					
三、商业娱乐用房	101.9	102.5	102.7	100.8	101.5	105.5		
四、工业仓储用房	104.8	99.2	101.1	100.0	100.7	100.0		
（一）工业厂房	109.1	100.0						
（二）其他	88.8	100.0	101.1					

注：从2011年开始，国家统计制度只统计住宅类房屋租赁价格指数。

11－13　物业服务价格指数

（以上年价格为100）

项　　目	2005年	2006年	2007年	2008年	2009年	2010年	2011年	2012年
物业服务价格指数	**100.3**	**100.0**	**100.1**	**100.0**	**100.2**	**100.0**	**100.0**	**100.1**
一、住宅	99.9	100.0	100.0	100.0	100.0	100.0	100.0	100.1
（一）普通住宅	100.0	100.0	100.0	100.0	100.0	100.0	100.0	100.1
（二）高档住宅	99.3	100.0	100.0	100.0	100.0	100.0	100.0	100.0
（三）经济适用房	100.0	100.0	100.0	100.0			100.0	100.0
二、办公楼	103.4	100.1	100.3	100.0	102.5	100.0		
（一）写字楼	104.3	100.0	100.2	100.0				
（二）普通办公用房	100.0	100.4	100.4	100.0				
三、商业娱乐用房	100.0	100.0	100.0	100.0	100.0	100.0		
四、工业仓储用房	100.0	100.0	100.0	100.0	100.0	100.0		
（一）工业厂房	100.0	100.0	100.0	100.0				
（二）其他								

注：从2011年开始，国家统计制度只统计住宅类物业管理价格指数。

11－14 土地交易价格指数

（以上年价格为100）

项目	2004年	2005年	2006年	2007年	2008年	2009年	2010年	2011年	2012年
土地交易价格指数	**112.3**	**118.6**	**107.9**	**117.1**	**107.7**	**110.4**	**112.0**	**105.0**	**101.4**
居住用地	112.7	118.5	107.8	118.6	107.5	112.4	114.3	105.0	101.4
高档住宅用地					99.5		103.5	101.8	100.0
普通住宅用地	112.7	118.5	107.8	118.6	107.7	112.8	112.5	105.2	101.4
经济适用房用地								100.0	100.0
工业仓储用地					99.9	95.7	101.6	101.5	100.8
商业、旅游、娱乐用地	111.2	109.0	108.3	111.7	99.4	95.4	110.2	105.0	101.4
其他用地	110.5		107.2	110.7		105.0		100.0	100.0

11－15 房屋销售价格指数

（以上年价格为100）

项目	2005年	2006年	2007年	2008年	2009年	2010年	2011年	2012年
房屋销售价格指数	**103.9**	**106.7**	**106.8**	**103.9**	**100.2**	**103.3**		
商品房	104.4	107.5	107.6	103.9	99.6	105.4		
新建住宅	104.9	108.3	108.1	104.4	99.5	106.3	103.7	100.0
保障性住房	102.0	100.6	100.6	100.2	100.0	100.0		
新建商品住宅							103.8	100.0
普通住宅	105.3	109.2	109.1	104.4	99.1	106.6		
多层住宅	105.5	109.1	107.7	103.2	101.9	101.5		
高层住宅	105.2	109.2	109.3	104.7	98.9	106.9		
高档住宅	105.8	106.9	107.8	105.9	99.8	105.9		
别　墅	105.0	107.1	107.8	107.5	102.0	103.5		
高档公寓	106.3	106.5	108.2	105.4	99.0	107.0		
非住宅	102.3	104.0	105.7	101.9	100.1	100.3		
办公楼	105.6	102.9	105.6	101.7	100.3	100.0		
商业娱乐用房	101.9	104.4	105.7	103.3	100.0	100.0		
其它用房	102.5	102.3	105.3	100.1	100.2	100.8		
二手房	102.3	103.3	103.8	103.8	101.0	100.5		
二手住宅	102.9	105.2	104.0	103.8	100.9	100.0	99.2	95.2
多层住宅	103.2	105.4	104.1	103.8	100.8	100.3		
高层住宅	102.6	104.3	104.1	100.8	100.9	100.1		
非住宅	100.0	100.5	102.3	103.8	101.4	103.2		

注：从2011年开始，国家统计制度只统计住宅类房屋销售价格指数，而且只按面积分类，没有按类别分类。

主要统计指标解释

居民消费价格指数 是度量一组代表性消费商品及服务项目价格水平随着时间而变动的相对数，是反映居民家庭购买并用于消费的商品及服务项目价格水平变动趋势和变动幅度的统计指标。它是分析和制定货币政策、价格政策、居民消费政策、工资政策以及进行国民经济核算的重要依据，其按年度计算的变动率通常被用来作为反映通货膨胀（紧缩）程度的指标。

农业生产资料价格指数 是度量一组代表性农业生产资料价格水平随着时间而变动的相对数。它是反映工业、商业及其他单位和个人向农民出售的农业生产资料价格水平变动趋势和变动幅度的统计指标，它是制定相关的经济政策及国民经济核算的重要依据。

工业生产者出厂价格指数 是反映工业生产者出厂价格在一定时期内变动幅度的相对数。工业生产者出厂价格是工业品进入流通领域的初始价格，是制定其他销售价格的基础。通过它可以观察轻工业与重工业、生产资料与生活资料及部门工业产品价格的变动趋势和变动幅度，消除价格变动因素，真实反映工业产品实际价值量。

工业生产者购进价格指数 是反映工业企业在一定时期内所购进的原材料和能源价格变动幅度的相对数。通过它可以观察工业企业购进各类原材料和能源价格变动趋势和变动幅度及其对生产成本、效益的影响程度。

固定资产投资价格指数 是反映固定资产投资价格在一定时期内变动幅度的相对数。通过它可以观察建筑安装工程（含材料费、人工费等项目）、设备工器具购置费和其他费用等方面的价格变动趋势和变动幅度，消除按现价计算的固定资产投资指标中的价格变动因素，反映固定资产投资的真实规模、速度、结构和效益。

房地产价格指数 是反映房地产价格在一定时期内变动幅度的相对数。通过它可以观察土地交易、房屋销售、房屋租赁等方面的价格变动趋势和变动幅度，消除按现价计算的房地产投资中的价格变动因素，反映房地产投资的真实规模、速度和结构。

商品零售价格指数 是反映城市商品零售价格变动趋势的一种经济指数。零售物价的调整变动直接影响到城市居民的生活支出和国家的财政收入，影响居民购买力和市场供需平衡，影响消费与积累的比例。因此，计算零售价格指数，可以从一个侧面对上述经济活动进行观察和分析。

12 财政金融

12－1 主要年份财政收入及支出总额

单位:万元

年份	地方财政收入		财政支出	
	全市	市区	全市	市区
1952	2911	1900	1501	
1957	5654	3957	2823	
1962	9553	6071	2997	
1965	10039	6991	4233	
1970	13052	10544	6832	
1975	16454	13465	8834	
1978	24042	19395	12848	
1979	22754	18179	15139	
1980	26401	21191	14464	
1981	27007	21660	15996	
1982	27902	21258	19163	
1983	30441	21916	20214	
1984	33027	25211	23504	
1985	51403	42215	39153	
1986	59296	47000	47064	
1987	68027	52651	52766	
1988	83294	62608	67545	38900
1989	100509	73624	78579	46590
1990	109448	77937	82816	46874
1991	119982	83846	95044	53929
1992	140189	98883	116521	67717
1993	213876	154241	166165	100726
1994	209931	148598	218231	136688
1995	258210	177692	274524	173813
1996	301576	205303	351845	229028
1997	350492	240490	356722	232799
1998	425350	299683	422864	266142
1999	500927	342630	485320	298161
2000	553534	379777	540439	339490
2001	685594	486041	633398	398452
2002	704395	473016	684145	416347
2003	836582	553535	822748	486663
2004	1071070	734463	951458	563094
2005	1276777	871658	1189934	712767
2006	1525163	1036616	1423025	834788
2007	1465641	1020567	1430922	839360
2008	1688559	1132545	1781952	993916
2009	1952612	1264771	2050925	1067934
2010	2478206	1612563	2624208	1261659
2011	3200356	2023382	3633008	1664033
2012	3820151	2301127	4107344	1769500

注:本表2007年起地方财政收入、财政支出为地方财政一般预算收入和一般预算支出口径。

12－2 财政收入主要指标

单位:万元

项　　目	2009 年	2010 年	2011 年	2012 年	2012 年比 2011 年增长 (%)
地方财政一般预算收入	**1952612**	**2478206**	**3200356**	**3820151**	**19.4**
#增值税	248558	251099	291191	347978	19.5
营业税	596888	736861	895716	1102551	23.1
企业所得税	219203	313955	404238	507810	25.6
个人所得税	125809	154288	190076	191075	0.5
城市维护建设税	74924	94267	153560	183040	19.2
房产税	73911	81276	97719	97558	-0.2
印花税	31294	45120	58747	59901	2.0
城镇土地使用税	53652	53605	55958	45605	-18.5
土地增值税	104367	186659	323493	386526	19.5
车船税	11449	13766	16544	25129	51.9
耕地占用税	24833	24159	46949	59925	27.6
契　税	102174	194050	238768	138792	-41.9
国有资本经营收入	35549	55549	69730	131625	88.8
国有(资源)资产有偿使用收入	68771	69791	82562	204899	148.2
行政事业性收费收入	101147	102509	127125	151573	19.2
罚没收入	37385	47170	57369	72141	25.7
专项收入	38213	46526	74418	85920	15.5
其他收入	1589	4764	13697	25630	87.1
政府性基金收入	**1399517**	**4195406**	**5314329**	**3113915**	**-41.4**

12－3 财政支出主要指标

单位:万元

项　　目	2009年	2010年	2011年	2012年	2012年比2011年增长(%)
地方财政一般预算支出	**2050925**	**2624208**	**3633008**	**4107344**	**13.1**
#一般公共服务	286806	304557	374367	453581	21.2
国　防	5137	6673	9416	13412	42.4
公共安全	161429	193636	252845	275611	9.0
教　育	458679	559878	713825	957850	34.2
科学技术	33118	41759	49275	64780	31.5
文化体育与传媒	35321	39185	59263	76458	29.0
社会保障和就业	235367	262489	362696	384223	5.9
医疗卫生	144805	181654	276710	310077	12.1
节能环保	31874	42909	62266	65834	5.7
城乡社区事务	153692	245784	362925	458111	26.2
农林水事务	113531	147086	291350	298982	2.6
交通运输	31975	65554	279739	216383	－22.6
资源勘探电力信息等事务	50434	69998	97377	121486	24.8
商业服务业等事务	46430	66295	89169	87113	－2.3
金融监管等事务支出	98	60	2542	719	－71.7
地震灾后恢复重建支出	4013	7227			
国土资源气象等事务	36323	26861	33870	30263	－10.6
住房保障支出	33094	51628	92261	77993	－15.5
粮油物资储备管理事务	13432	13291	13847	16533	19.4
其它支出	221127	297362	204426	177484	－13.2
政府性基金支出	**1022618**	**3183141**	**5579487**	**3476974**	**－37.7**

12－4 按县(市)区分财政收入主要指标

(2012 年)　　单位:万元

项　　目	福州市	市　区	鼓楼区	台江区	仓山区	晋安区	马尾区
一、财政总收入	**5973777**	**3605043**	**424485**	**242394**	**262661**	**234149**	**168877**
(一)地方财政收入	3820151	2301127	256501	137808	166194	151160	93638
税收收入	3148363	1991406	216797	128115	151727	131978	79263
#增值税	347978	190461	21917	21672	19550	17627	14302
营业税	1102551	670685	59251	28461	45644	44461	19157
企业所得税	507810	347964	70885	26896	25489	20796	22071
个人所得税	191075	133481					
资源税	2473	99	88			11	
城市维护建设税	183040	121001	12250	6896	9568	10361	5872
房产税	97558	73481	24609	12334	7441	8998	4504
印花税	59901	37252	9324	3335	4015	6517	3992
城镇土地使用税	45605	31830	6073	3332	7076	8183	3220
土地增值税	386526	256981	12400	25189	32944	15024	6145
车船税	25129	18646					
耕地占用税	59925	12058					
契　税	138792	97467					
非税收入	671788	309721	39704	9693	14467	19182	14375
专项收入	85920	45572	4919	2556	4043	4261	2414
行政事业性收费收入	151573	63088	2741	1806	2094	2307	4491
罚没收入	72141	28934	1420	435	567	690	1226
国有资本经营收入	131625	75244	20766	998	820	281	2528
国有资源(资产)有偿使用收入	204899	83036	9122	2960	6742	3577	3048
其他收入	25630	13847	736	938	201	8066	668
(二)上划中央收入	2153626	1303916	167984	104586	96467	82989	75239
二、政府性基金收入	**3113915**	**1013593**			**－114**	**127**	**54994**

12－4 续表 (2012年) 单位:万元

项目	福清市	长乐市	闽侯县	连江县	罗源县	闽清县	永泰县	平潭县
一、财政总收入	**589330**	**403802**	**629283**	**287150**	**136455**	**100095**	**53466**	**139030**
(一)地方财政收入	390258	234240	385272	207186	94816	48733	35614	104152
税收收入	291680	195761	272551	163085	69289	37633	27889	83041
#增值税	41280	34209	39529	13292	7544	13403	3190	2909
营业税	101103	60707	103313	71242	31002	7301	11821	40506
企业所得税	38807	30689	35332	18773	9234	4917	4621	14505
个人所得税	11745	14313	14078	6640	3574	2747	948	3088
资源税	21	59	371	492	605	660	130	36
城市维护建设税	18266	12846	15441	5204	2823	2801	1070	2651
房产税	10012	3733	4883	1932	758	1014	543	747
印花税	6245	5385	4041	2182	1866	438	297	1237
城镇土地使用税	5720	1685	3832	804	548	262	179	387
土地增值税	34977	14596	34572	25641	5110	1323	2000	8525
车船税	2554	1340	603	515	244	354	146	723
耕地占用税	8754	12296	6775	9517	1582	1453	1245	6245
契　税	12196	3903	9781	6851	4399	960	1699	1482
非税收入	98578	38479	112721	44101	25527	11100	7725	21111
专项收入	8591	7825	10245	3975	2854	3545	1114	1798
行政事业性收费收入	36840	14387	11726	8884	3976	2931	3322	6397
罚没收入	8764	3869	2258	14166	10099	1038	1145	1868
国有资本经营收入	26439	10292	4500	10937	3671	70	472	
国有资源(资产)有偿使用收入	12293	1910	83992	2375	4376	2807	1141	10667
其他收入	5651	196		3764	551	709	531	381
(二)上划中央收入	199072	169562	244011	79964	41639	51362	17852	34878
二、政府性基金收入	**455974**	**460779**	**535539**	**335629**	**95773**	**28698**	**73307**	**114260**

12－5 按县(市)区分财政支出主要指标

(2012 年)

单位:万元

项目	福州市	市区	鼓楼区	台江区	仓山区	晋安区	马尾区
地方财政一般预算支出	**4107344**	**1769500**	**211477**	**108409**	**142995**	**133952**	**147852**
一般公共服务	453581	194689	32122	15871	20663	18284	23011
国防	13412	5864	550	400	460	366	336
公共安全	275611	163046	17000	5630	5038	4862	12370
教育	957850	380737	62515	35434	47091	30625	33054
科学技术	64780	39169	3912	2106	3062	2234	3840
文化体育与传媒	76458	36830	2406	1390	2140	1478	5419
社会保障和就业	384223	186351	18223	9988	12548	17066	10221
医疗卫生	310077	102162	9354	7702	12650	14613	7241
节能环保	65834	22533	1120	553	842	1716	3430
城乡社区事务	458111	283659	24291	11465	11803	19026	13001
农林水事务	298982	47253	645	150	5117	5533	4831
交通运输	216383	94828	251	179	308	4235	2651
资源勘探电力信息等事务	121486	63878	15539	985	3419	1072	11884
商业服务业等事务	87113	45237	11286	5908	4629	3630	2936
金融监管等事务支出	719	528					88
地震灾后恢复重建支出							
援助其他地区支出	419						
国土资源气象等事务	30263	11356	22	37	90	453	561
住房保障支出	77993	36277	1914	8590	9249	5595	1915
粮油物资储备管理	16533	10659					425
国债还本付息支出	20032	179	48				131
其他支出	177484	44265	10279	2021	3886	3164	10507
政府性基金支出	**3476974**	**1346293**	**98221**	**9692**	**38899**	**9731**	**30941**

12－5　续表　　（2012 年）　　单位:万元

项　　目	福清市	长乐市	闽侯县	连江县	罗源县	闽清县	永泰县	平潭县
地方财政一般预算支出	**480520**	**297714**	**411688**	**292449**	**142080**	**118587**	**115823**	**461233**
一般公共服务	55043	35694	44916	34154	19825	11452	15346	40473
国　防	559	1818	3834	281	173	190	244	445
公共安全	26144	26485	12599	15488	9279	5871	5406	11274
教　育	148020	83594	120620	82098	33106	29959	33547	46169
科学技术	8225	3944	6176	3676	1910	901	367	412
文化体育与传媒	7073	6237	8755	9385	1412	1451	1030	4285
社会保障和就业	39029	28741	20856	36622	14441	16020	12958	29205
医疗卫生	59471	26475	35539	31348	11409	12188	13376	18109
节能环保	3429	6172	10172	5938	5035	4757	1807	5991
城乡社区事务	17617	7492	48570	9001	4311	1437	3263	82249
农林水事务	32401	34285	32686	45479	20739	17884	16218	51987
交通运输	7713	3162	16110	7006	9061	1864	4662	71953
资源勘探电力信息等事务	982	11750	5375	549	2393	594	193	35772
商业服务业等事务	6841	3392	3498	1601	1329	1329	2365	21521
金融监管等事务支出					45			140
地震灾后恢复重建支出								
援助其他地区支出						226		193
国土资源气象等事务	4522	1562	1616	2470	1665	727	1424	4921
住房保障支出	6067	2658	8199	1515	4651	504	839	17283
粮油物资储备管理	1090	959	1172	872	355	402	287	737
国债还本付息支出	493	359	890		49	1634	146	16282
其他支出	55801	12935	30105	4966	892	9197	2345	1832
政府性基金支出	**405073**	**474866**	**538432**	**343097**	**101234**	**34895**	**84852**	**147896**

12-6 主要年份金融机构存贷款与现金收支情况

(1978-2012年)

单位:万元

年份	存款余额	#居民储蓄	贷款余额	现金收入	现金支出	现金投放(+)回笼(-)
1978	77601	18146	91467			
1979	87455	21716	110420			
1980	151201	29903	138097			
1981	192536	41758	162162			
1982	235293	54044	187095			
1983	265148	70007	204568			
1984	440563	92956	291742	144450	137737	-6713
1985	289820	123555	302934	383319	375659	-7660
1986	378241	166508	366741	462191	456342	-5849
1987	452925	215917	418577	646827	633915	-12912
1988	484704	235407	469953	978225	971666	-6559
1989	618937	350188	559900	1247421	1159087	-88334
1990	854105	518540	677153	1465438	1334921	-130517
1991	1133491	688703	788927	1800124	1684068	-116056
1992	1568301	906030	995055	2605957	2493969	-111988
1993	1817095	1055894	1346071	4282713	4232547	-50166
1994	2566545	1593746	1562959	6604709	6357429	-247280
1995	3971395	2319383	2360780	9698914	9474265	-224649
1996	5184852	3195935	2956459	14524717	14421509	-103208
1997	6078105	3783654	3777974	26480153	26556120	75967
1998	6875763	4355716	4196271	32797002	33003793	206791
1999	9906340	5030220	7970215	37992443	38200333	207890
2000	10338457	4844713	8830450	48839192	48872901	33709
2001	12510171	5590916	11571483	65356687	65345969	-10718
2002	13905993	7106162	11577911	52134542	52131880	-2662
2003	16964051	8762245	13672072	56542003	56509394	-32609
2004	20188730	9962729	15559772	67938302	67730873	-207428
2005	23757542	11550362	17727789	64996351	64815137	-181213
2006	28962492	13113823	21795935	70321239	70074039	-247199
2007	32901090	13753667	26404521	76664702	76248330	-416372
2008	38587590	17098954	30782212	63226947	62801264	-425683
2009	47405776	20475958	40543634	59722733	59318140	-404594
2010	59094203	23269619	49539105	62866429	62558717	-307712
2011	67069357	25422699	58354307			-406530
2012	76357112		66445336			

注:1.本表为中资金融机构的人民币数据,下同。2.2011年起取消现金收支情况表。3.2012年起取消现金回笼表。

12－7　金融机构信贷资金主要指标(资金来源)

单位:万元

项　　目	2011 年	2012 年
资金来源合计	**70365935**	**75931630**
一、各项存款年末余额	67069357	76357112
单位存款	35192377	40049368
个人存款	25757199	30005245
财政性存款	4505155	4146823
临时性存款	216799	241170
委托存款	173780	218604
其他存款	1224048	1695901
二、金融债券	3	3
三、应付及暂收款	1048835	1420516
四、同业往来	1582462	1747073
五、外汇买卖	4439276	1542049
六、各项准备	1003046	1209190
七、所有者权益	2443607	2897860
#实收资本	528113	862532
八、其　他	－7220652	－9242172

12－8　金融机构信贷资金主要指标(资金运用)

单位:万元

项　　目	2011 年	2012 年
资金运用合计	**70365935**	**75931630**
一、各项贷款年末余额	58354307	66445336
(一)境内贷款	58194392	66297851
短期贷款	18485900	21434297
中长期贷款	38882451	44025293
票据融资	813368	725033
各项垫款	12673	113228
(二)境外贷款	159915	147485
二、有价证券	1475043	1839167
三、股权及其他投资	31005	630273
四、应收及预付款	467276	657564
五、同业往来	353097	1130281
六、系统内资金往来	4181530	2543248
七、外汇买卖	4448802	1540915
八、固定资产	637879	671347
九、库存现金	416994	473499

12－9　按县(市)区分金融机构信贷资金主要指标

(2012 年)　　单位:万元

项　　目	福州市	市　区	福清市	长乐市	闽侯县
一、金融机构各项存款余额	**76357112**	**57100738**	**5875709**	**4784368**	**2637716**
单位存款	40049368	32698673	1563766	2236340	1231523
个人存款	30005245	18703888	4207757	2377212	1395102
财政性存款	4146823	3604886	92835	165892	5200
临时性存款	241170	201270	2668	2531	5834
委托存款	218604	206432	8589	2323	
其他存款	1695901	1685590	95	71	58
二、金融机构各项贷款余额	**66445336**	**53525773**	**3708034**	**4321378**	**1403980**
境内贷款	66297851	53408867	3697175	4313323	1402067
#短期贷款	21434297	15058522	1635391	2749022	671898
中长期贷款	44025293	37521611	2055552	1562795	729138
票据融资	725033	716506	5232	1506	1031
各项垫款	113228	112228	1000		
境外贷款	147485	116906	10859	8055	1913

项　　目	连江县	罗源县	闽清县	永泰县	平潭县
一、金融机构各项存款余额	**2241673**	**634001**	**816242**	**716727**	**1549937**
单位存款	759519	259381	202554	241427	856185
个人存款	1367744	338757	572338	453798	588649
财政性存款	99293	35383	40383	20793	82159
临时性存款	5082	464	937	697	21689
委托存款	7				1254
其他存款	10029	16	31	12	1
二、金融机构各项贷款余额	**1244557**	**540848**	**345973**	**374788**	**980005**
境内贷款	1237124	539518	345875	374759	979142
#短期贷款	378996	282213	272794	168268	217194
中长期贷款	858128	257305	72399	206492	761873
票据融资			683		74
各项垫款					
境外贷款	7433	1330	98	28	863

主要统计指标解释

财政收入　指国家财政参与社会产品分配所取得的收入，是实现国家职能的财力保证。财政收入所包括的内容几经变化，目前主要包括：

(1)各项税收：包括增值税、营业税、消费税、土地增值税、城市维护建设税、资源税、城市土地使用税、印花税、个人所得税、企业所得税、关税、农牧业税和耕地占用税等。

(2)专项收入：包括征收排污费收入、征收城市水资源费收入、教育费附加收入等。

(3)其他收入：包括基本建设贷款归还收入、基本建设收入、捐赠收入等。

(4)国有企业亏损补贴：这项为负收入，冲减财政收入。

财政支出　国家财政将筹集起来的资金进行分配使用，以满足经济建设和各项事业的需要，主要包括：基本建设支出、企业挖潜改造资金、地质勘探费用、科技三项费用、支援农村生产支出、农林水利气象等部门的事业费用、工业交通商业等部门的事业费、文教科学卫生事业费、抚恤和社会福利救济费、国防支出、行政管理费、价格补贴支出。

中央财政收入和地方财政收入　指按财政体制划分的中央本级收入和地方本级收入。1994 年分税制财政体制以后，属于中央财政的收入包括关税、海关代征消费税和增值税，消费税，中央企业所得税，地方银行和外资银行及非银行金融企业所得税，铁道、银行总行、保险总公司等集中缴纳的营业税、所得税、利润和城市维护建设税，增值税的 75% 部分，证券交易税(印花税)50% 部分和海洋石油资源税。属于地方财政的收入包括营业税，地方企业所得税，个人所得税，城镇土地使用税，固定资产投资方向调节税，城镇维护建设税，房产税，车船使用税，印花税，屠宰税，农牧业税，农业特产税，耕地占用税，契税，增值税 25% 部分，证券交易税(印花税)50% 部分和除海洋石油资源税以外的其他资源税。

中央财政支出和地方财政支出　指根据政府在经济和社会活动中的不同职责，划分中央和地方政府的责权，按照政府的责权划分确定的支出。中央财政支出包括国防支出，武装警察部队支出，中央级行政管理费和各项事业费，重点建设支出以及中央政府调整国民经济结构、协调地区发展、实施宏观调控的支出。地方财政支出主要包括地方行政管理和各项事业费，地方统筹的基本建设、技术改造支出，支援农村生产支出，城市维护和建设经费，价格补贴支出等。

存款　指机构和个人在保留资金或货币所有权条件下，以不可流通的存款凭证为依据，暂时让渡或接受资金使用权所形成的债权或债务。

贷款　指机构或个人在保留资金或或货币所有权的条件，以不可流通的贷款凭证或类似凭证为依据，暂时让渡或接受资金使用权所形成的债权或债务。

13 人民生活

13－1 人民生活基本情况

项目	单位	2005年	2008年	2009年	2010年	2011年	2012年
就业							
城镇居民家庭每户平均人口	人	3.11	3.10	3.14	3.08	3.11	3.15
城镇居民家庭每户平均就业人口	人	1.58	1.63	1.66	1.69	1.62	1.69
城镇居民家庭每户平均就业面	%	50.80	52.58	52.87	54.87	52.09	53.65
城镇居民家庭每一就业者平均负担人数	人	1.97	1.90	1.89	1.82	1.92	1.86
农村居民家庭每户平均常住人口	人	3.80	3.78	3.80	3.80	3.80	3.80
农村居民家庭每户整半劳动力	人	2.61	2.66	2.66	2.71	2.67	2.64
农村居民家庭每一劳动力平均负担人数	人	1.92	1.42	1.43	1.40	1.43	1.44
城镇登记失业率	%	3.35	3.30	3.29	3.14	2.36	2.37
收入与支出							
城镇居民人均可支配收入	元	12661	19009	20289	22723	26050	29399
城镇居民人均消费性支出	元	8382	13541	14105	15778	17847	20040
农村居民人均纯收入	元	5197	7142	7669	8543	10107	11492
农村居民人均生活消费支出	元	3503	5080	5502	6071	7353	8336
生活质量							
居民家庭恩格尔系数							
城镇	%	43.51	42.60	40.24	38.95	37.66	38.70
农村	%	46.93	46.81	45.17	45.48	44.80	44.20
居住条件							
城镇居民人均现住房建筑面积	平方米	25.74	28.06	30.39	31.22	33.18	32.36
农村居民人均住房使用面积	平方米	41.52	46.88	46.99	45.41	47.89	48.40
交通条件							
城镇每百户家庭拥有家用汽车	辆	2.61	10.34	13.21	13.35	19.55	22.11
农村每百户家庭拥有摩托车	辆	58.00	63.10	62.39	65.77	54.27	53.60
城市公用设施及占有率							
城市每万人拥有公交车辆	标台	9.88	13.82	15.62	15.58	13.58	13.52
城市人均拥有道路面积	平方米	10.26	10.46	11.33	11.68	11.32	11.40
人均公共绿地面积	平方米	9.60	10.21	10.61	11.15	11.20	11.30
用气普及率	%	98.10	98.48	98.76	98.85	99.82	99.50

13－2 城乡居民家庭人均收支情况

（1978－2012 年）

年份	城镇居民				农村居民			
	人均可支配收入（元）	比上年增长（%）	人均消费性支出（元）	比上年增长（%）	人均纯收入（元）	比上年增长（%）	人均生活消费支出（元）	比上年增长（%）
1978	295	3.15	288	3.20	129	21.7		
1979	304	3.05	298	3.47	131	1.55		
1980	314	3.29	308	3.36	135	3.05		
1981	346	10.19	316	2.60	187	38.52		
1982	415	19.94	379	19.94	221	18.18		
1983	450	8.43	402	6.07	287	29.86	243	
1984	506	12.44	453	12.69	349	21.60	273	12.38
1985	678	33.99	638	40.84	423	21.20	354	29.73
1986	829	22.27	771	20.85	463	9.46	404	14.13
1987	888	7.12	845	9.60	535	15.55	463	14.45
1988	1079	21.51	1023	21.07	689	28.79	599	29.48
1989	1332	23.45	1242	21.41	795	15.38	699	16.60
1990	1537	15.39	1381	11.19	864	8.68	765	9.43
1991	1639	6.64	1522	10.21	969	12.15	808	5.68
1992	2273	38.67	1820	19.56	1109	14.45	891	10.23
1993	2769	21.85	2281	25.33	1387	25.07	1141	28.17
1994	4108	48.34	3338	46.34	1801	29.85	1434	25.62
1995	4896	19.18	4021	20.47	2303	27.87	1818	26.78
1996	5545	13.25	4307	7.12	2847	23.62	2063	13.49
1997	6417	15.73	5150	19.58	3223	13.21	2329	12.90
1998	6857	6.85	5459	6.00	3490	8.28	2247	-3.54
1999	7098	3.52	5364	-1.75	3677	5.36	2420	7.69
2000	7944	11.92	6009	12.04	3860	4.98	2921	20.71
2001	8675	9.20	6213	3.39	4020	4.15	2746	-5.98
2002	9147	5.44	6635	6.80	4192	4.28	2811	2.39
2003	10123	10.66	7347	10.72	4402	5.01	2968	5.58
2004	11436	12.98	8042	9.46	4815	9.38	3217	8.39
2005	12661	10.71	8382	4.23	5197	7.93	3503	8.89
2006	14206	12.21	9595	14.47	5592	7.60	3904	11.43
2007	16642	17.14	11790	22.87	6286	12.41	4388	12.39
2008	19009	16.00	13541	14.85	7142	13.62	5080	15.77
2009	20289	9.10	14105	6.57	7669	7.38	5502	8.31
2010	22723	11.99	15778	11.85	8543	11.40	6071	10.33
2011	26050	14.64	17847	13.12	10107	18.30	7353	21.12
2012	29399	12.85	20040	12.29	11492	13.7	8336	13.4

13－3　主要年份城镇居民家庭基本情况

年　份	平均每户家庭人口（人）	平均每户就业人数（人）	平均每户就业面（%）	平均每一就业者负担人数（人）	平均每人年可支配收入（元）	平均每人年消费性支出（元）	平均每人居住面积（平方米）
1952	5.62	1.87	33.3	3.01	104	98	5.7
1957	5.37	2.22	41.3	2.42	152	141	6.1
1959	5.29	2.22	42.0	2.38	177	164	6.5
1962	4.94	2.26	45.7	2.19	168	158	6.8
1963	4.94	2.27	46.0	2.18	199	155	6.8
1964	4.93	2.28	46.2	2.16	177	167	6.9
1965	4.91	2.29	46.6	2.14	197	185	7.0
1966	4.89	2.29	46.8	2.14	203	191	7.2
1975	4.01	2.02	50.4	1.99	268	260	8.0
1978	3.90	2.02	51.8	1.93	295	288	8.2
1980	3.81	2.00	52.5	1.91	314	308	8.5
1981	3.75	2.00	53.3	1.88	346	316	8.6
1982	3.72	2.01	54.0	1.85	415	379	8.7
1983	3.68	2.00	54.3	1.84	450	402	8.7
1984	3.65	2.01	55.1	1.82	506	453	8.8
1985	3.62	2.00	55.2	1.81	678	638	8.8
1986	3.60	2.00	55.6	1.80	829	771	8.9
1987	3.56	2.02	56.7	1.76	888	845	9.0
1988	3.52	2.02	57.4	1.74	1079	1023	9.0
1989	3.50	2.01	57.4	1.74	1332	1242	9.2
1990	3.44	2.02	58.7	1.70	1537	1381	9.3
1991	3.47	2.00	57.6	1.74	1639	1522	9.3
1992	3.45	2.02	58.6	1.71	2273	1820	9.4
1993	3.39	2.00	59.0	1.70	2769	2281	11.6
1994	3.19	1.90	59.6	1.68	4108	3338	11.6
1995	3.17	1.84	58.0	1.72	4896	4021	11.6
1996	3.21	1.88	58.6	1.71	5545	4307	12.1
1997	3.21	1.88	58.6	1.71	6417	5150	12.4
1998	3.19	1.88	58.9	1.70	6857	5459	12.4
1999	3.23	1.86	57.6	1.74	7098	5364	12.5
2000	3.20	1.80	56.3	1.78	7944	6009	12.6
2001	3.23	1.82	56.3	1.77	8675	6213	14.9
2002	3.11	1.66	53.4	1.87	9147	6635	23.1
2003	3.12	1.69	54.2	1.85	10123	7347	24.8
2004	3.11	1.55	49.8	2.01	11436	8042	25.5
2005	3.11	1.58	50.8	1.97	12661	8382	25.7
2006	3.14	1.68	53.5	1.87	14206	9595	25.9
2007	3.10	1.68	54.2	1.85	16642	11790	26.8
2008	3.10	1.63	52.6	1.90	19009	13541	28.1
2009	3.14	1.66	52.9	1.89	20289	14105	30.4
2010	3.08	1.69	54.9	1.82	22723	15778	31.2
2011	3.11	1.62	52.1	1.92	26050	17847	33.2
2012	3.15	1.69	53.7	1.86	29399	20040	32.4

注：本表中“人均住房使用面积”2002年起为“人均现住房总建筑面积”口径。

13－4 城镇居民人均现金收支情况

单位:元

项　　目	2004 年	2005 年	2006 年	2007 年	2008 年	2009 年	2010 年	2011 年	2012 年
一、期初手存现金	**319**	**480**	**700**	**530**	**572**	**690**	**778**	**598**	**822**
二、人均总收入	**12326**	**13682**	**15384**	**18061**	**20841**	**22431**	**25107**	**28603**	**32285**
#可支配收入	11436	12661	14206	16642	19009	20289	22723	26050	29399
工资性收入	8024	8689	9909	11580	13477	14846	16646	18848	21334
#工资及补贴收入	7659	8329	9539	11272	13141	14425	16339	18613	20990
其他劳动收入	364	360	370	308	336	421	308	235	343
经营净收入	658	801	1113	1214	1497	1175	1290	1925	2273
财产性收入	229	302	365	851	662	940	1134	1395	1532
#利息收入	22	68	34	38	49	54	204	145	194
股息与红利收入	39	50	89	502	141	186	99	270	221
出租房屋收入	163	183	231	277	422	568	587	603	816
转移性收入	3415	3890	3997	4416	5205	5470	6037	6434	7146
#养老金或离退休金	2384	2530	2549	2978	3630	3901	4198	4410	5225
社会救济收入	1	1	2	9	1	6	4	4	5
辞退金	205	186	166		57		11		
保险收入	72	73	54	81	40	25	12	7	7
赡养收入	167	341	323	507	463	768	696	971	882
捐赠收入	383	638	741	645	763	504	644	691	455
提取住房公积金	77	13	24	70	71	42	197	57	81
三、出售财物收入	**2**	**10**	**2412**	**176**	**8**	**325**	**7**	**6**	**35**
#出售住房收入		9	2408	172		312			27
四、借贷收入	**6255**	**7079**	**9782**	**9118**	**11894**	**13220**	**16071**	**14123**	**17221**
#提取储蓄存款	5879	6638	8287	8913	11653	12966	15291	13781	16716
收回储蓄性保险本金	4			1	53	8		10	18
兑售有价证券	3	6		12	72		212	29	
住房贷款	6	356	1210	5	11	41	434		1
教育贷款		11	6					1	1

13－4 续表

单位:元

项　　目	2004年	2005年	2006年	2007年	2008年	2009年	2010年	2011年	2012年
五、人均总支出	**10838**	**12360**	**15321**	**15636**	**17911**	**19480**	**21317**	**22872**	**25994**
消费支出	8042	8382	9595	11790	13541	14105	15778	17847	20040
#服务性消费支出	2006	2128	2523	3251	3734	3620	4089	4537	5024
购房与建房支出	875	1771	3244	1132	761	1510	1153	12	650
#购房	875	1771	3243	1132	761	1510	1151		641
转移性支出	1174	1333	1404	1446	1982	1940	2267	2578	2643
#交纳的个人收入税	91	89	73	96	173	229	279	280	162
捐赠支出	664	686	946	850	1300	1083	1243	1627	1678
购买彩票	8	8	3	2	3	9	8	13	12
赡养支出	351	517	340	333	414	512	632	504	616
#在外就学子女费用	98	370	188	128	202	295	365	173	192
财产性支出	14	12	46	46	103	155	165	327	301
社会保障支出	733	862	1033	1222	1525	1769	1954	2108	2361
#个人交纳的养老基金	271	313	376	442	535	622	622	709	795
个人交纳的住房公积金	331	382	473	541	655	799	936	997	1140
个人交纳的医疗基金	100	136	154	203	291	313	358	361	383
个人交纳的失业基金	25	26	28	32	43	34	38	41	39
六、借贷支出	**7340**	**8188**	**12290**	**11407**	**14640**	**16351**	**19793**	**19659**	**23467**
#存入储蓄款	7014	7764	11508	10840	13595	15554	18069	18809	22533
储蓄性保险支出	75	76	103	68	183	179	260	171	122
购买有价证券	42	1	95	148	124	3	486	8	8
归还住房贷款	89	247	395	272	657	301	435	449	501
归还教育贷款			6	5			4		
七、期末手存现金	**723**	**717**	**670**	**852**	**782**	**861**	**855**	**797**	**906**

13-5 城镇居民人均消费支出

单位:元

项目	1995年	1997年	1998年	1999年	2000年	2001年	2002年	2003年
消费支出	**4021**	**5150**	**5459**	**5364**	**6009**	**6213**	**6635**	**7347**
#服务性消费支出								
一、食品	**2394**	**2814**	**2819**	**2879**	**2740**	**2852**	**3063**	**3184**
粮油类								
#粮食	442	126	355	362	277	281	260	275
油脂类	87	92	108	117	83	78	61	71
肉禽及制品	458	547	506	496	481	456	515	569
#猪牛羊肉	251	306	283	264	228	210	318	333
蛋类	88	85	81	79	60	60	69	74
#鲜蛋	84	81	77	76	56	56	61	64
水产品	429	623	629	627	643	671	735	753
蔬菜类	230	260	270	265	261	242	248	263
#鲜菜	202	227	239	234	222	211	211	223
烟草类	61	79	83	91	81	96	70	86
酒和饮料	83	107	114	109	104	113	82	91
#饮料(含茶)	25	36	36	38	38	45	37	39
干鲜瓜果类	213	251	237	259	237	249	237	252
奶及奶制品	47	80	92	118	148	166	158	179
糕点类	26	29	29	23	35	33	40	45
在外用餐	102	170	188	189	208	288	431	368
二、衣着	**355**	**472**	**440**	**378**	**485**	**485**	**438**	**493**
#服装	244	332	321	278	359	371	334	379
衣着材料	31	31	20	12	15	8	4	3
衣着加工服务费	15	25	17	11	12	7	3	3
三、家庭设备用品及服务	**308**	**360**	**502**	**435**	**523**	**454**	**377**	**443**
#耐用消费品	156	167	308	225	246	179	162	223
#家具	31	28	65	36	41	39	30	45
家庭设备	81	95	156	97	131	140	133	178
家庭服务	67	52	88	80	109	117	42	36
四、医疗保健	**70**	**174**	**225**	**159**	**343**	**318**	**437**	**427**

13－5 续表1

单位:元

项　　目	2004年	2005年	2006年	2007年	2008年	2009年	2010年	2011年	2012年
消费支出	**8042**	**8382**	**9595**	**11790**	**13541**	**14105**	**15778**	**17847**	**20040**
#服务性消费支出		2128	2523	3251	3734	3620	4089	4537	5024
一、食　品	**3442**	**3647**	**4040**	**4670**	**5769**	**5675**	**6145**	**6722**	**7755**
粮油类		491	503	574	681	687	769	858	937
#粮　食	332	340	346	377	425	467	519	591	636
油脂类	89	84	90	126	167	126	132	142	157
肉禽及制品	622	674	699	876	1077	1069	1137	1300	1451
#猪牛羊肉	391	480	507	610	761	758	814	801	888
蛋　类	78	85	81	106	110	109	116	144	139
#鲜　蛋	70	76	72	96	99	97	104	134	128
水产品	752	785	894	986	1024	1135	1226	1193	1431
蔬菜类	279	336	361	405	452	482	575	540	649
#鲜　菜	234	292	311	342	387	418	505	464	563
烟草类	54	72	84	94	96	122	122	130	155
酒和饮料	99	101	110	110	149	207	218	208	264
#饮料(含茶)	43	45	51	58	95	146	151	130	155
干鲜瓜果类	247	274	319	355	386	414	497	528	620
奶及奶制品	214	187	205	226	283	289	305	290	305
糕点类	43	50	50	56	70	82	92	110	131
在外用餐	457	471	595	744	1219	947	949	1249	1486
二、衣　着	**506**	**575**	**683**	**836**	**1209**	**1320**	**1468**	**1875**	**2054**
#服　装	390	435	517	617	939	1006	1122	1431	1566
衣着材料	2	2	3	3	3	2	3	4	4
衣着加工服务费	3	3	3	2	4	5	4	7	6
三、家庭设备用品及服务	**403**	**472**	**478**	**658**	**798**	**907**	**1034**	**1420**	**1516**
#耐用消费品	179	217	200	298	275	379	382	549	524
#家　具	49	39	45	46	49	56	59	149	146
家庭设备	131	179	155	243	216	258	230	326	304
家庭服务	55	55	56	67	135	108	124	190	140
四、医疗保健	**569**	**426**	**677**	**737**	**646**	**678**	**646**	**838**	**853**

13－5　续表2　　单位:元

项　　目	1995年	1997年	1998年	1999年	2000年	2001年	2002年	2003年
五、交通与通信	**203**	**240**	**370**	**417**	**528**	**542**	**534**	**727**
交　通	93	73	131	152	166	194	188	152
#交通费	28	40	38	45	85	90	118	85
通　信	110	167	239	266	362	348	346	575
#通信工具	13	30	42	49	72	54	52	73
电信费	75	130	193	213	285	289	287	497
六、教育文化娱乐服务	**268**	**473**	**402**	**355**	**522**	**657**	**750**	**911**
文化娱乐用品	66	150	118	70	162	157	258	302
#彩色电视机	33	68	32	42	42	27	45	60
家用电脑		14	11	3	78	62	127	123
教　育	146	233	206	210	244	303	322	456
#教材及参考书	18	26	38	36	43	44	39	52
学杂费	110	183	133	147	162	208	163	303
托幼费	9	10	13	12	21	19	10	15
七、居　住	**272**	**434**	**455**	**496**	**548**	**706**	**864**	**945**
住　房	60	135	105	107	107	85	357	319
#建筑材料	29	73	34	33	55	31	36	12
房　租	25	28	50	47	22	33	51	36
水电燃料及其他	212	299	241	389	441	491	478	598
#水	22	33	44	56	68	80	80	90
电	102	156	194	205	221	245	257	337
燃　料	86	106	111	127	149	161	139	168
八、杂项商品和服务	**155**	**183**	**248**	**245**	**321**	**198**	**173**	**217**
杂项商品					281	269		
#金银珠宝饰品	18	18	23	22	24	17	20	17
化妆品	15	23	26	31	42	41	38	45
服务费	19	28	40	35	41	28		

13－5 续表3 单位:元

项　　目	2004年	2005年	2006年	2007年	2008年	2009年	2010年	2011年	2012年
五、交通与通信	**1209**	**960**	**1006**	**1722**	**1702**	**2014**	**2308**	**2509**	**3056**
交　通	594	324	258	917	662	990	1254	1418	1803
#交通费	114	108	107	182	182	160	207	252	292
通　信	615	636	748	805	1040	1024	1054	1091	1254
#通信工具	53	68	96	101	125	134	139	195	306
电信费	555	560	645	699	903	876	901	882	937
六、教育文化娱乐服务	**888**	**887**	**1141**	**1482**	**1546**	**1606**	**2077**	**2034**	**2448**
文化娱乐用品	255	257	314	395	443	445	543	573	570
#彩色电视机	24	27	85	87	96	103	89	104	123
家用电脑	102	79	87	162	137	89	124	126	120
教　育	359	363	531	655	572	498	549	595	796
#教材及参考书	32	29	36	39	30	42	44	43	52
学杂费	203	200	276	378	172	163	228	154	210
托幼费	33	41	36	53	79	69	58	117	125
七、居　住	**754**	**1120**	**1258**	**1328**	**1252**	**1230**	**1536**	**1591**	**1410**
住　房	102	412	471	479	281	260	475	489	290
#建筑材料	1	7	3	5	24	16	16	32	34
房　租	14	24	27	40	92	58	71	130	67
水电燃料及其他	622	673	751	796	895	886	932	947	962
#水	93	100	114	118	126	143	140	142	150
电	350	363	419	448	532	557	589	611	620
燃　料	179	204	216	219	229	178	189	184	178
八、杂项商品和服务	**271**	**295**	**311**	**357**	**618**	**675**	**565**	**859**	**947**
杂项商品			173	195	349	379	367	578	669
#金银珠宝饰品	15	19	30	34	99	65	108	168	230
化妆品	54	62	68	82	96	108	119	190	237
服务费			139	163	269	296	197	281	278

13－6　按地区、市区分居民家庭基本情况

项　　目	单位	2003年		2004年		2005年		2006年		2007年	
		地区	市区	地区	市区	地区	市区	地区	市区	地区	市区
平均每户家庭人口	人	3.12	3.12	3.11	3.11	3.11	3.11	3.14	3.14	3.10	3.10
平均每户就业人口	人	1.69	1.69	1.55	1.55	1.58	1.58	1.68	1.69	1.68	1.69
平均每户就业面	%	54.17	54.17	49.84	49.84	50.80	50.80	53.50	53.82	54.19	54.52
平均每一就业者负担人数	人	1.85	1.85	2.01	2.01	1.97	1.97	1.87	1.86	1.85	1.83
平均每人可支配收入	元	10123	10179	11436	11516	12661	12757	14206	14321	16642	16765
#转移性收入	元	2746	2797	3415	3453	3890	3938	3997	4042	4416	4460
#离退休金	元	1704	1736	2384	2432	2530	2574	2549	2582	2978	3011
赡养收入	元	189	185	167	137	341	318	323	299	507	491
赠送收入	元	397	407	383	390	638	658	741	767	645	667

项　　目	单位	2008年		2009年		2010年		2011年		2012年	
		地区	市区	地区	市区	地区	市区	地区	市区	地区	市区
平均每户家庭人口	人	3.10	3.10	3.14	3.13	3.08	3.06	3.11	3.08	3.15	3.13
平均每户就业人口	人	1.63	1.63	1.66	1.67	1.69	1.71	1.62	1.62	1.69	1.72
平均每户就业面	%	52.58	52.58	52.87	53.35	54.87	55.88	52.09	52.60	53.65	54.95
平均每一就业者负担人数	人	1.90	1.90	1.89	1.87	1.82	1.79	1.92	1.90	1.86	1.82
平均每人可支配收入	元	19009	19140	20289	20748	22723	23246	26050	26633	29399	30073
#转移性收入	元	5205	5287	5470	5758	6037	6307	6434	6684	7146	7357
#离退休金	元	3630	3700	3901	4164	4198	4498	4410	4697	5225	5565
赡养收入	元	463	451	768	723	696	631	971	925	882	763
赠送收入	元	638	658	741	767	645	667	763	782	455	445

13－7　按地区、市区分居民消费性支出

项　　目	2003年		2004年		2005年		2006年		2007年	
	地区	市区	地区	市区	地区	市区	地区	市区	地区	市区
平均每人消费性支出	**7347**	**7385**	**8042**	**8093**	**8382**	**8428**	**9595**	**9671**	**11790**	**11892**
食　品	3184	3202	3442	3463	3647	3667	4040	4068	4670	4699
#粮　食	275	276	332	331	491	340	346	346	377	376
肉禽蛋	643	646	700	702	759	762	780	783	982	982
水产品	753	755	752	753	785	785	894	897	986	988
鲜　菜	223	224	234	235	292	293	311	313	405	340
烟、酒、茶及饮料	177	178	152	154	173	190	194	197	204	209
衣　着	493	489	506	505	575	571	683	682	836	833
家庭设备用品及服务	443	447	403	407	472	477	478	484	658	664
医疗保健	427	434	569	579	426	428	677	690	737	751
交通和通信	727	726	1209	1226	960	969	1006	1013	1722	1747
教育文化娱乐服务	911	917	888	891	887	890	1141	1151	1482	1500
#文化娱乐用品	302	307	255	260	257	262	314	317	395	402
居　住	945	955	754	753	1120	1129	1258	1274	1328	1338
杂项商品及服务	217	215	271	270	295	297	311	310	357	359
人均现住房总建筑面积(平方米)	24.8	24.2	25.5	24.8	25.7	25.0	26.9	26.2	26.8	26.1

项　　目	2008年		2009年		2010年		2011年		2012年	
	地区	市区	地区	市区	地区	市区	地区	市区	地区	市区
平均每人消费性支出	**13541**	**13662**	**14105**	**14575**	**15778**	**16323**	**17847**	**18363**	**20040**	**20571**
食　品	5769	5825	5675	5889	6145	6395	6722	6907	7755	7993
#粮　食	425	434	467	467	519	530	591	574	636	613
肉禽蛋	1187	1214	1177	1231	1253	1311	1444	1389	1590	1555
水产品	1024	1044	1135	1143	1226	1252	1193	1165	1431	1408
鲜　菜	387	397	482	428	505	527	464	473	563	568
烟、酒、茶及饮料	245	249	329	284	340	296	338	380	418	465
衣　着	1209	1213	1320	1291	1468	1453	1875	1870	2054	2075
家庭设备用品及服务	798	802	907	918	1034	990	1420	1440	1516	1540
医疗保健	646	655	678	690	646	682	838	856	853	851
交通和通信	1702	1717	2014	2180	2308	2497	2509	2642	3056	3170
教育文化娱乐服务	1546	1566	1606	1674	2077	2191	2034	2083	2448	2578
#文化娱乐用品	443	448	445	458	543	555	573	587	570	582
居　住	1252	1258	1230	1243	1536	1539	1591	1659	1410	1421
杂项商品及服务	618	627	675	690	565	576	859	907	947	943
人均现住房总建筑面积(平方米)	28.1	27.4	30.4	27.1	31.2	27.9	33.2	29.9	32.4	29.1

注：本表中“人均住房使用面积”2002年起为“人均现住房总建筑面积”口径。

13－8 按人均可支配收入分组的城镇居民家庭基本情况

（2012年） 单位:元

项　　目	最低收入	低收入	中等偏下收入	中等收入	中等偏上收入	高收入	最高收入
占调查总户数比重(%)	10	10	20	20	20	10	10
平均每户人口数(人)	3.75	3.60	3.14	3.38	2.96	2.92	2.70
平均每户就业人口数(人)	1.64	1.50	1.54	1.81	1.74	1.66	1.80
平均每户就业面(%)	43.73	41.67	49.04	53.55	58.78	56.85	66.67
平均每一就业者负担人数(人)	2.29	2.40	2.04	1.87	1.70	1.76	1.50
家庭总收入	12171	17043	22072	27628	35695	46714	64956
人均可支配收入	10762	15507	19780	25181	32616	42726	59463
#工资性收入	7433	10387	13625	17909	25153	29957	44509
经营性净收入	1474	1283	2384	3001	1449	2542	3363
财产性收入	88	345	359	928	1396	2461	6118
转移性收入	3176	5028	5704	5791	7697	11753	10966
#养老金或离退休金	2392	4025	4021	4256	5774	8901	7225
赡养收入	247	339	676	660	948	1099	2280
捐赠收入	148	226	547	337	425	718	739
人均消费支出	9517	13269	14758	18607	23391	26457	32103
食　品	4913	5797	6683	7090	8572	9547	11210
#粮　食	548	552	621	597	674	677	764
肉禽蛋	1198	1361	1473	1451	1850	1687	1954
蔬菜类	568	597	610	613	710	689	732
水产品	1101	1103	1366	1338	1520	1553	1963
衣　着	724	1326	1560	1795	2400	2568	3813
家庭设备用品及服务	534	1101	1153	1448	1459	2237	2665
医疗保健	507	601	616	974	904	996	1232
交通和通信	696	1121	1477	2798	4668	4846	4618
教育文化娱乐服务	793	966	1495	2380	2928	3335	4839
#文化娱乐用品	77	256	370	544	768	720	1057
居　住	1079	1989	1260	1258	1337	1604	1617
#住　房	261	1099	213	225	173	284	71
#维修用建筑材料	30	6	27	28	37	56	54
房　租	35	50	100	103	72	29	4
水、电、燃料及其他	782	837	919	889	1014	1094	1183
#水　费	125	129	135	141	156	177	194
电　费	471	529	584	583	656	704	789
燃　料	187	178	184	161	177	189	185
杂项商品和服务	270	367	515	865	1124	1324	2109

注:表中各项支出中均包含各项的服务性支出。

13－9 城镇居民人均日常消费品购买量

项目	单位	1995年	2000年	2001年	2002年	2003年	2004年	2005年
粮食	公斤	141.20	104.40	104.40	94.16	96.36	88.50	88.60
油脂类	公斤	7.80	7.20	8.40	6.74	7.59	7.99	7.90
鲜菜	公斤	97.17	102.57	100.80	106.09	111.19	107.07	109.23
猪肉	公斤	14.58	13.89	13.20	21.53	22.78	22.00	22.13
牛羊肉	公斤	1.04	2.04	2.40	2.37	2.43	2.70	3.06
家禽	公斤	7.10	9.60	7.20	10.25	10.93	9.72	10.35
鲜蛋	公斤	12.05	10.80	9.60	10.54	11.73	10.05	10.73
鱼虾	公斤	21.10	24.08	24.00	22.54	23.32	21.97	22.07
茶叶	公斤	0.39	0.36		0.29	0.22	0.21	0.21
糕点	公斤	2.43	2.60	2.40	2.95	3.62	3.48	3.47
鲜乳品	公斤	10.62	19.46	20.40	19.92	22.88	23.85	22.35
服装	件	5.02	7.28	7.20	6.95	7.37	6.49	6.93
鞋类	双	1.54	1.90	2.40	1.86	2.05	1.73	2.01
煤炭	公斤	48.12	12.25	13.20	16.08	13.81	4.06	2.41
液化石油气	公斤	18.74	33.15	38.40	32.08	34.18	33.51	31.78

项目	单位	2006年	2007年	2008年	2009年	2010年	2011年	2012年
粮食	公斤	87.32				91.94	89.9	91.01
油脂类	公斤	7.80				8.47	8.21	7.99
鲜菜	公斤	107.58	108.86	107.17	114.95	112.43	99.4	101.89
猪肉	公斤	22.91	21.00	21.17	22.35	22.48	21.5	22.85
牛羊肉	公斤	3.46	3.80	3.18	3.39	3.91	4.01	3.67
家禽	公斤	10.10				12.26	13.57	14.46
鲜蛋	公斤	10.89	11.31	11.22	10.4	10.08	11.23	11.20
鱼虾	公斤	24.32	24.63	23.21	24.98	23.13	21.74	22.51
茶叶	公斤	0.19	0.18	0.20	0.24	0.23	0.29	0.31
糕点	公斤	3.17	3.54	3.71	4.31	4.31	4.62	5.33
鲜乳品	公斤	21.40	21.88	21.04	20.86	22.86	18.25	18.65
服装	件	7.05	9.59	9.11	11.27	9.85	12.59	13.57
鞋类	双	2.09	2.35	2.26	2.74	2.68	3.29	3.33
煤炭	公斤	0.36	0.25	1.97	0.47	0.17		
液化石油气	公斤	26.69	24.27	19.14	19.57	16.84	13.47	11.21

13－10 每百户城镇居民家庭耐用消费品拥有量

项　　目	单位	1995年	2000年	2001年	2002年	2003年	2004年	2005年
摩托车	辆	6.00	32.75	35.43	24.18	26.27	31.55	31.98
家用汽车	辆			0.43	0.67	0.07	2.30	2.61
洗衣机	台	87.75	98.75	97.57	96.84	97.81	102.26	105.80
电冰箱	台	82.25	100.25	98.57	100.38	101.10	102.18	105.59
彩色电视机	台	92.50	145.50	144.43	150.36	163.44	173.33	177.26
家用电脑	台		12.00	16.43	26.38	46.17	50.62	59.05
组合音响	套	11.00	28.00	27.71	21.36	21.07	21.82	18.60
钢　琴	架	1.00	2.00	3.00	2.13	2.38	2.42	2.10
其他中高档乐器	件	8.00	5.50	6.71	7.68	7.02	3.16	3.50
照相机	架	24.50	41.25	44.71	49.79	52.98	51.66	56.15
摄像机	台		1.50	2.00	1.75	2.06	3.71	4.67
空调器	台	10.50	75.50	76.29	105.32	129.54	167.54	169.35
淋浴热水器	台	56.25	95.00	96.29	92.96	97.17	101.10	104.07
微波炉	台		35.00	39.86	60.42	74.26	80.14	81.79
健身器材	件		5.25	7.00	4.78	6.69	8.20	6.93
移动电话	台		62.00	69.86	77.98	102.04	131.85	146.26

项　　目	单位	2006年	2007年	2008年	2009年	2010年	2011年	2012年
摩托车	辆	32.66	30.13	24.67	31.33	29.66	25.50	27.21
家用汽车	辆	3.57	3.58	10.34	13.21	13.35	19.55	22.11
洗衣机	台	108.06	103.84	99.57	102.72	104.68	101.80	101.75
电冰箱	台	106.56	101.94	101.68	104.86	105.41	105.03	107.28
彩色电视机	台	186.65	185.70	188.91	196.23	202.89	193.14	197.41
家用电脑	台	66.51	71.93	92.77	101.93	110.47	112.76	125.47
组合音响	套	21.79	25.29	26.93	30.29	31.11	23.92	25.65
钢　琴	架	3.38	3.65	2.94	3.92	4.11	3.23	4.62
其他中高档乐器	件	6.39	5.03	4.25	5.91	6.15	4.64	5.98
照相机	架	58.40	56.48	53.86	54.82	61.84	56.99	62.02
摄像机	台	4.03	5.63	11.09	11.68	11.43	12.04	16.49
空调器	台	184.81	192.06	208.53	215.59	222.04	227.05	233.75
淋浴热水器	台	105.71	105.24	102.34	106.95	109.73	113.10	112.14
微波炉	台	88.21	86.31	88.66	91.62	91.93	88.50	89.26
健身器材	件	6.93	6.17	4.80	5.41	5.41	7.61	7.10
移动电话	台	180.44	186.58	202.17	221.75	232.33	231.83	253.26

13-11 城镇居民家庭居住条件构成

单位:%

项　目	1995年	2000年	2001年	2002年	2003年	2004年	2005年
按自来水使用情况分							
无自来水	0.3						
独用自来水	87.7	96.8	96.9	97.4	98.6	98.6	97.3
公用自来水	12.0	3.2	3.1	2.7	1.4	1.4	2.7
按卫生设备拥有情况分							
无卫生设备	30.2	10.5	8.6	13.8	9.4	1.4	2.3
有浴室厕所	65.0	86.8	89.0	84.8	88.9	98.1	96.8
有厕所无浴室	1.5	0.5	0.3	1.3	1.6	0.4	0.7
公共卫生设备	3.3	2.2	2.1	0.1	0.1	0.1	0.1
按房屋产权分							
公　房	52.5	20.3	15.8	16.0	12.3	5.4	6.1
租赁私房	1.3	0.2	0.9	3.1	0.5	0.1	0.1
自有房	44.5	77.3	83.0	80.6	85.0	93.8	92.8
其　他	1.7	2.3	0.3	0.2	2.2	0.7	1.0
按燃料使用情况分							
管道煤气	22.0	15.0	12.1	25.7	29.2	33.6	32.6
液化石油气	54.0	81.4	84.0	71.2	69.0	65.8	66.7
煤	15.5	1.8	2.0	2.6	1.4	0.4	
其　他	8.5	1.8	1.9	0.6	0.4	0.3	0.7

项　目	2006年	2007年	2008年	2009年	2010年	2011年	2012年
按自来水使用情况分							
无自来水							
独用自来水	98.3	100.0	100.0	99.4	99.4	99.7	99.7
公用自来水	1.7			0.6	0.6	0.3	0.3
按卫生设备拥有情况分							
无卫生设备	2.3		0.9	0.8	0.8		
有浴室厕所	97.2	99.5	96.9	97.2	97.8	99.7	99.7
有厕所无浴室	0.4	0.3	1.2	1.1	0.8		
公共卫生设备	0.1	0.1	1.0	0.9	0.6	0.3	0.3
按房屋产权分							
公　房	4.8	5.0	7.3	5.4	5.0	1.7	2.3
租赁私房	0.4	1.0	2.2	2.0	1.9	3.1	1.9
自有房	92.9	93.9	89.2	91.5	92.5	95.1	95.9
其　他	2.0		1.3	1.2	0.6		
按燃料使用情况分							
管道煤气	34.2	38.5	42.1	2.1	1.0	5.9	5.0
罐装液化石油气	64.8	60.5	50.6	56.4	57.2	46.3	46.9
管道天然气				33.2	32.5	33.6	35.6
管道液化石油气			5.0	4.1	3.9	7.1	4.4
煤			0.3	0.6	0.3		
其　他	1.0	1.0	2.0	3.7	5.2	7.2	8.0

注:2008年起燃料情况增加“管道天然气”和“管道液化石油气”指标

13－12 主要年份城市居民家庭基本情况

年　份	平均每户家庭人口（人）	平均每户就业人数（人）	平均每户就 业 面（%）	平均—就业者负担人数（人）	平均每人年可支配收入（元）	平均每人年消费性支出（元）	平均每人居住面积（平方米）
1952	5.34	1.83	34.30	2.92	125	112	4.5
1957	5.10	2.18	42.70	2.34	183	161	4.9
1959	5.03	2.18	43.30	2.31	213	187	5.2
1962	4.70	2.20	46.80	2.14	202	180	5.4
1963	4.70	2.22	47.20	2.12	199	177	5.4
1964	4.68	2.23	47.60	2.10	213	191	5.6
1965	4.66	2.24	48.10	2.08	237	211	5.7
1966	4.65	2.24	48.20	2.07	245	219	5.8
1975	3.81	1.98	52.00	1.92	324	298	6.4
1978	3.71	1.98	53.40	1.87	356	330	6.5
1980	3.62	1.96	54.10	1.85	379	353	6.8
1981	3.56	1.96	55.10	1.82	418	363	6.9
1982	3.53	1.97	55.80	1.79	495	449	7.0
1983	3.50	1.96	56.00	1.79	560	480	7.0
1984	3.47	1.97	56.80	1.76	618	541	7.0
1985	3.44	1.96	57.00	1.76	836	761	7.1
1986	3.64	2.24	61.54	1.63	1028	921	8.1
1987	3.63	2.27	62.53	1.60	1118	1008	8.4
1988	3.56	2.14	60.11	1.66	1356	1221	8.1
1989	3.49	2.03	58.17	1.72	1658	1483	8.4
1990	3.44	2.02	58.72	1.70	1931	1648	8.6
1991	3.22	1.92	59.63	1.68	2050	1816	8.0
1992	3.24	2.01	62.04	1.61	2598	2125	8.3
1993	3.21	1.99	61.99	1.61	3165	2699	8.5
1994	3.08	1.85	60.06	1.66	4605	3857	9.0
1995	3.05	1.78	58.36	1.71	5485	4513	8.9
1996	3.14	1.84	58.60	1.71	5946	4975	8.7
1997	3.01	1.75	58.14	1.72	7083	5893	9.2
1998	3.05	1.75	57.38	1.74	7363	6258	9.2
1999	3.16	1.74	55.06	1.82	7414	5733	8.9
2000	3.21	1.71	53.27	1.88	8300	6417	9.0
2001	3.26	1.79	54.91	1.82	9053	6493	9.1
2002	3.10	1.65	53.23	1.88	9191	6671	22.4
2003	3.12	1.69	54.17	1.85	10179	7385	24.2
2004	3.11	1.55	49.84	2.01	11516	8093	24.8
2005	3.11	1.58	50.80	1.97	12757	8428	25.0
2006	3.14	1.69	53.82	1.86	14321	9671	26.2
2007	3.1	1.69	54.52	1.83	16765	11892	26.1
2008	3.1	1.63	52.58	1.90	19140	13662	27.4
2009	3.13	1.67	53.35	1.87	20748	14575	27.1
2010	3.06	1.71	55.88	1.79	23246	16323	27.9
2011	3.08	1.62	52.60	1.90	26633	18363	29.9
2012	3.13	1.72	54.95	1.82	30073	20571	29.1

注:本表中"平均每人居住面积"2002年起为"人均现住房总建筑面积"口径。

13－13　城市居民人均现金收支情况

单位:元

项　　目	2004年	2005年	2006年	2007年	2008年	2009年	2010年	2011年	2012年
一、期初手存现金	**318**	**467**	**692**	**520**	**568**	**702**	**802**	**618**	**752**
二、人均总收入	**12424**	**13798**	**15521**	**18209**	**20991**	**22977**	**25738**	**29370**	**33140**
#可支配收入	11516	12757	14321	16765	19140	20748	23246	26633	30073
工资性收入	8108	8771	10010	11685	13548	15099	17116	19861	22482
#工资及补贴收入	7712	8410	9638	11376	13221	14690	16801	19609	22116
其他劳动收入	396	361	372	310	327	409	315	252	365
经营净收入	639	787	1106	1204	1504	1169	1275	1701	2064
财产性收入	223	301	364	860	652	951	1040	1124	1237
#利息收入	19	66	30	35	43	43	202	100	80
股息与红利收入	35	46	84	507	133	150	119	328	234
出租房屋收入	165	187	239	285	431	638	635	645	893
转移性收入	3453	3938	4042	4460	5287	5758	6307	6684	7357
#养老金或离退休金	2432	2574	2582	3011	3700	4164	4498	4697	5565
社会救济收入		1	2	9	1	5	4		
辞退金	212	190	174		59		14		
保险收入	74	75	56	84	42	28	11	4	6
赡养收入	137	318	299	491	451	723	631	925	763
捐赠收入	390	658	767	667	782	549	625	732	445
提取住房公积金	81	14	25	72	73	53	230	52	71
三、出售财物收入	**1**	**1**	**2518**	**184**	**6**	**388**	**8**	**7**	**10**
#出售住房收入			2514	180		373			
四、借贷收入	**6368**	**7253**	**10026**	**9260**	**12094**	**13857**	**17575**	**15487**	**19239**
#提取储蓄存款	6013	6813	8484	9085	11871	13715	16736	15135	18726
收回储蓄性保险本金	5			1	55	5		6	21
住房贷款	6	372	1258	5	4		544		1
教育贷款		12	6						

13－13　续表　　　　单位:元

项　　目	2004 年	2005 年	2006 年	2007 年	2008 年	2009 年	2010 年	2011 年	2012 年
五、人均总支出	**10935**	**12507**	**15567**	**15816**	**18081**	**20330**	**22370**	**23731**	**26912**
消费支出	8093	8428	9671	11892	13662	14575	16323	18363	20571
#服务性消费支出	2018	2143	2554	3306	3802	3832	4364	4799	5293
购房与建房支出	900	1842	3375	1171	782	1749	1443		722
#购　房	900	1842	3375	1171	782	1749	1441		722
转移性支出	1180	1345	1417	1461	1993	2007	2400	2726	2786
#交纳的个人收入税	95	92	75	99	179	255	330	342	199
捐赠支出	659	684	953	854	1311	1118	1301	1715	1784
购买彩票	8	8	3	2	3	10	9	15	15
赡养支出	356	527	344	334	407	511	649	488	612
在外就学子女费用	94	380	191	128	194	294	358	144	159
财产性支出	14	12	48	48	107	169	187	382	332
社会保障支出	748	880	1054	1244	1537	1831	2017	2261	2500
#个人交纳的养老基金	278	321	386	453	545	684	687	788	878
个人交纳的住房公积金	336	388	480	546	651	767	895	1025	1157
个人交纳的医疗基金	102	139	158	208	297	340	392	399	419
个人交纳的失业基金	26	27	29	33	44	40	43	49	46
六、借贷支出	**7459**	**8317**	**12529**	**11518**	**14810**	**16709**	**20927**	**21025**	**25428**
#存入储蓄款	7156	7903	11737	10978	13750	16024	18923	20164	24491
储蓄性保险支出	76	77	106	69	188	163	301	188	133
购买有价证券	36		98	130	129	3	581	10	10
归还住房贷款	85	251	404	279	670	279	508	488	534
归还教育贷款			6	5			5		
七、期末手存现金	**720**	**710**	**666**	**849**	**786**	**916**	**844**	**726**	**811**

13－14　城市居民人均消费支出

单位：元

项　　目	1995 年	2000 年	2001 年	2002 年	2003 年	2004 年	2005 年
消费支出	**4513**	**6417**	**6493**	**6671**	**7385**	**8093**	**8428**
一、食　品	**2613**	**3001**	**3041**	**3089**	**3202**	**3463**	**3667**
#粮　食	410	289	285	261	276	331	340
油脂类	72	86	78	62	71	89	84
肉禽及制品	535	519	483	527	572	625	677
#猪牛羊肉	274	234	211	318	333	392	481
蛋　类	95	65	62	69	74	78	85
#鲜　蛋	95	65	62	61	64	69	76
水产品	488	682	699	738	755	753	785
菜　类	243	268	250	250	264	280	337
#鲜　菜	211	227	216	212	224	235	293
烟草类	58	78	98	71	86	54	73
酒和饮料	84	106	119	86	92	100	103
#饮料(含茶)				38	40	44	46
干鲜瓜果类	228	249	260	239	254	248	275
奶及奶制品	66	177	178	159	179	216	188
糕点类	37	39	36	40	45	43	51
在外用餐	180	309	367	442	376	469	480
二、衣着商品	**412**	**447**	**480**	**433**	**489**	**505**	**571**
#服　装	281	330	371	331	376	388	431
衣着材料	35	9	5	4	3	2	2
衣着加工服务费	17	11	6	3	3	3	3
三、家庭设备用品及服务	**365**	**598**	**653**	**376**	**447**	**407**	**477**
#耐用消费品	178	273	362	161	226	182	220
#家　具	27	36	44	30	46	50	39
家庭设备	86	125	165	131	180	132	181
家庭服务	84	141	131	41	35	56	56
四、医疗保健	**101**	**397**	**309**	**443**	**434**	**579**	**428**

13－14　续表1　　单位:元

项　　目	2006年	2007年	2008年	2009年	2010年	2011年	2012年
消费支出	**9671**	**11892**	**13662**	**14575**	**16323**	**18363**	**20571**
一、食　品	**4068**	**4699**	**5825**	**5889**	**6395**	**6907**	**7993**
#粮　食	346	376	434	467	530	574	613
油脂类	90	125	172	135	143	161	166
肉禽及制品	702	877	1102	1113	1182	1248	1416
#猪牛羊肉	508	534	691	673	720	778	867
蛋　类	82	105	113	119	129	141	139
#鲜　蛋	72	95	102	106	115	128	126
水产品	897	988	1044	1143	1252	1165	1408
菜　类	363	402	464	494	600	550	658
#鲜　菜	313	340	397	428	527	473	568
烟草类	85	97	97	107	105	145	170
酒和饮料	112	112	152	177	192	235	295
#饮料(含茶)	52	59	96	106	122	143	163
干鲜瓜果类	321	358	396	426	512	536	636
奶及奶制品	206	228	292	298	308	323	337
糕点类	51	56	73	82	94	110	133
在外用餐	607	767	1259	1083	1073	1429	1692
二、衣着商品	**682**	**833**	**1213**	**1291**	**1453**	**1870**	**2075**
#服　装	517	612	941	980	1112	1417	1572
衣着材料	3	3	3	2	3	4	4
衣着加工服务费	3	2	4	5	5	6	6
三、家庭设备用品及服务	**484**	**664**	**802**	**918**	**990**	**1440**	**1540**
#耐用消费品	204	301	273	374	333	550	520
#家　具	46	48	51	66	61	174	178
家庭设备	157	253	222	308	272	375	341
家庭服务	56	67	139	122	132	214	148
四、医疗保健	**690**	**751**	**655**	**690**	**682**	**856**	**851**

13－14　续表2　　　　单位:元

项　　目	1995年	2000年	2001年	2002年	2003年	2004年	2005年
五、交通与通信	**174**	**500**	**546**	**530**	**726**	**1226**	**969**
交　通	72	173	209	187	151	608	330
#交通费	32	96	94	119	85	115	109
通　信	103	327	337	343	575	618	639
#通信工具	10	69	63	51	73	55	68
电信费	80	254	270	285	498	557	563
六、娱乐教育文化服务	**366**	**606**	**554**	**752**	**917**	**891**	**890**
文娱用耐用消费品	96	222	124	279	307	260	262
#彩色电视机	48	58	37	46	61	25	27
影碟机				6	9	8	9
家用电脑				122	126	105	80
教　育	192	247	296	309	457	354	360
#教材及参考书	29	53	51	40	53	33	29
学杂费	147	177	198	159	303	200	197
托幼费	11	9	18	10	14	33	41
书报杂志	20	26	29	35	41	44	
文化娱乐服务	37	75	81	163	154	278	268
七、居　住	**289**	**564**	**593**	**876**	**955**	**753**	**1129**
住　房	61	119	103	367	328	100	422
#建筑材料	29			37	11	1	7
房　租	32	33	46	52	37	14	25
水电燃料及其他	228	445	490	480	600	622	673
#水	22	69	82	80	90	93	100
电	108	232	250	259	339	352	364
燃　料	97	136	150	139	168	177	202
八、杂项商品服务	**194**	**304**	**318**	**171**	**215**	**270**	**297**
#金银珠宝饰品	20			21	17	15	19
美容化妆品	19			38	45	54	62
其他服务	8	30	44	28	22	38	47

13－14　续表3　　单位:元

项　　目	2006年	2007年	2008年	2009年	2010年	2011年	2012年
五、交通与通信	**1013**	**1747**	**1717**	**2180**	**2497**	**2642**	**3170**
交　通	260	938	666	1114	1403	1523	1899
#交通费	109	186	185	161	224	262	306
通　信	754	809	1051	1066	1095	1119	1271
#通信工具	97	101	126	140	149	208	309
电信费	650	704	918	921	940	904	954
六、娱乐教育文化服务	**1151**	**1500**	**1566**	**1674**	**2191**	**2083**	**2578**
文娱用耐用消费品	317	402	448	458	555	587	582
#彩色电视机	86	90	100	123	106	124	146
影碟机	2						
家用电脑	88	168	142	124	164	151	146
教　育	536	664	579	525	582	629	821
#教材及参考书	37	32	26	34	33	35	39
学杂费	276	389	177	192	262	163	212
托幼费	35	51	80	81	70	141	149
书报杂志							
文化娱乐服务	298	435	540	691	1054	867	1175
七、居　住	**1274**	**1338**	**1258**	**1243**	**1539**	**1659**	**1421**
住　房	486	488	283	257	470	556	296
#建筑材料	2	4	23	16	4	28	29
房　租	27	41	95	68	86	152	70
水电燃料及其他	751	796	898	895	933	935	951
#水	114	118	126	142	134	138	148
电	420	449	534	562	593	602	607
燃　料	214	217	228	181	188	183	179
八、杂项商品服务	**310**	**359**	**627**	**690**	**576**	**907**	**943**
#金银珠宝饰品	31	35	102	73	122	204	277
美容化妆品	68	84	98	118	132	220	267
其他服务	13	23	54	44	206	69	70

13-15 按人均可支配收入分组的城市居民家庭基本情况

（2012 年）

单位:元

项　　目	最低收入	低收入	中等偏下收入	中等收入	中等偏上收入	高收入	最高收入
占调查总户数比重(%)	10	10	20	20	20	10	10
平均每户家庭人口数(人)	3.61	3.26	3.19	3.28	2.94	2.88	2.71
平均每户就业人口数(人)	1.55	1.51	1.72	1.84	1.70	1.68	1.90
平均每户就业面(%)	42.94	46.32	53.92	56.10	57.82	58.33	70.11
平均每一就业者负担人数(人)	2.33	2.16	1.85	1.78	1.73	1.71	1.43
家庭总收入	14452	20027	25130	30212	40272	49676	67617
人均可支配收入	12899	17714	22553	27600	36778	45696	61178
#工资性收入	8963	13314	15801	19998	27948	33829	49986
经营性收入	977	450	2428	3060	1678	2784	2326
财产性收入	282	410	677	613	1581	1952	4890
转移性收入	4230	5852	6224	6540	9064	11112	10414
#养老金或离退休金	3415	4193	4893	4674	7575	8549	6365
赡养收入	188	651	427	860	570	712	2727
捐赠收入	176	631	313	416	440	684	728
平均每人消费性支出	12087	12935	18258	18856	25717	26440	33688
食　品	5521	6184	7462	7187	9300	10559	11234
#粮　食	548	574	639	580	624	675	683
肉禽蛋	1307	1290	1533	1422	1866	1677	1788
蔬菜类	587	606	648	593	766	720	698
水产品	1118	1117	1511	1180	1579	1599	1903
衣　着	997	1283	1704	1909	2689	2576	3922
家庭设备用品及服务	872	1044	1492	1306	1465	2518	2871
医疗保健	485	593	1039	939	835	711	1207
交通和通信	906	1091	2472	2951	5816	3374	4997
教育文化娱乐服务	1031	1264	1933	2615	3085	3531	5614
#文化娱乐用品	180	331	498	571	680	1000	1012
居　住	1973	1030	1323	1276	1282	1737	1672
#住　房	1117	73	309	161	103	360	78
#维修用建筑材料		2	26	13	37	80	78
房　租	65	71	156	54	62		
水、电、燃料及其他	820	800	891	951	984	1160	1159
#水　费	133	120	128	144	162	183	197
电　费	489	501	579	621	614	751	758
燃　料	197	180	167	168	171	222	182
其他商品和服务	303	446	834	672	1244	1435	2171

注:各项支出中均包含各项的服务性支出。

13－16 城市居民人均日常消费品购买量

项目	单位	1995年	2000年	2001年	2002年	2003年	2004年	2005年
粮食	公斤	118.40	103.51	102.50	94.05	96.18	87.85	88.19
油脂类	公斤	6.20	7.72	7.79	6.76	7.58	7.97	7.90
鲜菜	公斤	99.50	104.22	106.07	106.50	111.61	107.20	109.57
猪肉	公斤	15.60	13.82	12.66	21.57	22.84	22.00	22.18
牛羊肉	公斤	1.30	2.42	2.31	2.41	2.45	2.73	3.10
家禽	公斤				10.35	11.02	9.76	10.42
鲜蛋	公斤	13.00	11.79	10.61	10.60	11.77	10.08	10.78
鱼虾	公斤	21.70	9.33	9.37	22.53	23.30	21.80	22.00
茶叶	公斤	0.40			0.30	0.23	0.21	0.22
糕点	公斤	2.90	2.72	2.42	2.96	3.63	3.48	3.47
鲜乳品	公斤	15.40			20.05	22.98	24.10	22.55
服装	件	6.40	6.61	7.04	6.93	7.37	6.48	6.93
鞋类	双	1.90	1.74	1.62	1.84	2.04	1.70	1.99
煤炭	公斤	69.80	20.17	22.21	16.57	14.12	4.02	1.90
液化石油气	公斤	14.30	25.77	30.74	30.92	33.52	32.71	31.10

项目	单位	2006年	2007年	2008年	2009年	2010年	2011年	2012年
粮食	公斤	86.96				89.17	82.68	82.56
油脂类	公斤	7.81				9.17	9.28	8.81
鲜菜	公斤	107.90	108.02	109.61	115.23	114.08	100.76	100.97
猪肉	公斤	22.98	21.00	21.60	23.04	22.61	21.21	22.48
牛羊肉	公斤	3.52	3.80	3.28	3.54	4.22	3.27	3.38
家禽	公斤	10.16				12.35	11.70	13.06
鲜蛋	公斤	10.91	11.22	11.51	11.42	11.21	10.75	10.96
鱼虾	公斤	24.31	24.80	23.61	25.49	23.81	21.13	21.58
茶叶	公斤	0.19	0.18	0.20	0.21	0.22	0.26	0.32
糕点	公斤	3.15	3.45	3.79	4.14	4.18	4.15	4.92
鲜乳品	公斤	21.56	21.89	21.66	20.43	23.39	20.98	20.60
服装	件	7.06	8.06	9.00	9.96	10.24	11.52	12.51
鞋类	双	2.08	2.35	2.25	2.62	2.71	3.08	3.44
煤炭	公斤	0.03	0.26	2.05	0.59	0.22		
液化石油气	公斤	26.06	24.01	18.91	19.15	16.09	11.78	10.80

13－17　城市居民家庭每百户拥有耐用消费品拥有量

（年末数）

项　　目	单位	1995年	2000年	2001年	2002年	2003年	2004年	2005年
摩托车	辆	4.00	22.00	23.33	23.19	25.31	30.33	30.67
家用汽车	辆				0.67	0.06	2.33	2.67
洗衣机	台	89.50	100.00	98.00	96.86	98.00	102.33	106.00
电冰箱	台	90.50	99.50	101.33	100.42	101.42	102.33	104.33
彩色电视机	台	100.00	151.50	150.67	150.64	164.33	173.67	177.67
家用电脑	台		18.00	22.33	26.83	47.25	51.33	60.00
组合音响	套	14.00	26.50	26.00	21.06	20.81	21.67	18.33
钢　琴	架	1.00	2.50	3.33	2.08	2.33	2.33	2.00
其他中高档乐器	件	11.50	6.00	6.33	7.67	6.94	3.00	3.33
照相机	架	33.50	45.50	49.00	50.06	53.47	52.00	56.67
摄像机	台		1.50	1.33	1.67	2.00	3.67	4.67
空调器	台	14.50	96.00	102.33	106.81	131.69	170.00	171.67
淋浴热水器	台	61.50	95.00	96.67	92.72	97.14	101.00	104.00
微波炉	台		49.50	55.33	61.42	75.64	81.00	82.67
健身器材	件		10.00	16.00	4.67	6.67	8.33	7.00
移动电话	台		109.00	195.00	77.36	101.89	131.67	146.33

项　　目	单位	2006年	2007年	2008年	2009年	2010年	2011年	2012年
摩托车	辆	31.33	28.81	22.83	23.26	21.71	17.76	20.27
家用汽车	辆	3.67	3.64	10.61	14.95	14.80	21.71	24.58
洗衣机	台	108.33	103.97	99.36	102.33	104.61	101.64	101.33
电冰箱	台	104.00	101.99	101.61	104.65	104.93	104.61	106.64
彩色电视机	台	187.33	186.09	189.07	197.67	204.28	193.42	197.67
家用电脑	台	67.67	73.18	93.57	107.97	117.11	116.12	130.9
组合音响	套	21.67	25.50	27.01	31.89	32.89	22.04	24.58
钢　琴	架	3.33	3.64	2.89	3.65	3.95	3.29	4.65
其他中高档乐器	件	6.33	4.97	4.18	5.98	6.25	3.62	5.32
照相机	架	59.00	56.95	54.66	58.80	67.11	57.89	63.79
摄像机	台	4.00	5.63	11.25		11.84	11.84	17.28
空调器	台	187.67	195.03	210.29	226.58	233.22	236.51	243.52
淋浴热水器	台	105.67	104.97	101.93	105.65	108.55	108.88	108.31
微波炉	台	89.33	87.09	89.07	94.68	95.07	88.82	89.7
健身器材	件	7.00	6.29	4.82	5.32	5.26	6.25	5.98
移动电话	台	181.67	187.75	201.93	226.25	237.50	230.92	256.15

13－18　城市居民家庭居住条件构成

单位:%

项　　目	1995年	2000年	2001年	2002年	2003年	2004年	2005年
按自来水使用情况分							
独用自来水	88.5	95.5	96.0	97.3	98.7	98.7	97.3
公用自来水	11.5	4.5	4.0	2.7	1.3	1.3	2.7
按卫生设备拥有情况分							
无卫生设备	34.0	16.0	14.3	14.3	9.7	1.3	2.3
有浴室厕所	62.5	82.5	84.7	84.4	88.6	98.4	97.0
有厕所无浴室	1.0	0.5		1.4	1.7	0.3	0.7
公共卫生设备	2.5	1.0	1.0				
按房屋产权分							
公　房	66.5	26.0	19.7	16.3	12.4	5.3	6.0
租赁私房	0.5	0.5	1.0	3.2	0.5		
自有房	33.0	73.5	79.3	80.3	84.9	94.0	93.0
其　他				0.2	2.3	0.7	1.0
按燃料使用情况分							
管道煤气	44.0	30.0	28.3	26.8	30.5	35.0	34.0
罐装液化石油气	20.0	66.5	67.0	70.0	67.7	64.4	65.3
煤	4.0	2.5	3.3	2.7	1.5	0.3	
其　他		1.0	1.3	0.5	0.3	0.3	0.7

项　　目	2006年	2007年	2008年	2009年	2010年	2011年	2012年
按自来水使用情况分							
独用自来水	98.3	100.0	100.0	99.3	99.3	99.7	99.7
公用自来水	1.7			0.7	0.7	0.3	0.3
按卫生设备拥有情况分							
无卫生设备	2.3		1.0	1.0	1.0		
有浴室厕所	97.3	99.7	96.8	96.7	97.4	99.7	99.7
有厕所无浴室	0.3	0.3	1.3	1.3	1.0		
公共卫生设备			1.0	1.0	0.7	0.3	0.3
按房屋产权分							
公　房	4.7	5.0	7.4	6.0	5.6	1.6	2.3
租赁私房	0.3	1.0	2.3	2.3	2.3	3.6	2.0
自有房	93.0	94.0	89.1	90.4	91.5	94.7	95.7
其　他	2.0		1.3	1.3	0.7		
按燃料使用情况分							
管道煤气	35.7	40.1	43.7	1.3	1.0	6.6	5.7
罐装液化石油气	63.3	58.9	49.2	49.2	50.3	39.8	40.9
管道天然气				41.5	40.7	41.8	43.9
管道液化石油气			5.1	5.0	4.3	7.2	4.3
煤			0.3	0.7	0.3		
其　他	1.0	1.0	1.6	2.3	3.6	4.6	5.3

13－19 按县(市)区分城镇居民家庭基本情况

(2012年)

县(市)	平均每户家庭人口(人)	平均每户就业人数(人)	平均每一就业者负担人数(人)	平均每人全年可支配收入(元)	家庭平均每人全年总收入(元)
福州市	**3.15**	**1.69**	**1.86**	**29399**	**32285**
市　区	3.13	1.72	1.82	30073	33140
福清市	3.36	1.61	2.09	29704	31884
长乐市	3.11	1.24	2.51	30206	32011
闽侯县	3.1	1.72	1.80	29522	31333
连江县	3.12	1.67	1.87	25037	27924
罗源县	3.11	1.72	1.81	21639	24011
闽清县	2.99	1.64	1.82	20581	23103
永泰县	3.26	1.77	1.84	20154	22330
平潭县	3.38	1.6	2.11	25157	26624

县(市)	平均每人全年消费性支出(元)	食　品	衣　着	家庭设设备用品及服务	居　住
福州市	**20040**	**7755**	**2054**	**1516**	**1410**
市　区	20571	7993	2075	1540	1421
福清市	20321	7078	2288	1763	1493
长乐市	19506	7504	2060	1268	1562
闽侯县	17676	6455	1794	1278	1110
连江县	16579	6932	1523	1015	1322
罗源县	15387	6618	2154	1199	1031
闽清县	13668	5554	1516	1093	1212
永泰县	14942	6301	1638	1290	1397
平潭县	16346	6001	2016	1851	1174

13－20　城乡居民恩格尔系数

年　份	城镇居民恩格尔系数	农村居民恩格尔系数	年　份	城镇居民恩格尔系数	农村居民恩格尔系数
1984	0.64		1998	0.52	0.53
1985	0.58		1999	0.54	0.49
1986	0.56		2000	0.46	0.46
1987	0.60		2001	0.46	0.50
1988	0.63		2002	0.46	0.48
1989	0.63	0.55	2003	0.43	0.46
1990	0.62	0.56	2004	0.43	0.46
1991	0.60	0.53	2005	0.44	0.47
1992	0.58	0.55	2006	0.42	0.46
1993	0.58	0.54	2007	0.40	0.47
1994	0.58	0.57	2008	0.43	0.47
1995	0.60	0.58	2009	0.40	0.45
1996	0.60	0.57	2010	0.39	0.46
1997	0.55	0.51	2011	0.38	0.45
			2012	0.39	0.44

13－21 农村居民家庭基本情况

（1989－2012年）

年　份	平均每户常住人口（人）	平均每户整半劳力（人）	平均每个劳力负担人口（人）	平均每人纯收入（元）	平均每人生活消费支出（元）	#食品支出	平均每人使用住房面积（平方米）
1989	5.26	2.65	1.99	795	699	383	
1990	5.13	2.54	2.02	864	765	431	
1991	5.10	2.53	2.01	969	808	431	
1992	5.04	2.57	1.96	1109	891	490	
1993	4.88	2.98	1.63	1387	1141	616	
1994	4.83	3.02	1.59	1801	1434	815	21.3
1995	4.77	2.97	1.60	2303	1818	1050	23.2
1996	4.72	3.01	1.57	2847	2063	1179	24.6
1997	4.57	2.99	1.53	3223	2329	1189	25.5
1998	4.51	3.02	1.49	3490	2247	1182	26.3
1999	4.46	2.94	1.52	3677	2420	1194	28.3
2000	4.01	2.70	1.48	3860	2921	1336	34.3
2001	3.98	2.42	1.65	4020	2746	1372	34.3
2002	3.90	2.61	1.49	4192	2811	1351	38.0
2003	3.90	2.60	1.95	4402	2968	1376	40.4
2004	3.90	2.60	1.90	4815	3217	1486	41.8
2005	3.80	2.61	1.92	5197	3503	1644	41.5
2006	3.81	2.67	1.53	5592	3904	1809	45.5
2007	3.79	2.67	1.42	6286	4388	2062	46.1
2008	3.78	2.66	1.42	7142	5080	2378	46.9
2009	3.80	2.66	1.43	7669	5502	2485	47.0
2010	3.80	2.71	1.40	8543	6071	2761	45.4
2011	3.80	2.67	1.43	10107	7353	3294	47.9
2012	3.80	2.64	1.44	11492	8336	3687	48.4

13－22　农村劳动者工资性收入

单位:元

项　　目	2001 年	2002 年	2003 年	2004 年	2005 年	2006 年
工资性收入	1626	1744	1951	2089	2543	2853
在非企业组织中劳动得到收入	478	501	707	499	627	541
在本乡地域内劳动得到的收入	712	785	703	924	1107	1253
# 在企业中劳动得到的收入	529	621	503	607	782	968
常住人口外出从业得到的收入	436	458	541	665	808	1059

项　　目	2007 年	2008 年	2009 年	2010 年	2011 年	2012 年
工资性收入	3234	3602	3974	4474	5476	6244
在非企业组织中劳动得到收入	570	500	504	522	259	316
在本乡地域内劳动得到的收入	1373	1676	1886	2197	3093	3481
# 在企业中劳动得到的收入	1069	1259	1359	1513	1821	2075
常住人口外出从业得到的收入	1291	1426	1583	1756	2124	2446

13－23　农村居民人均家庭经营纯收入

单位:元

项　　目	2000年	2001年	2002年	2003年	2004年	2005年
家庭经营纯收入	**2334**	**2387**	**2357**	**1774**	**2422**	**1751**
种植业收入	698	629	675	472	791	520
林业收入	24	25	27	54	19	15
牧业牧入	305	307	251	67	159	73
渔业收入	115	175	178	156	198	129
工业收入	141	104	132	62	128	93
建筑业收入	277	327	309	299	291	159
交通、运输和邮电业收入	274	289	341	306	420	284
批发和零售贸易、餐饮业收入	215	222	192	171	204	237
社会服务业收入	100	149	89	107	138	120
文教卫生业收入	22	32	21	34	30	60
其他家庭经营收入	129	85	84	44	44	60

项　　目	2006年	2007年	2008年	2009年	2010年	2011年	2012年
家庭经营纯收入	**1842**	**2032**	**2363**	**2431**	**2580**	**3040**	**3455**
种植业收入	530	566	629	630	644	516	486
林业收入	19	21	22	27	17	100	78
牧业牧入	98	98	126	105	93	239	247
渔业收入	127	138	200	196	204	235	348
工业收入	121	120	155	190	188	190	188
建筑业收入	156	184	233	277	369	379	486
交通、运输和邮电业收入	320	356	393	353	400	428	482
批发和零售贸易、餐饮业收入	238	295	308	339	359	578	715
社会服务业收入	121	138	179	194	179	260	305
文教卫生业收入	76	82	79	72	84	65	73
其他家庭经营收入	36	35	40	48	44	50	47

13－24　农村居民人均生活消费支出

单位：元

项　　目	2000 年	2001 年	2002 年	2003 年	2004 年	2005 年
总　　计	**2921**	**2746**	**2811**	**2968**	**3217**	**3503**
食　品	1336	1372	1351	1376	1486	1644
衣　着	159	147	155	150	173	196
居　住	567	341	378	444	471	531
家庭设备、用品及服务	134	148	145	159	151	162
医疗保健	100	112	155	175	164	191
交通与通讯	220	227	239	295	291	332
文化教育娱乐用品与服务	302	312	300	300	333	368
其他商品和服务	101	88	89	70	85	80

项　　目	2006 年	2007 年	2008 年	2009 年	2010 年	2011 年	2012 年
总　　计	**3904**	**4388**	**5080**	**5502**	**6071**	**7353**	**8336**
食　品	1809	2062	2378	2485	2761	3294	3687
衣　着	240	280	331	366	410	528	616
居　住	575	618	742	866	910	1014	1144
家庭设备、用品及服务	216	239	269	305	335	477	545
医疗保健	195	229	242	270	323	469	541
交通与通讯	388	443	526	562	644	674	745
文化教育娱乐用品与服务	377	413	472	507	528	654	781
其他商品和服务	103	102	119	140	159	243	277

13－25　农村居民人均消费品消费量

单位:公斤

项　目	2001 年	2002 年	2003 年	2004 年	2005 年	2006 年
粮　食	**196.82**	**162.72**	**143.69**	**157.91**	**142.97**	**141.69**
#小　麦	8.00	8.46	2.43	3.04	1.74	1.35
稻　谷	155.00	131.47	124.19	133.73	118.74	118.30
玉　米	0.51	1.46	0.66	0.59	0.33	0.43
薯　类	22.20	18.83	2.14	3.07	2.73	2.26
豆类及豆制品	4.70	5.02	5.84	5.70	6.33	6.41
#大　豆	0.38	0.30	0.35	0.59	1.01	1.45
杂　豆	0.34	0.37	2.13	2.63	2.75	2.94
蔬菜及菜制品	87.00	85.25	72.36	77.80	73.56	75.97
油脂类	5.12	6.20	4.82	4.98	5.20	5.02
植物油	3.67	4.86	3.68	4.16	4.45	4.33
动物油	1.45	1.34	1.15	0.83	0.75	0.69
肉禽及其制品	21.75	21.73	21.46	22.34	23.48	25.06
#猪　肉	12.57	12.90	12.41	12.49	13.62	13.90
牛　肉	0.25	0.26	0.27	0.47	0.50	0.62
羊　肉	0.40	0.40	0.25	0.49	0.52	0.54
家　禽	6.50	6.04	5.44	5.65	5.82	6.40
肉禽制品	1.51	1.57	3.09	3.24	3.02	3.60
蛋类及蛋制品	4.74	4.87	4.60	4.66	4.64	4.93
奶和奶制品	2.78	3.42	5.18	7.12	9.06	9.38
水产品	26.70	26.47	26.05	28.05	29.07	29.56
#鱼　类	13.05	13.39	12.37	13.01	13.74	14.07
虾、贝、蟹类	9.12	8.97	9.88	10.94	11.17	11.39
藻　类	0.73	0.45	0.53	0.85	0.94	0.92
其　他	3.79	3.67	3.27	3.26	3.21	3.19
食　糖	2.40	2.71	2.09	1.96	1.79	1.87
酒和饮料	15.08	15.77	15.34	13.64	14.40	14.79
水果及水果制品	24.50	21.54	18.22	18.91	20.48	18.39
坚果及果制品	1.96	1.28	1.29	1.30	1.44	1.63

13－25 续表 单位:公斤

项目	2007年	2008年	2009年	2010年	2011年	2012年
粮 食	**137.24**	**135.81**	**133.06**	**127.73**	**129.24**	**130.6**
#小 麦	1.03	1.06	1.32	1.47	6.23	8.28
稻 谷	115.30	116.19	113.41	108.10	111.5	110.04
玉 米	0.45	0.43	0.44	0.28	0.5	0.57
薯 类	2.35	1.98	1.85	1.20	2.57	3.46
豆类及豆制品	6.17	5.75	6.11	6.16	5.31	3.43
#大 豆	0.90	0.49	0.62	0.50	0.68	0.58
杂 豆	2.87	2.85	3.09	3.16	2.39	2.84
蔬菜及菜制品	75.65	70.38	70.61	72.60	71.98	75.17
油脂类	5.43	5.95	6.21	6.56	8.24	8.42
植物油	4.89	5.56	5.65	6.10	7.88	8.04
动物油	0.54	0.38	0.56	0.46	0.36	0.38
肉禽及其制品	24.00	22.75	22.71	24.05	28.15	26.97
#猪 肉	12.55	11.51	11.99	12.7	14.01	13.47
牛 肉	0.72	0.50	0.54	0.58	0.78	0.68
羊 肉	0.55	0.51	0.52	0.45	0.45	0.44
家 禽	6.31	6.77	5.85	5.79	6.57	6.66
肉禽制品	3.86	3.45	3.82	4.54	6.33	5.72
蛋类及蛋制品	4.81	5.25	5.26	5.27	5.61	6.43
奶和奶制品	9.71	9.36	9.01	8.78	9.6	10.06
水产品	31.91	31.92	33.21	32.90	29.96	31.25
#鱼 类	15.31	15.51	14.97	15.11	14.36	14.27
虾、贝、蟹类	12.02	12.00	13.13	12.57	10.97	11.96
藻 类	0.77	0.78	0.75	1.05	0.6	0.67
其 他	3.81	3.62	4.37	4.17	4.03	4.34
食 糖	1.80	1.78	1.61	1.61	1.53	1.67
酒和饮料	15.19	15.50	18.61	14.70	10.62	10.01
水果及水果制品	18.35	19.73	19.36	18.91	22.6	23.37
坚果及果制品	1.66	1.85	1.96	1.96	2.59	2.44

13－26 平均每百户农村居民家庭主要耐用消费品拥有量

项目	单位	2001年	2002年	2003年	2004年	2005年	2006年
自行车	辆	99	92	89	91	75	73
洗衣机	台	46	53	56	65	65	66
电冰箱	台	37	40	42	53	64	67
摩托车	辆	43	48	52	53	58	62
黑白电视	台	32	27	21	20	7	5
彩色电视	台	96	103	105	120	129	139
照相机	架	9	8	13	14	16	17
抽油烟机	台	10	12	18	22	27	30
空调机	台	8	12	20	30	44	53
热水器	台	40	45	58	65	74	80
微波炉	台	8	8	14	18	31	37
电话机	部	79	90	101	106	105	100
移动电话	部	32	38	66	89	118	151
摄像机	台	1	1	1	5	3	4
中高档乐器	件	1	1	2	2	2	1

项目	单位	2007年	2008年	2009年	2010年	2011年	2012年
自行车	辆	77	73	79	77	55	61
洗衣机	台	67	66	68	75	82	87
电冰箱	台	74	74	79	87	98	100
摩托车	辆	63	63	62	66	54	54
黑白电视	台	4	3	3	2	2	3
彩色电视	台	142	143	145	151	155	156
照相机	架	17	16	17	19	16	19
抽油烟机	台	31	35	36	40	42	43
空调机	台	60	61	65	75	87	89
热水器	台	82	81	80	87	94	98
微波炉	台	41	42	44	50	52	57
电话机	部	105	99	100	98	81	83
移动电话	部	159	167	179	187	223	231
摄像机	台	5	6	6	6	4	6
中高档乐器	件	1	1	1	1	1	1

13-27 农民家庭房屋情况

项　　目	单　位	2001年	2002年	2003年	2004年	2005年	2006年
建房情况							
每人新建房屋面积	平方米	0.71	1.24	1.04	0.84	0.57	0.57
#砖木结构	平方米	0.10	0.27			0.21	0.14
钢筋混凝土结构	平方米	0.49	0.85	1.04	0.84	0.36	0.43
每平方米新建房屋价值	元	536.30	430.50	667.32	534.21	360.87	551.45
房屋使用情况							
每人年末使用房屋面积	平方米	34.28	38.00	40.36	41.82	41.52	45.50
#砖木结构	平方米	9.27	8.40	9.18	11.94	9.70	12.59
钢筋混凝土结构	平方米	20.01	25.39	29.25	28.27	27.56	29.36

项　　目	单　位	2007年	2008年	2009年	2010年	2011年	2012年
建房情况							
每人新建房屋面积	平方米	0.42	0.46	0.22	0.74	0.84	0.29
#砖木结构	平方米		0.03				
钢筋混凝土结构	平方米	0.42	0.43	0.22	0.74	0.84	0.29
每平方米新建房屋价值	元	454.60	786.24	1029.75	906.73	1447.80	1529.9
房屋使用情况							
每人年末使用房屋面积	平方米	46.09	46.88	46.99	45.41	47.89	48.36
#砖木结构	平方米	10.66	8.24	7.98	7.44	6.38	6.02
钢筋混凝土结构	平方米	31.95	34.99	35.56	34.68	39.51	40.47

13－28 平均每百户农村居民家庭主要生产用固定资产拥有量

单位:元

项目	2001 年	2002 年	2003 年	2004 年	2005 年	2006 年
年末生产用固定资产原值	**513162**	**485549**	**649052**	**626927**	**896064**	**619182**
农业	195763	156432	90361	89702	80131	77759
#房屋及建筑物	75997	64178	23586	67957	9424	16594
役畜、产品畜	22844	43540	23131	18027	18129	15094
大中型铁木农具	7577	9357	10970	8852	66144	10335
农林牧渔业机械	62235	39080	30251	16083	28104	31683
工业	42632	62863	115692	72615	61887	67408
#房屋及建筑物	8046	8738	13538	16938	18155	22606
生产设备	30432	43201	71462	54769	43732	44803
建筑业	4769	6300	18685	26137	5634	10915
交通运输业	221077	174706	376826	298267	605254	367915
批发和零售贸易餐饮业	18723	29001	24431	26369	50724	49127
社会服务业	18523	14415	9154	12754	36310	29930
文教卫生事业	769	4061	3385	6462	12317	14085
其他	10750	34569	10518	9363	1521	

项目	2007 年	2008 年	2009 年	2010 年	2011 年	2012 年
年末生产用固定资产原值	**680632**	**808085**	**893949**	**950797**	**1071007**	**1097131**
农业	83146	119035	113013	112332	537900	532516
#房屋及建筑物	26073	49014	49662	45838	435333	425067
役畜、产品畜	16403	24176	23908	21876	28933	26773
大中型铁木农具	9227	10739	12682	11203	2765	1627
农林牧渔业机械	18831	23704	23352	29690	62612	66689
工业	90866	156275	118556	110387	56133	42735
#房屋及建筑物	15704	46408	18437	21958	37333	22667
生产设备	75162	109866	84627	88430	17067	11668
建筑业	10493	8239	8521	9507	7800	2555
交通运输业	402901	365127	493563	599768	253307	264691
批发和零售贸易餐饮业	45254	77225	79099	66352	157733	193008
社会服务业	29225	39296	46620	25493	33067	33240
文教卫生事业	17113	20775	20070	26901	19467	21867
其他		14085	14507	56	5600	6520

13－29 按县(市)区分农村居民家庭基本情况

(2012年)

县(市)	平均每户常住人口(人)	平均每户整半劳动力(人)	平均每个劳动力负担人口(人)	平均每人总收入(元)	平均每人纯收入(元)	平均每人使用住房面积(平方米)	平均每人总支出(元)	平均每人生活消费支出(元)	食品
福州市	**3.80**	**2.64**	**1.44**	**12978**	**11492**	**48**	**10155**	**8336**	**3687**
市　区	3.64	2.38	1.53	16056	14987	44	12289	10361	4505
#仓山区	3.87	2.42	1.60	15284	14250	27	11036	9226	4060
晋安区	3.78	2.50	1.51	16168	15245	50	12339	9643	4503
马尾区	3.28	2.22	1.48	16837	15559	57	13709	12525	5034
福清市	3.73	2.51	1.49	14591	13500	86	10296	8507	3803
长乐市	3.45	2.43	1.42	15642	13312	41	10257	8967	4117
闽侯县	4.02	2.64	1.52	11426	10827	50	8915	8037	3372
连江县	3.87	2.86	1.36	11470	10334	44	9387	7636	3591
罗源县	4.15	2.99	1.39	12987	9356	31	11066	8539	3542
闽清县	3.88	2.79	1.39	10588	9259	42	9306	7369	3391
永泰县	3.93	2.94	1.33	10262	8362	34	9018	6248	3029
平潭县	3.74	2.57	1.46	10130	9264	48	8581	7282	3000

县(市)	衣着	居住	家庭设备用品及服务	医疗保健	交通及通讯	文教娱乐用品及服务	其他商品和服务	家庭经营费用支出(元)
福州市	**616**	**1144**	**545**	**541**	**745**	**781**	**277**	**1061**
市　区	795	1098	667	644	965	1330	357	827
#仓山区	630	889	520	306	986	1576	259	939
晋安区	792	1111	700	469	857	984	227	776
马尾区	995	1328	802	1243	1063	1438	622	754
福清市	655	1206	634	601	773	676	159	932
长乐市	828	974	721	632	675	767	253	708
闽侯县	622	1125	603	493	727	736	359	466
连江县	424	967	386	693	568	692	315	860
罗源县	733	1999	449	475	598	451	292	2348
闽清县	551	986	374	391	754	748	174	1246
永泰县	300	1003	289	497	546	327	257	1674
平潭县	450	865	641	314	879	831	302	661

主要统计指标解释

城镇就业者负担人数 指城镇居民家庭人口与就业人口之比。

城镇居民家庭总收入 指城镇居民家庭成员得到的工资性收入、经营净收入、财产性收入、转移性收入之和。

城镇居民可支配收入 指城镇居民家庭得到可用于最终消费支出和其它非义务性支出以及储蓄的总和，即居民家庭可以用来自由支配的收入。它是家庭总收入扣除交纳的所得税、个人交纳的社会保障支出以及记帐补贴后的收入。计算公式：

可支配收入＝家庭总收入－交纳所得税－个人交纳的社会保障支出－记帐补贴

城镇居民消费性支出 指城镇居民家庭用于日常生活的支出，包括食品、衣着、家庭设备用品及服务、医疗保健、交通和通信、娱乐教育文化服务、居住、杂项商品和服务等八大类支出。

农村家庭经营收入 是指农村住户以家庭为生产经营单位进行生产筹划和管理而获得的收入。农村住户家庭活动按行业划分为农业、林业、牧业、渔业、工业、建筑业、交通运输业邮电业、批发和零售贸易餐饮业、社会服务业、文教卫生业和其他家庭经营。

财产性收入 指金融资产或有形非生产性资产的所有者向其他机构单位提供资金或将有形非生产性资产供其支配，作为回报而从中获得的收入。

转移性收入 指农村住户和住户成员无须付出任何对应物而获得的货物、服务、资金或资产所有权等，不包括无偿提供的用于固定资本形成的资金。一般情况下，是指农村住户在二次分配中的所有收入。

现金收入 指农村住户和住户成员在调查期内得到的以现金形态表现的收入。按来源分成工资性收入、家庭经营现金收入、财产性收入、转移性收入。

农村家庭纯收入 是指农村住户当年从各个来源得到的总收入相应扣除所发生的费用后的收入总和。计算方法：

纯收入＝总收入－税费支出－家庭经营费用支出－生产性固定资产折旧－调查补贴－赠送农村外部亲友支出

纯收入主要用于再生产投入和当年生活消费支出，也可用于储蓄和各种非义务性支出。“农民人均纯收入”按人口平均的纯收入水平，反映的是一个地区或一个农户农村居民的平均收入水平。

农民生活消费支出 指农村常住居民家庭年内用于日常生活的全部开支。它是来反映和研究农民家庭实际生活消费水平高低的重要的指标。农民家庭生活消费支出，包括用于吃、穿、住、烧、用等生活消费品开支和文化、生活服务费用开支两部分。

恩格尔系数 指食物支出金额在消费性总支出金额中所占的比例。计算公式为：

恩格尔系数＝食物支出金额/消费性总支出金额×100%

14 科技、教育与文化

14－1 地方国有企事业单位专业技术人员

（1988－2012年）

单位：人

年份	合计	#工程技术人员	农业技术人员	卫生技术人员	科学研究人员	教学人员
1988	69257	13649	1935	6336	189	33106
1989	74889	14112	1799	6597	186	37403
1990	76161	13057	1760	6788	182	40065
1991	74915	11725	1536	7185	180	41862
1992	78382	12433	1496	7349	176	42855
1993	75214	11905	1376	7108	175	43574
1994	73403	11941	1241	6740	176	43046
1995	75137	12215	1377	6712	202	44256
1996	81731	12322	1682	8899	220	47899
1997	82992	12378	1987	9664	225	48041
1998	82802	11720	1504	8691	192	50619
1999	86069	11227	1624	9373	198	53388
2000	86722	10401	1560	8533	177	54970
2001	85130	10289	1821	8538	189	55040
2002	84521	9194	1645	9048	217	55646
2003	81703	8052	1588	8765	203	55440
2004	85046	8292	1890	10577	157	56632
2005	83275	7207	1854	10402	272	56481
2006	81323	6069	2010	9622	163	57264
2007	81378	6168	1743	8881	169	56276
2008	79901	5387	1656	11102	179	55714
2009	80755	5912	1515	11068	196	56593
2010	73827	5107	1406	10558	106	51872
2011	76688	5304	1312	11354	157	53229
2012	78406	5143	1327	12161	429	53475

注：本表为不含省属的市属国有企事业单位专业技术人员数；2010年起数据不含平潭县。

14－2 按行业分地方国有企事业单位各行业技术人员

行业	单位	2004年	2005年	2006年	2007年	2008年	2009年	2010年	2011年	2012年
合计	人	**85046**	**83275**	**81323**	**81378**	**79901**	**80755**	**73827**	**76688**	**78406**
农、林、牧、渔业	人	3007	2809	2650	2427	2114	2062	1911	1707	1557
采矿业	人	3	3	18	12	10				
制造业	人	1515	1017	584	490	303	402	294	229	189
电力、煤气及水的生产和供应业	人	1044	1030	553	617	580	518	497	595	624
建筑业	人	3552	3102	2590	2239	893	1219	1038	1830	1787
交通运输、仓储及邮政业	人	905	811	786	788	780	841	788	624	681
信息传输、计算机服务和软件业	人	54	39	86	57	69	41	29	21	79
批发和零售业	人	957	717	658	590	390	444	482	422	423
住宿和餐饮业	人	133	89	81	82	69	60	66	59	96
金融业	人	71	123	349	409	195	245	217	445	472
房地产业	人	622	630	544	602	214	173	200	421	472
租赁和商务服务业	人	201	272	279	232	113	110	127	82	122
科学研究、技术服务和地质勘查业	人	727	639	598	599	688	654	599	619	944
水利、环境和公共设施管理业	人	1054	1095	1125	1287	1225	1325	1135	1105	1151
居民服务和其他服务业	人	257	240	213	221	197	158	90	166	108
教育	人	57021	57200	57785	56970	56456	56911	52385	53907	54010
卫生、社会保障和社会福利业	人	10620	10539	9914	11037	11515	11748	10920	11823	12334
文化、体育和娱乐业	人	1788	1528	1289	1365	1403	1483	1254	1311	2027
公共管理和社会组织	人	1515	1392	1221	1354	2687	2361	1795	1322	1330

注：本表2010年起数据不含平潭县。

14-3 各类型专利申请公告情况

(1985-2012年) 单位:项

年份	专利申请公告量	发明	实用新型	外观设计
1985	76	39	37	
1986	76	32	43	1
1987	121	30	83	8
1988	131	31	99	1
1989	150	32	100	18
1990	142	38	94	10
1991	180	36	101	43
1992	243	35	182	26
1993	211	56	125	30
1994	300	76	175	49
1995	379	61	163	155
1996	423	66	174	183
1997	451	65	177	199
1998	682	78	271	333
1999	737	59	308	370
2000	823	95	331	397
2001	791	96	315	380
2002	946	102	423	421
2003	1294	203	464	627
2004	1241	205	464	572
2005	1354	365	432	557
2006	2468	560	857	1051
2007	3255	994	973	1288
2008	3794	1138	1291	1365
2009	4708	1530	1954	1224
2010	6134	2216	2781	1137
2011	7402	2673	3576	1153
2012	8998	3091	4097	1810

注:2007年前的数字为专利申请公告量,2009年以后的数字为专利申请量。

14－4 主要年份技术市场基本情况

（1991－2012 年）

年份	合同数（项）	合同金额（万元）	年份	合同数（项）	合同金额（万元）
1991	1212	2034.24	2002	3229	37707.33
1992	4124	5448.40	2003	3158	47075.32
1993	2851	9171.42	2004	3892	40905.92
1994	1936	12387.89	2005	3725	43932.42
1995	2021	15106.43	2006	2790	67424.95
1996	1782	18184.87	2007	3457	96082.04
1997	1976	23788.15	2008	3303	84513.00
1998	2310	28656.56	2009	2511	111411.36
1999	2625	31550.87	2010	2267	105183.66
2000	2859	39528.03	2011	1967	143780.77
2001	3159	43240.92	2012	2123	126516.02

14－5 技术市场基本情况

项目	2002 年		2003 年		2004 年		2005 年	
	合同数（项）	合同金额（万元）	合同数（项）	合同金额（万元）	合同数（项）	合同金额（万元）	合同数（项）	合同金额（万元）
合计	**3229**	**37707.23**	**3158**	**47075.32**	**3892**	**40905.92**	**3725**	**43932.42**
按合同类别分								
技术开发合同	295	7927.80	346	13363.08	427	11230.20	539	13407.09
技术转让合同	345	8552.86	140	8424.08	130	6432.59	92	5709.69
技术咨询合同	558	5666.83	957	10370.85	1232	7349.51	1170	10402.64
技术服务合同	2031	15559.84	1715	14916.46	2103	15893.62	1924	14413.00
按服务目标分								
陆地、海洋和大气的开发与估价			2	10.60			4	36.91
农业、林业和渔业的发展	156	4773.70	203	2070.41	160	1751.55	247	2213.20
促进工业发展	371	7765.81	242	7748.72	195	4532.54	301	6553.94
能源的生产、储存和分配	415	4873.67	459	7655.94	386	6149.84	307	4771.12
交通、通讯事业的发展	228	6273.35	224	4629.06	214	3691.16	455	11455.68
教育事业的发展	45	166.03	50	274.16	26	189.07	35	193.88
卫生事业的发展	132	824.64	148	2106.08	111	1500.97	101	1669.17
环境保护	169	3072.69	209	1413.43	195	636.35	261	1579.80
知识全面发展	3	22.00			4	231.00	44	512.92
其他（民用）	902	5392.91	870	15820.62	1476	16619.97	723	7108.26
按技术流向分								
本省	2605	25987.38	3019	44525.48	3736	37827.46	3503	36368.17
省外	624	11719.95	139	2549.84	156	3078.46	222	7564.25

注：2009 年的交通、通讯事业的发展改为基础设施的发展。

14－5 续表

项目	2006年		2007年		2008年		2009年	
	合同数（项）	合同金额（万元）	合同数（项）	合同金额（万元）	合同数（项）	合同金额（万元）	合同数（项）	合同金额（万元）
合计	**2790**	**67424.95**	**3457**	**96082.04**	**3303**	**84513.00**	**2511**	**111411.36**
按合同类别分								
技术开发合同	516	15538.70	689	25450.05	552	26963.88	553	47308.39
技术转让合同	65	37025.42	39	52111.06	45	9219.43	76	12407.48
技术咨询合同	314	4506.77	845	6519.32	1048	6355.50	683	5932.88
技术服务合同	666	10354.06	1884	12001.62	1658	41974.18	1199	45762.61
按服务目标分								
陆地、海洋和大气的开发与估价					2	35.38		
农业、林业和渔业的发展	161	3224.30	119	2334.42	99	2678.14	53	1140.36
促进工业发展	171	33631.94	216	26392.68	145	2733.45	93	16923.90
能源的生产、储存和分配	230	1466.38	60	1988.36	281	1932.10	30	1063.64
交通、通讯事业的发展							187	426279.00
教育事业的发展								
卫生事业的发展			63	3065.41	51	568.08	24	886.80
环境保护	186	1331.75	371	3168.43	348	3174.72	315	4205.93
知识全面发展	4	75.96	17	632.78	20	1031.73	13	991.74
其他（民用）	5	176.85	1681	40944.55	1396	52101.73	1033	55017.75
按技术流向分								
本　省			3456	75581.91	3303	84513.00	2223	85119.47
省　外			1	20500.13			159	18270.66

项目	2010年		2011年		2012年	
	合同数（项）	合同金额（万元）	合同数（项）	合同金额（万元）	合同数（项）	合同金额（万元）
合计	**2267**	**105183.66**	**1967**	**143780.77**	**2123**	**126516.02**
按合同类别分						
技术开发合同	503	40779.50	642	74116.70	806	83981.11
技术转让合同	119	21304.24	97	35555.31	83	18006.33
技术咨询合同	558	4702.87	527	7315.03	915	8897.73
技术服务合同	1087	38397.05	701	2679372.00	319	15630.83
按服务目标分						
陆地、海洋和大气的开发与估价					2	40.80
农业、林业和渔业的发展	48	1501.87	114	2670.17	272	6758.24
促进工业发展	105	14004.98	106	49044.21	149	18008.22
能源的生产、储存和分配	28	1494.98	30	849.84	36	2028.22
交通、通讯事业的发展	185	5114.29	168	5688.04	162	9393.51
教育事业的发展						
卫生事业的发展	11	699.20	19	267.20	31	773.90
环境保护	257	3444.42	192	3120.91	213	2884.95
知识全面发展	4	19.43	7	631.40	12	1191.45
其他（民用）	1051	42781.76	765	40459.42	1246	85436.70
按技术流向分						
本　省	2257	92282.38	1909	115825.56	2104	114119.15
省　外	10	12901.27				

14－6 各单位技术买卖情况

项目	2011年			2012年		
	登记合同数（份数）	合同成交总金额（万元）	#技术交易额（万元）	登记合同数（份数）	合同成交总金额（万元）	#技术交易额（万元）
合计	**1967**	**143780.77**	**129496.34**	**2123**	**126516.02**	**124063.70**
按社会经济目标分						
农业、林业和渔业的发展	114	2670.17	2621.01	272	6758.24	6662.59
促进工业的发展	106	49044.21	36279.53	149	18008.22	17992.12
能源的生产和合理利用	30	849.84	849.84	36	2028.22	2026.92
基础设施的发展	168	5688.04	5682.54	162	9393.51	8018.51
环境治理与保护	192	3120.91	2980.79	213	2884.95	2884.95
卫生（不包括污染）	19	267.20	267.20	31	773.90	769.30
社会发展和社会服务	537	36606.20	36314.78	804	61602.27	60670.07
地球和大气层的探索与利用				2	40.80	40.80
知识的发展	7	631.40	631.20	12	1191.45	1191.45
民用空间	28	4436.36	4436.36	5	19.49	19.49
国防	1	7.00	7.00	5	235.39	215.00
其他	765	40459.42	39426.07	432	23579.55	23572.49
按卖方类别分						
机关法人						
事业法人	631	12953.81	12821.01	502	13886.11	12445.11
社团法人						
企业法人	1111	128233.25	114092.60	986	105812.71	104801.40
自然人	225	2593.70	2582.72	634	6767.20	6767.20
其他组织				1	50.00	50.00

14－7　主要年份各类学校数

单位:所

年　份	普通高等学校	中等专业学校	职业中学	普通中学	#高　中	小　学	幼儿园
1952	3	11		30	13	1468	80
1957	3	8		49	26	2044	513
1962	7	11	25	101	37	2597	634
1965	5	7	104	120	40	3600	700
1970	2			111	31	3265	148
1975	2	17	2	156	115	3977	523
1980	5	22	2	178	122	3441	746
1985	8	29	42	199	81	3323	695
1990	12	42	75	247	81	3280	1521
1995	12	44	68	327	82	3047	2503
1996	12	44	65	359	83	2998	2594
1997	12	44	67	369	85	2971	2540
1998	12	44	66	374	87	2903	2494
1999	13	46	56	359	86	2673	2463
2000	13	45	53	364	97	2455	2294
2001	14	46	77	374	109	2272	1809
2002	13	41	74	375	103	2250	1753
2003	31	115		377	102	2081	1681
2004	29	104		273	109	1982	1612
2005	36	95		467	124	1842	1765
2006	37	113		374	132	1729	1737
2007	35	91		377	125	1633	1694
2008	34	84		373	124	1497	1719
2009	34	71		367	124	1350	1649
2010	31	69		326	105	1173	1015
2011	31	61		316	104	1013	1136
2012	32	61		317	102	927	1183

注:2003年起“普通高等学校”统计口径包括各类学院;“中等专业学校”改为“中等职业学校”,统计口径包括各类职业中学;2010年起教育部门数据不含平潭县,下同。

14－8 主要年份各类学校专任教师数

单位:人

年份	普通高等学校	中等专业学校	职业中学	普通中学	#高中	小学	幼儿园
1952	307	529		1002		4888	139
1957	767	347		1772		7410	876
1962	1987	527	97	3322		11794	1242
1965	1672	355	401	4008		14258	1362
1970	320			2216		15513	360
1975	1288	295	12	6265		23239	940
1980	2537	928	15	9906		23166	2115
1985	3890	1432	589	10787		23456	3563
1990	4329	2303	1301	13140	2430	22702	26829
1995	4047	2610	1862	16461	2328	26483	6370
1996	4094	2449	2061	17393	2382	27164	6141
1997	4242	2506	2138	18322	2523	28229	6633
1998	3938	2608	2160	19314	2701	29068	6800
1999	4223	2619	2082	19900	3136	29703	7119
2000	4754	2572	2114	20305	3946	29189	7047
2001	5267	2379	2186	21204	4780	28540	28540
2002	7031	2130	2081	22181	6678	29062	5719
2003	9027	5492		23228	6373	28244	5774
2004	9979	5588		24011	6909	27635	6629
2005	12698	5045		25158	7798	27031	2350
2006	12793	5271		26226	8645	27094	8078
2007	13924	4793		26638	9106	26742	8508
2008	14786	4648		26574	9197	26524	9373
2009	15763	4641		26406	9124	26093	10008
2010	17209	4603		24390	8431	24541	9356
2011	17910	4817		23897	8384	24474	10809
2012	18470	4967		23932	8408	24553	11980

14－9 主要年份各类学校在校生数

单位:人

年份	普通高等学校	中等专业学校	职业中学	普通中学	#高中	小学	幼儿园
1952	2135	6158		22825	3525	200313	6612
1957	5058	3472		44051	11038	294147	31306
1962	12158	2728	1782	125392	15341	372757	39004
1965	8256	3509	8769	79803	17142	507762	40912
1970	245			52444	7209	457894	10541
1975	4276	1925	364	159131	45872	609622	29207
1978	8157	4694	614	210678	74057	572849	41704
1979	11418	6951	382	182015	66906	602954	63736
1980	14410	7368	502	193919	44796	617674	75114
1981	14800	7363	2900	167208	27375	617479	84378
1982	13050	7301	4077	159481	28655	624756	97557
1983	15570	7597	3108	159371	28304	637754	110600
1984	17662	7965	6146	175409	35384	656360	114118
1985	22018	9360	10033	190026	37529	675345	105909
1986	25851	14968	11770	202305	37846	664646	115724
1987	27417	15999	14840	221222	36587	634953	145528
1988	29006	18330	18283	211491	31745	607019	145057
1989	28898	20202	17777	206448	28204	605634	140888
1990	28188	21551	18144	213767	27269	605452	141959
1991	27548	21913	18633	223308	29307	620374	144208
1992	29050	24036	21991	237744	32227	631336	146729
1993	31579	29158	32473	244235	32050	642413	152119
1994	33826	33274	32981	257549	30715	651972	157948
1995	34162	36973	36532	285031	30045	650417	163579
1996	33929	39005	35576	323290	32599	649150	162965
1997	35056	43109	37617	354790	37535	653843	143463
1998	37503	47419	36504	367672	41420	643243	133051
1999	46151	52212	39078	373294	49679	623614	132514
2000	65737	53916	40179	378207	60473	602680	136026
2001	88714	55579	41304	380100	74894	587371	133418
2002	97140	53717	37860	383009	85572	572809	122580
2003	129942	120403		399185	95719	538609	122889
2004	148217	122280		412417	106711	514274	123917
2005	194073	122728		417772	119653	488897	159548
2006	216288	129629		412757	130235	493134	170465
2007	233133	127565		404841	131725	480127	183520
2008	250281	129107		396730	130044	462635	200488
2009	265682	148631		379903	124938	446285	213075
2010	281680	136177		327105	111881	417019	216173
2011	292678	170184		308200	109504	432486	230612
2012	305386	195095		301951	108488	451238	246667

14－10 主要年份各类学校招生数

单位:人

年份	普通高等学校	中等专业学校	职业中学	普通中学	#高中	小学	幼儿园
1952				11958	1974	85024	80
1957				15574	3833	74435	272
1962	1037	97	1053	24051	5721	90163	232
1965	1847	1337	4289	29527	5961	116443	320
1970	245			31214	4402	116488	2446
1975	1251	1015	259	93793	23723	125394	15739
1978	3359	2332	341	93333	34344	126165	28087
1979	3612	2816	158	83450	31463	134173	41892
1980	3027	2937	147	52753	2050	118921	44667
1981	3033	3313	2590	63154	15170	112004	63401
1982	3368	2777	2233	59005	13648	115356	75946
1983	4554	3342	2322	61412	13313	119809	87971
1984	5604	3172	4251	65391	13907	117619	87678
1985	7365	4350	6091	69845	12606	113646	82804
1986	7611	6183	5695	73036	12059	95402	88273
1987	8188	6502	8303	87716	12440	81753	102791
1988	9326	8137	9372	77746	9590	86734	98204
1989	8283	6805	7240	80352	9403	106898	101419
1990	7903	6811	7313	82682	10033	105420	101440
1991	8304	7390	8289	80654	11140	108714	94110
1992	9947	8652	10732	85917	11802	107149	94850
1993	11002	10529	18255	87221	10075	103601	98136
1994	10339	12604	12963	94529	9729	107329	99024
1995	10232	13001	14568	113713	11140	108007	102065
1996	10567	13345	12156	122989	12348	111388	97704
1997	11148	15123	13493	125729	14735	115463	83363
1998	11914	15821	13099	126495	15221	101499	76561
1999	17616	17649	14546	128323	20395	92466	75477
2000	26070	15272	15206	131173	25713	85902	74072
2001	31800	13499	15303	129122	99045	85763	74637
2002	26052	16825	13121	130734	30984	85922	64644
2003	51137	43637		150026	35116	77138	63786
2004	58978	41789		141191	41197	72233	63363
2005	67095	42997		137202	44455	67978	79407
2006	69305	52167		135094	45390	76430	81277
2007	75247	46881		135487	44371	78082	87272
2008	82954	46842		134206	44058	76384	90968
2009	83444	69300		119601	39897	77747	94499
2010	87328	46045		103683	37969	76917	98420
2011	89735	90810		99076	37178	81294	95458
2012	92999	92080		100277	35515	84486	103226

14－11 主要年份各类学校毕业生数

单位：人

年　份	普通高等学校	中等专业学校	职业中学	普通中学	#高　中	小　学	幼儿园
1952	580	1022		4698	803	15422	
1957	442	804		10694	2933	32248	172
1962	2421	1464	103	14798	4196	41178	289
1965	3325	247	288	17572	4417	50536	330
1970				16520	3780	62902	1373
1975	1033	283	54	49474	19460	80697	16121
1978	1652	103	127	86993	23935	75245	21025
1979	186	1018	191	100215	37143	68249	27621
1980	2027	2510	46	25020	21381	72388	23917
1981	2614	3283	122	75193	32494	73785	42432
1982	5686	2789	127	51303	14763	74948	57359
1983	3764	3015	1585	46427	13222	79476	66648
1984	3714	3224	1276	43577	9905	86842	81668
1985	3714	3224	1276	43577	9905	86842	81668
1986	4624	4124	2261	47599	10992	91965	70342
1987	6545	5302	3913	50107	12290	98862	67681
1988	7644	5765	4045	53122	11744	95716	80779
1989	8117	4845	5137	50458	10984	98155	87787
1990	8420	5342	5401	49717	10046	100434	88357
1991	8666	6935	6346	44934	8220	91177	94908
1992	8295	6434	5690	54849	8498	95922	91344
1993	8205	7088	6100	61880	9492	93139	91806
1994	7933	7607	5986	58933	10357	99032	94334
1995	9542	8984	9116	73218	10434	110461	94609
1996	10461	9185	11207	74529	8913	112916	97880
1997	9669	10895	10533	83558	8821	113533	99923
1998	9284	11278	13311	102052	10077	113717	84947
1999	8779	12537	10720	110779	11215	111191	78317
2000	10251	12849	12005	115002	13345	108329	71663
2001	14051	10911	12014	114127	14319	101556	71630
2002	15362	14788	10114	113176	18894	112876	71291
2003	26200	36328		124464	25571	111327	59769
2004	28878	35584		119166	28163	101769	63363
2005	32886	33786		121847	29575	95042	63246
2006	46596	37965		138806	33323	92877	67097
2007	55672	32156		133883	38943	92705	71514
2008	62966	31287		130122	41469	92142	72230
2009	64307	38157		121895	41439	82921	75507
2010	66861	38594		109210	37140	68594	70428
2011	75360	41317		111256	37081	63855	75253
2012	76365	50038		102303	33935	66855	83049

14－12 每万人口拥有在校学生数

年　份	每万人口拥有在校生(人)				初中毕业生升学率(%)	小学毕业生升学率(%)	学龄儿童入学率(%)
	普通高等学校	中等专业学校	普通中学	小　学			
1952	10.11	33.11	96.44	838.92			
1957	16.69	19.54	162.80	1087.64			
1962	39.79	15.29	206.47	1219.85			
1965	27.46	14.05	245.30	1629.80			
1970	0.68	1.30	284.76	1352.97			
1975	10.46	5.86	386.28	1548.30			
1978	18.65	12.77	481.79	1353.35			
1980	25.49	18.25	431.91	1400.96			
1985	44.42	20.42	390.94	1381.47			
1990	52.66	40.26	399.34	1131.05		99.51	99.21
1995	60.76	65.76	506.93	1138.96	61.63	93.00	99.88
1996	59.53	68.44	567.23	1137.41	54.06	98.78	99.90
1997	60.98	74.99	617.19	1109.38	53.29	97.82	99.92
1998	64.68	81.78	634.11	1069.42	51.55	97.90	99.94
1999	79.14	89.54	640.16	1022.83	52.34	97.11	99.95
2000	111.56	91.50	641.87	988.61	55.20	97.41	99.97
2001	149.31	93.54	639.75	988.61	55.20	97.63	99.63
2002	162.57	89.90	640.98	958.61	60.70	97.01	99.83
2003	214.83	199.06	659.96	890.47	69.00	99.01	99.84
2004	243.22	200.65	676.77	843.92	76.00	100.50	99.85
2005	318.47	201.40	685.56	802.28	82.10	107.61	99.67
2006	347.32	208.16	662.82	791.89	83.85	98.74	91.23
2007	369.87	202.38	642.29	761.73	84.64	98.29	91.53
2008	393.55	203.01	623.84	727.47	88.75	97.84	92.28
2009	417.77	233.71	597.38	701.76	92.50	96.12	92.74
2010	470.01	227.23	545.81	695.84	92.15	95.80	92.12
2011	433.11	251.84	456.08	640.00	95.08	96.94	93.70
2012	443.88	283.57	438.89	655.87	96.10	96.87	97.37

14－13 平均每一专任教师负担学生数

单位:人

年份	普通高等学校	中等专业学校	职业中学	普通中学	#高中	小学	幼儿园
1952	7.59	11.98		22.40		40.98	47.57
1957	6.59	12.07		25.23		40.32	35.74
1962	5.76	7.36	18.37	17.89		30.63	31.40
1965	5.34	10.46	21.87	20.29		34.64	30.04
1970	0.77	4.71		19.91		27.89	29.28
1975	3.48	5.08	30.33	13.74		28.26	31.07
1978	4.12	9.65		20.00		25.23	19.72
1980	4.93	8.07	33.47	19.33		27.56	35.51
1985	5.58	6.97	17.03	17.18		28.03	29.72
1990	6.07	9.36	13.92	16.27	11.22	26.57	13.25
1995	8.44	14.17	15.69	17.31	12.91	24.56	39.64
1996	8.28	15.93	17.26	18.59	13.69	23.90	26.54
1997	8.26	17.20	17.59	19.36	14.88	23.16	21.63
1998	9.52	18.18	16.50	19.04	15.34	22.13	19.57
1999	10.93	19.94	18.77	18.26	15.84	22.35	18.61
2000	13.83	20.96	19.04	18.63	15.33	20.65	19.30
2001	16.84	23.36	18.89	17.93	15.67	20.56	25.36
2002	13.82	25.22	18.19	17.27	12.81	17.71	21.43
2003	14.39	21.92		17.19	15.04	19.07	21.28
2004	14.85	21.88		17.17	15.45	18.61	18.69
2005	15.28	24.33		16.61	15.34	18.09	21.71
2006	16.91	24.59		15.74	15.06	18.20	21.10
2007	16.74	26.61		15.20	14.47	17.95	21.57
2008	16.93	27.78		14.93	14.14	17.44	21.39
2009	16.85	32.03		14.39	13.69	17.10	21.29
2010	16.37	29.58		13.41	13.27	16.99	23.11
2011	16.34	35.33		12.90	13.06	17.67	21.34
2012	16.53	39.28		12.62	12.90	18.38	20.59

14－14 主要年份各类文化事业机构数

单位:个

年份	艺术事业		公共图书馆	博物馆	群众文化事业		
	表演团体	表演场所			艺术馆	文化馆	文化站
1987	12	7	13	1	1	13	11
1988	18	16	15	4	2	13	11
1989	18	9	15	6	2	13	11
1990	18	16	15	6	2	13	11
1991	12	7	15	6	1	13	11
1992	12	7	15	6	1	13	26
1993	12	7	15	6	1	13	7
1994	12	7	15	6	1	13	26
1995	12	7	15	6	1	13	37
1996	12	7	15	11	1	13	173
1997	12	6	14	16	1	13	188
1998	13	6	14	16	1	13	167
1999	14	6	14	17	1	13	165
2000	12	5	14	17	1	13	153
2001	12	7	15	14	1	12	181
2002	12	6	14	14	1	12	167
2003	13	6	14	14	1	12	194
2004	13	6	14	14	1	12	194
2005	13	3	14	15	1	13	191
2006	13	2	14	15	1	13	191
2007	13	2	14	15	1	13	188
2008	13	2	14	15	1	13	188
2009	13	2	14	15	1	13	188
2010	12	2	13	15	1	12	173
2011	12	2	13	15	1	12	173
2012	12	2	13	15	1	12	173

注:表中2010年起数据不含平潭县。

主要统计指标解释

科技活动 指在自然科学、农业科学、医药科学、工程与技术科学、人文与社会科学领域(简称科学技术领域)中,与科学知识的产生、发展、传播和应用密切相关的有组织的活动。可分为研究与试验发展(R&D)、研究与试验发展成果应用及相关的科技服务三类活动。

专业技术人员 指从事专业技术工作和专业技术管理工作的人员,即企事业单位中已经聘任专业技术职务从事专业技术工作和专业技术管理工作的人员,以及未聘任专业技术职务,现在专业技术岗位上工作的人员。包括工程技术人员,农业技术人员,卫生技术人员,科学研究人员,教学人员,经济人员,会计人员,统计人员,翻译人员,图书资料、档案、文博人员,新闻出版人员,律师、公证人员,广播电视播音人员,工艺美术人员,体育人员,艺术人员及企业政治思想工作人员,共十七个专业技术职务类别,用来反映科技人力资源情况。

科学家与工程师 指科技活动人员中具有高、中级技术职称(职务)的人员和不具有高、中级技术职称(职务)的大学本科以上学历人员。

发明(专利) 指对产品、方法或其改进所提出的新的技术方案。是国际通行的的反映拥有自主知识产权技术的核心指标。

实用新型(专利) 指对产品的形状、构造或者其结合所提出的适于实用的新的技术方案。反映具有一定技术含量的技术成果情况。

外观设计(专利) 指对产品的形状、图案、色彩或者其结合所作出的富有美感并适于工业上应用的新设计。反映拥有自主知识产权的外观设计成果情况。

普通高等学校 指按照国家规定的设置标准和审批程序批准举办,通过全国普通高等院校统一招生考试,招收高中毕业生为主要培养对象,实施高等教育的全日制大学、独立设置的学院和高等专科学校、高等职业学校和其他机构。

成人高等学校 指按照国家规定的设置标准和审批程序举办的,通过全国成人高等学校统一招生考试,招收具有高中毕业或同等学历的在职从业人员为主要培养对象,利用函授、业余、脱产等多种形式对其实施高等学历教育的学校。包括广播电视大学、职工高等学校、农民高等学校、管理干部学院、教育学院、独立函授学校、其他机构等。

小学学龄儿童入学率 指调查范围内已入小学学习的学龄儿童占校内外学龄儿童总数(包括弱智儿童,不包括盲聋儿童)的比重。

小学学龄儿童入学率 = 已入小学学习的学龄儿童数/校内外学龄儿童总数 * 100%

文化事业机构 指从事专业文化工作和为专业文化工作服务的独立建制的单位,不包括这些单位另外举办独立核算的其他机构和各部门的业余文化组织。

艺术表演团体 指从事戏曲、音乐、舞蹈、杂技等专业艺术表演,有独立帐户的单位,不包括半工半艺、半农半艺和民间职业剧团。

15 卫生、体育与其他

15－1　主要年份卫生事业基本情况

年　份	卫生机构（个）	# 医院、卫生院	卫生技术人员（人）	# 医生	# 护师(士)	医疗床位（张）	# 医　院
1952	280	41	3178	1484		1820	1800
1957	456	96	6199	2289		4377	4176
1962	979	123	9187	3173		7279	5321
1965	1056	138	10370	3490		8870	6404
1970	565	135	8698	2646		6658	5339
1975	871	153	12967	4164		10745	7685
1978	887	160	13969	4325		11138	8027
1979	855	161	14603	4511		11762	8278
1980	955	200	15622	4214		11757	8711
1981	937	199	15432	4374		12306	9182
1982	916	202	16736	4680		12092	9290
1983	965	210	17213	4914		12339	9391
1984	1036	196	17624	5086		12668	9821
1985	1091	207	18508	5664		13334	10427
1986	1115	204	19837	5779		14035	11430
1987	1151	193	21205	7330	5048	14862	12258
1988	1190	196	22265	8441	5507	15279	12626
1989	1193	199	22011	8819	6251	15844	13263
1990	1208	198	23593	9330	6550	16267	13557
1991	1219	199	24401	9763	7003	16920	14148
1992	1227	203	23961	9748	6858	16700	14044
1993	1149	203	23464	9964	6596	16435	13898
1994	1066	199	23849	9942	6783	17101	14464
1995	1067	199	24180	10275	6959	17137	14760
1996	2347	233	24579	10258	7182	18486	15864
1997	2216	234	25400	10792	7514	18321	15601
1998	2186	235	25906	10780	7705	18890	16237
1999	2184	234	25999	11064	7934	18673	15908
2000	1633	242	23034	10639	7999	19125	16686
2001	1607	244	23224	9369	7554	19079	13390
2002	1601	243	23164	9349	7544	17675	12635
2003	1265	240	22552	9678	7342	18008	13075
2004	1371	237	23763	10298	8246	18792	13902
2005	1675	240	25203	11056	9308	19425	14667
2006	1875	225	25695	11484	9440	19497	15005
2007	1872	221	27255	11601	10192	20159	15710
2008	1988	207	29496	12619	11056	22178	17303
2009	1899	216	32356	13413	12425	23389	18579
2010	1837	202	34366	13813	13480	24035	19290
2011	1934	204	38640	15004	15693	25886	20689
2012	1950	226	42397	16140	17519	28611	22592

说明：报送时间为年后4月30日前，报送方式为纸质和电子邮件。

注：1996年起卫生机构数含个体办诊所；表中2010起数据不含平潭县，下同。

15－2 每千人拥有卫生机构情况

年份	每千人拥有卫生技术人员数（人/千人）	#医生	护师(士)	每千人拥有医疗床位数（张/千人）	#医院床位数
1952	1.34	0.63		0.77	0.76
1957	2.29	0.85		1.62	1.54
1962	3.01	1.04		2.38	1.74
1965	3.16	1.06		2.70	1.95
1970	2.43	0.74		1.86	1.49
1975	3.17	1.02		2.63	1.88
1978	3.19	1.00		2.55	1.00
1979	3.29	1.02		2.65	1.86
1980	3.47	0.94		2.61	1.94
1981	3.36	0.95		2.68	2.00
1982	3.58	1.00		2.58	1.99
1983	3.62	1.03		2.60	1.98
1984	3.65	1.05		2.62	2.03
1985	3.79	1.16		2.73	2.13
1986	4.01	1.17		2.84	2.31
1987	4.17	1.46	1.01	2.92	2.41
1988	4.33	1.65	1.08	2.97	2.46
1989	4.24	1.71	1.21	3.05	2.55
1990	4.41	1.77	1.24	3.04	2.53
1991	4.51	1.81	1.30	3.13	2.61
1992	4.41	1.80	1.26	3.07	2.59
1993	4.26	1.81	1.98	2.98	2.52
1994	4.29	1.79	1.22	3.08	2.60
1995	4.30	1.83	1.24	3.05	2.63
1996	4.31	1.80	1.26	3.24	2.78
1997	4.42	1.88	1.31	3.19	2.71
1998	4.47	1.88	1.33	3.16	2.80
1999	4.46	1.90	1.36	3.20	2.73
2000	4.23	1.80	1.36	3.08	2.83
2001	4.27	1.85	1.27	3.21	2.25
2002	4.21	1.82	1.26	3.15	2.20
2003	3.75	1.56	1.36	3.01	2.19
2004	3.89	1.69	1.35	3.08	2.28
2005	3.49	1.46	1.31	3.15	2.38
2006	4.15	1.84	1.51	3.13	2.40
2007	4.03	1.71	1.50	2.98	2.32
2008	4.32	1.85	1.62	3.25	2.53
2009	4.71	1.95	1.81	3.40	2.70
2010	5.67	2.28	2.23	3.97	3.18
2011	6.35	2.46	2.58	4.25	3.4
2012	6.91	2.63	2.85	4.66	3.68

注:2010年起的千人均指标按户籍人口计算。

15－3 按经济类型分卫生事业基本情况

项目	2011年					2012年				
	卫生机构数（个）	卫生技术人员（人）	#医生	医疗床位（张）	#医院	卫生机构数（个）	卫生技术人员（人）	#医生	医疗床位（张）	#医院
总计	**1934**	**38640**	**15004**	**25886**	**20689**	**1950**	**42397**	**16140**	**28611**	**22592**
国有单位	265	25726	9210	20780	8897	272	28072	9597	22714	20434
集体单位	191	4832	1732	3594	300	191	5113	1870	3750	310
私营	1403	7176	3713	426	406	1412	8689	4384	1641	1641
其他	75	906	349	386	386	75	523	289	506	207

15－4 各类卫生事业机构医疗床位数

单位：张

项目	1995年	2000年	2005年	2006年	2007年	2008年	2009年	2010年	2011年	2012年
总计	**17137**	**19125**	**19425**	**19497**	**20159**	**22178**	**23389**	**24035**	**25886**	**28611**
#医院、卫生院	12360	13598	17461	17714	18595	20335	21746	22434	24175	26696
疗养院、所	1020	1133	712	390	230	270	100	100	194	284
门诊部、所	127	6	10	28	35	10	30	20	20	
社区卫生服务中心			160	205	155	268	336	278	168	163
专科疾病防治所、站	423	273	305	345	150	290	198	198	168	195
妇幼保健所、站	27	166	759	800	979	995	979	990	1161	1273
其他卫生事业机构	650	721	18	15	15	10		15		
医学科研机构	100	100								
高等医药院校	30	40								

注：1997年起"门诊部、所"数不包括"门诊所"数，仅包括"门诊部"数。（下同）

15－5 各类卫生事业机构数

单位:个

项 目	1995 年	2000 年	2005 年	2006 年	2007 年	2008 年	2009 年	2010 年	2011 年	2012 年
总 计	**1067**	**1633**	**1675**	**1875**	**1872**	**1988**	**1899**	**1837**	**1934**	**1950**
医院、卫生院	199	242	240	225	221	207	216	202	204	226
疗养院、所	5	5	5	3	2	1	1	1	2	2
社区卫生服务中心			11	22	22	34	38	45	46	47
门诊部、所	32	32	51	52	49	75	80	98	130	129
急救中心(站)			2	2	2	2	3	1	1	1
专科防治所、站	11	11	11	10	9	10	10	9	8	8
疾病预防控制中心	17	16	15	15	15	15	15	14	15	15
卫生监督所			6	9	10	10	10	9	9	9
妇幼保健所、站	11	14	16	16	16	16	16	14	14	14
药品检验所、站	6	6								
其他卫生事业机构	10	15	3	1	4	2	7	5	7	7
医学科研机构	5	5	3	3	3	3	3	3	3	3
高等医药院校	2	2								
医学在职培训机构	11	12	2	1	3	1	1	1	1	1
诊 所	740	1273	902	1079	1079	1259	1201	1105	1175	1178
社区卫生服务站			136	147	147	137	129	136	127	127
其 他			272	290	290	216	169	194	192	183

注:1997 年起“门诊部、所”数不包括“门诊所”数,仅包括“门诊部”数。(下同)

15－6 各类卫生事业机构卫生技术人员数

单位:人

项 目	1995 年	2000 年	2005 年	2006 年	2007 年	2008 年	2009 年	2010 年	2011 年	2012 年
总 计	**24180**	**23034**	**25203**	**25695**	**27255**	**29496**	**32356**	**34366**	**38640**	**42397**
医院、卫生院	16291	18024	17962	17930	19111	20302	22755	24678	27224	29750
疗养院、所	389	361	200	50	49	48	15	23	37	81
门诊部、所	2983	652	714	738	845	1059	1093	1351	1945	2077
社区卫生服务中心			187	516	611	939	1039	1160	1258	1283
专科防治所、站	249	256	237	308	256	311	344	344	296	303
卫生疾病预防控制中心	1054	979	823	759	700	795	795	752	821	818
卫生监督所			156	192	210	188	184	172	258	269
妇幼保健所、站	256	383	966	990	1037	1162	1109	1183	1731	1911
药品检验所、站	118	48								
其他卫生事业机构	353	408	107	74	109	127	188	68	89	107
医学科研机构	412	375	101	57	52	51	50	49	46	44
医学在职培训机构	679	451	2	2	9	2	2	1	1	1
中等医药院校	196	190								
诊 所	1200	907	2330	2578	2632	3087	3423	2999	3341	4083
其 他			1418	1501	1634	1425	1359	1586	1593	1670

15－7　各类卫生事业机构医生数

单位:人

项　目	1995 年	2000 年	2005 年	2006 年	2007 年	2008 年	2009 年	2010 年	2011 年	2012 年
总　计	**10275**	**10639**	**11056**	**11484**	**11601**	**12619**	**13413**	**13813**	**15004**	**16140**
医院、卫生院	6479	7276	7329	7385	7569	7914	8558	8967	9502	10039
疗养院、所	138	134	56	16	10	13	3	12	14	26
门诊部、所	1435	360	385	384	423	532	567	704	991	1041
社区卫生服务中心			94	236	280	390	424	480	476	476
专科防治所、站	112	115	117	136	113	145	150	147	129	128
急救中心站			6	6	6	8	7	7	7	7
卫生疾病预防控制中心	683	621	482	397	403	411	468	446	467	439
卫生监督所			94	117		80				
妇幼保健所、站	134	181	366	452	430	501	493	515	602	669
药品检验所、站	5	2								
其他卫生事业机构	33	82	25	11	19	28	44	12	16	15
医学科研机构	176	164	30	27	27	29	28	27	24	23
高等医药院校	391	263								
医学在职培训机构			1	1	5	1	1			
诊　所	372	549	1307	1565	1565	1833	1990	1753	2001	2389
其　他			764	751	751	734	680	743	775	888

15－8　各类医院数

单位:个

项　目	1995 年	2000 年	2005 年	2006 年	2007 年	2008 年	2009 年	2010 年	2011 年	2012 年
一、医　院	**60**	**71**	**84**	**78**	**77**	**73**	**82**	**82**	**85**	**103**
综合医院	15	16	46	43	44	38	41	43	43	55
中医医院	10	10	14	12	12	12	13	12	14	15
中西医结合医院	4	5	1	1	1	1	1	1	1	1
传染病院	1	1	1	1	1	1	1	1	1	1
精神病院	2	2	2	3	3	4	4	4	4	6
结核病院	1	1	1	1	1	1	1	1	1	1
口腔医院	1	1	1	1	1	1	1	1	1	1
眼科医院			2	2	2	2	1	1	1	2
儿童医院	1	1	1	1	1	1	1	1	1	1
骨科医院			1	1	1	1	1			1
美容医院	1	1	2	2	2	2	2	2	2	2
肿瘤医院	1	1	2	1	1	1	1	1	1	1
其他专科医院	1	1	5	5	7	8	14	14	15	16
其他医院	6	6	5	4						
二、卫生院	**152**	**171**	**156**	**147**	**144**	**134**	**134**	**120**	**119**	**123**

15－9 各类医院卫生技术人员数

单位:人

项目	1995年	2000年	2005年	2006年	2007年	2008年	2009年	2010年	2011年	2012年
一、医院	**12762**	**13511**	**14522**	**14825**	**15958**	**16828**	**19049**	**20760**	**23088**	**25159**
综合医院	4501	4913	9591	9785	10723	10871	12583	13880	14577	15616
中医医院	780	814	1754	1722	1843	2161	2309	2498	3282	3749
中西医结合医院	3065	3172	625	806	814	979	982	1153	1236	1350
传染病院	288	221	238	244	245	246	252	272	277	407
精神病院	620	440	410	426	433	500	522	509	594	656
结核病院	313	306	291	281	295	303	302	308	332	337
口腔医院	418	444	110	113	112	123	129	140	151	149
眼科医院			127	134	166	207	210	212	254	230
儿童医院	151	137	155	152	154	156	171	193	226	263
骨科医院			8	17	14	12	19			20
美容医院			44	49	54	62	64	78	82	65
肿瘤医院	532	667	798	797	825	868	909	900	1242	1395
其他专科医院	576	608	117	125	280	340	597	617	835	922
其他医院	883	939	254	174						
二、卫生院	**4424**	**4493**	**3440**	**3105**	**3153**	**3474**	**3706**	**3918**	**4136**	**4591**

15－10 各类医院医生数

单位:人

项目	1995年	2000年	2005年	2006年	2007年	2008年	2009年	2010年	2011年	2012年
一、医院	**4621**	**5226**	**5738**	**5948**	**6158**	**6460**	**7088**	**7494**	**8068**	**8449**
综合医院	1744	1850	3782	3907	4014	4202	4675	4931	5016	5133
中医医院	273	351	793	775	869	892	949	1013	1203	1364
中西医结合医院	978	1229	279	367	343	348	311	377	475	442
传染病院	58	61	61	71	78	78	86	93	91	107
精神病院	110	102	104	108	119	131	137	146	153	183
结核病院	95	93	91	84	98	111	110	115	134	132
口腔医院	150	176	67	73	78	84	82	90	112	115
眼科医院			60	52	70	74	57	59	89	86
儿童医院	87	49	67	64	67	69	81	84	107	89
骨科医院			3	6	5	5	6			
美容医院			19	24	19	28	24	27	29	33
肿瘤医院	224	214	246	282	291	309	340	337	361	381
其他专科医院	252	244	69	73	107	129	230	222	298	384
其他医院	393	420	97	62						
二、卫生院	**1813**	**2032**	**1591**	**1437**	**1411**	**1454**	**1470**	**1473**	**1434**	**1590**

15－11　各类医院护士数

单位:人

,项　目	1995 年	2000 年	2005 年	2006 年	2007 年	2008 年	2009 年	2010 年	2011 年	2012 年
一、医　院	**4707**	**5610**	**6201**	**6247**	**6928**	**7288**	**8495**	**9424**	**10673**	**11844**
综合医院	1852	2164	4175	4139	4741	4774	5782	6500	7011	7603
中医医院	199	243	633	630	661	800	889	978	1258	1450
中西医结合医院	1002	1341	232	308	341	435	475	564	635	697
传染病院	100	109	127	122	116	116	116	126	131	217
精神病院	293	279	256	261	257	295	289	297	351	366
结核病院	170	162	163	144	143	149	149	151	155	156
口腔医院	159	167	29	29	28	28	28	28	26	27
眼科医院			33	53	63	65	87	87	101	132
儿童医院	56	58	62	60	58	57	59	67	79	125
骨科医院			3	4	4	6	6			8
美容医院			21	20	18	25	27	31	31	28
肿瘤医院	200	313	357	367	391	406	369	371	564	626
其他专科医院	210	236	35	34	107	132	219	224	331	409
其他医院	305	321	75	76						
二、卫生院	**921**	**1083**	**1058**	**939**	**994**	**1106**	**1159**	**1254**	**1387**	**1586**

15－12　各类医院医疗床位数

单位:张

,项　目	1995 年	2000 年	2005 年	2006 年	2007 年	2008 年	2009 年	2010 年	2011 年	2012 年
一、医　院	**11713**	**13573**	**14667**	**15005**	**15710**	**17303**	**18579**	**19290**	**20689**	**22592**
综合医院	4094	4533	9189	9287	10046	10631	11570	11701	12286	13529
中医医院	570	810	1571	1521	1597	1872	2102	2242	2392	2592
中西医结合医院	2239	2658	622	848	753	753	941	1200	1359	1568
传染病院	300	300	300	300	300	450	350	446	516	516
精神病院	930	880	890	1090	1090	1366	1190	1290	1290	1490
结核病院	500	500	355	355	355	555	597	564	566	566
口腔医院	300	289	30	30	30	30	30	30	30	30
眼科医院			70	100	90	99	90	90	90	189
儿童医院	100	100	100	100	100	200	200	218	245	245
骨科医院			20	20	20	20	20			20
美容医院			40	40	27	40	27	27	32	32
肿瘤医院	627	722	1030	1058	1088	1099	1069	1088	1300	1149
其他专科医院	489	435	139	144	214	188	393	394	583	666
其他医院	1061	1083	311	112						
二、卫生院	**2884**	**3088**	**2794**	**2709**	**2885**	**3032**	**3167**	**3144**	**3486**	**4104**

15－13 县及县以上医院工作基本情况

年 份	诊疗人数（人次）	#门(急)诊	入院人数（人）	出院人数（人）	病死率（%）	病床周转数（次）
1990	5625373	5576648	174436	174079	1.40	19.1
1993	5053064	4733380	132788	131257	0.80	18.6
1994	4675285	4336221	134944	134493	0.70	18.3
1995	4492111	4212624	124230	124017	0.70	17.1
1996	4838732	4508640	115656	115516	1.00	15.0
1997	4921130	4506292	111251	111370	0.57	14.4
1998	4960208	4580265	109636	109460	0.62	14.5
1999	4995665	4639718	116629	116048	0.65	13.0
2000	5542899	5123333	131586	132433	0.64	16.7
2001	5118519	4651382	134047	134328	0.61	17.4
2002	5441286	5051767	141038	140998	0.60	18.2
2003	5842174	5567886	157800	158143	0.47	21.5
2004	10729268	10467794	275582	275558	0.53	21.3
2005	11933688	11581875	294901	300831	0.53	23.6
2006	11863906	11704586	339960	341670	0.48	23.7
2007	13071508	12966732	393348	389684	0.43	26.1
2008	14018644	13845141	425068	454620	0.38	25.2
2009	15711417	15565915	488820	487759	0.32	26.3
2010	17411149	17282069	563722	562486	0.25	28.9
2011	19596512	19501695	637965	635741	0.22	30.8
2012	22297764	22083839	747587	746702	0.16	33.46

15－14　各类医院工作基本情况

（2012年）

项　目	诊疗人数（人次）	#门(急)诊	入院人数（人）	出院人数（人）	病床周转数（次）
一、医　院	**22297764**	**22083839**	**747587**	**746702**	**33.5**
综合医院	14342874	14135417	505166	503595	39.0
中医医院	3927154	3923422	70832	70656	28.9
中西医结合医院	1200014	1200014	52813	52653	35.2
传染病院	383756	383756	10469	10439	20.2
精神病院	362980	362980	9943	9853	6.8
结核病院	373133	373133	16152	16058	28.4
口腔医院	287264	287035	236	229	8.3
眼科医院	229182	229182	6361	6296	33.4
儿童医院	656514	656514	14212	14211	58.0
骨科医院	7493	7493	814	801	40.2
美容医院	8425	8425	1456	1456	45.6
肿瘤医院	167508	167508	41786	41894	24.7
其他专科医院	351467	348960	17347	18561	37.9
其他医院					
二、卫生院	**3947847**	**3877533**	**123966**	**123289**	**31.9**

15－15　体 育 设 施 情 况

（年末数）　　单位：个

项　目	1995年	2000年	2005年	2006年	2007年	2008年	2009年	2010年	2011年	2012年
体育场	185	365	403	416	418	418	418	418	418	418
体育馆		1	1	1	1	1	1	1	3	3
运动场	6	11	16	15	17	17	18	18	18	18
足球场	1	1	1	1	1	2	2	2	2	2
游泳池	36	44	79	85	88	49	86	86	86	86
有固定看台灯光球场	10	23	14	25	27	28	28	28	28	28

15－16　群众体育活动情况

项　目	单位	1995年	2000年	2005年	2006年	2007年	2008年	2009年	2010年	2011年	2012年
举办县级以上运动会											
次　数	次	21	36	22	36	270	315	13	8	5	3
参加人数	万人	8	11	10	25	60	75	9	10	8	6

注:表中2010年起数据不含平潭县,下同。

15－17　等级裁判员和运动员人数

（年末数）

单位:人

项　目	1995年	2000年	2005年	2006年	2007年	2008年	2009年	2010年	2011年	2012年
等级裁判员										
国家级裁判	3	1								
一级裁判	25	28			45	20				
二级裁判	40	52	46	156	30	70	129	17		
三级裁判	181									
等级运动员										
国际级运动健将	1									
运动健将	5	4								
一级运动员	8	15		30	23	17				
二级运动员	52	82	109	243	265	367	276	229	279	293

15－18　获国际和全国比赛冠军数

（1985－2012年）

年　　份	全国冠军世界冠军		全国冠军	
	项数（项）	人数（人次）	项数（项）	人数（人次）
1990	7	14	7	8
1991	1	2	1	2
1992	1	2		
1993	5	6		
1994	3	4		
1995	3	4	4	8
1996	1	1		
1997	1	1	5	7
1998	4	4	6	14
1999	6	8	4	6
2000	6	15	4	15
2001	2	2	2	7
2002	12	12	36	36
2003	5	4	23	23
2004			2	2
2005			8	8
2006	3	1	11	13
2007	3	3	13	12
2008	1	1	10	11
2009			4	8
2010	5	3	19	14
2011	10	5	23	28
2012	10	8	46	23

15－19 律师 公证 调解工作基本情况

项　目	单位	1995年	2000年	2001年	2002年	2003年	2004年	2005年
一、律师工作								
律师事务所	个	34	40	44	49	50	52	56
取得律师资格	人	326	315	331	368	421	465	479
#专职律师	人	173	250	273	328	393	412	442
兼职律师	人	57	45	42	40	28	53	32
当年办理诉讼代理总数	件	5011	5970	5198	6906	6601	7573	7966
#经济诉讼代理	件	1083	1085	882	1137	882	873	970
民事诉讼代理	件	2496	2530	2297	3198	3054	3858	4000
刑事诉讼辩护及代理	件	1433	2115	1787	2266	2011	2585	2528
行政诉讼代理	件		240	232	305	93	257	297
聘请常年法律顾问单位	个	1010	1110	648	776	561	742	760
非诉讼法律事务	件	5542	6861	6213	5446	4944	3716	4120
解答法律咨询	件	16300	16750	16550	34393	5472	25342	30008
代写法律事务文书	件	6520	6700	6620	10607	9167	8949	8239
二、公证工作								
公证处	个	14	14	14	14	14	14	14
公证人员	人	129	147	137	144	144	155	180
#公证员	人	86	91	86	87	91	94	89
办理公证书	件	116666	220381	268892	212635	234988	255802	264703
国内公证	件	24494	19469	17966	17812	17115	16637	17569
国内经济合同公证	件	5545	1980	1332	1602	1167	1142	529
国内民事公证	件	18949	17489	16634	16210	15975	15495	17040
涉外公证	件	92172	200912	250926	194823	200731	236188	232437
三、调解工作								
专职司法助理员	人	112	122	115	126	181	191	216
人民调解委员会	个	3102	3080	2959	2971	3114	3198	3051
调解人员	人	50152	55725	57245	56166	63762	47881	47805
调解民事纠纷	件	26102	29209	29100	30221	30281	29153	19015

注:“律师工作”中的“取得律师资格”2005年起改为“法律职业资格”。

15－19 续表

项　　目	单位	2006年	2007年	2008年	2009年	2010年	2011年	2012年
一、律师工作								
律师事务所	个	61	66	73	89	97	101	108
取得律师资格	人	509	555	708	786	779	883	795
#专职律师	人	476	521	581	580	666	756	823
兼职律师	人	33	34	56	60	56	55	62
当年办理诉讼代理总数	件	9983	9483	8537	9095	9759	10503	11332
#经济诉讼代理	件	1178						
民事诉讼代理	件	4727	5446	5403	5712	6928	7328	8115
刑事诉讼辩护及代理	件	3711	3730	2902	3015	2528	2777	2770
行政诉讼代理	件	367	307	232	370	320	398	447
聘请常年法律顾问单位	个	798	916	861	958	1107	1186	1285
非诉讼法律事务	件	3514	1690	2248	2726	2208	1211	1193
解答法律咨询	件	29175						
代写法律事务文书	件	13878	36567	28491	28606	30655	30335	29030
二、公证工作								
公证处	个	14	14	14	14	13	13	14
公证人员	人	183	189	191	196	201	210	230
#公证员	人	89	82	82	79	76	82	86
办理公证书	件	280935	284830	274530	310453	218535	194397	197275
国内公证	件	20748	24702	21086	29328	31485	31829	37575
国内经济合同公证	件	719	1287	1234	1430	1812	2237	3317
国内民事公证	件	20029	23415	19852	27898	29673	29592	34258
涉外公证	件	248759	248695	240111	257753	167189	147941	145823
三、调解工作								
专职司法助理员	人	225	259	270	263	277	343	346
人民调解委员会	个	3087	3090	3078	3091	2917	3178	3021
调解人员	人	40397	38689	33816	37069	28488	21074	14255
调解民事纠纷	件	17920	30636	38581	32652	17695	40102	38360

15－20　国内公证文书办理情况

单位:件

项　　目	1995年	2000年	2001年	2002年	2003年	2004年	2005年
一、经济合同公证	**5545**	**1980**	**1332**	**1602**	**1167**	**1142**	**529**
#购　销	25	4	3		22	9	1
联　营	31	25	1	1	1	1	3
贷　款	2971	245	31	18	14	8	19
招标、投标	96	73	34	24	22	6	1
科技协作							
劳务合同	80	49		21		178	
建筑工程承包	47	2	2		6		
农村经济承包	139	32	30		2	8	
乡镇企业承包	58	6	10				
财产租赁	29	3		13	4		
企业租赁	7		2	3	2		
其他经济合同	443	428	503	241	238	22	37
法人资格	109	25	7	21	32	22	11
法人委托书	91	111	108	410	522	516	232
二、民事法律关系公证	**18949**	**17489**	**16634**	**16210**	**15795**	**15495**	**17569**
#收　养	26	9	131	5	20	18	13
解除收养	2		6	12	9	11	19
继承权	748	1429	1646	1778	2065	2154	2275
遗　嘱	484	989	1158	914	614	420	338
产　权	2	78	351	218	226	237	113
亲属关系	224	1648	1548	1220	851	734	1030
房屋买卖	219	110	71	50	32	70	59
房屋租赁	63	1	2		4		
留学协议	7	21	32	350	34	7	12
遗赠抚养协议	70	5	61	362	14	390	408
其他民事协议	1093	1341	1608	1376	922	932	769
委托书	444	1295	565	1371	2223	2821	3782
赠与书	589	908	1184	736	449	380	346
声明书	1881	4079	3907	3559	4272	4059	3989
宅基地使用权		3	1	8	7	14	9
计生合同	10750	344	190	194	92	236	430
证据保全	47	160	29	314	105	168	279

15－20 续表

单位:件

项　　目	2006年	2007年	2008年	2009年	2010年	2011年	2012年
一、经济合同公证	**719**	**1287**	**1234**	**1430**	**1812**	**2237**	**3317**
#购　销		2	10	5	8	32	1
联　营		3	4	3	7	16	10
贷　款	185	548	464	843	1427	1200	519
招标、投标	21	13	2	3	8	2	
科技协作				2	1	1	
劳务合同	1	3		1	2		
建筑工程承包		1					
农村经济承包	4	2	3	3			
乡镇企业承包	1	1					
财产租赁		37		2	2		1
企业租赁		1		1			1
其他经济合同	69	66	17	8	7	66	100
法人资格	13	5	22	34	27	44	87
法人委托书	165	200	65	261	148	430	254
二、民事法律关系公证	**20029**	**23415**	**19852**	**27898**	**29673**	**29592**	**25771**
#收　养	33	54	27	19		13	11
解除收养	27	30				1	
继承权	2954	3476	3474	4229	4478	4405	4291
遗　嘱	591	465	416	388	473	560	464
产　权	179	34	23	57	61	7	
亲属关系	1097	1000	908	685	789	669	762
房屋买卖	41		16	15	29	15	5
房屋租赁			3			1	
留学协议	9	28	2			11	
遗赠抚养协议	462	492					
其他民事协议	385		353	161	210	4756	103
委托书	5086	6143	5485	11190	12218	12621	13520
赠与书	544	799	683	581	846	1167	1293
声明书	3689	3900	3987	5642	5278	4612	4987
宅基地使用权	8	9					
计生合同	744	555	151	58	58	48	60
证据保全	278	267	247	199	457	766	275

15－21　企事业单位污染治理情况

项　　目	单位	1995 年	2000 年	2001 年	2002 年	2003 年	2004 年	2005 年
一、三废排放与处置								
废水排放总量	万吨	20764	17162	17066	17753	22060	24068	26532
＃工业废水	万吨	7878	5555	5021	4368	4951	5053	5113
工业废水处理量	万吨	4873	3013					
废气排放总量	亿立方米	264.65	309.79	424.62	446.45	531.16	624.14	886.98
工业固体废物产生量	万吨	84.74	89.26	92.96	99.71	117.17	130.32	136.32
工业固体废物处置量	万吨	29.33	3.10	4.27	6.16	3.64	2.87	4.12
工业固体废物综合利用量	万吨	54.60	75.58	68.15	89.24	107.53	121.4	126.3
二、污染治理								
污染治理资金总额	万元	4909	5120	18913	35007	24906	27709	34416
＃环境保护补助	万元	470	499	276	442	229	107	
＃治理废水	万元	1752	3049	1081	7629	3678	6147	3410
治理废气	万元	1497	1366	522	7224	2160	8256	9891
治理固体废物	万元	1238	51	150	3445	1009	17	2517
治理噪声	万元	152	244	27	31	158	324	201
当年安排治理项目	个	138	172	67	94	107	105	104
当年竣工项目	个	116	153	41	84	85	102	88

15－21 续表

项　　目	单位	2006年	2007年	2008年	2009年	2010年	2011年	2012年
一、三废排放与处置								
废水排放总量	万吨	28342	27085	29351	30361	31797	35924.65	36837.16
#工业废水	万吨	5631	6220	5659	4288	4920	5487.75	5332.67
工业废水处理量	万吨					20580	24381.12	24296.70
废气排放总量	亿立方米	756.20	990.00	1209.00	1810.30	3033.00	3593.00	3205.70
工业固体废物产生量	万吨	209.16	269.11	380.37	425.13	693.31	693.55	728.40
工业固体废物处置量	万吨	2.92	2.02	2.30	12.24	122.84	51.50	65.56
工业固体废物综合利用量	万吨	200.5	251.88	374.64	401.16	557.59	624.54	655.15
二、污染治理								
污染治理资金总额	万元	41419.1	31789	42102	15196.6	11640.8	18280	24571
#环境保护补助	万元			3631.3	3317.9	2203.6	2184	4881
#治理废水	万元	12847	6126	2678	6563.6	6260	376	1670
治理废气	万元	8196	11547	377	1250	5027	13928	18251
治理固体废物	万元	1300	91	15	7328	309	3	5
治理噪声	万元	496	24		2	15		7
当年安排治理项目	个	87	145	50	38	53	17	31
当年竣工项目	个	79	137	46	34	47	14	28

主要统计指标解释

卫生机构 包括医疗机构、疾病预防控制中心(防疫站)、采供血机构、卫生监督及监测(检验)机构、医学科研和在职培训机构、健康教育所等。医疗机构包括医院、社区卫生服务中心(站)、疗养院、卫生院、门诊部、诊所(卫生所、医务室)妇幼保健院(所、站)、专科疾病防治院(所、站)、急救中心(站)和临床检验中心。

医院 包括综合医院、中医医院、中西结合医院、民族医院、各类专科医院和护理院。

卫生技术人员 指卫生机构中医生、护理人员、药剂人员、检验人员等卫生技术人员。

等级运动员人数 指经考核正式批准授予等级运动员称号的人数。运动员等级分为国际级运动健将、运动健将、一级运动员、二级运动员、三级运动员、少年级运动员。

等级裁判员人数 指经考核正式批准授予等级裁判员称号的人数。裁判员等级分为国际裁判、国家级裁判、一级裁判、二级裁判、三级裁判。

律师 指依法取得律师执业证书,担任法律顾问,民事(刑事、行政)案件代理人、刑事案件辩护人,办理非诉讼业务,解答法律询问,代写法律事务文书等,为社会提供法律服务的人员。

公证人员 指在公证处工作的人员总称,包括公证处主任、副主任、公证员、公证员助理(助理公证员)和其他从事辅助性工作的人员。

公证文书 指公证处根据当事人申请,依照事实和法律,按照法定程序制作的,具有法律效力的司法证明文书。根据公证书用途和使用地,公证书分为国内公证书、国内经济公证书、涉外民事公证书和涉外经济公证书四类。

调解员 指在人民调解委员会担负调解民间纠纷的工作人员,包括调解委员会的委员和调解小组的调解员。

调解民间纠纷 指调解委员会依照法律规定,根据自愿原则,用说服教育的方法调解民间发生的有关民事权利和义务的争执,促成当事双方达到协议和谅解,解决纠纷。包括婚姻家庭纠纷,财产权益纠纷等,不包括法院受理调解的民事案件数。

16 城市比较

16－1　福建省及九个设区市主要经济指标

(2012 年)

指　　标	单位	全　　省		福州市		厦门市		莆田市	
		2012 年	比上年增长(%)	2012 年	比上年增长(%)	2012 年	比上年增长(%)	2012 年	比上年增长(%)
年末户籍总人口	万人	3579.00	0.8	655.27	0.9	190.92	3.1	329.32	0.9
年末常住总人口	万人	3748	0.8	727	1.0	367	1.7	281	0.7
地区生产总值	亿元	19701.78	11.4	4210.93	12.1	2815.17	12.1	1200.38	12.8
第一产业	亿元	1776.71	4.2	367.73	4.7	25.30	0.5	107.24	3.8
第二产业	亿元	10187.94	14.3	1905.50	14.9	1363.85	13.3	689.65	15.6
第三产业	亿元	7737.13	9.1	1937.70	10.6	1426.02	11.0	403.49	10.3
农林牧渔业总产值	亿元	3007.40	4.3	625.12	4.8	41.29	0.7	178.77	3.9
规模以上工业总产值	亿元	29704.66	15.8	5954.89	15.7	4486.35	13.1	1676.62	16.9
全社会固定资产投资	亿元	12709.66	25.5	3266.49	21.0	1332.64	18.1	930.43	29.5
财政总收入	亿元	3008.88	15.9	597.39	18.1	748.83	13.2	129.03	24.9
地方级一般预算收入	亿元	1776.17	18.3	382.02	19.4	432.27	13.6	77.45	21.1
社会消费品零售总额	亿元	7256.53	15.6	2319.82	19.1	881.91	10.2	394.79	16.8
居民消费价格环比指数	%	102.4		102.2		102.1		102.7	
实际利用外资(验资口径)	亿美元	63.38	2.2	13.39	4.8	17.75	2.8	2.56	1.2
出口总额	亿美元	978.33	5.4	211.31	－12.4	454.02	6.5	29.50	6.1
城镇居民人均可支配收入	元	28055	12.6	29399	12.9	37576	11.9	24690	13.0
农村居民人均纯收入	元	9967	13.5	11492	13.7	13455	12.8	10311	13.7
城镇非私营单位在岗职工平均工资	元	44979	15.4	48089	15.3	52526	13.9	40056	17.5

16－1　续表1　　　　　　（2012年）

指　　标	单位	三明市		泉州市		漳州市	
		2012年	比上年增长（%）	2012年	比上年增长（%）	2012年	比上年增长（%）
年末户籍总人口	万人	274.24	0.3	693.16	0.5	482.47	0.7
年末常住总人口	万人	250	-0.4	829.00	1.0	490.00	1.2
地区生产总值	亿元	1334.82	12.2	4702.70	12.3	2012.92	12.6
第一产业	亿元	211.00	4.3	160.57	1.6	320.45	4.5
第二产业	亿元	677.79	17.0	2890.41	14.3	961.10	17.3
第三产业	亿元	446.03	8.2	1651.72	9.8	731.37	10.2
农林牧渔业总产值	亿元	337.92	4.5	282.23	1.7	558.85	4.5
规模以上工业总产值	亿元	2248.65	16.0	8378.49	16.7	2722.37	17.0
全社会固定资产投资	亿元	1117.25	21.0	2016.72	28.0	1486.90	33.3
财政总收入	亿元	121.68	15.4	575.00	14.3	205.48	17.7
地方级一般预算收入	亿元	77.44	20.0	293.46	21.2	131.71	17.5
社会消费品零售总额	亿元	341.48	17.1	1706.64	16.7	661.08	17.3
居民消费价格环比指数	%	102.3		102.6		102.5	
实际利用外资（验资口径）	亿美元	1.03	11.9	13.20	-18.3	8.90	0.3
出口总额	亿美元	22.02	42.4	123.74	14.8	69.91	7.7
城镇居民人均可支配收入	元	23429	12.8	32283.00	12.5	23951.00	13.3
农村居民人均纯收入	元	9375	14.3	11915.00	12.6	10389.00	13.8
城镇非私营单位在岗职工平均工资	元	41941	13.0	41117.00	14.5	42137.00	20.7

16－1 续表2 (2012年)

指　标	单位	南平市		龙岩市		宁德市	
		2012年	比上年增长(%)	2012年	比上年增长(%)	2012年	比上年增长(%)
年末户籍总人口	万人	313.88	0.2	297.71	0.9	342.30	0.7
年末常住总人口	万人	263.00	-0.8	257.00	0.40	284.00	0.4
地区生产总值	亿元	995.08	11.0	1356.78	12.0	1075.06	12.6
第一产业	亿元	234.49	5.3	162.00	3.6	201.35	5.5
第二产业	亿元	423.97	17.9	752.07	14.6	512.23	20.8
第三产业	亿元	336.61	5.7	442.71	10.5	361.49	5.7
农林牧渔业总产值	亿元	385.75	5.6	265.79	3.7	347.53	5.7
规模以上工业总产值	亿元	1141.66	15.7	1266.52	15.9	1829.11	17.8
全社会固定资产投资	亿元	899.01	30.2	1000.45	28.5	635.13	36.4
财政总收入	亿元	92.05	18.9	237.32	15.0	104.45	25.2
地方级一般预算收入	亿元	59.18	21.6	101.51	20.4	70.64	30.1
社会消费品零售总额	亿元	357.30	16.7	432.28	15.5	322.42	17.1
居民消费价格环比指数	%	102.4		102.5		102.4	
实际利用外资(验资口径)	亿美元	0.87	12.0	1.99	12.1	1.20	26.2
出口总额	亿美元	16.86	41.6	21.09	13.9	21.90	52.4
城镇居民人均可支配收入	元	22235.00	12.7	23765.00	12.7	21825.00	13.0
农村居民人均纯收入	元	8893.00	13.1	9396.00	14.1	8829.00	13.8
城镇非私营单位在岗职工平均工资	元	39822.00	19.3	41168.00	15.8	43504.00	13.6

16－2 全国26个省会城市主要经济指标

城市	土地面积（平方公里）		户籍总人口（万人）	地区生产总值（亿元）		第一产业增加值（亿元）		第二产业增加值（亿元）	
		#市区面积		2012年	比上年增长（%）	2012年	比上年增长（%）	2012年	比上年增长（%）
福州	11968	1786	655.27	4210.93	12.1	367.73	4.7	1905.50	14.9
广州	7434	3843	822.30	13551.21	10.5	213.76	3.2	4720.65	8.5
成都	12121		1173.35	8183.94	13.0	348.07	3.8	3790.62	15.6
南京	6587	4733	638.48	7201.57	11.7	185.06	4.9	3170.78	11.9
哈尔滨	53068	7086	993.50	4550.20	10.0	506.80	9.2	1638.90	10.9
沈阳	12860	3472	724.79	6602.59	10.0	315.20	5.1	3383.15	11.3
长春	20571	4789	756.90	4456.60	12.0	317.50	4.3	2291.50	13.1
济南	8177	3257	609.21	4812.68	9.5	252.92	4.7	1938.14	9.2
武汉	8494	8494	821.71	8003.82	12.5	301.21	4.5	3869.56	13.2
西安	10108	3582	795.98	4369.37	11.8	195.59	6.0	1893.79	11.8
杭州	16596	3068	700.52	7803.98	9.0	255.93	2.5	3626.88	8.5
石家庄	15848	456	1005.33	4500.20	10.4	452.18	3.6	2240.66	12.0
太原	6988	1460	365.84	2311.43	10.5	36.02	5.2	1035.57	9.7
合肥	11445	925	710.53	4164.32	13.6	229.05	5.4	2303.90	15.4
南昌	7402	617	507.87	3000.52	12.5	147.19	4.6	1690.85	13.6
郑州	7446	1010	766.60	5549.79	12.2	142.40	4.0	3132.92	14.2
长沙	11816	1910	660.62	6399.91	13.0	272.31	4.0	3592.52	14.5
南宁	22122	242	713.50	2503.55	12.3	324.09	5.2	958.96	18.1
贵阳	8034		374.53	1700.30	15.9	72.28	8.5	717.32	18.8
昆明	21013	2750	543.48	3011.14	14.1	159.16	6.4	1378.48	16.1
兰州	13086	1632	321.52	1564.41	13.4	45.14	7.6	744.70	12.2
西宁	7665	510	198.46	851.09	15.0	31.17	5.3	439.52	18.3
银川	9025	2311		1140.83	12.5	51.06	5.5	624.91	15.1
海口	2305		161.59	820.58	9.4	57.74	6.2	201.67	10.3
乌鲁木齐	13788	9576	257.80						
呼和浩特	17224	2054	230.32	2458.74	10.9	120.52	4.5	802.31	11.4

16－2 续表1

城　市	#工业增加值（亿元）		第三产业增加值（亿元）		规模以上工业总产值（亿元）		农林牧渔业总产值（亿元）		社会消费品零售总额（亿元）	
	2012年	比上年增长（%）	2012年	比上年增长（%）	2012年	比上年增长（%）	2012年	比上年增长（%）	2012年	比上年增长（%）
福　州	1481.99	14.1	1937.70	10.6	5954.89		625.12	4.8	2319.82	19.1
广　州	4264.16	9.1	8616.80	12.0	16066.43		366.79	2.8	5977.27	15.2
成　都	3149.61	16.5	4000.25	11.5	7853.68		577.84	3.5	3317.70	16.0
南　京	2748.46	11.0	3845.73	11.8	11405.12	11.8	303.49	7.6	3103.82	16.2
哈尔滨	1128.00	8.3	2404.50	9.4	2851.60		991.20	9.3	2394.60	15.7
沈　阳	3046.91	11.5	2904.23	8.9	12702.30	16.7	603.32	5.4	2802.20	15.5
长　春	1922.10		1847.60	11.8	8394.40		562.50	5.4	1739.64	15.0
济　南	1603.08	9.7	2621.62	10.1			451.86	4.7	2323.60	14.9
武　汉	3203.66	13.7	3833.05	10.0	9018.88	15.3	476.04	5.7	3467.37	14.4
西　安	1340.75	12.4	2279.99	12.2	4023.19	15.1	308.60	6.0	2236.06	15.5
杭　州	3190.32	9.1	3921.17	10.1	12844.26	7.3	384.57	7.7	2933.63	15.5
石家庄	1993.59	12.4	1807.36	10.0	7643.15	5.3	787.50	3.3	1915.76	15.2
太　原	784.28	12.2	1239.84	11.3	2541.12	5.5	67.50	6.2	1129.51	16.1
合　肥	1813.90	17.0	1631.37	12.3	6600.14	18.3	401.18	5.4	1293.62	16.7
南　昌	1288.14	13.7	1162.48	11.9	3856.50	14.6			1116.54	18.4
郑　州	2802.47	15.2	2274.46	10.0	10632.42	24.1	254.60	4.0	2289.90	15.2
长　沙	3051.94	15.7	2535.08	12.0	7058.32	18.1	419.78	4.0	2454.71	15.7
南　宁	704.32	18.7	1220.50	9.6	2109.33	22.3	534.52	5.3	1255.59	17.0
贵　阳	534.73	16.2	910.70	14.1	1802.85	22.0	111.49	8.8	683.19	16.9
昆　明	1008.42	15.6	1473.50	13.0	3011.34		268.84	6.8	1493.80	17.5
兰　州	562.42	11.8	774.57	14.8	2055.42	9.4	68.45	7.0	749.12	17.1
西　宁	377.19	19.5	380.40	11.8	1031.17	9.9	57.53	5.5	317.46	17.0
银　川	474.29	15.3	464.86	10.1	1640.82	35.1	95.18	6.0	316.02	15.1
海　口	136.67	9.1	561.17	9.4	515.86	8.6	91.14	6.2	436.30	12.7
乌鲁木齐					2150.78	8.2	49.57	18.4	834.35	20.1
呼和浩特	637.56	10.0	1535.92	11.1	1304.87	10.8	213.40	3.8	1022.20	14.9

16－2 续表2

城　　市	全社会固定资产投资额(亿元)		#城镇以上固定资产投资额(亿元)		房地产开发投资额(亿元)		进出口总额(亿美元)		#出口总额(亿美元)	
	2012年	比上年增长(%)	2012年	比上年增长(%)	2012年	比上年增长(%)	2012年	比上年增长(%)	2012年	比上年增长(%)
福　　州	3266.49	21.0	3234.78	21.1	972.27	0.9	310.60	－10.5	211.31	－12.4
广　　州	3758.39	10.1	3612.22	9.9	1667.36	12.0	1171.67	0.9	589.15	4.3
成　　都	5890.10	17.9			1890.00	18.5	475.39	25.5	303.61	32.4
南　　京	4683.45	16.8	4558.49	21.3	971.96		552.83	－3.6	319.16	3.4
哈 尔 滨	3950.00	31.1			772.00	37.4	53.30	4.2	18.60	－17.8
沈　　阳	5625.40	23.3	5350.09	21.3	1942.96	15.3	127.48	20.1	59.65	23.6
长　　春	3172.90	30.4			649.70	－2.5	196.80	13.4	29.04	27.9
济　　南	2186.10	20.4			663.32	25.8	91.47	－12.1	57.20	－5.4
武　　汉	5031.25	20.0	4962.76		1574.86	22.8	203.54	－11.0	107.48	－8.3
西　　安	4243.43	26.6	2825.64	27.8	1281.90	28.6	130.14	3.3	72.99	25.3
杭　　州	3722.75	20.1			1597.36	22.6	616.83	－3.6	412.62	－0.6
石 家 庄	3728.65	20.0	3673.33	21.4	833.21	5.6	129.48	－8.7	73.38	3.6
太　　原	1320.63	28.9			553.70	23.0	84.74	－0.6	42.42	21.1
合　　肥	4001.10	23.7	3867.35	23.7	913.80	3.8	176.42	43.3	136.28	74.3
南　　昌	2403.24	23.8	2251.91	25.3	344.36	23.0	82.87		64.66	
郑　　州	3669.80	22.1	3561.20	22.7	1095.10	18.2	358.30	124.0	202.60	110.3
长　　沙	4011.96	20.3	3742.32	20.8	1032.00	16.4	86.93	16.1	51.74	26.7
南　　宁	2585.18	28.1	2517.61	31.9	590.56	7.3	41.47	65.2	25.17	51.5
贵　　阳	2482.56	55.1	2402.48	56.3	908.52	94.4	50.51	34.0	42.14	51.6
昆　　明	2345.91	25.1			919.07	45.2	144.10	20.1	56.86	－13.9
兰　　州	1239.18	42.3	1015.87	42.9	223.31	39.9	33.94	81.5	26.92	118.9
西　　宁	700.48	32.7	634.98	36.9	158.23	34.9	9.34	14.5	6.62	11.6
银　　川	918.73	25.2	853.19	21.4	275.70	32.8	13.64	12.7	10.75	32.1
海　　口	510.38	29.2			175.55	21.0	42.16	－0.7	17.98	6.2
乌鲁木齐	1010.30	59.0	1003.00	60.9	216.20	10.6	104.00	15.2	80.60	20.4
呼和浩特			1301.43	26.1	447.99	30.0	17.01	－16.0	8.33	－18.6

16－2 续表3

城 市	实际利用外资（亿美元）		财政一般预算收入（亿元）		年末金融机构人民币存款余额（亿元）	年末国内金融机构人民币贷款余额（亿元）
	2012 年	比上年增长（%）	2012 年	比上年增长（%）	2012 年	2012 年
福 州	13.39	4.8	382.02	19.4	7635.71	6644.53
广 州	47.43	8.4	1102.40	12.5	29006.99	18023.02
成 都	85.90	31.1	780.90	18.9	20354.00	15630.00
南 京	41.30	15.8	733.02	15.4	16131.41	12314.41
哈尔滨	19.00	18.8	354.70	18.1	7360.30	5558.00
沈 阳	58.04	5.5	715.04	15.3	10275.35	7852.71
长 春	36.82	19.6			6578.30	5727.20
济 南	12.20	10.9	380.80	17.0	9798.50	7406.20
武 汉	44.44	18.2	828.58	23.1	12929.26	10627.60
西 安	24.78	23.6	396.96	24.6	12125.53	8635.22
杭 州	49.61	5.1			19599.85	17215.93
石家庄	8.80	8.9	272.28	23.1	7640.70	3995.10
太 原	7.82	15.2	215.67	23.4	8902.46	6376.21
合 肥	16.56	－8.7	389.50	15.1	6913.84	6136.03
南 昌	26.40		240.02	28.3	5723.14	4728.01
郑 州	34.30	10.6	606.70	20.8	10448.30	6794.10
长 沙	29.77	14.4	490.65	15.2	8731.49	8267.15
南 宁	5.03	17.2	229.72	23.3	5627.18	5501.28
贵 阳	4.74	70.1	241.19	28.9	4394.37	3479.47
昆 明	15.88	24.6			8839.46	8165.49
兰 州			103.73	19.9	4589.26	3672.85
西 宁	0.29		54.77	21.0	2364.86	
银 川	1.46	－22.0	113.13	20.7	2108.28	2282.97
海 口	4.53	11.1	73.17	20.1	2582.97	2425.78
乌鲁木齐	1.90	18.8	252.00	22.2	4819.10	3245.33
呼和浩特	6.17	－30.3	178.64	18.0	3805.76	3707.22

16－2　续表4

城　市	城镇居民人均可支配收入（元）		城市居民家庭恩格尔系数（%）	城市居民消费价格指数（%）（以上年为100）	农村居民人均纯收入（元）	
	2012年	比上年增长（%）	2012年	2012年	2012年	比上年增长（%）
福　州	29399	12.9	38.7	102.2	11492	13.7
广　州	38054	10.5	34.0	103.0	16788	13.3
成　都	27194	13.6		103.0	11501	14.2
南　京	36322	12.8		102.7	14786	12.8
哈尔滨	22499	12.3	32.9	103.2	11443	19.1
沈　阳	26431	13.3	31.6	103.0	13045	12.7
长　春	22970	12.1	29.6	102.3	9064	
济　南	32570	12.7	30.8	102.4	11786	13.2
武　汉	27061	14.0	40.0	102.8	11190	14.0
西　安	29982	15.4	32.5	102.8	11442	15.4
杭　州	37511	10.1	37.1	102.5	17017	11.6
石家庄	23038	12.2	36.0	102.8	8993	15.0
太　原	22587	12.1	33.3	102.1	10079	13.4
合　肥	25434	13.2	34.2	2.2	9081	15.5
南　昌	23602		34.1	102.9	9730	14.7
郑　州	25301	12.6	36.4	102.7	12530	13.4
长　沙	30288	14.5	36.3	102.3	15763	17.6
南　宁	22561	12.8		105.7	6777	15.9
贵　阳	21796	12.2	38.2	102.6	8488	15.0
昆　明	25706	17.0	37.5	103.1	8040	12.8
兰　州	18443	15.6			6224	18.5
西　宁	17634	17.6	39.2	102.7	7802	17.6
银　川	21901	12.4	33.4	102.6	8068	14.1
海　口	22331	13.2	43.5	103.3	8134	13.1
乌鲁木齐	18385	13.9	38.4	103.4	10356	22.8
呼和浩特	32646	13.1	30.8	103.1	11361	13.2

16－3　福州与15个副省级城市主要经济指标

城　市	地区生产总值（亿元）		全社会固定资产投资额（亿元）		社会消费品零售总额（亿元）		进出口总额（亿美元）		出口总额（亿美元）	
	2012年	比上年增长（%）	2012年	比上年增长（%）	2012年	比上年增长（%）	2012年	比上年增长（%）	2012年	比上年增长（%）
福　州	4210.93	12.1	3266.49	21.0	2319.82	19.1	310.60	－10.5	211.31	－12.4
广　州	13551.21	10.5	3758.39	10.1	5977.27	15.2	1171.67	0.9	589.15	4.3
成　都	8183.94	13.0	5890.10	17.9	3317.70	16.0	475.39	25.5	303.61	32.4
南　京	7201.57	11.7	4683.45	16.8	3103.82	16.2	552.83	－3.6	319.16	3.4
哈尔滨	4550.20	10.0	3950.00	31.1	2394.60	15.7	53.30	4.2	18.60	－17.8
沈　阳	6602.59	10.0	5625.40	23.3	2802.20	15.5	127.48	20.1	59.65	23.6
长　春	4456.60	12.0	3172.90	30.4	1739.64	15.0	196.80	13.4	29.04	27.9
济　南	4812.68	9.5	2186.10	20.4	2323.60	14.9	91.47	－12.1	57.20	－5.4
武　汉	8003.82	12.5	5031.25	20.0	3467.37	14.4	203.54	－11.0	107.48	－8.3
西　安	4369.37	11.8	4243.43	26.6	2236.06	15.5	130.14	3.3	72.99	25.3
杭　州	7803.98	9.0	3722.75	20.1	2933.63	15.5	616.83	－3.6	412.62	－0.6
大　连	7002.83	10.3	5624.40	23.5	2224.05	15.5	641.13	6.8		11.2
青　岛	7302.11	10.6	4153.90	22.3	2564.50	14.9	732.08	4.2	408.20	3.6
宁　波	6582.21		2901.43		2329.26		965.73		614.45	
深　圳	12950.08	10.0	2314.43	12.3	4008.78	16.5	4667.85	12.7	2713.70	10.5
厦　门	2815.17	12.1	1332.64	18.1	881.91	10.2	744.91	6.2	454.02	6.5

城　市	实际利用外资（亿美元）		财政一般预算收入（亿元）		城镇居民人均可支配收入（元）		农村居民年人均纯收入（元）	
	2012年	比上年增长（%）	2012年	比上年增长（%）	2012年	比上年增长（%）	2012年	比上年增长（%）
福　州	13.39	4.8	382.02	19.4	29399	12.9	11492	13.7
广　州	47.43	8.4	1102.40	12.5	38054	10.5	16788	13.3
成　都	85.90	31.1	780.90	18.9	27194	13.6	11501	14.2
南　京	41.30	15.8	733.02	15.4	36322	12.8	14786	12.8
哈尔滨	19.00	18.8	354.70	18.1	22499	12.3	11443	19.1
沈　阳	58.04	5.5	715.04	15.3	26431	13.3	13045	12.7
长　春	36.82	19.6			22970	12.1	9064	
济　南	12.20	10.9	380.80	17.0	32570	12.7	11786	13.2
武　汉	44.44	18.2	828.58	23.1	27061	14.0	11190	14.0
西　安	24.78	23.6	396.96	24.6	29982	15.4	11442	15.4
杭　州	49.61	5.1			37511	10.1	17017	11.6
大　连	123.50	12.2	750.10	15.2	27539	13.4	15990	12.5
青　岛	46.00	27.8	670.18	18.4	32145	12.5	13990	13.1
宁　波	28.52		725.50		38043		18475	
深　圳	52.29	13.7	1482.08	10.6	40742	11.6		
厦　门	15.95	－7.6	422.91	14.1	37576	11.9	13455	12.8

17 附　　录

2012年福州市国民经济和社会发展统计公报

福州市统计局
国家统计局福州调查队
2013年3月19日

综 合

初步统计,2012年全市实现地区生产总值4210.93亿元,比上年增长12.1%,增速连续7年达到12%以上。其中:第一产业增加值367.73亿元,增长4.7%;第二产业增加值1905.50亿元,增长14.9%;第三产业增加值1937.70亿元,增长10.6%。三次产业结构由上年的8.7:45.8:45.5调整为8.7:45.3:46.0。全市人均地区生产总值58202元,增长10.9%。

全市完成财政总收入(不含基金)597.38亿元,增长18.1%。公共财政预算收入完成382.02亿元,增长19.4%,其中税收收入完成314.84亿元,增长13.4%,占公共财政预算收入比重82.4%。主体税种中,增值税完成34.80亿元,增长19.5%;营业税110.26亿元,增长23.1%;企业所得税50.78亿元,增长25.6%;个人所得税19.11亿元,增长0.5%。公共财政预算支出完成410.73亿元,增长13.1%。

农 业

全市完成农林牧渔业总产值625.12亿元,增长4.8%,其中:农业产值162.07亿元,增长3.4%;林业产值16.98亿元,增长1.7%;牧业产值73.68亿元,增长4.6%;渔业产值352.64亿元,增长5.8%。全年粮食播种面积10.0万公顷,比上年减少0.6万公顷;全年粮食总产量56.0万吨,下降6.7%。水产、畜牧、果蔬、食用菌、茶叶等特色优势产业不断壮大,福州茉莉花茶被授予"世界名茶"称号,福州荣膺"中国鱼丸之都"、"中国纯天然远洋捕捞产品产销基地"称号。全市食用菌产量13.08万吨,增长12.0%;茶叶产量1.95万吨,增长7.5%;肉、蛋、奶总产量41.5万吨,增长3.0%;蔬菜产量311.96万吨,增长4.2%;水果产量41.04万吨,增长7.9%;水产品产量196.22万吨,增长6.2%。

现代农业发展加快。产业化、标准化生产不断推进,年末全市共有农业产业化龙头企业248家,实现总产值640.6亿元,实现销售收入620.6亿元;共有国家级农业标准化示范区12个、省级农业标准化示范区12个;无公害农产品产地认定企业81家,无公害农产品认证企业60家,有效使用绿色食品标志企业34家,有效使用有机食品标志企业4家。科技兴农不断强化,79个农业项目获国家、省星火科技项目立项,年末共有37家现代农业科技创新基地和80家农业科技特派员创业示范基地。休闲农业发展迅速,闽侯县被评为全国休闲农业与乡村旅游示范县,全市已建成规模超100亩各种休闲农场72家。

工业、科技

全市实现工业增加值1481.99亿元,增长14.1%。2012年末,全市规模以上工业企业2119家,全年完成规模以上工业总产值5954.89亿元,增长15.7%,其中产值超亿元企业931家,比上年增加106家,完成产值5369.94亿元,占规模以上工业总产值的90.2%。规模以上轻工业完成产值2665.90亿元,增长21.9%;重工业完成3288.99亿元,增长11.3%,轻、重工业产值比例由上年的41.2:58.8调整为44.8:55.2。规模以上工业36个行业中,20个行业增长速度超过全市平均水平。产值超百亿行业中,化学纤维制造业完成产值354.65亿元,增长42.8%;纺织业完成570.36亿元,增长29.2%;皮革、毛皮、羽毛及其制品和制鞋业完成322.33亿元,增长27.0%;非金属矿物制品业完成286.94亿元,增长25.4%,增幅居各行业前列。产销衔接较好,规模以上工业完成销售产值5767.62亿元,增长15.5%,工业产品销售率96.86%。企业效益稳步提高,规模以上工业综合经济效益指数264.37%,比上年提高16.65个百分点。规模以上工业企业实现主营业务收入5688.49亿元,实现利润385.76亿元。

科技创新助推经济增长方式转变。年末全市共有高新技术企业304家,实现高新技术产业增加值631.57亿元;共有市级以上企业技术中心188家,其中国家级企业技术中心3家、省级企业技术中心67家;共有行业技术创新中心38家,覆盖全市大部分重点行业;共有国家创新型试点企业4家,国家创新型企业3家,省级创新型(试点)企业170家;5项产品入选“2012年度国家重点新产品计划”;获2012年度国家创新基金立项33项;14项科技成果获2012年度省科技奖,其中一等奖1项,二等奖4项,三等奖9项。成功获评首批国家知识产权示范城市,专利申请与授权量稳步增长,全年受理专利申请8998件,增长21.6%,批准授权专利5965件,增长25.0%,其中发明授权量1261件,增长50.5%;共登记各类技术合同2123项,技术合同成交金额12.65亿元。

产品质量监管力度加强。年末全市共有国家产品质量监督检验中心1个,产品检测实验室101个,法定计量技术机构8个。全市质量技术监督部门共抽查生产领域2177家企业产品4743批次,批次合格率为95.51%。全市共有8项国家地理标志保护产品,322项产品获得“福建名牌产品”称号,共有5家企业获得首届政府质量奖。

固定资产投资

全社会固定资产投资完成3266.49亿元,增长21.0%。固定资产投资(不含农户)完成3234.78亿元,增长21.1%,其中:第一产业投资44.56亿元,增长68.9%;第二产业投资833.60亿元,增长23.9%;第三产业投资2356.61亿元,增长19.5%。工业投资完成829.04亿元,增长23.8%,其中:电子信息、机械装备、石油化工等三大主导产业投资增长迅速,完成273.23亿元,增长45.7%。民生工程建设投入力度加大,居民服务和其他服务业投资增长210.1%,文化、体育和娱乐业增长47.2%,卫生和社会工作增长45.8%,教育增长40.9%。全年新开工项目2011个,完成投资1259.33亿元,增长100.1%,其中亿元以上项目268个,完成投资763.47亿元,增长136.8%。房地产开发投资完成972.27亿元,增长0.9%。全年商品房销售面积841.50万平方米,增长35.5%,其中住宅733.96万平方米,增长38.0%。商品房销售额941.49亿元,增长48.9%,其中住宅781.26亿元,增长53.7%。

重点项目建设稳步推进。地铁1号线加快建设,向莆铁路福州段、合福铁路福州段等铁路项目建设提速,绕城高速公路西北段全线贯通、福银高速公路南连接线工程基本建成,福永高速、沈海复线福州段、渔平高速延伸线等高速项目建设步伐加快,螺州大桥基本建成,琅岐闽江大桥、闽侯新南港大桥等桥梁项目有序推进,马尾上润二期、海峡农副产品批发物流中心商业配套、闽侯爱德克斯汽车零部件、福顺半导体产能扩充、福清南方铝业扩建改造工程等项目建成或基本建成,福州港可门作业区6#、7#泊位工程、台江苏宁广场、福清鲤鱼山风电场、福顺晶圆6英寸芯片、闽侯联合动力等项目开工建设,福银高速公路闽清(梅溪)互通口、永泰朗宇环保新材料、福清斯泰克笔记本电池等项目前期工作取得突破和阶段性成果。

城乡建设

按照“东扩南进、沿江向海”城市发展导向,推动中心城市从单中心向多中心转变,加快构建福州大都市区,马尾新城、东部新城、晋安新城等建设加快实施。年末市区面积1786平方公里,其中建成区面积240.12平方公里,城镇化率64.8%,比上年提高1.5个百分点。

市政基础设施配置不断完善。新建、改扩建市政道路22条,年末城市道路总长度1170.8公里,道路面积2562.82万平方米,新增道路面积86.12万平方米,人均拥有道路面积11.4平方米。新建改造农村公路280公里,建设完成600公里农村公路安保工程,新增更新农村客车108辆,年末建制村通客车率96.48%,比上年末提高0.09个百分点。坚持公共交通优先发展,年末全市共有公交营运线路288条,公交营运车辆4066辆,本年新增更新公交营运车辆469辆,其中新能源车229辆,新辟优化线路79条,市区公交出行率24.91%,比上年提高1.56个百分点;共有各类出租车6304辆,本年新投入使用出租车300辆;鼓楼区便民自行车增设34

个站点,本年新投放便民自行车800辆。城市供电、供水、供气能力进一步增强。市区共有自来水厂8座,日综合生产能力155万吨,全年供水总量29610.87万吨,其中生活用水12245.77万吨。市区全年液化气供气总量6.05万吨,其中家庭用气2.53万吨;天然气供气总量13608.1万立方米,其中家庭用气4052万立方米,燃气普及率99.5%。全社会用电量322.56亿千瓦时,增长2.2%,其中:居民用电65.18亿千瓦时,增长5.5%;工业用电196.39亿千瓦时,增长0.1%。

城乡面貌日益改观,"美丽福州"建设加速。改造9条城区支路街巷,湖东路、井大路、梅峰路等18条主次干道完成"白改黑"改造,改造10座普通危桥。中心城区75条内河基本完成清淤,西湖和晋安河、东西河、新店溪等内河综合整治成效显现,新增改造沿河绿地15万平方米,建成光明港至森林公园绿道等一批城市滨河景观休闲道,启动沿江沿河慢行系统建设,已建成22公里休闲步行道。园林绿化水平持续提升,建成区绿地面积8921公顷,比上年新增317公顷,绿地率37.15%,比上年提高0.15个百分点;建成区绿化覆盖面积9750公顷,比上年新增350公顷,绿化覆盖率40.6%。年末共有公园63座,新增公园11座,共有公园绿地面积2544公顷,新增公园绿地面积92公顷,人均公园绿地面积11.3平方米。

贸易、旅游

全市实现社会消费品零售总额2319.82亿元,增长19.1%。城乡消费市场协调发展,城镇市场实现商品零售额2226.93亿元,增长18.9%;乡村市场实现商品零售额92.89亿元,增长24.0%。限额以上企业实现商品零售额1220.20亿元,增长26.3%,占社会消费品零售总额比重由上年的51.6%提高到52.6%。消费热点不断涌现,改善居住、交通出行、文化娱乐、健康保健、增值保值等相关消费迅速增长。在限额以上企业商品零售额中,建筑及装潢材料类商品零售额增长110.2%、家具类增长50.9%、石油及制品类增长19.4%、电子出版物及音像制品类增长53.8%、中西药品类增长48.9%、金银珠宝类增长73.5%。城乡流通体系不断健全,全年新建改造"农家店"67家,升级改造城乡农贸市场20个,扶持新建便利店100家。全市拥有大中型专业批发市场50个,总面积213.09万平方米,增长33.0%;连锁经营企业105家,连锁网点3300个。

会展业硬件建设不断提升,全市共有会展场馆2个,场馆面积8.45万平方米,周边住宿、餐饮、交通等配套设施不断完善。全年共举办各类展会76场,其中全国性展会7场。成功举办第87届全国糖酒商品交易会、第十三届中国美食节暨第十一届国际美食博览会等一批规模大、影响广的展会。本土展会交易活跃,第十九届福州国际汽车展览会、中国(福州)家具建材装饰品博览会暨海峡西岸(福州)第27届住交会等会展消费屡创新高。会展产业链不断延伸,带动物流、住宿、餐饮、旅游等产业的繁荣发展。

旅游产业加快发展。福州入选首批国家智慧旅游试点城市,闽都文化、温泉养生、休闲度假、生态旅游等特色旅游品牌逐步形成。开通旅游观光巴士1号线,城区主要景点实现一站式游览。三坊七巷品牌效益凸显,游客接待量居全市4A级景区之首。"闽江游"品牌资源整合优化,铸就闽江黄金旅游带。白马河、安泰河等内河周边景区品位加快提升,"船游榕城"等特色旅游产品开发步伐加快。环市区温泉休憩圈初步形成,第三届福州国际温泉旅游节掀起"万人泡温泉"热潮。鼓岭综合整治及保护开发成效显著,获评省级旅游度假区。旅游区域合作力度加深,福莆宁"旅游一票通"发行。年末全市共有星级酒店62家,客房10413间;A级景区25家,其中4A级旅游景区9家。全年共接待境内外游客3192.55万人次,增长15.8%,其中境外游客85.13万人次,增长11.8%;实现旅游总收入362.13亿元,增长14.3%。福州赴台个人游顺利实施,经福州口岸赴台旅游41277人次,增长179.4%。

对外经济

全市新批合同外资项目148项,新批合同外资金额20.56亿美元,增长16.20%;实际利用外资(按验资口径)13.39亿美元,增长4.80%。全年完成进出口总额310.60亿美元,下降10.53%,其中进口总额99.29亿美元,下降6.28%;出口总额211.31亿美元,下降12.40%。从出口主体看,外资企业出口84.93亿美元,下降1.39%,内资企业出口126.38亿美元,下降18.56%。从出口方式看,一般贸易出口141.15亿美元,下降17.40%,加工贸易出口69.08亿美元,下降0.17%。从出口产品看,高新技术产品出口35.17亿美元,下降2.09%,机电产品出口91.69亿美元,下降7.22%。从出口地区看,产品主要出口美国、欧盟、东盟、日本、荷兰和香港等地。

积极实施“走出去”战略,鼓励和支持本土企业参与国际经济合作。全年新批境外投资项目39项,新批协议投资总额3.41亿美元,增长42.61%,其中中方协议投资额2.46亿美元,增长15.84%。对外劳务合作完成营业额3858.89万美元,增长9.26%,年末劳务合作在外人员4367人,增长20.64%。

交通、邮电

交通基础设施建设不断完善,年末全市高速公路总里程421公里,高速铁路总里程158公里,福州港生产性泊位128个,福州空港国内航线(含港澳台)53条、国际航线7条,城市立体化交通格局基本形成。交通运输能力不断增强。旅客运送量中,公路旅客发送量18395.41万人次,增长4.9%;水路旅客发送量99.46万人次,增长38.6%;民航旅客吞吐量785.20万人次,增长9.1%,其中旅客出港量402.86万人,增长9.3%。货物运送量中,公路货物发送量10676.56万吨,增长11.2%;水路货物发送量6525.61万吨,增长7.7%;民航货邮吞吐量9.69万吨,增长10.7%,其中货邮出港量5.68万吨,增长10.6%。港口货物吞吐量9373.27万吨,增长14.1%,集装箱吞吐量182.50万吨,增长9.9%。两岸往来更加方便快捷,“海峡号”对台高速客滚航线成为海峡两岸往来的“黄金走廊”。全年对台客运直航进出旅客13.87万人次,增长251.5%;对台直航集装箱吞吐量31.37万标箱,下降0.7%;空中直航旅客吞吐量31.43万人次,下降2.1%,货邮吞吐量0.54万吨,增长41.7%。

邮电业务平稳发展,全市完成邮政业务收入6.36亿元,增长11.0%;电信业务收入100.95亿元,增长11.3%。年末全市共有邮政局(所)231处,邮路总长度11010公里;固定电话交换机容量327.25万门;固定电话用户198.00万户,比上年末增加4.49万户;移动电话用户881.31万户,比上年末增加59.54万户,其中3G电话用户191.18万户,比上年末增加82.50万户;互联网宽带接入用户172.50万户,比上年末增加28.75万户。

金融、证券和保险

金融机构存贷款平稳增长。年末全市共有金融机构(不含保险和证券机构)46家,比上年增加7家,其中:银行业存款类金融机构39家,银行业非存款类金融机构1家,其他金融机构6家;各类金融机构营业网点1292个;共有4家外资金融机构在福州设立分行。年末全市金融机构存款余额(本外币,下同)7909.63亿元,比上年末增长14.46%,其中:储蓄存款余额3010.60亿元,增长14.69%;单位存款余额4193.35亿元,增长15.38%。金融机构贷款余额7054.33亿元,增长15.87%,其中:短期贷款余额2358.54亿元,增长20.58%;中长期贷款余额4520.01亿元,增长14.68%。

证券、期货交易额下降。年末全市共有境内上市公司29家,比上年末增加2家,总市值3296.35亿元;共有证券公司2家,证券营业部85家,股民资金开户总数156.68万户,其中本年新开户数3.68万户,全年股票、基金交易额11773.73亿元,下降25.52%;共有期货公司3家,期货营业部24个,全年期货交易额27426.43亿元,下降0.33%。

保险业发展迅速。年末全市共有各类保险营业网点398个,外资保险机构在福州设立9家分公司和2个代表处。全年保险业务保费收入127.69亿元,增长11.12%,其中:财产险保费收入46.73亿元,增长19.12%;人寿险保费收入67.61亿元,增长4.26%;健康险保费收入9.87亿元,增长21.31%;意外险保费收入3.48亿元,增长28.82%。保险业务赔付支出42.13亿元,增长22.39%,其中:财产险赔付支出25.34亿元,增长23.06%;人寿险赔付支出12.45亿元,增长48.23%;健康险赔付支出3.43亿元,下降25.71%;意外险赔付支出0.91亿元,增长11.59%。

教育、文化

教育基础设施建设不断加强,新建和改扩建中小学50所,公办幼儿园50所,创建400所义务教育标准化学校,西湖国际学校建成投入使用,在全国率先开办服务自闭症儿童的福州星语学校,特殊教育提升工程加快实施,中考中招改革顺利开展,7 所一级达标高中向省内户籍考生开放,普通高中多样化特色化建设工作全面启动。各类教育均衡发展,全市共有高等学校 32 所,研究生教育专任教师 0. 98 万人,在校研究生 1. 84 万人,学年初招生数 0. 64 万人;高等教育专任老师 1. 85 万人,在校生 30. 54 万人,学年初招生数 9. 30 万人。共有中等职业技术学校 61 所,专任教师 0. 50 万人,在校生 19. 51 万人,学年初招生 9. 26 万人。共有高中 93 所,专任教师 0. 84 万人,在校生 10. 85 万人,学年初招生 3. 55 万人。共有初中 266 所,专任教师 1. 55 万人,在校生 19. 35 万人,学年初招生 6. 48 万人。共有小学 927 所,专任教师 2. 46 万人,在校生 45. 12 万人,学年初招生 8. 45 万人。共有幼儿园 1183 所,专任教师 1. 20 万人,在校生 24. 67 万人,学年初招生 10. 32 万人。共有民办小学 19 所,民办普通中学 36 所, 民办职业中学 13 所,民办高等学校 12 所,民办高校在校生 7. 49 万人。

文化事业硕果累累。成功举办"福州月？中华情"中秋晚会,《百年上下杭》获中国电视纪录片十优作品奖。三坊七巷、"海上丝绸之路:福州史迹"入选中国世界文化遗产预备名录。首批国家级文艺创作基地、全省首家文化产权交易专业机构"福建海峡文化产权交易所" 落户三坊七巷。闽台(福州)文化产业园入选国家级文化产业试验园区,时代华奥入选国家级文化产业示范基地。福州被评为全国文化体制改革工作先进地区,荣获"中国寿山石文化之都"、"中国脱胎漆艺之都"等称号。公共文化服务体系不断完善,县级公共图书馆、文化馆改扩建工程加快推进,台江区、晋安区、罗源县等县级图书馆、文化馆已投入使用。图书馆服务向基层延伸,全市共设立图书流通点 400 个,形成覆盖城乡的图书流通服务网络。年末全市共有市级、县级文化馆 12 个、群艺馆 1 个、艺术表演团体 10 个,艺术表演团体演出 3200 场次;电影院 24 个,剧场、剧院 2 个;博物馆、纪念馆 15 个,收藏文物 2. 33 万件;公共图书馆 13 个,总藏书 346. 91 万册;乡镇综合文化站 173 个,农家书屋 2195 个。全市共有市级广播电台 1 座,自办广播节目 11 套;电视台 1 座,自办电视节目 6 套。年末广播综合人口覆盖率 98. 32% ,电视综合人口覆盖率 99. 04% ,行政村有线电视联网率 83. 71% ,分别比上年末提高 0. 06 个、0. 54 个、2. 01 个百分点。共有有线电视用户 175. 68 万户,增长 2. 7% ,有线电视入户率 92. 78% ;数字电视用户 57. 13 万户,增长 6. 4% ,数字电视入户率 30. 17% 。

卫生、体育

公共卫生服务体系不断完善。科学统筹全市医疗资源,公立医院改革试点稳步推进,新区三甲医院加快规划建设,市级专科医院专业化水平进一步提升,乡镇卫生院、社区卫生服务中心服务功能进一步增强。年末全市共有卫生机构 1950 家,其中医院 103 家,比上年末增加 18 家;卫生机构床位 28611 张,增长 10. 5% ,其中医院床位 22592 张,增长 9. 2% ;专业卫生技术人员 42397 人,增长 9. 7% ,其中医生 16140 人,增长 7. 6% ,注册护士 17519 人,增长 11. 6% 。年末每千人拥有卫生机构床位 4. 66 张,每千人拥有卫生技术人员 6. 91 人。全市共有社区卫生服务中心 47 个,卫生技术人员 1283 人;社区卫生服务站 127 个,卫生技术人员 1075 人;乡镇卫生院 123 个,卫生技术人员 4591 人。年末新型农村合作医疗参加人数 331. 57 万人,参合率 99. 9% ,比上年提高 0. 6 个百分点。

体育事业蓬勃发展。成功举办第 23 届市运会、环福州？永泰国际公路自行车赛、全国田径冠军赛暨大奖赛总决赛、亚排联洲际杯沙滩排球决赛暨奥运会资格赛等赛事活动,在伦敦奥运会上福州运动员共夺得 1 枚银牌、4 个第四名,1 个第五名的好成绩。全民健身活动高潮迭起,海峡特色依然是活动亮点,举办全国第二届徒步健身大会开幕式暨第八届十万人健步行活动、福州海峡龙舟邀请赛、全国门球公开赛暨福建？福州第六届海峡两岸门球邀请赛、第三个"全民健身日"展示活动等一系列大型群众体育活动。城市 10 分钟健身圈建设步伐加快,在全省率先实现行政村体育设施全覆盖,全民健身公共服务体系建设不断完善,年末全市共有体育场馆 433 个,全民健身路径 3385 条,增长 11. 5% ,其中农村健身路径 2785 条,增长 9. 9% 。全年共举行县以上群众性体育竞赛活动 150 项。

民生保障

年末全市户籍人口 655. 27 万人,其中市区户籍人口 192. 06 万人。户籍人口中,男性人口 337. 12 万人,女性人口 318. 16 万人。据抽样调查数据推算,全市常住人口 727 万人,出生率 11. 3‰,死亡率 4. 9‰,人口自然增长率 6. 4‰。

城乡居民收入稳步增长。城镇居民人均可支配收入29399元，增长12.9%。农村居民人均纯收入11492元，增长13.7%。农村居民收入增幅连续两年超过城镇居民，城乡居民收入差距缩小，城乡居民收入比例由2007年的2.65:1，2011年的2.58:1进一步缩小到2.56:1。居民消费水平同步提高，城镇居民人均消费支出20040元，增长12.3%；农村居民人均生活消费支出8336元，增长13.4%。居民消费亮点鲜明，旅游、休闲娱乐等精神消费受重视。

物价涨幅控制在合理水平，全年居民消费价格总水平上涨2.2%。八大类商品价格“六涨两降”：食品类上涨5.1%，家庭设备用品及维修服务类上涨3.2%，衣着类上涨3.1%，医疗保健和个人用品类上涨2.3%，居住类上涨2.1%，烟酒类上涨0.2%；娱乐教育文化用品及服务类下降3.7%，交通和通信类下降0.3%。

社会保障水平进一步提高。城乡居民养老保险制度实现全覆盖，新农合大病保障机制基本建立，城乡低保、企业离退休人员养老金、城乡居民基本医疗保险补助标准进一步提高。年末社会养老保险参保人数370.60万人，其中城镇企业职工基本养老保险参保人数128.71万人，城镇居民社会养老保险参保人数8.68万人，新型农村社会养老保险参保人数214.88万人，被征地农民养老保险参保人数5.74万人；城镇基本医疗保险参保人数260.27万人，其中城镇职工基本医疗保险参保人数135.20万人，城镇居民基本医疗保险参保人数125.07万人；失业保险参保人数101.30万人，领取失业保险金人数9809人；生育保险参保人数95.00万人；工伤保险参保人数106.47万人。帮扶城镇居民最低生活保障对象18457人，农村居民最低生活保障对象75871人，农村五保供养对象8204人。全年保障性安居工程动工建设4.07万套，开工率101.72%，基本建成3.43万套，保障性住房配租配售管理进一步规范。

社会就业稳步发展，城镇失业率控制在合理水平，城镇登记失业率2.37%，城镇新增就业14.56万人，转移农业富余劳动力5.37万人，失业人员再就业8904人。全市经工商注册登记的个体工商户15.81万户，增长10.7%，从业人员32.15万人，增长11.9%；私营企业7.75万个，增长15.6%，从业人员70.01万人，增长12.6%，城镇个体私营从业人员85.77万人，增长16.2%。

环境保护

节能减排力度加大，单位GDP能耗0.522吨标准煤/万元，比上年下降4.03%，初步建成环境自动监测预警体系，实施重点节能减排项目306项，开展大气PM2.5监测，创建5个省级以上生态县(市)区、59个省级以上生态乡镇，通过国家环保模范城市复核。城区空气污染指数(API)平均值51，空气质量优良率99.45%，空气质量整体状况良好。市区环境噪声56.8分贝，总体保持稳定。水质总体保持良好，闽江流域(福州段)水质达标率98.61%，敖江流域(福州段)水质达标率100%，龙江流域水质达标率83.3%，饮用水水源地水质平均达标率100%，市区污水处理率96.16%，比上年提高11.58个百分点。垃圾无害化处理率98.23%，化学需氧量、二氧化硫、氨氮、氮氧化物排放量分别比上年减少1.63%、6.94%、1.74%和10.95%。共有自然保护区11个，其中国家级1个，年末自然保护区面积668.69平方公里。

注：1、公报中所列数据均为初步统计数，部分合计数或相对数由于单位取舍不同而产生的计算误差，均不做机械调整；

2、公报中地区生产总值、增加值、工业总产值及农林牧渔业总产值按现价计算，增长速度按可比价格计算；

3、本公报未包括马祖列岛。